Kremp · Die Bambusbrücke

Herbert Kremp

Die Bambusbrücke

Mein asiatisches Tagebuch

Ullstein

Satz: Fotosatz Otto Gutfreund, Darmstadt
Druck und Binden: May & Co. Nachf., Darmstadt
Printed in Germany 1980
ISBN 3 550 07926 5

Vorwort

Peking ist zugig, immer geht Wind. Viele Tage sind so klar, so leicht, daß man zu schweben meint. Als Arnold J. Toynbee von der künstlichen Erhebung des Kohlenhügels auf den Kaiserpalast, die Innere Stadt und ihre Symmetrie herabsah, glaubte er die Idee dieser Symmetrie zu erkennen. Ihr Urbild liege im Himmel (in der »Idee«) und ihre letzte Inkarnation, nach Loyang, Xi An, Bagdad und Babylon, sei diese Stadt der Mongolen und der Ming-Kaiser.

Das war im Dezember 1929, und Peking war gerade nicht Hauptstadt, sondern hatte den nationalen Rang an Nanjing verloren. Dennoch nannte Toynbee die Stadt »caput mundi« und prophezeite, daß die Macht wieder in die nordchinesische Ebene zurückkehren werde. Er behielt recht, die Macht kehrte zurück. Aber was ist aus der Symmetrie geworden, dem Abbild des Himmels?

Symmetrie – das heißt Geschlossenheit, sich selbst genügen, in sich ruhen, von Bewegung sich umkreisen lassen. Ist es damit nicht vorbei? Ist heute nicht Bewegung in das Bild der Stadt, in das Leben des Landes selbst gekommen, eine Bewegung, die manchmal an ein Aufblühen, manchmal an eine Explosion erinnert? Die unruhigen Konturen neuer Häuserzeilen, die dynamischen Fluchten der Industrie-Architektur und der unaufhaltsame Verfall der alten Stadtviertel – symbolisieren nicht sie Chinas neue Zeit?

Nein, China ruht bestimmt nicht mehr in sich, wie ja ganz Asien und seine Völker nicht still stehen. Der Historiker Ranke wurde wiederlegt. Nun sehen alle die Bewegung. Aber im Unterschied zu vielen versierten und schnell schreibenden Reisenden vermag ich sie nicht erschöpfend zu deuten. China tritt gerade aus einer Revolution hervor, wie sie konsequenter in der Geschichte nicht versucht wurde*. Keine schürfte so tief. Endlich fand der

Mensch als Stoff, als formbares Material Verwendung – nicht einfach Kanonenfutter, sondern Plastellin des Erziehungsexperiments. Für Ideologen und andere Haltsuchende die Frohbotschaft des Jahrhunderts. Stalin hatte die Revolution lediglich in Weltmacht umgesetzt. Deutschland und Japan strebten blind und hungrig nach imperialen Positionen. Nur Mao Zedong blieb ganz bei der Revolution und ihrem eigentlichen Objekt, dem Menschen, und in China – von dort eine Zeitlang ausstrahlend, faszinierend, inspirierend.

Daher die Neigung vieler geistreicher Beobachter, sich mit dem Chinesen Mao Zedong angelegentlicher auseinanderzusetzen als je mit Stalin und Hitler, daher die Fernstenliebe der Linken, die Tröstung Nixons und Kissingers konservatives Aufstöhnen: Der Colossus. Irrtum über Irrtum. Tatsächlich hat Mao nichts zu Ende geführt, aber alles begonnen. Er sprengte die petrifizierte Substanz des Landes auf, er vernichtete, ließ heilen, riß die Wunden wieder auf. Er haßte Städte und Bürokraten, das Gewordene und das Sein. Ein Genie des Werdens, der Nomade als Bauernführer, der Urpartisan, aber sicher kein Weltrevolutionär, sondern ein autarkistischer Chinese, dem China die Welt bedeutete. Mao erzeugte zehntausend vielfach einander widersprechende Wirkungen. Dabei blieb es katastrophalerweise.

In der ewigen maoistischen Revolution sich einzurichten, war sicher schwierig, aber für das unabsehbare Heer der Optimisten und Opportunisten gar nicht so ungemütlich. Die Funktionäre verbrachten Jahre der Basis-Demokratie, der Sitzungen und Sezessionen, sie kämpften im Namen des Halbgotts und seiner unerforschlichen Ratschlüsse gegen die Teufel der anderen »Linie«, lebten privilegiert, wenngleich nicht im Überfluß, und ließen die Bauern wie in den 5000 Jahren vorher die Arbeit tun. Aber die andauernde Bewegung bei prekärem Gleichgewicht brachte das Land nicht weiter. Sie erwies sich als die Bewegung eines riesigen Mobiles, als Summe vieler Kreisläufe um sich selbst, eigensinnig und weltfern. Eine Milliarde Menschen brauchen aber die Welt und sei es nur in der Form von Massenprodukten und Weltmärkten. Dazu muß man sich aufschließen, lernen, aufholen, »westlich« oder »japanisch« werden.

Gegen die Modernisierung gibt es in Maos Land bis zum heutigen Tag Widerstände, Vorbehalte, Verweigerung. Der

Kampf gegen hochmütige Maoisten, Autarkie-Gläubige, Kontakt-Ängstliche, kurz, gegen die »Zhongguoisten«** gleicht einem Ausbruchsversuch, wohl dem letzten nach einer historischen Kette von Fehlschlägen. Aus der Tiefe chinesischer Selbstgenügsamkeit, die der Führer so eifersüchtig hegte, führt der Weg der Milliarde bis zu einem Steg, der die Distanz zur Außenwelt überspannt. Aus einiger Entfernung nichts als ein Strich. Er erinnert mich an eine Bambusbrücke, schwankend, schmal und provisorisch, zwischen Abgrund und Himmel nicht entschieden.

Wie fest ist die Brücke der »Modernisierung«? Wie auf einer Tuschzeichnung verschwimmt ihre Konstruktion nach den ersten Strichen. Die Revolution, soviel ist sicher, muß das Prinzip der Gleichheit opfern, in deren Namen in China viele Millionen gestorben sind, den Heldentod, den Märtyrertod. Eine Sozialreligion ist hinüber – wieder eine. Aber das heißt nicht, daß alles umsonst gewesen wäre, und das heißt auch nicht, daß nun der westliche Individualismus in China triumphalen Einzug halten wird, die »Selbstverwirklichung«, wie das Opiat heißt, von dem wir nehmen, obwohl doch bekannt ist, daß in der Ära des globalen Machtkampfes, der angegriffenen Natur, der knapp werdenden Ressourcen nur die Gruppe überleben kann, in eiserner Solidarität.

Manche Propagandisten der chinesischen »Modernisierung« schlagen die Brücke in herrliche Zukunftswelten. Utopien. Kurioserweise laufen sie meistens auf ein Hong Kong hinaus, auf ein Los Angeles, ja, aufs alte New York. Wer nach dem Marsch aus der Tiefe die offene Brücke betritt, macht sich luftige Illusionen. In einem Land mit soviel Selbstsuggestion wie China liegt technologischer Aberglauben nicht fern. Aber die instinktive Abwehr des Fremden setzt der zukunftsflüchtigen Phantasie doch immer wieder Grenzen. Die Bambusbrücke, die China heute mit der Welt verbindet, ist provisorisch, ein Symbol des Transfers, aber des umständlichen, zögernden: Denn die chinesischen Führer wollen nur die Technik und Technologie des Westens, vielleicht noch die Marktwirtschaft, aber nicht unseren Begriff von Demokratie und Freiheit und nicht den individualistischen Lebensstil.

Der Plan ist alt und in hundert Jahren wilder Geschichte mehrmals gescheitert. Ich glaube nicht, daß die Selektion der westlichen Güter gelingen wird. Zu fest sind die Goldfäden in den Stoff verwebt. Und zu viele Chinesen sind schon über die Brücke gehuscht und mit leuchtenden Augen (wiewohl eigentümlich traurig) zurückgekehrt. Doch hängt eine solche Annahme selbst wie ein Steg in der Luft. Ich komme in meinen Notizen oft auf den Aspekt der Kulturbegegnung zurück. Nicht zuletzt aus der Skepsis gegenüber dem westlichen Angebot. Worin besteht eigentlich sein überwältigender Wert? Die liberalen Länder sind gelähmt angesichts entschlossener Machtpolitik. Sie haben keine Antwort auf die Vielmenschen-Welt, sie verbrauchen zu viel Rohstoffe und Energie, sie haben sich zu weit von der Natur und ihren Abhärtungen entfernt. Und sie haben darüber schließlich an Realitätssinn, an politischer Sinnesenergie verloren. Gibt es in dieser Entwicklung, die der Dinosaurier nahm, eine Umkehr?

Nicht jede Freiheit ist die Rettung. Diese Antwort habe ich in China oft vernommen, wobei ich unterscheide zwischen den regierenden Leninisten, deren Zukunft ungewiß ist, und traditioneller ostasiatischer Haltung, die mir außerordentlich lebensfähig erscheint: Ich meine die Gabe, sich dem Konsens zu unterstellen, die Solidarität in der Gruppe (ob Erdbeben oder Krieg, sie ist »wehrfähig« in der Gefahr), die geringeren persönlichen Ansprüche, die Fügung in die Natur und das Gegebene, den »Garten der Umwelt« und schließlich die Einbeziehung des Numinosen in die Lebenswelt. Ich vermag nicht zu sagen, wie bestimmend dieses Denken wirklich ist. Aber das der Erdnatur nähere Leben ist krisenfest.

Es ist falsch, sich die Erde bis zur »bedingungslosen Kapitulation« untertan zu machen. Bäume pflanzen und unter ihrem Schutz und Geist nachsinnen, ist weiser. Aber ich bin ein Europäer und lerne daher nur wenig aus den vielen Einsichten, die der Weg beschert. Wer aus der Begegnung mit der Welt, zu der China sich einmal mehr entschlossen hat, den größeren Nutzen und den schwereren Schaden ziehen wird, wer befruchtet und wer infiziert wird, steht dahin. Die Brücke ist geschlagen, und es liegt noch einige Jahre in der Wahl der Chinesen, sie wieder einzureißen – mit welchen Folgen auch immer. Aus diesem Grunde habe ich keine Lehrmeinung über das Land. Ich biete Bilder, Eindrücke, Mosaikstücke, aufgesammelt in China und in seiner unmittelbaren Nachbarschaft, vor allem auf dem südostasiatischen Glacis. Deutbare Stücke.

Ich versuche, den Chinesen näherzukommen. Aber es gibt nicht nur administrative Barrieren. Die Tiefendimension ist das Unfaßliche. Die Fremden sitzen an den Rändern eines fast noch kommunikationslosen Landes. Nirgends kann man sich so irren wie in Peking, Shanghai oder Kanton, in Hong Kong oder Bangkok. Wer New York kennt, kennt Amerika besser. Die Unendlichkeit liegt in der Mitte. Wo ist die Innere Stadt?

* Kambodscha. Die Revolution der Roten Khmer war von außen betrachtet radikaler, verzichtete aber auf das eigentlich revolutionäre Mittel der Erziehung.

** Zhongguo = Reich der Mitte, China

In memoriam Arnold J. Toynbee

Peking, 27. August 1977

Morgens fahre ich gern mit dem Rad durch die Stadt, in immer neue Viertel, so weit der Strom mich treibt. Der Strom – das sind die tausend anderen. Ich bin im Pulk. Der dehnt und zieht sich zusammen wie ein Fischschwarm im Aquarium. Das Tempo ist gemächlich. Im selben Rhythmus tretend, komme ich den anderen nahe. Man kann ein paar Worte wechseln, aber das ist es nicht. Wir kennen die Wirkung der gemeinsamen Wanderschaft zu Fuß, zu Rad aus der Jugendzeit: Die Gedanken scheinen sich leichter zu übertragen. Ich ahne, was sie denken. Revolutionäres ist nicht darunter.

Am Himmel ist noch etwas los. Der Sturm hat einen dramatischen Wolkenzug losgemacht, aus dem es blitzt und blinkt. Auf dem Kohlenhügel nördlich des Kaiserpalastes, einem altchinesischen Park, der in der Kulturrevolution geschlossen war, strahlt der große, filigrane Pavillon. Er scheint zu schweben.

Ich verlasse den Radfahrerschwarm, der wie eine fahrende Telefonzentrale unablässig klingelt. Mein Ziel ist ein Einwohnerkollektiv im nördlichen Teil Pekings. Ich möchte herausfinden, ob es wirklich herumzigeunernde Jugendbanden gibt, Gangs, die sich Schlägereien liefern, wie einige Leute behaupten. Vor einiger Zeit überfiel an der Haltestelle »Arbeiterstadion« eine Gang andere junge Leute in einem Bus.

Auf dem langen Weg habe ich Zeit, mir Fragen zurechtzulegen. Wer hier direkt kommt, erfährt nichts. Nahe dem Kaiserpalast biege ich in schmale Seitenstraßen ein, die wie dünne Venen die breiten Verkehrsadern der Stadt verbinden. Die wenigen hohen Häuser bleiben zurück, und nun liegen, wie riesige, in einer viereckigen Pfanne herausgebackene Kuchen, die Wohnviertel mit den niedrigen, vielgliedrigen Hofhäusern vor mir. Alte Bauten, manche hundert, hundertfünfzig Jahre alt. Die Eingänge mit dem vorgestreckten, geschwungenen Dach ragen einen guten

Meter in die Straße. An den Toren Farbreste, meistens rot – Farbe des Sommers, des Südens, der männlichen Energie.

Die bröseligen Häuschen überstehen die Sturmnächte nur noch schwer. Gerade wird aufgeräumt, ich muß absteigen. In einer Nische verkauft ein Bauer Äpfel, 13 Fen (16 Pfennige) das Kilo, sehr preiswert. Er packt sie mir in Zeitungspapier. Auf dem Nebenhaus reparieren zwei Männer das Dach. Das Gras und die zarten Bäumchen, die dort wachsen, rühren sie nicht an.

Fast überall sieht man »Obergärten«. Die Wurzeln in dem aus Flugsand, Heu und feuchter Gärung gebrauten Dachhumus entwickeln eine sprengende Kraft. Deshalb hört man bei Regen außer dem Fließen und Rauschen stets noch einen blechernen Ton: Es tropft in Schüsseln, die aufgestellt wurden, um das Unglück zu lokalisieren.

Die geheime Schönheit des Stadtteils leidet unter solchem Ungemach nicht. Hier, in diesen Wohn- und Marktstraßen, wo der Pferdewagen mit den hochbeladenen Kohlkörben frühmorgens hereinschwankt und der Geburtenüberschuß der Nation hinter der Oma mit der Reisschüssel herrennt, höre ich den gleichmäßigen Herzschlag Chinas.

Meine chinesischen Gesprächspartner verstehen das nicht. Für sie ist die Zuneigung zu den alten Stadtvierteln etwas Unzulässiges. Fotografien aus den Altstädten von Peking, Chengdu, Tianjin oder Wuhan, die ich auf ein mal zwei Meter vergrößern ließ, machen sie kopfscheu. Solche Bilder wirken in der Tat wie Zusammenstöße zweier Zeitmaschinen: Hier Straßenmilieu einer verlebten Vergangenheit – dort moderne Menschen, die sich infolge ihrer Armut im Alten einnisten mußten. Das schafft schon einen Widerspruch.

Ich kann den Ärger der Chinesen verstehen, wenn Touristen aus dem Westen das Enge und Verbaute »romantisch« finden. Im Straßenkollektiv von Hepin Jie, wo ich mit Verspätung eintrudle, vernehme ich auch prompt nur Modernes: Es gibt 24-Stunden-Läden für die Schichtarbeiter, kostenlos die Pille, keine Junggesellen und in jüngeren Familien höchstens zwei Kinder.

Die Häuser, vier- bis sechsstöckig, sind tadellos in Schuß, schnellwachsende Bäume nehmen grau weg, die »Patriotische Hygienekommission« tut täglich ihre Pflicht. Herrscht Frieden? Nach einer Stunde allgemeiner Information mache ich mich an das Thema heran. Nun, jedes Gebäude hat eine eigene Schlichtungsgruppe. Gibt es Leute, die nicht so gern arbeiten, und wie alt sind sie? »Nun, es treiben sich schon einige Jugendliche herum, die von der Viererbande zum Anarchismus verführt wurden. Man muß wohl etwas tun, um sie zu ordentlicher Tätigkeit anzuhalten...«

Es ist Mittag, als ich das Einwohnerbüro verlasse. Ich habe keine Äpfel mehr. Auf dem Rückweg bestelle ich in einem kleinen Lokal Fleisch und Reis. An der Theke Gedränge: Es gibt als »Sondergericht« Gänseleber, in kleinen Portionen ohne Rationierungsmarken. Ich reihe mich ein, man will den Ausländer vorkomplimentieren, das freundlich-hartnäckige Nein-Sagen beginnt.

Landregen. Leute kommen tropfnaß herein, die olivgrünen Uniformen der hungrigen Soldaten haben sich dunkel verfärbt. Der Boden unter den Tischen wird lehmig. Als ich wieder auf die Hochhäuserlinie der Innenstadt zufahre, verschwindet die Welt der kaiserlichen Architektur, das Hofhausviertel, der Triumph inmitten des Niedergangs des historischen Chinas, geduckt in der Vergangenheit. Ich blicke an den Fassaden der bezugsfähigen Wohnsilos empor, das ist wie Bangkok, wie Yokohama. In ihrem Schatten überfällt mich die Angst vor dem Untergang der Kultur.

Peking, 29. August 1977

»Das Bessere tragen wir drunter«, sagt die junge Angestellte im Zollamt, als ich sie über die jüngste Modeentwicklung in China ausfrage. Sie zieht die grün-blaue Seidenbluse unter dem Ärmel der grauen Jacke hervor. »Das trage ich zu Hause oben.« Unzufriedenheit schwingt in der Stimme – Unzufriedenheit mit dem Unisono und Unicolore, mit der Konformität, die man nicht mehr für chinesische Stärke, sondern für Einerlei hält, für ein Herrschaftsmittel der Mächtigen.

Besonders unter den Frauen höre ich mehr kritische Töne als vor zwei Jahren. Die Revolution hat sie emanzipiert, aber nicht in den Stand der vollen Gleichberechtigung gesetzt. Für dieselbe Arbeit, die der Mann verrichtet, erhalten sie nach wie vor nur 60 bis 80 Prozent des Lohns. Verblüffend »unaufgeklärt« die Deutung eines Funktionärs: »Frauen sind eben nicht so stark.« Dafür dürfen sie aber jede Schwerarbeit tun.

Gestern nacht kam ich an einer Straßenbaustelle vorbei. Wasserrohre wurden ausgewechselt. Am Flaschenzug zog eine Frau, schlank, hochgewachsen, mit einem öligen Tuch sich den Schweiß von der Stirn wischend. Ich würde mich nicht wundern, wenn die Geburtenkontrolle mit Gewalt durchgesetzt werden müßte: Jede Frau wünscht sich auch deswegen Söhne, weil die einmal besser und gerechter bezahlt werden als sie.

Peking, 2. September 1977

Der Regen nimmt den Glanz von den gebrannten Ziegeln. Der Kontakt zwischen Himmel und Erde scheint unterbrochen. Dafür ist der Kaiserpalast leer. Ich habe einen Tag gefunden, an dem sich nur wenige Touristen und chinesische Spaziergänger aufmachen. Dennoch – Vollkommenheit des Eindrucks ist nicht mehr zu erlangen, die Reinheit des architektonischen Willens ist überdeckt. Die unvorhergesehene Belebung, die auf die Austreibung des Monarchen folgte, die Demokratisierung der Höfe, bekam der cité nicht.

Ist der Kaiserpalast ohne Menschen, treten Ebenmäßigkeit, Harmonie und Symmetrie der Hallen, Höfe und Treppen hervor. Das Reich ist eine vollkommen rationale Veranstaltung. Der Himmel duldet das Schiefe, Verschobene nicht. Es bedeutet innere Unausgeglichenheit, zieht in Natur und Regiment schwere Störungen nach sich. Das Gleichgewicht geht verloren, unlenkbare Schwerkräfte fallen in die Ruhe der Waage ein.

In der Symmetrie, dem Grundprinzip der chinesischen Architektur, kommt also die wahre Ordnung zum Ausdruck. Demgegenüber ist der Europäer an den dynamischen Reiz des Asymmetrischen gewöhnt. Sein Auge ermüdet im Angesicht der Hallen schnell. Die Touristen suchen erhöhte Punkte auf, von wo aus sich die architektonischen Elemente der Kaiserstadt zu unübersichtlicher Fülle ballen. Gern klettern sie auf den gegenüber der cité liegenden »Kohlenhügel«. Aus dieser Perspektive betören die gigantischen Ausmaße des Palasts die Sinne. Für den verzweifelten letzten Mingkaiser der rechte Ort, sich aufzuknüpfen.

Harmonie ist Eintracht mit dem Gesetz, Symmetrie Entschiedenheit auf Erden. Der Raum wird fraglos, er ist das Kristall der Macht. Ein einziges Wort gilt, es dringt nach allen Seiten gleich weit. Das Wort ist Tat. In den Nebenhöfen finden Hinrichtungen statt. Gleichmaß entfaltet unbedingte Gerechtigkeit, nicht Liebe.

Mao Zedong, selbst ein Kaiser, kannte das grundlegende Gesetz. Verläßt man den Kaiserpalast in Richtung Tienanmen und hält sich genau in der Mitte des Tonnengewölbes unter dem Tor des Himmlischen Friedens, findet das Auge das Denkmal für die Helden der Revolution und die Fundamente der Gedenkhalle für Mao symmetrisch auf der Mittelachse ruhend. Die »Große Halle des Volkes«, das Parlamentsgebäude im Westen, und das Museumsgebäude im Osten wahren zu der Linie dieselbe Distanz. Die Revolution hat die Reichsarchitektur fortgesetzt. Sie war ein barbarischen Einschnitt. Eine grundsätzliche Änderung des chinesischen Geistes brachte sie nicht.

Peking, 12. September 1977

Gestern in der neu eröffneten Gedenkhalle Mao Zedongs. Neben Japanern, Palästinensern, Franzosen und Brasilianern wurden auch zwei deutsche Delegationen, eine Besuchergruppe des Deutschen Beamtenbundes und Vertreter der Deutsch-Chinesischen Gesellschaft, als erste zum Defilée eingeladen. Unauffällig hatte ich mich in die Reihen des Deutschen Beamtenbundes begeben. Den Journalisten nämlich sollte nach dem Ratschluß des chinesischen Protokolls Mao Zedong später präsentiert werden – wiederum in »Gruppe«.

Um 8.15 Uhr passierte der Kleinbus mit den deutschen Beamten die Absperrungen der Armee am Platz des Himmlischen Friedens gegenüber den mit Trauerkränzen überladenen Ehrentribünen am alten Kaiserpalast. Die Kränze stammten von der Feier zum einjährigen Todestag. Der Bus hielt etwa einhundert Meter vom Mausoleum entfernt, wir mußten die Kameras abgeben und uns in Viererreihen aufstellen. Andere Delegationen, vor allem Chinesen, waren schon in Reih und Glied angetreten und warteten wie versteinert.

Den Ausländern wurde der Vortritt gewährt. Die Kolonne

passierte den übermannshohen schmiedeeisernen Zaun, der die Gedenkhalle einfriedet. Wachsoldaten, in tadellos geschneiderten olivgrünen Uniformen, halten in weißbehandschuhten Händen Sturmgewehre mit aufgepflanztem Bajonett. Die Garde steht bewegunglos. In den schwarzen Stahl der Gewehrmagazine ist ein Stern geprägt.

Hinter der Umzäunung wird die Viererreihe des Beamtenbundes in Zweierreihen geteilt. Wir gehen die 35 flachen Stufen zur Balustrade der Halle empor. Der Aufgang ist in der Mitte durch ein Blumenbeet geteilt. Wie im gegenüberliegenden Kaiserpalast sind links und rechts in die Treppenschräge Steinplatten eingelassen. Sie tragen allerdings nicht Drachenfiguren, sondern flach eingemeißelte Muster von Sonnenblumen.

Oben werden die beiden Kolonnen wieder zur Viererreihe zusammengefügt. An Kränzen und Blumen vorbei, unter denen sich auch Gebinde der drei noch lebenden Kinder Mao Zedongs befinden, gelangt die Delegation durch einen breiten Eingang in eine vier Meter tiefe Vorhalle. Sie ist in Marmor gekleidet und mit einem roten, jedes Trittgeräusch schluckenden Samtteppich ausgelegt. Von hier fällt der Blick auf die überlebensgroße Marmorskulptur des nachdenklich, mit übergeschlagenen Beinen dasitzenden Mao Zedong an der Stirnwand des sich öffnenden ersten großen Gedenksaales.

In den Saal gelangt man wieder durch eine vier Meter breite Tür. Helles, künstliches Licht fällt gleichmäßig von der Decke herab, die in 150 je zwei Quadratmeter große Kassetten gegliedert ist. Die Statik des Gebäudes erfordert vier Säulen, die aus warm leuchtenden roten Mamor gebildet wurden. Sie stehen in den Winkeln des rechteckigen Raumes, jeweils fünf Meter vor den dunkelbraunen Holzwänden. Über den Boden ergießt sich der gleiche schwere rote Teppich wie im Entree.

Die in gleißendem Weiß hervorstechende, massige Skulptur des Vorsitzenden ruht auf einem Podest aus dunklem Marmor. In dem eckig wirkenden Sessel mehr thronend als sitzend, blickt Mao seinen Besuchern kühl, aber nicht unnahbar entgegen. Das Bildnis ist naturalistisch gestaltet, infolge des weißen Materials aber glatt und konturarm. Verglichen mit der Monumentalplastik Lincolns im Washingtoner Memorial gewinnt die Darstellung Maos durch einen wandbreiten, farbigen Gobelin Tiefe und Maß.

Er stellt lastende Wolken, Berge und Ströme dar, eine Allegorie des chinesischen Vaterlandes, aus dessen Herz der Stifter hervorgegangen ist.

Im Angesichte Maos teilt sich die Kolonne erneut in Zweierreihen. Vorbei an wertvollen Nadelbäumen aus verschiedenen Landschaften Chinas führt der Weg durch zwei schmale Einlässe an beiden Seiten des Gobelins in einen etwa vier Meter breiten Flur. Wir werden zu zügiger Gangart angehalten. Auf dem Flur gehen die beiden Zweierreihen wieder aufeinander zu und vereinigen sich für einen Augenblick in der großen Tür, die zum Sarkophagraum führt.

Das Zentrum des Mausoleums ist quadratisch gehalten. Der rote Samt am Boden, die Kassetten an der Decke und das dunkle, gemaserte Holz der Wände schlucken jeden Laut. In der Mitte liegt in der Abmessung von fünf mal fünf Metern ein Blumenbeet mit schwarzen und weißen Blüten. Weiß ist in China das Zeichen der Trauer. In dem Beet erhebt sich ein schwarz-marmorner Sockel. In ihm wiederum ist der makellose Kristalldeckel des Sarges mit seinen trapezförmigen, geschrägten Seitenfenstern eingelassen. Gedämpftes Licht, nur der Kopf Mao Zedongs scheint, wie von einem Bühnenscheinwerfer angestrahlt, hell und plastisch auf. Den Leib bedeckt eine rote Fahne mit den goldgestickten Symbolen von Hammer und Sichel.

Mao liegt flach ausgestreckt da. Die Eintretenden, erneut in Zweierreihen geteilt, blicken beim Anmarsch links und rechts des Sarkophags zunächst auf das Rot der Partei- und Staatsfahne. Der Kopf kommt erst voll ins Bild, sobald der Besucher die Brusthöhe des Vorsitzenden erreicht hat. Ein Verweilen vor dem Toten ist nicht möglich. Der Eindruck bleibt daher flüchtig.

Das Gesicht Maos wirkt natürlich, wie bei einem schlafenden Menschen von einem Hauch Rosa übergossen. Die entspannten Züge sind sofort wiederzuerkennen. Der Mund ist geschlossen, an den Wangenseiten sieht man die Falten des Alters. Hier geht die Farbe ins Grünstichige über. Das Haar ist zurückgekämmt, weißmeliert. An der Stirnseite des Saales, der letzten Stelle, die das Auge des Schreitenden erfaßt, steht in wuchtigen chinesischen Zeichen: »Ewiges Gedenken und ewiger Ruhm dem großen Führer und Lehrer, dem Vorsitzenden Mao Zedong.«

Durch zwei Türen verlassen die Besucher den Sarkophagraum.

Wieder trennt ein schmaler Flur vom Publikumsausgang. Am Fuß der Treppe stehen die Fahrzeuge, welche die Gäste zum nördlichen Haupteingang gebracht hatten. Eilfertigkeit kommt ins Bild, Touristenhaftes. Die Würde der Totenehrung behauptet sich mühsam.

Peking, 19. September 1977

Die Gemütlichkeit des chinesischen Lebens. Mir wird bedeutet, daß der Leihwagenchauffeur, den ich für einige Tage engagiert habe, für die Mittagsruhe gern ein Zimmer im Hotel beziehen würde. »Xiuxi«, wie das geliebte Wort für Ausruhen hier heißt, dehnt sich auch in der gemäßigten Jahreszeit über zwei Stunden hin. Arbeiter und Angestellte in China werken nicht länger als sechs Stunden am Tag, wer länger arbeitet, ist Bauer. Bei diesem Energieaufwand wäre das Industriesystem im Westen nie entstanden.

Der gemächliche Lebensrhythmus kommt in den Texten der Sprachkurse treffend zum Ausdruck. Sie sind eine Erkenntnisquelle, weil Gewohnheiten des chinesischen Alltags, die sonst nur zögernd eingestanden werden, in den Satzbeispielen der Elementar- und Fortgeschrittenenkurse unzensiert zum Ausdruck kommen. Wenn also der Tageslauf eines in Peking lebenden Botschaftsangehörigen beschrieben wird, personifiziert dieser Mann in Wahrheit den chinesischen Lebensrhythmus, in dessen Vorstellung die Sprachlehrer des Landes natürlich befangen sind.

Der Herr steht morgens um sieben Uhr auf, geht aber – nach unseren Begriffen – ungewöhnlich früh schlafen, zwischen halb elf und elf Uhr. Einschließlich der Mittagsruhe verschläft er von den wertvollen 24 Stunden neun bis zehn. Erst um neun Uhr, nach einer Stunde Chinesischunterricht, beginnt der Sprachkurs-Homunkulus mit der Berufsarbeit. Um zwölf Uhr geht er schon wieder zum Essen (und Ausruhen) nach Hause. Von halb drei bis halb sechs am Nachmittag macht er Dienst. Abends geht er zu einem Empfang, sieht fern oder liest Zeitung.

Es gibt sehr wenig Herzinfarkte und nervöse Streßerkrankungen in China, versichern die Ärzte. Kein Wunder. Die Leistungsanreize fehlen, das Motiv, sich abzuplagen. Der Durchschnittslohn liegt bei 40 Yuan – und die bekam bis jetzt der Fleißige und der Faule, der Bessere und der weniger Tüchtige. Wer wäre schon so töricht, dafür große Sprünge zu machen? Die Gleichheitsphilosophie Maos verlockte zu einer Art sozialem Buddhismus. Man lernte beschaulich leben.

Shangsha, 3. Oktober 1977

Als die Garde der alten Funktionäre im vergangenen Jahr wieder an die Schalthebel der Macht zurückkehrte und Maos Witwe, Jiang Qing, in die Verbannung abgeführt wurde, schien die Rolle der Frau in Chinas Politik zu schrumpfen. Es gibt würdige Damen wie die Frau Zhou Enlais und des Republikgründers Sun Yat-sen, und es gibt zur Zeit 14 Frauen im höchsten Führungskreise, dem Zentralkomitee. Ihre Repräsentation in den Rängen, zu denen das Volk aufschaut, entspricht dem tatsächlichen Leben des Landes nicht.

Ist das der Grund für die nachgerade märchenhafte Wiederauferstehung der Yang Kaihui, der zweiten Frau Mao Zedongs, die 1930 mit 29 Jahren von der Kuomintang hingerichtet wurde? Sie wird offiziell als die erste der insgesamt vier Ehefrauen Maos bezeichnet. Eine Frühheirat, von den Eltern Maos arrangiert, zählt nicht.

Es gibt jetzt kaum eine Gelegenheit, zu der Yang Kaihuis Größe als Märtyrerin der chinesischen kommunistischen Bewegung nicht herausgestellt würde. In Shanghai hängen riesige Plakate, die den Vorsitzenden und seine junge Frau durch eine stilisierte Landschaft schreitend darstellen. Shanghai war Jiang Qings Stadt. Subtile Rache?

Nur wenige große politische Führer treten öffentlich mit ihren Frauen auf. Größe wirkt einsam am größten. An diese Regel hat Mao Zedong sich bis in die Zeit der Kulturrevolution gehalten, als es für ihn immer schwieriger wurde, den ausbrechenden Ehrgeiz der Jiang Qing zu bändigen. Von Romantik war in dieser Beziehung, von den Anfängen nach dem Langen Marsch 1935 vielleicht abgesehen, keine Spur.

Heute aber, nachdem sich die Geschichte des Vorsitzenden bemächtigt hat, tauchen die warmen Tage der Jugend und des frühen Mannesalters aus der Vergessenheit auf. Und das Hebewerk der Erinnerung, von dem man nicht weiß, wer es im Augenblick in China bedient, ob sich vielleicht eine für Zeitgeschichte zuständige Kommission der Partei der sensitiven Mechanik annimmt, fördert eine Frau zutage, die vom Bilde her nichts als eine Frau zu sein scheint, Kaihui.

Der junge Mao auf dem Plakat hat weiche, schwärmerische Züge angenommen. Er gleicht mehr einer Bühnengestalt als dem politischen Führer, der er sein Leben lang war. Yang Kaihui neben ihm, eine schlanke Person im Rock mit trotzig-knabenhaft wirkendem Bubikopf, zeigt ein wohlgeformtes, mehr eurasisches denn chinesisches Gesicht. Es ist willensbetont, aber nicht maskulin, nicht ausschließlich von politischen Gedanken geprägt. Mao Zedong und Yang Kaihui – ein Liebespaar.

Denken die Chinesen anders darüber? Die junge Frau ist dem Schönheitsideal nachgeformt, das es in dem angeblich so spröden, so unerotischen Land durchaus gibt. Man sieht es auf Kinoplakaten, oft in Uniform und mit Maschinenpistole verkleidet, auf den Plakaten in der Arbeitswelt, wo die Frau als glückliche Landarbeiterin oder als Preisträgerin des Fabrikwettbewerbs proper geformt und hergerichtet auftritt. In Gemäldeausstellungen lacht diese Schönheit etwas starr, etwas puppig von der Wand.

Man weiß daher zunächst nicht genau, ob die Kaihui, die man sieht, authentisch oder synthetisch ist. Im Museum von Changsha, der Hauptstadt Honans, wo sie mit Mao lebte, später im Untergrund arbeitete, verhaftet wurde und verlassen starb, gibt es Aufnahmen, die nicht viel erkennen lassen. Beherrschend bleibt das gemalte Bild, teils Plakat, teils Ölgemälde – zur Zeit in einer Ausstellung von neuester, in der Kulturrevolution verbotener, meist erst im vergangenen Jahr entstandener Kunst in Peking – und die Beschreibung. Sie wiederum läßt sich in drei Formen einteilen: Beschreibung von Augenzeugen, literarische Oper und einfühlsame Programmusik.

Im Mittelpunkt, als Vorlage sozusagen für jede Librettierung, steht ein Gedicht Maos, datiert vom 11. Mai 1957. Der Vorsitzende hat es für die Frau eines gefallenen Kameraden geschrieben. Der Kamerad hieß Jiu Shu. Das Schriftzeichen bedeutet Weidenbaum, Kaihuis Zeichen bedeutet Pappel. Das Gedicht, von Joachim Schickel ins Deutsche übertragen, verdient auch deshalb Aufmerksamkeit, weil die beiden Helden nicht, wie die materialistische Philosophie es befiehlt, mit der Beendigung des Lebens einfach tot sind, sondern in einem Bereich, den wir nach unserem Verständnis als »Reich der Geister und Dämonen« bezeichnen würden, weiterleben.

»Verlor meine stolze Pappel / Verlorst Deine Weide / O Yang, o Lui / Leicht aufgeflogen zum Neunten Himmel«, setzt die Klage Mao Zedongs an. Der »Neunte Himmel«, als altes Märchen interpretiert, bedeutet Paradies, eine Landschaft jedenfalls, in der die Toten glücklich sind. Sie ist »treuen Seelen« vorbehalten, die nach der Schilderung des Gedichtes dort tanzen.

In dem Zwischenreich herrscht die Mondfee mit Wu Kang, ihrem Diener. Die Fee mit Namen Change wird als »vereinsamt« geschildert, obwohl Nachrichten von der Erde in ihren Himmelsbereich dringen. Mao fährt fort: »Die plötzliche Nachricht: / Auf Erden ergab sich der Tiger / In Tränen brechen sie aus / wie Ströme von Regen.« Der Tiger ist der Feind, über den die Revolution gesiegt hat. Die toten Helden weinen vor Freude.

Die Shaoxing-Oper von Shanghai endet mit der Auffahrt der Märtyrerin Yang Kaihui. Das Bühnenstück war sofort nach dem Ende der Jiang Qing in Angriff genommen worden. Heute wird es nicht nur im Opernhaus, sondern auch im Fernsehen aufgeführt. Der Chinese, der zum Leidwesen der Partei ohnehin zum Dämonenglauben neigt, wird nun davon unterrichtet, daß Personen aus höchsten Führungskreisen die Gnade übernatürlicher Existenz widerfährt. Ausgerechnet das moderne Medium, das Fernsehen, wird zum Mittler dieser alten Ungewöhnlichkeit.

Der authentisch genannte Bericht über die nationale Märtyrerin stammt von einer heute 81jährigen Frau namens Tao Xienhuai, die als Bettlerin zur jungen Familie Maos kam und dort als »Ayi« für die drei Kinder des Hauses sorgte. Sie teilte mit Yang Kaihui das Schicksal bis kurz vor der Hinrichtung.

Man erfährt einiges über das Familienleben Mao Zedongs in der Provinz Honan. Kaihui, so schreibt die Dienerin, habe dem Vorsitzenden große Hochachtung entgegengebracht. Sie war seine Mitarbeiterin, erledigte Büroarbeiten, scheute keine Mühen und sei schon zwanzig Tage nach der Geburt eines Kindes wieder bis Mitternacht tätig gewesen. Mao habe sie gern gehabt und – ein menschlicher Zug – nach der Niederkunft sogar persönlich aus dem Hospital abgeholt. Das Leben war ärmlich. Yang und Mao trugen Leinenblusen, billigsten Stoff.

1927, als Chiang Kai-shek gegen die Kommunisten vorging, mußte Mao die Familie verlassen. Er bat seine Frau, weiter für die Revolution zu arbeiten. Kaihui ging wie eine Bäuerin unter das Volk, schreibt Xienhuai, »sie hatte hervorragende Beziehungen zu den Massen«. Die Leute nannten sie liebevoll »Tantchen Xia«. Die Kuomintang entdeckte sie und nahm sie schließlich fest. In der Armeekaserne von Changsha begann ihre Leidenszeit.

Die Nationalchinesen interessierten sich für den Aufenthaltsort des gefährlichen Mao Zedong. Um Auskünfte zu erhalten, folterten sie Kaihui. Ein Baumstamm wurde ihr über die Knie gelegt, von beiden Seiten sprangen Soldaten drauf. Sie wurde geschlagen. Auch Tao Xienhuai, die Dienerin, wurde übel zugerichtet. Im Gefängnis hielt sich auch der Sohn Anyang auf, der später im Korea-Krieg fallen sollte.

Am 24. November wurde Yang Kaihui zum Hinrichtungsplatz geführt. Im Gefängnis herrschte Aufruhr. Die Dienerin und der Knabe klammerten sich an die schon gefesselte Frau. Kaihui schrie die Dienerin an, sie möge gefälligst zurückgehen und die Kinder aufziehen; wenn sie groß sein würden, hätten sie alle ein bessere Leben.

»Seid nicht traurig, Genossen«, habe sie den Gefangenen zugerufen, »lange lebe die chinesische kommunistische Partei.« Die Apotheose steht auch am Ende dieser Schilderung: »Ihre loyale Seele fuhr in den Himmel auf, und eine Atmosphäre der Gerechtigkeit erfüllte die Weiten. Sie wird für immer in den Herzen von Hunderten von Millionen Revolutionären leben.«

1957 und 1958, so schließt der Bericht, besuchte die Dienerin Mao Zedong, der sie freundlich empfing. Der Vorsitzende habe in Gedanken lange bei Yang Kaihui geweilt und »sie wieder und wieder gepriesen«. So gibt es nun zwei Frauen Mao Zedongs mit gegensätzlichen Schicksalen. Die Jiang Qing, die an irgendeinem Verbannungsort Zeugin ihrer letzten und härtesten Niederlage wird, und Yang Kaihui, die wiederauferstandene Märtyrerin. Kabale und Legende.

Bei Shanghai, 16. Oktober 1977

»Warum bist du nach China gekommen, ist es für dich zu Hause nicht schöner«, fragt mich der Bauer Wang Zongyi. Wir sitzen auf der Terrasse seines Hauses am Stadtrand von Shanghai. In der Abendsonne säumen die hohen Wohnkasernen wie eine leuchtende Flotte den Horizont. Davor Kanäle. Kräftige Burschen stoßen die Dschunken, über und über mit Gemüsekörben beladen, mit langen Stangen zur Ankaufstelle. Wind fährt in dunkle, schuppige Segel. Sie kommen jetzt von allen Seiten – Sternfahrt. Täglich beliefern die Bauern 500000 Menschen der Megapolis mit Kohl, Spinat oder Wintergmüse. Nachts und am frühen Morgen gehören die Einfallstraßen den Jungen und den Alten, die für ein Aufgeld Zentnerlasten auf Fahrradanhängern zu den Stadtmärkten bringen. Das helle Gemüse leuchtet im Funsellicht der Laternen.

Leises Stöhnen durchdringt die Stille. Der Weg ist weit. Die Transporträder haben ein Lenkrad mit doppeltem Gestänge. Der Fahrer liegt auf dem Gefährt, wenn er das untere Paar benutzt. Muß er Tempo aufnehmen oder eine ansteigende Strecke schaffen, greift er das obere Paar und steht senkrecht, mit aller Macht nach unten tretend. Auf dem Rückweg fahren die Jungen schnell, die Alten langsam. Kühler Wind kommt von den Kanälen, den Feldern, Platanen und Gärten entgegen. Jenseits der Kommune, fürs unbewaffnete Auge nicht erkennbar, dünstet am Morgen der Soochow-Fluß, ein Nebenstrom des Whampoo, der Shanghai umringt. Einst brachte er die Flut, die Land und Dörfer in ein totes Meer verwandelte. Das Dach wurde zur Arche, der Baum zur himmlischen Zuflucht. »Heute ist der wasserspeiende Drache gebannt«, sagt Wang Zongyi. »Aber ist es bei dir zu Hause nicht doch schöner?«

Es gibt nichts stilleres als eine Nacht auf dem chinesischen Land. Ich habe eine Pritsche auf die kleine Terrasse geschoben, die der Mond ganz weiß macht. Es gluckert und klagt im Kanal. Ich konnte auf Zongyis Frage, warum ich nach China gekommen sei, nicht mehr antworten. Die Abende sind hier nicht so ausgedehnt wie bei uns zu Hause. Der lange Abend ist sowieso eine Einrichtung des Bürgerlebens. Er gehört zur Stadt. Die künstliche Erleuchtung der Nacht kennt man nirgendwo auf dem Land.

Bei Shanghai, 20. Oktober 1977

Eigenartig, daß Zongyi mich fragt, warum ich nach China gekommen sei, vor drei Jahren dachte noch kein Chinese daran, einem Fremden eine Frage zu stellen. Fremde waren zu belehren. Man hatte sie aufzuklären über den Höhenweg des revolutionären Chinas und über den kapitalistischen Geisterzug im lichtlosen Tal. Ökumenische Souveränität in sozialistischer Gestalt. Weicht sie jetzt der Unsicherheit?

Heute hatten wir Zeit, miteinander zu reden. Es war ein langes, windungsreiches Gespräch, nach meinem Gefühl sehr offen, stellenweise rückhaltlos. Zongyi ist Tierzüchter, er hat für 200 mongolische Schafe zu sorgen. Die Geduld hat aus ihm einen Philosophen gemacht. Im übrigen gehört er dem Revolutionskomitee, der »Regierung« der Volkskommune, an. Er unterhält sich gern. Denn seine Frau, die seit zehn Jahren in der brigadeeigenen Drahtzieherei arbeitet, ist unter dem infernalischen Fabriklärm schwerhörig geworden.

»Ich komme aus dem Westen, Zongyi«, begann ich, »und der Westen hat sich seit meiner Jugend stark verändert. Ich will versuchen, das zu erklären. Als mein Großvater in der Kirche von Kortrijk aufgebahrt lag, füllte eine Verwandtschaft von mehr als hundert Köpfen die Bänke. Vorne, in der ersten Reihe, die Söhne in schwarzen Anzügen, auf Revers und Brust den Ordensschmuck des Ersten Weltkrieges, der die Familie geteilt hatte. Es blitzten die Eisernen und Belgischen Kreuze, über einer Medaille leuchtete frivol die Trikolore. Nun war Frieden in Flandern, so heißt das Land.

Ich stand, das christliche Symbol des Kreuzes in der Hand, vor dem Sarg, Enkel und Anführer des Totenzuges, eine Art, wie soll ich es dir erklären, ›himmlischer‹ Vorposten gegenüber den martialischen Vätern und Onkeln in der ersten Reihe. Wir waren eine große Familie mit all ihren Widersprüchen. Die Familie trug ihren Vater zu Grabe, es gab nur noch Nachkommen. Das Totengeleit ging über die Äcker, wo ich jedes Frühjahr bei der Bestellung Stahlhelme und Patronen ausgrub. Jetzt roch es nach zerhackten Rüben und offenen Mieten. Anfang November, Totenmonat bei uns zu Hause. Die große Familie gibt es heute nicht mehr und unter die Erde geht es ohne umständliches Zeremoniell.«

Wang Zongyi wiegt den Kopf hin und her. »Einen feierlichen Totenkult«, sagte er, »hatten wir auch. Meine Großmutter lag drei Jahre im Garten des Anwesens unter einem Schilfdach. Erst dann war der Wind- und Wasserdoktor auf die Stelle gestoßen, die der Seele der Verblichenen günstig sein sollte. Er verlangte viel Geld, aber wir konnten sie endlich beerdigen. Meine Tante lenkte den Pflug um den Hügel herum. Sie versorgte den Hof, denn die Männer waren alle im Krieg. Die einen bei den Kommunisten, die anderen bei Chiang Kai-shek.

Eine Wiedervereinigung der Familie gab es nach dem Krieg allerdings nicht. Mein Vater blieb verschwunden. Ein Onkel kam mit einem Bein nach Hause, er konnte nicht mehr als Bauer arbeiten. Der andere Onkel wird jetzt vielleicht rehabilitiert. Er war beim Kuomintang hängengeblieben und hatte die Fahne nicht wechseln wollen. Ein Konterrevolutionär – bah. Dreißig Jahre hat er Wassergräben ausgeschachtet, eine Frau haben durfte er nicht, keine Söhne. Darüber trauert er jetzt, wenn er dasitzt und den Tabak seiner alten Tage raucht. Ich bringe ihm manchmal einen Becher Wein und lache über ihn. Weißt du, ich bin ein Chinese. Stirbt er, will ich ihn verbrennen. Wenn's nach der Tante geht, vergraben wir ihn am Bahndamm. Aber sag' mir, wie denkt man denn heute im Westen, gab es dort viele Änderungen?«

»Ja, Zongyi«, sagte ich, »viele Menschen im Westen sind ungläubig, ängstlich und unzufrieden. Ein Fremder, der uns besucht, möchte das zunächst nicht glauben, denn die Länder gelten, mit China verglichen, als fortgeschritten und es gibt gesicherte Rechte. Vielleicht geht es den Leuten zu gut. Sie verschließen jedenfalls gern die Augen vor Gefahren, vor Krieg, Macht und Risiko, vor dem Ende der Vorräte, erleben aber die Katastrophen in düsteren Einbildungen und Phantasien. Der Pessimismus nimmt zu. Weil ihre Welt, mit China verglichen, reich ist, können sie sich alle möglichen Ablenkungen leisten. Aber das Gemüt hängt wie eine Trauerweide über der Welt.

Ich verdamme nicht, wie du jetzt vielleicht meinst, die bürgerliche Kultur. Das westliche Bürgertum, das ihr mit dem Schmähwort des Kapitalismus zudeckt, hat die Technik, die Technologie und das Management hervorgebracht, die ihr nun importieren wollt. Nutzung der Naturkräfte, Rationalität und Organisation sind Leistungen, ohne die sich heute niemand modernisieren kann. Im übrigen bedienen sich viele unausgesetzt der schärfsten, durchaus edlen Hervorbringung bürgerlicher Kultur: Der Selbstkritik. Sie bezieht sich bei euch immer nur auf Gruppen oder Ereignisse: Auf die Kulturrevolution oder die Viererbande – bei uns aufs Ganze. Man kann sogar Selbstmord damit begehen.«

Zongyi lacht: »Was deine Welt betrifft, bist du ja selbst unzufrieden, ungläubig und ängstlich. Ich verstehe nicht alles, was du sagst, aber du glaubst offenbar, wir Chinesen sähen die Wirklichkeit schärfer, realistischer. Wenn das richtig ist, wurde die Erkenntnis doch teuer erkauft: Wir kommen aus dem Elend, das keine Würde mehr besaß, und sind in eine Armut aufgestiegen, die uns fast schon mit Stolz erfüllt. Unsere Sehnsucht richtet sich nicht auf die Erinnerung. Wir haben nichts verloren, was wir zurückhaben wollten. Das gibt unserer Kritik und Selbstkritik eine andere Richtung.

Meine Mutter verhungerte, mein Vater verschwand im Krieg, die Lebenshoffnung galt dem Neuen und sie hat, wie ich dir sage, nicht getrogen, denn meiner Familie ging es seit Generationen nicht so gut wie heute. Dieses Haus gehört mir seit 19 Jahren, fünfmal zwei Hände tragen zusammen, und es ist so viel, daß ich pro Jahr 300 Yuan auf die Bank tragen kann. Freilich, die Kommunen um Shanghai gelten als reich. In anderen Teilen des Landes gibt es noch Not. Ich bekomme zwar keine Pension, kein Bauer bekommt sie, aber ich habe Familie. Den Arbeitsplatz zu wechseln, wäre mir nicht erlaubt, aber ich habe es ja nicht nötig. Mein Sohn darf in Shanghai in der Fabrik arbeiten, weil er Soldat war. Durch ihn ist unsere Familie ›ruhmreich‹.

Denke nur nicht, wir hätten keine Probleme, nur weil die unsrigen einfacher sind, vielleicht die Seelen nicht so verdunkeln wie du sagst. Umwölkt ist unsere Zukunft. Ich sitze im Revolutionskomitee der Kommune und kenne die Zahlen über unsere Wirtschaftsentwicklung. Wenn wir das Bevölkerungswachstum nicht drastisch senken können – auf Null bis zum Jahr 2000, auf zehn Promille sofort – wird China von der Not wieder eingeholt. Xichang, meine Tochter ist Barfußärztin, sie weiß viel, sie gibt täglich die Pille aus.

Die Leute lassen nicht gern abtreiben, die Väter wünschen sich immer noch mehrere Söhne – für die Sicherheit. Die schönste Feier ist die Ankunft eines Sohnes. Am 30. Tage seiner Geburt wird das Fest ausgerichtet. Dann gibt es lange Nudeln – sie bedeuten langes Leben.

Wir leben am Rande des physischen Elends, ihr am Rande des seelischen. Du sprichst, als wäret ihr am Ende, ich glaube, wir sind am Anfang. Beiden gemeinsam ist eigentlich, daß wir Opfer bringen müssen, jeder auf seine Weise. Nach dem Revolutionskrieg, 1949, war hier mal ein Genosse aus dem Westen zu Besuch. Er beklagte die hohen Verluste, die unsere Armee erlitten haben soll, und er tat es so lebhaft, daß unser Vorsitzender ihm eine Antwort erteilen mußte. ›Höre mal, Du bist doch Genosse‹, sagte er, ›was sollen diese christlichen Gedanken?‹ Das war eine kluge Antwort. Siehst du, so muß jeder mit Versuchungen fertig werden.«

»Wir reden von derselben Sache, Zongyi, aber wir argumentieren gänzlich verschieden«, antwortete ich. »Am nächsten kommen wir uns bei der Betrachtung des Sinns für die Wirklichkeit. Er ist bei euch stark entwickelt, bei uns flüchtig wie reiner Alkohol. Überall, bei Jung und Alt, kannst du in den meisten westlichen Ländern eine Neigung zur Realitätsflucht beobachten. Nimm die Energiekrise als Beispiel. Jeder klagt über sie, aber nur wenige beschäftigen sich mit den tatsächlichen Gründen und Folgen der Abhängigkeit, in die wir geraten sind. Die Abhängigkeit ist nicht vorübergehend, denn sie betrifft zahlreiche, lebensnotwendige Rohstoffe, für die es keinen Ersatz gibt, nicht nur das Öl. Ressourcen sind zu Faustpfändern der großen Politik geworden. Die Lieferanten bestimmen nicht nur die Preise. Sie können jederzeit politische Konzessionen einfordern. Sie können, bei entsprechender Entschlossenheit, eine Änderung des Weltwirtschaftssystems erzwingen. Diese Gefahr wird bei uns gern verdrängt. Man lebt leicht darüber hinweg.

Wie wurden wir reich? Die Rohstoffe wurden im vergangenen Jahrhundert durch Preisdiktate billig erworben und durch Technik, Technologie, Organisation und Weltmärkte in riesige Handelsgewinne verwandelt. Ingenium und Ausbeutung machten die Industrieländer reich. Der Kolonialismus. Sie erstarkten dadurch auch politisch und militärisch. Mich geniert das nicht. Macht wurde das Fundament des westlichen Wohlstands. Dieses Fundament bröckelt jetzt ab. Der europäische Imperialismus, der ja auch tief in die Geschichte Chinas eingegriffen hat, gehört der Vergangenheit an. Den Europäern und ihren amerikanischen Schülern, all den Nachahmern des industriellen Systems, ist der technologisch-ökonomische Vorsprung geblieben und ein immer mehr provozierender Wohlstand – aufgrund der immer noch vorhandenen Imbalance zwischen Rohstoffpreisen und teuren Industrieprodukten.

Aber dieses für uns so vorteilhafte Ungleichgewicht wird von den Rohstoffbesitzern jetzt vehement bekämpft. Die westliche Öffentlichkeit reduziert das Problem auf eine ›Ölkrise‹, die Intelligenz spricht vom ›Ende des Wachstums‹. Beides ist nicht falsch, aber unvollständig und verharmlosend. Denn in Wirklichkeit handelt es sich um eine Existenzkrise unseres Industriesystems, das sich selbst mit den höchsten sozialen Leistungen ausgestattet hat. Der Arbeiter – ein König, das Leben – ein Paradies. Alles wird fraglich, weil Rohstoffe ›politisch verknappen‹. Die Besitzer können uns erpressen. Ich sehe einen Rohstoff-Terrorismus voraus.

Die Ressourcen-Krise ist also ein dauernder, leider durchaus plausibler Kriegsgrund. Aber der Westen wird um seine Existenz keinen Krieg führen. Nicht, weil er edel oder vernünftig geworden wäre – wieviele Kriege wurden um weniger wichtige Ziele geführt –, sondern weil er schwach ist und die Realitäten leugnet. Ein Guckindieluft. Vielleicht könnt ihr uns Tatsachensinn lehren.«

»Weißt du«, sagt Zongyi, »ihr Europäer wart einmal Wölfe, nun gleicht ihr einer Herde Schafe. Die Wandlung ist erstaunlich. Es muß etwas falsch sein an eurer Erziehung.«

Bei Shanghai, 22. Oktober 1977

In Zongyis Haus. Man betritt es durch einen Garten, der von Pflanzen überquillt. Das private Stück Land, 150 mal zehn Meter, wird in mehreren Etagen bebaut. In Gürtel- und in Augenhöhe hängen Holz- und Tonschalen mit der Gewürzzucht. Sie bringt gutes Geld auf dem Dorfmarkt. Zu ebener Erde die Küche, in der Zongyis Frau am frühen Morgen die Reissuppe und abends das Gemüsemahl kocht. Neben dem Herd aus Ziegeln ein Tisch mit sechs Stühlen. Pfannen und Töpfe hängen an der Wand. Zehn Reisschüsseln und Porzellanlöffel sind das Gedeck. Hinter der Küche liegen noch zwei Räume für Vorräte und Gartengeräte.

Die Treppe zum ersten Stock mündet in einen 12 Quadratmeter großen Wohnraum. Eine Vitrine, ein Schrank, ein provisorisches Gästebett, noch ein paar Stühle und ein niedriger Tisch bilden das Mobiliar. Der Blick geht auf einen Balkon und über die Kanäle. An den Wänden hängen Bilder aus Zongyis Militärzeit und einige Wimpel, Preise im Viehzuchtwettbewerb. Vom Wohnraum geht man in zwei Schlafzimmer. In dem einen schläft Yingchao, die Frau, zusammen mit der Tochter, im anderen der Bauer mit Sohn und Schwiegersohn. Nicht strenge Familienplanung gebietet die Trennung, sondern alte chinesische Sitte. Zongyi und Yingchao haben das harte, enthaltsame Landleben in den elterlichen Strohhütten erlernt. Zeit der Begegnung war stets nur der Frühling. Diese »Sitte« wird im modernen China zur Seltenheit.

Bei Shanghai, 27. Oktober 1977

»Man muß aufpassen, sie spucken die Pille manchmal aus«, sagt die Tochter Zongyis, die Barfußärztin, lachend. Wir gehen über einen schwankenden Holzsteg auf die andere Seite des Kanals, um den »Frauenkader« abzuholen. Der Kader wartet schon auf uns, eine schweigsame, aber freundliche Person, die mit der Aufgabe betraut ist, Familien zu beraten, Streit zu schlichten und bei der Kindererziehung zu helfen. Heute besucht sie eine Frau, die das vierte Kind erwartet. Die Schwangerschaft soll abgebrochen werden.

Ohne anzuklopfen, aber laut grüßend, gehen wir in die Küche der winzigen Hütte. Im Zwielicht brauche ich einige Zeit, bis ich die Frau sehe. Sie sitzt auf dem großen Bett und strickt. Sie sieht nicht auf. Der Frauenkader beginnt mit ihr zu sprechen. Jeder im Dorf wisse schon, sagt die Funktionärin, daß sie das vierte Kind erwarte. Sie habe schon drei, darunter einen Sohn. Ein viertes Kind sei wirklich zu viel. Sie gebe damit kein gutes Beispiel. Die meisten anderen Frauen ihres Alters hätten nur zwei, manche sogar nur eines. Sie müsse daraus selbst die Konsequenzen ziehen.

Die Frau auf dem Bett versteht die Aufforderung. Sie schüttelt den Kopf. Sie wolle sich das Kind nicht nehmen lassen, sagt sie leise. Diesen Satz wiederholt sie. Auch die Funktionärin wiederholt mit leiser, singender Stimme ihre Aufforderung. Der Frau auf dem Bett kommen Tränen. Ich frage, wo der Mann sei. Das hier sei Frauensache, versetzt die Barfußärztin kurz. Wir gehen. Am nächsten Tag wird der Frauenkader wieder vorsprechen. Die Barfußärztin will der Schwangeren ein paar Gewürze als Geschenk mitbringen. Die Behandlung wird so lange fortgesetzt, bis die Frau in die Abtreibung einstimmt.

Dann geht alles ganz schnell. Die Kommune hat ein Krankenhaus. Dort saugt ein Arzt ab. Am nächsten Tag kann die Frau schon wieder nach Hause gehen.

Bei Shanghai, 2. November 1977

Im Westen macht man sich über das kommunistische Herrschaftssystem vielfach einen falschen Begriff. Regiert wird im allgemeinen nicht mit Unterdrückung, sondern durch Organisation, die dauerhafte Beeinflussung gewährleistet. Der Organisationsgrad des Chinesen ist einmalig. Die Mitglieder der Volkskommune, in der ich gerade weile, sind dafür interessante Zeugen.

Jedes Kommunemitglied gehört auf verschiedenen Ebenen einer oder mehreren Organisationen an: Die Kommune gliedert sich in Produktionsgruppen (das ist die ökonomische Rechnungseinheit, das »Dorf«, dem die Landwirtschaft obliegt), in Produktionsbrigaden, zu denen die Kommuneindustrie gehört, und die Kommune selbst mit dem leitenden Parteikomitee und dem verwaltenden Revolutionskomitee. Die Brigade wird von einer Verwaltungskommission geführt, die Produktionsgruppe von einem Gruppenkomitee. Beide werden von der »Basis« gewählt.

Unabhängig von diesem staatsähnlichen Aufbau existieren Massenorganisationen mit verschiedenen Mitspracherechten wie Frauenverband, Verband der »Armen und Mittelbauern«, die in den Produktionsgruppen die Rechnungsführung kontrollieren. Für die Jugend wurden der Kommunistische Jugendverband (ab 14 Jahre), die Jungen Pioniere und die Schülervereinigungen geschaffen. Schlichtungsgruppen beschäftigen sich mit Streitfällen, die Gruppe für Öffentliche Ordnung übernimmt den Objektschutz, die Hygienegruppe besorgt die Volksgesundheit. Eine eigene Organisation ist die Volksmiliz.

Die Menschen werden also »dicht«, in gewissem Sinne hautnah verwaltet. Der Partei kann eigentlich nichts entgehen. Wissen ist Macht.

Bei Shanghai, 5. November 1977

Ich hatte Glück, daß ich sie traf und daß sie redete. Recherche ist hier Mosaikarbeit und Glück. Weil ihre Brigade noch nicht voll mechanisiert ist, geht sie nach dem Pflügen über den Acker und hackt die Krume klein. Dabei traf ich sie gestern. Sie hat drei Kinder, und als die Rede auf ihre Hochzeit kam, mußte sie lachen. Sie hielt sich dabei am langen Stil der Hacke fest: »Nein, den Mann habe ich selbst gefunden und geheiratet. Bei den Eltern war's noch ganz anders...«

Je frischer sie drauflos erzählte, desto deutlicher wurde allerdings, daß Heiraten auch dreißig Jahre nach dem Sieg der Revolution keineswegs nur eine Kindersache ist. Es gibt weiterhin übermächtige Regeln, die im Unterschied zu früher allerdings nicht mehr von den Eltern allein bestimmt werden. Der Tradition ist eine ruinöse Konkurrenz erwachsen. Die Partei, als die alles ordnende Lebensmacht, als Über-Vater, Patron und Quelle der Weisheit, hat dem Volke (im Westen sagt man »der Gesellschaft«) das Recht der Ehestiftung entzogen.

Es beginnt damit, daß Heiraten unter einem bestimmten Alter nicht erlaubt ist – mit Blick auf das häufige Scheitern von Frühehen in unserem Kulturbereich eine intelligente Verordnung. Die Partner sollen zusammen zwischen 48 und 50 Jahre zählen, damit der Kindersegen einen möglichst späten Anfang nimmt. Das Aufgebotsalter auf dem Lande ist für Mädchen 23, für Männer 25, in der Stadt 25 beziehungsweise 28. Familienplanung gehört zur Überlebensstrategie. Zukunftspläne sehen sogar die Ein-Kind-Ehe vor. In China leben nach offiziellen Angaben 970 Millionen, nach Schätzungen bereits über eine Milliarde Menschen.

Vorehelicher Geschlechtsverkehr ist ebenso verpönt wie späteres »Fremdgehen«. Die »mores« entstammen der Politik, nicht der Moral. Die Pille wird nur an Verheiratete (kostenlos) ausgegeben. Kommt »wider die Regel« ein Kind, muß geheiratet werden, aber der Lebenslauf hat einen Knick. Der Übelstand wird nicht nur in den Dossiers des Parteisekretariats, sondern auch in der Gemeinschaft vermerkt, die sich – trotz aller Emanzipation – um ihre diskrete Ehestifterrolle betrogen sieht.

Denn »vermittelt« wird die Ehe nach wie vor. Es ist freilich nicht mehr so viel Geld im Spiele, daß wie früher ein Erwerbszweig daraus werden könnte. Die traditionelle Ehevermittlerin verband Detektiv- mit Werbearbeit, ihr Gewerbe blühte in der Verschwiegenheit der »Höfe«. Das Ziel ihrer Arbeit bestand darin, die inneren und äußeren Vorzüge eines heiratsfähigen Mädchens herauszufinden, das im alten China nie in der Öffentlichkeit auftrat, sowie Stand und Vermögen interessierter Familien richtig zu taxieren. Das Geschäft war voller Risiken, eine Pechsträhne konnte den Ruf der Vermittlerin ruinieren.

Heute, da die Menschen einander offener begegnen und der Staat die Vermittlung als Gewerbe nicht duldet, ist der Arrangeur in die Rolle des Ratgebers, der findigen Person mit »guten Ideen« zurückgewichen, und als Salär winkt ihm höchstens eine Mahlzeit, wenn's hoch kommt, am Hochzeitstisch.

Die Entscheidung über den Abschluß der Ehe lag auch früher bei anderen – bei den Eltern und den Astrologen, die Stunde, Tag, Monat und Jahr der Aspiranten (die »Acht Schriftzeichen«) zu überprüfen hatten. Trafen zum Beispiel das Element »Wasser« und das Element »Feuer« zusammen, wurde der Heiratsplan ohne Zeremoniell aufgegeben. Die Stellung des Astrologen – auch sie nimmt heute die Partei ein, in abgewandelter, rationalisierter Form.

Die junge Bäuerin erzählt: Als sie sich mit ihrem Freund einig geworden war, meldeten sich beide in der Verwaltung der Volkskommune, beim Revolutionskomitee. Dieses Komitee ist die »Regierung«, die nach den grundsätzlichen Weisungen der Partei das Gemeinwesen verwaltet. Sie und er wurden von einem Sekretär getrennt empfangen. Fragebögen wurden vorgelegt: Wie hast du den anderen kennengelernt? Durch Vermittlung? Wie lange seid ihr befreundet? Warst du schon einmal verheiratet? Die Behörde will mehr wissen als bei uns einst der Pfarrer.

Die Antworten werden schriftlich festgehalten. Dann beginnt das Revolutionskomitee zu ermitteln. Mitglieder der Produktionsgruppe(n) (kleinste Verwaltungseinheit, in unserem Sinne das »Dorf«), wo die Heiratswilligen zu Hause sind, werden befragt. Man möchte feststellen, ob die beiden wahrheitsgemäße Angaben gemacht haben. Auch der Gesundheitszustand interessiert. Geisteskranke zum Beispiel dürfen in China nicht heiraten. Nur wenn der (akademische) Arzt die Heilung bestätigen kann, wird der Weg freigegeben.

Stellen sich alle Angaben als korrekt heraus und hat die erfahrene Behörde zudem den Eindruck, daß beide zusammenpassen und nicht zu einer Quelle des Unfriedens werden, äußern auch die Arbeitsvorgesetzten nichts Nachteiliges und kommt schließlich nichts politisch Beunruhigendes zu Ohren, so wird den Brautleuten nach spätestens 14 Tagen oder drei Wochen der Heiratsschein ausgehändigt. Er besteht aus einem Blatt von der Größe eines Reisepasses und ist außen rot.

Auf der linken Seite außen stehen drei Zeichen: »Dokument über die Eheschließung«. Wendet man das Blatt, so findet man rechts Namen und Alter der Partner sowie den Vermerk »freiwillige Eheschließung entsprechend dem Ehegesetz der Volksrepublik China«. In grauen Schriftzeichen untergedruckt sind die Ermahnungen »Familienplanung« (also nicht mehr als zwei Kinder), »Fleißig und Sparsam«. Auf der linken Seite wurde ein Ausspruch Mao Zedongs abgedruckt: Kernkraft des Landes sei die kommunistische Partei, Grundlage der Marxismus-Leninismus.

Die Ehelegalisierung trägt zwar Züge eines Untersuchungsverfahrens, doch ist auch sein emanzipatorischer Gehalt unübersehbar. Bei der traditionellen Heirat lag die Last der Verpflichtungen bei der Frau, die, nachdem sie sich unter herzzerreißenden Klagen von ihrem Elternhaus verabschiedet hatte, vom Ehemann mit drei milden Fächerhieben empfangen wurde, damit sie ihrer dienenden Rolle eingedenk sei. Zuerst war das (eigentlich unerwünschte, aber dann doch geliebte) Mädchen Dienerin der eigenen Eltern gewesen, von nun an aber Dienerin der Eltern ihres Mannes und des Gemahls selbst. Warme, unbeschwerte Tage erlebte sie allenfalls später als Witwe: Sie hatte dann zwar dem Sohne zu gehorchen, aber der Sohn diente ihr mit Liebe.

Heute hat sich die Partei wie eine Sonne über alle gesetzt. Aber wie die Sonne am Abend untergeht, so beginnen nach der offiziellen Eheschließung vor dem Revolutionskomitee, insgeheim schon lange vorher, die weniger rationalen, doch überaus praktischen, lebenserprobten Kräfte der Tradition zu walten. Sie führen ein so zielstrebiges und forderndes Regiment, daß ein hoher Funktionär mir jüngst eingestand, Heiraten sei in China, vor allem aber auf dem Lande, eine ungemein kostspielige Angelegenheit. Die Leute fänden sich nicht mit dem Ritual des offiziellen Genehmigungsverfahrens ab, sondern wünschten zum Eheschließen »die große Zeremonie«.

Das sieht dann so aus, daß vor dem Gang zum »Eisenhammer« des Revolutionskomitees zwischen den Familien der Kinder diskrete Gespräche über die »finanzielle Seite« der Freude stattfinden. Nicht selten findet es die Familie des Mädchens angebracht, daß der Bräutigam (oder seine Seite) ein neues Haus baut. In den Volkskommunen gehört das Haus ohnehin zum Standard, es ist (vom Boden abgesehen) Eigentum des Bauern und kostet, je nach Lage, Größe und Qualität zwischen 2000 und 6500 Yuan.

Ob es immer gleich ein Neubau sein muß oder der Bräutigam mit einem Renovierungszuschuß für das Haus der künftigen Schwiegereltern wegkommt, bleibt im Dämmer der Gerüchte. Die Bäuerin, mit der ich mich unterhalte, denkt gerne daran zurück, daß sie am Hochzeitstag in ein nagelneues Häuschen ziehen konnte. An Mädchenkauf soll freilich nichts erinnern. Die Transaktionen bleiben daher hinter den Bräuchen in der vorrevolutionären Zeit zurück. Damals haben sich Leute fürs Leben ruiniert. Sie mußten der Begehrten wegen hohe Schulden eingehen. Juwelen, Seidenballen und Kunstgegenstände wurden ins Haus der Brauteltern getragen, um den Verlust des »Goldstücks« aufzuwiegen. Zum Trost entsprach die Mitgift, die aus umgekehrter Richtung eintraf, oft dem Wert der Entschädigung.

Doch werden bei Hochzeiten auch heute die Sparguthaben von Jahren abgehoben, und es ist nicht selten, daß die Verwandtschaft des Jungen vorschießen muß. In einer Kommune wurde mir neulich erzählt, ein Mädchen habe vor der Hochzeit 70 neue Kleider anfertigen lassen. Zehn Bettdecken aus Seide seien nichts Ungewöhnliches und »beste Möbel« guter Stil. Es müßten dann schon »36 Füße« sein, was geteilt durch vier auf neun neue

Möbelstücke hinausläuft, die der Bräutigam und seine Familie für die Lebensentscheidung anzuschaffen haben.

Damit nicht genug. Stark ins Geld geht das kulinarische Ausrichten des Familienereignisses. Die meisten Hochzeiten werden für das Frühlingsfest beantragt, weil es der Tradition entspricht und weil der Staat für das alte Fest drei freie Tage gewährt, die nicht der Partei gehören (wie der 1. Mai), sondern dem Volk. Wie an Ostern und Pfingsten in westlichen Ländern, erfährt auch das chinesische Leben in dieser Reihe schöner Tage durch Hochzeit eine kräftige Steigerung.

Die Phantasie der schlichten Menschen richtet sich dabei aufs Essen. Wenn die Hochzeit aufs Frühlingsfest fällt, wird eben drei Tage lang gegessen (und getrunken) und nicht zu knapp. Sache des Jungen und seiner Familie ist es, die erreichbare Verwandtschaft beider Brautleute einzuladen. Da diese in der Regel weit verzweigt ist, kommen 20 bis 30 »Tische« zusammen. Ein Tisch hat zehn Gedecke; in China steht die Zahl zehn für »Vollkommenheit«. Das macht bei dreitätigem Schmausen also weit mehr als eintausend Essen (und die entsprechenden Getränke) aus. Ein teures Fest.

Der kommunistische Jugendverband und die Partei machen gegen diese »Verschwendung« Front, bislang aber ohne durchschlagenden Erfolg. Die Empfehlung, »nur einen Tag« oder vielleicht »den Abend davor« zu feiern und an die Bauern schlicht Bonbons zu verteilen, stößt auf die bezeichnendste Reaktion, nämlich auf gar keine. Dabei hätten es viele junge Leute gern schlichter, schon um die hohen Ausgaben zu vermeiden. Was durch die Aussteuer der Braut heute hereinkommt – Betten und Hausrat – und durch die Hochzeitsgeschenke der Verwandten, wiegt die Kosten nicht auf. Aber die Tradition, auf die »Einmaligkeit« der Heirat, auf »Ehre« und »Ansehen« pochend, ist mächtiger.

Nur von einer derben Sitte haben sich die Bauern befreit. Was wir »Brautentführen« nennen, hieß in China früher einfach »Nekken«. Die Hochzeitsgesellschaft begab sich nach dem Schmause ins Schlafgemach der Frischvermählten und traktierte die Braut mit deftigen Witzen. Allerlei anzügliche Spiele wurden aufgeführt. So hatte der Bräutigam ins Gewand der Braut zu greifen und Kommentare abzugeben. Man nannte das »den Fisch berühren«. Oder er mußte der jungen Frau einen Mund voll Wein einflößen, so oft, bis kein Tropfen danebenfloß. »Aus der Fleischtasse« trinken, hieß der Scherz.

Von solchen Drangsalierereien, in denen die Objektrolle der Frau zum Ausdruck kam, ist die Chinesin heute verschont. Die Sexualmoral, die nach dem zwiespältigen Urteil des Konfuzius für den Mann so weit gespannt war, daß ihm die Institution des Konkubinats und die Prostitution zur Verfügung standen, ist heute streng, ja prüde und für die Geschlechter gleich gefaßt. Nach außen hin. Auch ein Verstoßen der Frau – es kam in der Praxis allerdings selten vor – ist ausgeschlossen. Es gibt kaum Scheidungen und es gibt keine Junggesellen. Es gibt eigentlich nur ein Problem: Den Geburtenüberschuß des unbegrenzt fruchtbaren Volkes.

Peking, 10. November 1977

Die große Ausstellung alter Malerei im Kaiserpalast. Die Bilder hängen schlecht, zu eng. Daß gerade sie Raum benötigen, wird nicht beachtet. Durch die Zeiten blieb das Wesen dieser Malerei stabil. Am eindrucksvollsten sind die Darstellungen, auf denen sich der Mensch und seine Architektur in die Natur einfügen.

Oswald Spengler sagte das im »Untergang des Abendlandes« in dem Kapitel über »Das ägyptische und das chinesische Ursymbol«. Während der Ägypter, der Notwendigkeit folgend, schreite, wandele der Chinese durch seine Welt. Ihn geleiteten nicht steinerne Schluchten mit fuglos geglätteten Wänden der Gottheit oder dem Ahnengrab zu, sondern die freundliche Natur selbst. Nirgends sei die Landschaft so zum eigentlichen Stoff der Architektur geworden wie in China. »Aus der Architektur der Landschaft erst erklärt sich die der Bauten, ihr flaches Sicherstrecken und die Betonung des Dachs als des eigentlichen Ausdrucksträgers. Und wie die verschlungenen Wege durch Tore, über Brükken, um Hügel und Mauern doch endlich zum Ziele führen, so leitet die Malerei den Betrachter von einer Einzelheit zur anderen, während das ägyptische Relief ihn herrisch in eine strenge Richtung verweist. Die ägyptische Architektur überwältigt das Bild der Landschaft, die chinesische schmiegt sich ihm an...«

Peking, 12. November 1977

Drei Wochen lang ist Pol Pot durch China gereist, von hohen Funktionären begleitet. Über den Zweck herrschte Schweigen. Jetzt ließ ein chinesischer Beamter die Bemerkung fallen, es handle sich um ein »pädagogisches Unternehmen«. Aus dem Mosaik der Kleininformationen geht jedenfalls hervor, daß Peking über die Innenpolitik der Roten Khmer ebenso besorgt ist wie über die Außenpolitik der Vietnamesen. Die Gerüchte über Massenhinrichtungen verdüstern das kambodschanische Bild. Nicht »Genozid«, sondern »Soziocid« ist der richtige Begriff: Schichten werden ausgerottet, ganze gesellschaftliche »Stradas«, ganze Berufsgruppen.

Was für ein System beherrscht das wegen seiner Milde so oft und falsch gerühmte südostasiatische Land? Wer sind Pol Pot, Khieu Samphan, Ieng Sary, Son Sen, Hu Nim, Hou Yuon – Namen, die für uns nichts, für Millionen Kambodschaner aber das Schicksal höchstpersönlich bedeuten? Was wollen diese Revolutionäre? Die Welt verändern oder das Land tyrannisieren oder Kambodscha einen nationalen Sozialismus von bislang unbekannter Radikalität aufprägen? Wie in den meisten asiatischen Fragen sind es auch diesmal die Franzosen, von denen ich hier in Peking mehr erfahren kann als von anderen.

Hinter der ANGKAR, der »Organisation«, die sich ja nun als Kommunistische Partei bezeichnet, stecken etwa 15 Intellektuelle im Alter zwischen 40 und 55 Jahren. Pol Pot ist 53. Die miteinander verschwägerte und eng befreundete Gruppe studierte in den vierziger und fünfziger Jahren in Frankreich. Der heutige Staatspräsident Khieu Samphan (gleichzeitig Chefideologe) und Informationsminister Hu Nim schrieben Dissertationen über die Agrarstruktur Kambodschas. Khieu Samphan veröffentlichte seine radikalen Ideen auch in einer eigenen Zeitung, die den Namen »L'Observateur« trug. Über Weltrevolution steht dort nichts. Nur über Nationalrevolution.

Die Gruppe ging konspirativ und terroristisch vor. Mit der von Hanoi geschaffenen »Indochinesischen Kommunistischen Partei« wollten die Chauvinisten nichts zu tun haben. Innerhalb von sieben Jahren entwickelten sie die Eintausend-Mann-Guerilla zu einer Armee von zwölf Divisionen. Was ihr Sieg bedeutete, erlebten die drei Millionen Menschen, die sich am Ende des Vietnam-Krieges in Phnom Penh zusammendrängten, 24 Stunden nach dem Einmarsch der Khmer-Verbände. Nur mit dem, was sie gerade am Körper trugen, wurden sie auf Lastwagen verladen und aufs Land transportiert. Wer nicht tot ist, arbeitet dort heute noch.

Die radikale Ouvertüre brachte den Revolutionären den Ruf »zelotischer Reformer« ein. Den Chinesen ist es peinlich, daß Pol Pots Leute sich auf Mao Zedong berufen. Tatsächlich gibt es Epigonenhaftes, vor allem in der Militärtaktik, aber auch in der Radikalität des Denkansatzes; andererseits grundlegende Verschiedenheiten. So zählt beispielsweise die – Mao Zedong so fremde – kollektive Führung zu den Prinzipien der geheimnisvollen kambodschanischen Herrschaft. Khieu Samphan, Ieng Sary, Pol Pot alias Salot Sar und Son Sen schlossen sich in Frankreich nach dem 20. Parteitag in Moskau und der »Entstalinisierung« einer radikalen Kritikergruppe an, die gegen den Personenkult des Kommunistenführers Maurice Thorez Front machte.

Die Arbeit in Kambodscha nahm die Gruppe in den sechziger Jahren auf. Ieng Sary und Salot Sar waren als Lehrer in Phnom Penh tätig. Son Sen, der nachmalige Verteidigungsminister, war sogar Direktor einer Schule. 1963 verschwanden die drei. Nur Salots Sars Frau redigierte im englisch sprechenden Stab von Prinz Sihanouk das Magazin »Kambuja« weiter. Khieu Samphan sowie der spätere Innen- und Reformminister Hou Yuon und Hu Nim, der zweite Ideologe, tauchten 1967 unter. Auch sie gingen in den Dschungel, um die Guerilla aufzubauen.

Die Lebensläufe, soweit sie bekannt sind, muten streng, ja mönchisch an. Mit dem Bordell- und Opium-Ambiente des Establishments von Phnom Penh (dazu gehörte auch die vietnamesisch gestützte, seit 1951 existierende KP) hatten die »Revolutionäre«, wie sie sich nannten, nichts gemein. Den »Himmel auf Erden«, wie Sihanouk-Bewunderer heute noch das alte dahindämmernde Kambodscha und seine leichtfertige Hauptstadt bezeichnen, akzeptierten sie nicht.

Die persönliche Verfilzung der »Revolutionäre« hat mit Korruption nichts zu tun. Sie federte offenbar alle psychischen Erschütterungen des gewaltsamen Experiments mit acht Millionen Menschen ab, von denen zwei im Laufe von nahezu drei

Herrschaftsjahren ums Leben gekommen sein dürften. Die Tötungen folgten wie alles, was die Männer und Frauen um Pol Pot taten, einem System, das ungleich radikaler, aber ähnlich selbstgerecht war wie die Schreckensherrschaft in der Französischen Revolution. Überflüssig, hinderlich, gefährlich für die Experimente der neuen Herren waren folgende Gruppen und Schichten:

- nicht umerziehbare und nicht arbeitsfähige alte Leute;
- Anhänger der vietnamesisch gestützten Kommunistischen Partei Kambodschas;
- Anhänger, Bedienstete, Soldaten der Sihanouk- und Lon-Nol-Ära;
- Intellektuelle, vor allem Lehrer, Journalisten, Wissenschaftler;
- buddhistische Mönche, deren Klöster von der dünnen Schicht der Besitzenden, meist Chinesen, profitierten;
- die 500000 Chinesen, die in der schönen, von französischer Kolonialarchitektur geprägten Stadt Phnom Penh lebten. Sie wurden aus ihren schmalen Geschäftsstraßen vertrieben. Die meisten passierten 1975 die Grenze nach Vietnam. Peking ist darauf bis jetzt mit keinem Wort eingegangen.

Alle diese Menschen stürzten in den Orkus einer Ideologie, die auf fünf verführerischen Stichworten beruht: Gleichheit; alles aus eigener Kraft schaffen; keine Importe beziehen; statt dessen Exporte erhöhen; keine Selbstverantwortung der Menschen dulden – »heile Welt« der vollständigen Verantwortungslosigkeit. Warum und zu welchem Zweck?

Die Antwort klingt überraschend rational. Die 15 Leute mit den Ideen, Diplomen und Doktorarbeiten aus den radikal-marxistischen Randbereichen der französischen Universitäten waren zu der Ansicht gelangt, daß die Anbindung eines reinen Agrarlandes wie Kambodscha an die industrialisierte Weltwirtschaft nur zuungunsten des Acht-Millionen-Volkes ausschlagen konnte. Und es läßt sich ja auch nicht leugnen: Wie in allen südostasiatischen Ländern, die frei genannt werden dürfen, residierte auch in den kambodschanischen Städten eine kapitalabsorbierende Schicht von Grundbesitzern, Händlern, Fabrikanten und Handwerkern, die an der bäuerlichen Produktivität verdienten. Das abgeschöpfte Geld wurde aber nicht in die Landwirtschaft reinvestiert (zum Beispiel in Mechanisierung), sondern für Importe westlicher

Luxusgüter zum eigenen Verbrauch ausgegeben. Die Oberschicht lebte gut, das Land und die Masse der Menschen jedoch mußte nach dieser Wirtschaftslogik für lange Zeit, wenn nicht für immer, arm bleiben.

Das war es, wogegen sich die Pariser Doktoren, die man ebensogut Kommunisten wie Nationalsozialisten nennen kann, erhoben. Und sie beschlossen, zum Zwecke der Reform die Herrschaft des Menschen über den Menschen durch ihre eigene Herrschaft über alle Kambodschaner zu ersetzen. Fixiert an eine rein landwirtschaftliche Idealvorstellung von der Gesellschaft folgten sie einem poetischen Herrschaftsbild, das grundsätzlich stadt- und kapitalfeindlich ist. Im Unterschied zu anderen Träumern dieser Erde besaßen die 15 linksfaschistischen Mönche nach ihrem Sieg im April 1975 aber die Macht, den Glauben in die Tat umzusetzen. Und das wiederum machten sie, ihrer Entschlossenheit entsprechend, perfekt.

Räumung aller Städte, nicht nur Phnom Penhs, Deportation der Bevölkerung auf die Reisfelder. Bis zu drei Reisernten im Jahr – die Natur wächst in Kambodscha den Menschen in den Mund. Bildung von Kooperativen mit anfänglich einhundert Familien, eintausend nach einem Jahr. Arbeitsintensive Entwicklung der Landwirtschaft, wobei, wie in den chinesischen Produktionsbrigaden, eine allmählich entstehende Leichtindustrie die Kooperativen mit Gerät, Baumaterial, Kleinmaschinen, Düngemittel und Elektrizität (nur für die Produktion) versorgen soll.

Es gibt kein Geld. Zwischen den Kooperativen besteht keine Verbindung; man kennt kein Telefon (für den persönlichen Gebrauch), keine frei zu nutzende Eisenbahn, Autobusse oder andere Verkehrsmittel. Es herrscht die Bodenständigkeit des »radikalen Dorfes«. Alles wird von der Partei zugeteilt: Essen, Kleidung, Medizin soweit vorhanden. Der einzelne hat nichts zu verantworten – die Führer nennen das »Glück«. Männer und Frauen leben oft getrennt, Ehen werden verordnet, freie Liebe ist ein todeswürdiges Verbrechen. Statt Meinungsfreiheit zweimal in der Woche politischer Unterricht und Selbstkritik. Das »ideale System« wird in der Hand der Revolutionäre zum scharfkantigen Herrschaftsinstrument. Da es keine Infrastruktur und keine Medien zur freien Verfügung gibt, kann es auch keine Revolte »von unten« geben. Kräche in den Kooperativen werden niedergeschlagen – Hunderttausende von Mißliebigen und Ungehorsamen starben unerkannt, unbekannt.

Die Kooperativen erzeugen Reis, Reis im Überfluß. Kambodscha exportiert. Die Industrie entwickelt sich hingegen langsamer. Sie verlangt modern ausgebildete Arbeiter, Ingenieure, kaufmännisches Personal. Das Wiedererstehen dieser Schicht steht aber im Widerspruch zu den Sicherheitsinteressen der herrschenden Revolutionäre, die ja gerade erst jede denkbare Opposition beseitigt haben. China ließ nach Mao Zedong den Intellektuellen wieder zu Rang aufsteigen. Die radikalen Agrarreformer in Kambodscha glaubten jedoch, die Macht mit niemandem teilen zu dürfen. So kam es zur Blockade der Entwicklung: Das Industrialisierungsprogramm, in der Theorie wahrscheinlich durchaus ernst gemeint, scheiterte an seinen politischen Konsequenzen. Zelotentum wird das Schicksal.

Peking, 18. November 1977

»A Study of History« durchgesehen. Toynbee ist von der Parallele Römisches Reich – Han-Dynastie fasziniert. Die Verwandtschaft ist nicht nur eine morphologische, sondern besitzt auch den Rang der Gleichzeitigkeit. Konsequent die These verfochten, warum der »chinesische Gesellschaftskörper«, wie Toynbee in seiner soziologisierenden Ausdrucksweise sagt, nicht am Yangzi, sondern im Becken des Gelben Flusses entstand: Die Herausforderung war dort in ihrer Härte optimal. Sumpf, Busch und Flut sowie der Wechsel von Hitze und Kälte, weckte die Kräfte, ohne sie zu töten, während das mildere Klima des Yangzi schläfrig machte.

Bemerkenswert ist auch die These, daß Konfuzius und sein Widerpart Laozi in der Krisenzeit des Gesellschaftskörpers aufgetreten seien. Das Wachstum der Kultur, mithin der Höhepunkt, habe vor ihrer Epoche gelegen, was ihre Zuneigung zur Vergangenheit erkläre. Die zweihundert Jahre nach dem Tode des Konfuzius (gest. 479 v. Chr.), die »Zeit der kämpfenden Staaten«, entsprechen der »Zeit der Wirren«, die in jeder der 21 definierten Kulturen Toynbees eintritt. Staatskunst und Philosophie jener Epoche erinnern den britischen Geschichtsphilosophen an die

Zeit zwischen Zenon, dem Gründer der Stoa, und der Schlacht von Actium (31 v. Chr.), da Oktavian, der Augustus von morgen, Marc Anton und Kleopatra schlug und damit den Weg zum Römischen Universalstaat freimachte.

Während der Zeit der Universalreiche fallen zwei Parallelen geistiger Natur ins Auge. Die römische auctoritas, die Vorstellung des Ansehens, das nicht auf Gesetz oder Verfassung beruht, erinnert an das konfuzianische System, in dem Erfolg und Sicherheit ebenfalls weniger rechtlich als sozial und moralisch gewährleistet waren. Toynbee vergleicht außerdem das Mahayana, die erlösungsreligiöse Version des Buddhismus, mit dem Christentum. Das Han-Reich sei wie das Imperium Romanum zum Kokon für eine Weltreligion geworden, die aus der Fremde kam (aus Indien bzw. dem Vorderen Orient) und nach der Ausreifung nach Korea und Japan weitergewandert ist.

Der Religionsvergleich ist kühn. Die Position des Buddhismus in China läßt sich mit der des Christentums nicht vergleichen. Sie blieb auch zur Hochzeit in der Tang-Ära (618–905) schwächer.

Tianjin, 20. November 1977

Wir sagen »Chinesische Kultur« und geben ihr ein Kontinuum von Jahrtausenden, über Dynastien und grundstürzende Revolutionen hinweg. Abendländische Kultur sagen wir nicht mehr. Oder getrauen wir uns nicht mehr, dieses runde Siegel zu verwenden? Wir haben sie zu den Akten gelegt, wie den griechisch-römischen Kulturkreis. Übrig geblieben ist »Europa«, der geographische Begriff mit Unschärfen nach Osten hin, zur byzantinischen Kultur. Seit den Studienjahren mit Toynbee habe ich die Frage nach dem Abendland nicht mehr gestellt. Sie versank mit dem Wort. Erst hier, an der antipodischen Küste, wo das Wasser des Pazifik anbrandet, kommt sie mir wieder in den Sinn.

Rom und China. Geistige Klammern halten die Reiche zusammen. Die hierarchisch organisierte Sittlichkeit des Konfuzianismus und die Verbindlichkeit der Schriftzeichen schaffen die chinesische Ökumene. Ihnen entsprechen auf der anderen Seite der Welt die Politik der römischen Kaiser, Titel und Rechte eines civis romanus an Menschen der verschiedensten Rassen und

Sprachen zu verleihen, die christliche Taufe, die denselben ökumenischen Prozeß im religiösen widerspiegelt, und die Verbindlichkeit der lateinischen Sprache unter den Gebildeten. Wie sich die Bilder gleichen.

Das Abendland sei aus Römertum, Germanentum und Christentum entstanden, lehrten uns die Historiker. Nuancen sind erlaubt. Der Franzose Paul Valéry sieht von den Germanen ab und setzt statt dessen das historische »Genie« des Griechentums ein, aus dessen intellektueller Strenge die Wissenschaft erwuchs, die uns am tiefsten von der übrigen Menschheit scheide. »Europa ist vor allem die Schöpferin der Wissenschaften. Künste gab es in allen Ländern, wahrhafte Wissenschaft nur in Europa«, sagt Valéry. Die griechische Geometrie sei das »unverwüstliche Modell«.

Ich zitiere Valéry, weil er in der Rede über den »Europäischen Geist« die Figur des nach-abendländischen Europäers mit endgültiger Schärfe umrissen hat: »Dieser Europäer ist eine Art Ungeheuer. Er besitzt ein überladenes, allzu gepflegtes Gedächtnis, einen maßlosen Ehrgeiz, eine Gier nach Wissen und nach unbegrenztem Reichtum. Da er meistens einer Nation angehört, die zu ihrer Stunde mehr oder minder die Welt beherrscht hat und heute noch von ihrem Cäsar, Karl V. oder Napoleon träumt, so schlummert in ihm ein Stolz, eine Hoffnung und eine Sehnsucht, die immer von neuem erwachen können.

Da er einer Zeit, einem Kontinent angehört, die schon so viele wunderbare Erfindungen und glückliche Taten gesehen haben, gibt es für ihn weder eine wissenschaftliche Eroberung noch eine Unternehmung, die er nicht träumen könnte. Er lebt in großartigen Erinnerungen und maßlosen Hoffnungen befangen, und wenn es ihn einmal ankommt, in Pessimismus zu verfallen, so denkt er sich zum Trotz, daß ja der Pessimismus einige erstklassige Werke geschaffen hat. Anstatt ins geistige Nichts zu versinken, schafft er aus seiner Verzweiflung noch ein Lied. Ja, mitunter schöpft er einen furchtbaren und harten Willen aus ihr, ein paradoxes, auf Menschen- und Lebensverachtung aufgebautes Motiv zum Handeln.«

Das war 1922, nachdem Europa den Ersten Weltkrieg, den ersten Selbstmordversuch gerade hinter sich hatte und daniederlag. Asien entstieg damals wie ein Phönix Rankes Wort von den

»Völkern des ewigen Stillstandes«, einer der blendenden Formulierungen der europäischen Historiographie, die ganze Generationen um die richtige Erkenntnis brachten. Oswald Spengler jedoch bezeichnete die Europäer, die sich damals noch in den Leib Chinas fraßen, schon als die »rothaarigen Barbaren« des Westens, »die in den Augen der hochzivilisierten... Mandarine keine andere und bessere Rolle spielen als die Moguln und Mandschu und die ebenfalls ihre Nachfolger finden werden«. So kam es denn auch. Nachfolger in China wurde der Volkskaiser Mao Zedong. Und die »rothaarigen Barbaren« betteln mittlerweile bei ihren einstigen Untertanen um Petroleum für die Vergaser Europas.

Peking, 25. November 1977

Abflug nach Südostasien. In Peking wird das Gepäck der Fluggäste nicht kontrolliert. Man rechnet nicht mit Entführungen oder Anschlägen. Wem sollten sie nützen? Die chinesische Regierung ist nicht erpreßbar. Dabei ist das Flugzeug als Fluchtvehikel nicht unbekannt. Erst im Sommer entwich ein Offizier mit seiner MiG nach Taiwan; Lin Biao hatte seinen Häschern zu entkommen versucht und war über der Äußeren Mongolei abgestürzt – angeblich.

Mit dem internationalen Terrorismus hatte das aber nichts zu tun. Die Chinesen halten ihn für »unmarxistisch«, was seine Realität mindern soll. Warum es in China, wo ja nicht nur Zufriedenheit haust, Terrorismus nicht gibt, bleibt ohne sichere Antwort. Statt dessen zwei Vermutungen. Die Qualitätssteigerung des modernen Terrorismus durch Technologie hat China noch nicht erreicht, die elektronischen Medien, soweit es sie gibt, würden einem Entführer sicher nicht zu Diensten sein. Und im Lande selbst ist der zehrende, prestigebezogene, die Seele verbiegende Leistungsbegriff unbekannt. Dem Terrorismus fehlen also die wichtigsten Einreden, Ausreden und Mittel.

Kanton, 26. November 1977

Ich gehe durch die Quartiere bis zum Perlfluß. Dem Straßengeräusch fehlt die brausende Fülle, der Orgelton, der Fortbewegung die mitleidlose Geschwindigkeit. Kaum ist man von der Hauptstraße abgebogen, ebbt der Stadtlärm ab. Hühner gackern, Kinder- und Frauenstimmen dringen aus den Häusern, eine kleine Werkstatt liegt neben der anderen, die meisten nur wenige Quadratmeter groß. Ich schaue bei der Schuhreparatur zu. Als Werkzeuge dienen eine alte, massige Nähmaschine, ein eiserner Leisten, Hämmer verschiedener Größe. Die ganze Familie ist beschäftigt. Am Straßenrand Schüsseln voller Gemüse, Kinder bringen frisches Wasser.

Die kleinen Wohnräume liegen im Dunkeln, die Fenster papierverklebt und verhangen – Glas kostet viel und ist knapp. Den Boden bedecken kühle Fliesen, sauber gescheuert, an den Wänden stehen ein oder zwei Regale mit Geschirr, Gewürzen, Bildern, Andenken. Über das Radiogerät, das meistens schweigt, wurde ein Handtuch gebreitet. Blumen, oft Strohblumen, zum Schmuck und bunte, disneylandgleiche Plakate mit drolligen Kinderszenen an der Wand. Man sieht kaum mehr politische Propaganda in den Stuben. Daß in China nicht gestohlen wird, ist entweder ein Gerücht oder es hat einen guten Grund: in keinem anderen Land sah ich so viele Vorhängeschlösser. Sie stecken überall – an Briefkästen, Fenstern, Türen, Taschen. Im Strom der Menschen hört man leises Klirren. Die Chinesen tragen dicke Schlüsselbunde am Gürtel.

Kanton, 27. November 1977

Im Zug nach Hong Kong sitzen mir zwei Chinesinnen gegenüber, die eine vermutlich auf Dienstreise nach Hong Kong, die andere auf der Heimreise von einem Verwandtenbesuch in Kanton. Die unterschiedliche Herkunft und Erziehung bestimmt die Erscheinungen: Geschminkt, ungeschminkt; privat, politisch; neugierig, verschlossen. Die Gemeinsamkeit entdecke ich erst, als ich auf die Hände schaue. Die kleinen Fingernägel sind auffallend lang gewachsen. Der lange Fingernagel galt in China stets als Zeichen der Kopfarbeit, des Intelligenzstandes. Wer ihn trägt, kann nicht fest zupacken. Wie China sich ändert, sieht man also am Nagel. Er wächst – in die Tradition.

Hong Kong, 28. November 1977

Mit der ›Star Ferry‹ von der Insel nach Kowloon. Der Arbeiter, der den ganzen Tag lang die Trossen löst und festmacht, hat neben sich einen Vogelbauer stehen, in dem ein Kanari hüpft.

In den New Territories suchte ich die Familie Hung wieder auf. Obwohl man in einen Horizont von Hochhäusern und Baukränen hineinfährt, die Kilometer um Kilometer vorrücken, um sich nie mehr zurückzuziehen, lebt bei den Hungs in Tai Wo, nördlich von Tai Po, unter einem Wall von Hügeln, noch das Dorf voller taoistischen Krimskrams und mit einem taoistischen Doktor. Linteh zog mich gleich in den buddhistischen Tempel. Vor der Opferbank mußten wir eine halbe Stunde warten, bis eine Gruppe alter Frauen umständlich ihre Stäbchen geworfen und, je nach Markierung, den gedruckten Wahrsagetext konsultiert hatte. Es gab glückliches Lachen und Gejammer.

Linteh ließ das Glück durch ihre zweijährige Tochter befragen. Sie reichte der Kleinen den Köcher mit den Bambusstäbchen, preßte die Händchen um das Holz und half schütteln, bis das Kind jauchzte. Das Orakel sprach von glücklichen Fügungen nach Überwinden einer »leichten Erkrankung«. Sie fragte mich, ob wir gleich zum Arzt gehen sollten; ich meinte, es sei wohl nicht nötig. Vor der Ordination warteten einige der alten Frauen, die vor uns Stäbchen geworfen hatten. Auf dem Rückweg hatte Linteh kein anderes Thema als die »leichte Erkrankung«. Sie schaute das Kind immer wieder an und tastete es ab. Zu Hause wurde sofort die Mutter unterrichtet, die gleich nach den Schwestern in der Nachbarschaft schickte. In melodischem Kantonesisch wurde die Geschichte mindestens fünfmal wiederholt, aber kein Einverständnis darüber erzielt, daß wir den Doktor nicht aufgesucht hatten.

Linteh strich sich dauernd über die Haare. »Ich weiß nicht, was ich machen soll«, sagte sie. »Wir gehen in den Tempel zurück und konsultieren den Arzt«, riet ich. Nun waren wir sechs Personen.

Die Wartebank war voller Leute, aber sie rückten rasch voran. Linteh bat mich, mit ihr hineinzugehen. Der Doktor, ein alter, kahlköpfiger Mann, klopfte sachverständig den Rücken des Kindes ab. Eine Schachtel weißer Pillen, zehn Räucherstäbchen, die Versicherung, es sei »nicht schlimm«, machten zusammen zehn Hong Kong-Dollar, die er mit prüfendem Seitenblick auf mich entgegennahm.

Linteh war erleichtert. Immer wieder beschrieb sie die Behandlung des kleinen Patienten. Zu Hause warteten noch zwei andere Tanten, die auf die Kunde von der »leichten Erkrankung« herbeigeeilt waren. Auch sie wurden über jede Einzelheit unterrichtet. Später fuhr Linteh mit mir bis zur Fähre zurück. Im Wasser sieht das nachtlichterfunkelnde Hong Kong wie ein über den Spiegel gebeugter eitler Riese aus. Ich schaute nach Kowloon zurück. Im Hintergrund der schwarze, ewige Koloß des Festlandes.

Flug nach Bangkok, 29. November 1977

Nach zwei Flugstunden sinkt die Sonne. In dem aufsteigenden Blau gewinnt die Atmosphäre ruhige Klarheit. Steuerbord ein Küstenstrich – Vietnam. Wir fliegen 9000 Meter hoch, Südkurs. Hinter der Linie tritt jetzt Land hervor. Erdgestalt, in eine Spitze mündend, die ein riesiges Geäder durchzieht: Mekongdelta. Eine Ahnung wäßriger Felder kommt nach oben, Reisvegetation, ins Meer ablaufendes Land, Land unter, Menschen unter. Das Flugzeug bleibt in Distanz. Die Perspektive ist jetzt südnördlich, das Bild des spitzen Tropfens wirkt wie eine künstlerisch gefertigte Landkarte: Gemälde eines Erdteils. Wir umrunden das sinkende Land. Im verschwimmenden Küstenkreis schaukeln Fluchtboote. Weg, weg. Man sieht sie nicht von so weit oben. Aber jeder weiß, daß sie da sind.

Bangkok, 30. November 1977

Am Ufer des Chad Phya River, wo Josef Conrad und Somerset Maugham schrieben, sind nur das Licht und die barock anmutende Steinfassade des Hotels »Oriental« noch vertraut. Letzte

Augenblicke. In den Ohren dröhnt und jault der Lärm des vollmotorisierten Flußverkehrs. Dem Geruch nach schwimmen die Boote nicht im Wasser, sondern in Öl. Es ist das Blut des Leviathan Bangkok.

Tempobeschleunigung. Die tonnenschweren Teakhölzer aus dem Norden Thailands sind vier bis fünf Jahre auf dem Fluß unterwegs, bis sie zur Megalopolis gelangen. An Flußbiegungen müssen Elefanten die Flöße flottmachen. In der Stadt aber werden die Riesen eilends zersägt, verschreinert, verpackt, verladen. Der Leviathan ist ein Athlet, ein Schnellmacher, ein röhrender Schlund. Hier geschieht ein Unglück.

Westliche Dynamik, Erfindungen, Marktnachfrage, Umsätze, Luxusvorstellungen entwickeln in der anpassungsfähigen, kindlichen Kultur eine wild saugende Gier. Zerstörung in Potenz: Mehr als vier Millionen Menschen in Bangkok, helle Landflucht, Menschenteak, schnell verarbeitet, dreihundert Slums. In den wenigen Hauptstraßen ein unbeschreibliches Verkehrschaos. Von mauerbeherrschenden Filmplakaten rinnt, strömt das Blut, Bordell an der Kneipentheke von Patpong und Aberhunderte hyänengleicher Hunde. Wer ihnen folgt, kommt ab vom Weg, er verläßt die Neonlichtzone.

Worüber meditieren die Mönche? Schreckt sie das eurasische Babel, demgegenüber New York einer Arche Noah gleicht? Nein, Irrtum. Die Kahlgeschorenen, die in bräunlichen, rostfarbenen oder roten Roben wie langsame Segler die Goldgruben und Menschengräben passieren, repräsentieren die andere, unzerstörte, nicht zu zerkleinernde und zu verkaufende Wirklichkeit des Landes. Bangkok atmet mit all dem irdischen Staub Tag für Tag Buddhismus ein.

Ich kenne keine europäische Stadt, die von ihrer Religiosität so sehr beseelt wäre, nicht Rom, nicht Genf, nicht Reims. Hier ruht eine schwere, alle Bewegungen zentrierende Kraft, uns rätselhaft, weil sie nichts fordert, sondern einfach da ist. Die Türen der Klöster stehen offen, für die Eintretenden und für die Gehenden gleich weit. Daß ein Thai drei Monate seines Lebens als Mönch verbringt, ist immer noch Regel, Quelle, Gleichheit, Glück.

Bangkok, 1. Dezember 1977

Die Allianz zwischen Taxichauffeuren und Bordellbetrieben ist nichts Neues, die Zahl der leichten Mädchen, sie dürfte sich auf 80000 belaufen, schon bemerkenswerter, schlechthin frappierend aber der zur Schau gestellte Gleichmut der Liebesdienerinnen, ihr Schafherdentrieb und ihr kindlicher Eifer. Dichtgedrängt sitzen sie hinter den breiten Glasscheiben ausgedehnter Foyers. Die Handmasseusen unterscheiden sich von den Körpermasseusen durch die Farbe der Buttons, auf denen die Nummer steht.

Die Mädchen, selten älter als 25 Jahre, posieren nicht in Reizwäsche, sondern kauern in schmucklosen, billigen Kleidchen auf dem Boden, Langeweile in den Gesichtern. Sie unterhalten sich kaum miteinander. Das Bild wirkt erstarrt, in stumpfes Zuwarten geronnen. Der Gast kann per Mikrofon eine Nummer aufrufen lassen. Das Kind erhebt sich dann, dreht sich einmal um die eigene Achse, macht eine Rumpfbeuge zur Demonstration und wartet auf das Urteil.

Der positive Bescheid wird mit Freude quittiert. Sie tritt wie das Aufleuchten einer 25-Watt-Birne in das gepuderte Gesicht. Lachen ertönt, die übrigen Damen scheinen sich mitzufreuen, beide Händchen greifen nach der ausgestreckten Hand, der Gang zum Separee wird eng aneinandergeschmiegt zurückgelegt. Die Mädchen sind zu Höflichkeit und Freundlichkeit erzogen – vor allem aber zur Geduld. Man vermeidet den Anschein hurtiger Kommerzialität.

Das Paar nimmt in dem mit Spiegeln ausgestatteten Raum zunächst Platz, die Frage der Getränke wird besprochen. Die Mädchen nehmen keinen Alkohol zu sich. Während die Ausgewählte zur Bestellung den Raum verläßt, erledigt eine Hausdame wie beiläufig das Geschäftliche. Zwei Stunden sind die Grenze – »mit Rücksicht auf die Dame«. Das macht nach deutschem Geld 170 Mark in einem der luxuriösen und gepflegten Etablissements. Der Sonderwunsch nach einer zweiten Dame, die unter Umständen von einem Herrn begleitet sein kann, der zum Hause gehört, wird gern erfüllt. Der Preis steigt entsprechend dem Wert des Gebotenen, etwa nach der Faustregel, zwei und zwei sind fünf.

Pornografische Filme, Druckwerke und Instrumente zur künstlichen Bedienung oder Anregung sind unüblich, meistens gar nicht bekannt. Die Häuser haben während der amerikanischen Zeit das Programm der Körpermassage entwickelt, eine gleitende Umarmung, erleichtert durch das Medium des Seifenschaums. Es wird für streng und anregend genug gehalten. Die ärztliche Vorsorge und Fürsorge ist ungewiß oder flüchtig, zur Sicherheit empfiehlt die Hausdame die Verwendung eines Präservativs.

Der Raum besteht aus einem großen Abteil, in das ein für mehrere Personen ausreichendes Bett plaziert ist, und einem offenen Bad mit großer Wanne und einer gefliesten Vertiefung, in die eine Luftmatratze gelegt wird. Man bietet Wasserbehandlung, Körperbehandlung und Massagebehandlung. Nach Auskunft der Hausdame sind zwei Höhepunkte im Preise inbegriffen. Gegen Sonderhonorare für das Mädchen wird nichts eingewandt. Die Wäsche ist mit Spezialwaschmitteln behandelt. Der Geruch warmer Pfirsiche durchzieht alle Räume – Kondensat des speziellen Hausparfüms.

Die wenigsten Mädchen sprechen eine Fremdsprache, höchstens einige wichtige Worte englisch. Die Unterhaltung besteht in Zeichensprache, begriffliche Verständigung stößt rasch auf Grenzen. In jeder Situation bleibt eine gewisse Diskretion gewahrt, die allerdings auf innerem Unbeteiligtsein beruhen mag. Die Kinder wohnen in der Regel bei ihren Eltern. Zu Hause liefern sie den größten Teil der höchstens 700 bis 800 Mark ab, die bei reger Tätigkeit im Monat eingenommen werden können. Der größere Teil wiederum stammt aus den Extrahonoraren, an denen das Haus prozentual beteiligt ist. Prostitution gilt in Thailand nicht als deklassierend. Sie dient einem als natürlich betrachteten Bedürfnis.

Acht bis zehn Stunden Dienst sind normal, manche Tage können hart sein. Das Haus verlangt den vollen Einsatz, es gibt keinen irgendwie gearteten sozialen Schutz. Die Prostituierte ist dem Arbeitgeber ausgeliefert. Die Bordelle sind lukrative Unternehmen, sie befinden sich im Besitz von Geschäftsleuten, die in verschiedenen Branchen tätig sind. Ein Mädchen kann sofort entlassen werden. Erscheint es zwei Tage nicht zum Dienst, wird es abgewiesen. Der Gast kann junge Damen mitnehmen – 24 Stunden kosten rund 400 Mark. Dem Paar werden Stundenhotels empfohlen, bei denen das Appartement unmittelbar hinter dem Parkplatz liegt. Die Benutzung kostet 12 bis 20 Mark.

Die Geduld ist nicht nur anerzogen, sondern buddhistischer Erbteil. Die meisten Mädchen geben vor, buddhistischen Geistes zu sein, vielleicht gehört diese Angabe zum Fremdenverkehrs-Prospekt. Eine kleine Buddha-Figur aus Jade oder Gold, an einer kurzen Kette gut sichtbar um den Hals getragen, erhöht jedenfalls den Eindruck der Ungezwungenheit, der zur guten Ausübung des Geschäftes gehört. Die Ausländer finden den Besuch thailändischer Bordelle problemlos und angenehm – nicht nur wegen der immer noch billigen Preise. Im internationalen Vergleich schneidet die Prostitution in Bangkok trotz hoher Ansteckungsgefahr sehr gut ab. Die Atmosphäre ist gelassen, friedfertig und freundlich, ihr fehlt das Lasterhafte, Verkrampfte und schlecht Gelaunte europäischer oder amerikanischer Betriebe.

Die angenehme Oberfläche trügt jedoch. Spannungen sind durchaus vorhanden, sie liegen nur, der Eigenart und Erziehung der Menschen entsprechend, tiefer. Sie sind zwar nicht mit Zynismus durchsetzt, doch glimmt, sorgsam abgeschirmt, der Haß. Der Thailänder gleicht ja überhaupt einem gutmütigen Tier, das vieles mit sich anstellen läßt, bevor es die Schärfen seiner Natur zeigt. Lethargie und geringer Bildungsgrad verlängern den Geduldsfaden. Wenn er allerdings einmal reißt, ergreift der Wille zur äußersten Gewalt die Menschen. Alle Sicherungen fliegen heraus, es gibt dann kein Halten mehr. Der Ausbruch endet auch meistens in der Selbstvernichtung.

Der thailändische Bordellbetrieb gehört zu den tief entwürdigenden Veranstaltungen einer schamlos kommerzialisierten Zivilisation. Er ist reines Geldsklaventum, durch die Ausnutzung der natürlichen Gutmütigkeit, Geduld und Ergebenheit der Mädchen und Frauen auf einen besonderen Grad der Verworfenheit gebracht. Daß die kindlichen Menschen aus den Lustmühlen vielfach gänzlich unberührt hervorgehen, heiraten und ihre Kinder lieben, spricht für die Lebensfähigkeit des Volkes, exkulpiert aber nicht seine Ausbeuter. Zahlreiche Gespräche in Thailand haben in mir den Eindruck verstärkt, daß dort sich ähnliches ereignen könnte wie in Kambodscha, wo das Umschlagen der politischen Verhältnisse zu einer gerade extremen Militarisierung der bislang unterdrückten Frauen geführt hat. Nicht die Freiheit erwies sich als das Ziel der Befreiung, sondern die regellose Gewaltanwendung.

Rangoon, 3. Dezember 1977

Beim Studium meiner Papiere hebt der burmesische Immigrations-Beamte beunruhigt den Blick. »Folgen Sie mir bitte.« Das Büro liegt im Dämmerlicht, Berge vergilbter Akten. Ein Schläfer auf der Bank hinter dem Schreibtisch verschwindet wieselflink. »Bitte nehmen Sie Platz.« Der Beamte ist freundlich. »Entschuldigen Sie«, sagte er, »es ist eine Formalität, Sie werden einen wunderschönen Aufenthalt in Burma haben. Aber um einreisen zu können, müssen Sie versichern, daß Sie auf journalistische Aktivitäten und auf Propagandatätigkeit verzichten.«

»Ich habe nicht die Absicht, etwas Falsches zu berichten, wenn ich berichte«, lautet meine Antwort. »Gut«, sagt der Beamte nach kurzem Zögern, »dann werden Sie diese Erklärung abschreiben und unterzeichnen.« Ich lese das Formular durch und reiche es ihm zurück. »Das ist nicht für Journalisten, das ist für Priester bestimmt«, sage ich. »Ich bin aber kein Geistlicher.« Auf der Stirn des Beamten bilden sich Sorgenfalten. »Das macht nichts«, antwortet er kurz, »das ist ähnlich. Überall, wo von ›religiösen‹ Aktivitäten die Rede ist, die wir Ausländern verbieten, ersetzen Sie das Wort ›religious‹ durch das Wort ›press‹. Sie werden sicher schöne Tage bei uns haben.«

Rangoon, 4. Dezember 1977

Die Swidagon-Pagode ist der goldene Mittelpunkt Rangoons. Wie ein schwerer Helm krönt das Bauwerk den Hügel, weithin glänzende, unermeßliche Ruhe ausstrahlende Kuppel aus Edelmetall. 2500 Jahre alt, das Christentum verblaßt. In der einschläfernden Sonne des Mittags murmeln die Beter. Dazwischen der Singsang der Händler. Niemand hat sie je aus dem Tempel gejagt.

Der Buddhismus stimme milde, sagen seine Propheten. Ich gehe dem Gedanken vor einer der hundert kleinen Pagoden nach, die am Fuß der hohen Kuppel kauern. Milde, weil er den Weg aus dem Leiden weise. Ein Element des Flüchtigen, des Entfliehens, ist der Verehrung Gautamas eigen: Nachfolge in der Meditation, nicht Tat. Wo die Politik den Buddhismus angreift, weicht er widerstandslos. Er bietet keinen Schutz. Tod in Kambodscha. Es fehlt jedes Kommando, jede heroische Askese, jede Gewalt wider Leib und Seele. Und alles Düstere.

Klatschen und Lachen ertönen. Eine Traube von Menschen hängt um drei Knaben zwischen fünf und acht, die auf den Schultern der älteren Brüder thronen. Sie sind festlich geschmückt. Auf dem Kopf tragen sie kleine goldene Pagodendächer, spitz und gezwirbelt, den großen Bauwerken nachgeahmt, hoch am Hals schließen goldbestickte Gewänder, die bis zu den Knöcheln reichen. Die Knaben werden zum zweimonatigen Aufenthalt zu den Mönchen gebracht.

Kleine Sonnenschirme, wie Blumen am Stengel, halten die schmelzende Hitze von den Kindern fern. Sie lachen, schneiden in der nächsten Sekunde aber bedenkliche Gesichter. Es wird ernst. Drei würdige Mönche kommen der Familie entgegen. In zeremonieller Distanz bleibt der Zug stehen. Der erste Junge krault vor Verlegenheit im Haar des Bruders, der beruhigend mit den Schultern schaukelt. Er zeigt ein klassisches Profil, Stirn und Nase bilden eine Linie. Tanaka, geriebenes Holz, in Streifen aufgespachtelt, unterstreicht das Ebenmaß. Frauen und Kinder verwenden es zum Schutz der Haut.

Nach einigen Worten, die der Vater mit den Mönchen wechselt, löst sich die Erstarrung. Man faßt wieder Tritt, das gakkernde Lachen vermischt sich mit den gedehnten klagenden Lauten, die aus dem Halbdunkel höhlenartiger Pagoden dringen. Dort knien und liegen, schlafen und essen die Besucher. Ein alter Mann hat den Longin, das rockartige, an der Hüfte geschürzte Beinkleid, hochgezogen und säubert aufmerksam das leprawund aussehende Bein. Abstrakte Frömmigkeitshaltung ist den Suchenden fremd.

Die Novizen haben die Pagode erreicht, die zur Familie gehört. Im Geschiebe vor dem Eingang verschwinden die Knaben. Duftender Rauch zieht aus dem Gelaß. Er kräuselt und verweht. Nicht Erlösung, sondern Auflösung ist das buddhistische Ziel.

Rangoon, 4./5. Dezember 1977

Ein Sonntagabend in einem der alten britischen Hotels in Shanghai oder Rangoon gibt der Reminiszenz Whiskyfärbung. Das

»Strandhotel« ist heruntergekommen, der Schwarzmarkt der Stadt brandet bis in die Eingangshalle, umfließt unruhig die Absteige der dollarverdächtigen Fremden. Aber das tut dem Adel des Hauses keinen Abbruch. Das »Strand« ist unverwüstlich. Umflort blicken die Fenster zum breiten Rangoon-River, auf dem Segelschiffe treiben, motorloses Leben, und wer zum Dinner in den matt erleuchteten Speisesaal geht, wird im schäbigen Cut aufs höflichste bedient. Kann der Wäscheboy im Flur vor dem einherschreitenden Fremden nicht entweichen, erstarrt seine Gestalt in gebeugter Ehrerbietung. Der Blick ist auf einen Bodenpunkt gerichtet, bis die Luft des Gastes verweht ist.

In aller Herrgottsfrühe riß mich heute schrille Musik aus dem Schlaf. Zum Schlager chinesischer Text, aggressiv vorgetragen, von Beifall unterbrochen. Ich gehe dem Lärm nach: Eine Hochzeitsgesellschaft, nicht Burmesen, sondern fixäugige Chinesen drängeln und lärmen durch Foyer und Gänge. Alles geht schnell, hauruck auf asiatisch. Nach einer Stunde schon löst sich die Festkorona auf, die Sonne steht immer noch niedrig. Am Eingang nehmen die Eltern und ihre gerade verheirateten Kinder das Defilee der davonziehenden Gäste ab. Die Braut steht weiß herausgeputzt da, ein nettes Chinesenmädchen, von heute an Dienerin im Hause des Mannes. Die Gratulanten drücken dem schlanken Bräutigam, dem Vater eins und Vater zwei die Hand, oft beide Hände, laut lachend, zwitschernd, Versicherungen hervorsprudelnd. Sie wippen dabei auf den Fußballen. Die junge Frau hat die Augen niedergeschlagen, sie steht unbeachtet da. Altes China. Wie Hartholz in der weichen burmesischen Erde.

Rangoon, 6. Dezember 1977

Abend. Die Luft ist ein feuchtes Tuch. Alles Leben flieht die Häuserhöhlen, licht- und schattenloses Gewimmel. Man muß das Dunkel durchbohren, damit man nicht auf Menschen tritt. Glimmfeuer der Garküchen, ölig-brenzlige Schwaden. Hunde und Kinder. Es riecht nach nassem, nie trocknendem Fleisch. Das Land kennt kein Fernsehen, es fehlt die bläuliche Straßenbeleuchtung, die aus den Fenstern amerikanischer und europäischer Häuser dringt. Keine Fahlhelle der Elektronik, Dunkelbraun statt dessen, Schwarz. Wiederkäuende Musik. Aus einem Haus kommt helles Licht. Davor eine Fahne in der windlosen Luft. Mein Begleiter sagte: »Die Jungen gehen nicht in die Pagode, sondern zur Partei.«

Rangoon/Mandalay, 7. Dezember 1977

Auf dem Flughafen Domestic tauchen sie in Gruppen auf, die Soldaten im sauberen, ausgescheuerten Grün. Sie führen Waffen, Patronenkästen, Funkgeräte mit sich wie übliches Handgepäck. Gutaussehende junge Leute, Offiziere mit gegerbten Gesichtern und umsichtigem Blick. Counter-Guerilla. Für dieses Geschäft sucht man in der Militärdiktatur die Besten aus. Wenn sie genug gekämpft haben, werden sie Parteifunktionäre.

Die geldschnorrenden Kinder machen um die grünen Männer einen Bogen. Von Zeit zu Zeit setzt ein Soldat die Mütze auf, greift zum Schnellfeuergewehr und schlendert zur »Bar«. Dort gibt es abgekochtes Wasser und Zigaretten einzeln zu kaufen.

Mandalay, 8. Dezember 1977

Was ist ein Night-market? Eine kommerzielle Abendveranstaltung bis Mitternacht und länger. In Mandalay, der Königsstadt aus dem 19. Jahrhundert in der Mitte Burmas, glitzert der Schwarzmarkt unter den wattschwachen Funzeln. Steinkohlenglanz – nicht wertvoll, schrilles Dunkel. Man zieht die Hand zurück.

Hier gibt es auf einmal alles, was der Tag vorenthält: Werkzeuge, Batterien, Transistorradios, Ledertaschen und Medikamente aller Art. Sie werden wie Antiquitäten ausgelegt und gehandelt, zu teuren, falschen Preisen. Durch Regen und Sonne sind sie gegangen, die Sulfonamide, Aspirine, Digitale. Der Schwarzmarkt macht aus ihnen Wundermittel einer fremden Medizinmannskunst. Manche sind zu Gift geworden, die meisten zu Stroh verdorrt. Der Handel geht fiebrig auf und ab. Süßlicher Geruch schwängert die Nachtwärme – Narcotics?

Weiche Stimmen bieten an. Wer um Pillen und Ampullen, um

Armbanduhren und Jadebrocken nicht handelt, bis der Verkäufer ihm nachläuft oder in Wutschreie ausbricht, besitzt nicht die Statur für diese Art der Ökonomie, die nur unter dem Sozialismus so schön gedeihen kann. Der Staat greift nicht ein. Er will überleben.

Mandalay, 9. Dezember 1977

Es steht nicht in der Verfassung, nicht mehr. Aber der Buddhismus ist im sozialistischen Burma Staatsreligion. Es gibt hier so viele Mönche wie in einem westlichen Land Ingenieure. Die Sonne steht schon tief, als ich zum Segaingaberg hinaufgehe, dem Hügel der 588 Klöster, 2300 Mönche und 2300 Nonnen. Das Weiß und Gold der von Mäzenatengunst erneuerten Pagoden entsendet ein schattenloses, canalettohaftes Licht.

Kahlgeschorene junge Köpfe alarmieren mich. Erinnerungen an die amerikanische Besatzungszeit tauchen auf. Wurde dem Ami-Liebchen am Laternenpfahl morgens der über den Kopf gebundene Rock heruntergezogen, leuchtete der enthaarte Schädel kalbfleischweiß. Das Auge muß sich zunächst auf das Wesentliche konzentrieren. Der ephebenhafte Mönch neben mir trägt ebenmäßige, ungravierte Züge. Im Blick keine Neugierde, nur Ausdruck.

Er ist 20 Jahre alt, seit zehn Jahren im Kloster. Die drei Wege der Lehre Buddhas sind abgeschritten, die Examina bestanden. »Was wirst du tun«?, frage ich ihn, »wirst du den Hügel verlassen und in eine Stadt gehen?« »Was sollte ich dort?« gibt er verwundert zurück. »Du könntest eine Wissenschaft erlernen, bei deiner Vorbildung, dein Land braucht Gebildete.« Er sieht mich an. »Gebildete ja, aber keine Wissenschaftler, keine Ingenieure. Warum eigentlich? Die Menschen brauchen das nicht.«

Der Dialog zerfließt schnell ins Unverständliche. Am Klosterhügel beginnen Lichter zu geistern. Petroleumlampen – nur 30 Prozent des Landes sind elektrifiziert. Schweres Dunkelblau steigt aus dem Tal herauf, tiefer werdende Ungewißheit, die den Fremden einhüllt. Auf junge Menschen aus dem Westen muß die weichglänzende, seidige Atmosphäre der asiatischen Religion faszinierend wirken. Es keimt die Versuchung.

Mandalay, 10. Dezember 1977

Ich nehme an einer Mönchsfütterung teil. Ein reicher Geschäftsmann, mit den Seinen auf »Karma«, die kinetische Energie für Anstöße zum nächsten besseren Leben erpicht, verteilt mit eigener Hand aus riesigen Aluminiumkesseln Reis und Curry. Die 600 Mönche des orthodoxen Klosters sind in Reih und Glied angetreten, von scharfen Kustoden zur Ruhe ermahnt.

Schweigende, rostbraune Schlange. Der Geschäftsmann, der mir mit der linken Hand sein Produkt, dicke Maisblattzigaretten, zusteckt, verneigt sich selbst vor den jungen, zehnjährigen Novizen, bevor er in die »Beggar-Bowl«, das Eßgefäß, einschöpft. Im Hintergrund der Abt, ein alter Herr mit elfenbeinernem Gesicht. Er blickt mich nicht an, als er antwortet. Nicht alle Mönche, es gebe wohl 10000 im Lande, seien moralisch einwandfrei. Er bevorzuge die Jugend, die lasse sich erziehen. Die Novizen müßten gesund und intelligent sein. Buddha habe keinem Krüppel erlaubt, Mönch zu werden. Der Mönch müsse zwei Hände haben, sonst denke er nur an sich.

Im Refektorium sitzen die Mönche dicht gedrängt. Sie nehmen vom Tisch mit der Hand den Reis und ziehen den Bissen durch den Curry in der »Beggar-Bowl«. Nichts als ein leises, würgendes Geräusch. Gegessen wird nur einmal am Tag, vor elf Uhr. Die Sonne fällt in Streifen über Schädel und Schultern. Die Roben der Jungen leuchten auf, wenn sie neue Reisschalen auf die Tische schieben.

Auf der Veranda eines Seitengebäudes hat die Spenderfamilie Platz genommen und betrachtet wohlgefällig ihr Werk. Der Abt schreitet vorbei. Er wurde vom Präsidenten des sozialistischen Burma ernannt. Ein Minister für Angelegenheiten der Religion sitzt dem Konvent der führenden Mönche des Landes vor.

Mandalay, 11. Dezember 1977

Amavapura, Kloster Bogava. Im Erdgeschoß eine unübersehbare Bibliothek, die Bücher sind sorgfältig eingepackt und verschnürt. Oben, im ersten Stock, der Reichtum von 500 Buddhas, stehend, sitzend, liegend, lehnend, aus Gold und Alabaster, Sammelwerk der Mönche. Der Oberste, der über die Schätze gebietet, zählt gerade 25 Jahre. Der Lehrer hatte ihn, bevor er 85jährig starb, aus der Schar ausgewählt.

Die Investitur ist fünf Jahre her. Seitdem studiert und meditiert der Berufene, von Regierungsbeamten und Universitätsprofessoren immer wieder streng geprüft. Die Lehrer sucht er unter alten, väterlichen Mönchen aus. Der Stifter des Klosters in lebensgroßer Gipsgestalt verfolgt aus einem Glaskasten in der Bibliothek die Taten des Zöglings, der später, sobald er die Lehrapprobation besitzt, seine eigene Mönchsgemeinde um sich sammelt. Aus der Entfernung gleicht der Stifter einem Franziskanerabt.

Mandalay, 11. Dezember 1977

Nachtrag. Im Hof des Klosters Bogava gestikulieren zwischen dschungelverwachsenen Bodhisattwa-Statuen aufgeregt Leute. Es sind Deutsche, Mitglieder einer Reisegesellschaft mit bekanntem Namen. Hier in Mandalay hat sie das Schicksal ereilt. Ihr Reiseleiter sitzt im Gefängnis. Er hatte versucht, mit einem einheimischen Mädchen in einer Pagode einen Pornofilm zu drehen. Ein Chauffeur, der die Mitwirkung ausschlug und deshalb mit dem Regisseur in Streit geriet, rief die Polizei.

Die Empörung ist allgemein. Burma gilt als sittenstreng. Warum versuchte der Reiseleiter das Filmglück nicht in Bangkok? Dort hat man in solchen Fällen nur eine kurze Frage: »Du Amelican odel Neckelmann?«

Mandalay, 14. Dezember 1977

Der Nat ist eine Geisterfigur zu Pferd. Es gibt sehr alte geschnitzte Nats, die Antiquitätenjagd hat sie selten gemacht. Eine deutsche Dame eröffnet mir im Hotel, sie habe großes Glück gehabt und noch einen schönen Nat ergattert – Weihnachtspräsent für den Ehemann. Sie habe den Reiter selbst entdeckt, im Hinterraum eines Antiquitätenladens. Der Besitzer wollte ihn jedoch zunächst nicht veräußern. »Wissen sie«, habe der Fremdenführer übersetzt, »es ist ein wertvolles Stück und wurde mir von jemandem zum Übermalen gebracht.« Nach kurzem Zögern: »Aber ich kann ihn maßgerecht nachschnitzen lassen. Da er doch übermalt werden soll, kommt es dem Besitzer wohl in erster Linie auf die Form an, nicht auf die Antiquität. Ich lasse ihn rasch vermessen, dann können sie ihn mitnehmen.«

Die Dame zeigt sich über das gute Geschäft beglückt. »Es fehlen zwar die Vorderfüße, aber die kann man ersetzen.«

Vor einer Stunde nun geleitete mich Mr. Maung Mu, der Führer des Hotels, in ein Antiquitätengeschäft und sagte, es könne lohnend sein, sich umzuschauen. Auf einem eingestaubten Bord entdeckte ich einen ansehnlichen Nat zu Pferde. Maung Mu bemerkte mein Interesse und rief den Besitzer. »Ja«, sagte der, »ich würde ihnen dieses Stück gern überlassen, es ist über zweihundert Jahre alt und sehr wertvoll, aber es gehört mir nicht. Ein Bekannter brachte es zum Übermalen.« – »Ist er an der Antiquität interessiert oder an der Form?« fragte ich. Der Besitzer schaute mich einen Moment überrascht an, dann sagte er: »Nun, ich vermute an der Form, sonst würde er den Nat wohl nicht übermalen lassen. Also, wenn sie ihn kaufen wollen, lasse ich die Figur maßgerecht nachschnitzen, das geht schon, ja?«

Mandalay/Rangoon, 21. Dezember 1977

Blut tropft, als die Stewardeß die Kabinentür aufstößt. Soldaten schieben eine Tragbahre nach der anderen heraus. Schwerverwundete. Einem hängen spärliche Verbandsfetzen von der Brust. Untertassengroßes Loch, Explosionsgeschoß oder Dumdum. Das Gesicht schwimmt in einer Schweißlache. Dem Mann auf der Bahre nebenan haben die Kameraden das Gewehr ans Bein gebunden, um zusammenzuhalten, was sonst auseinanderfiele. Ich erkenne den Offizier wieder, der mit ein paar kurzen Worten Lazarettordnung in den aufgeregten Haufen bringt. Er ist einer der Dschungelgrünen, die vor ein paar Tagen sauber und wohlarmiert zum Kampfausflug in die Mandalay-Maschine gestiegen waren. Ich frage ihn: »Guerilla, wie viele?« – »Mindestens 400, im Norden, keine Kommunisten, Shan.« Shan – Opiumhändler mit Privatarmee. Narcotic-Warlords.

Ein alter Mann vom Flughafenservice kommt mit seiner Müllkarre und den Putzhadern den Verwundeten zu nahe. Er kriegt einen Fußtritt in den Hintern. Das löst die Spannung. »Der Buddhismus lehnt Gewalt ab«, sagt der Mönch neben mir an der Gangway. Er trägt eine weiche Robe. »Ich bin Koreaner und besuchte meine Brüder in Mandalay auf dem Hill« fährt er fort. »Nun fliege ich zu den Brüdern nach Köln. Im Februar bin ich in den Vereinigten Staaten, danach zurück in Seoul. Besuchen sie mich.«

Peking, 4. Januar 1978

Brillenträger sollen ein Ersatzgerät mit sich führen. Man mißt der menschlichen Einbildung zwar soviel Kraft bei, daß auch Gipskugeln, pharmazeutisch richtig gedreht und verpackt, Kopfschmerzen vertreiben können. Mit den Augen muß man jedoch wahrheitsgetreuer verfahren: Glasscherben oder gesenkte Blicke tun es nicht.

So wendete ich vor einiger Zeit in Peking meine einzige Brille ratlos hin und her. Ein kleiner, aber wichtiger Gegenstand war abhanden gekommen: einer der sogenannten Nasenstege, die das gläserbeschwerte Gestell glatt auf der Haut aufliegen lassen. Spitz ragte statt dessen der Metallstift hervor, in dem der verlorene Steg gewurzelt hatte. Der Stift bohrte sich nun schmerzhaft ins Fleisch. Das Schauen machte keine Freude mehr.

Zum Glück war ich gerade auf dem Sprung nach Hong Kong, der Stadt der hunderttausend Geschäfte und Millionen Brillen. Die Träger der rund, oval oder eckig geschnittenen Gläser bilden dort eine erdrückende, scharfsichtige Mehrheit. Ich brauchte also nur in den nächsten Laden zu gehen, auf den metallenen Dorn und die entzündete Stelle auf meiner Nase zu deuten, und schon würde eine geschickte Hand das Ersatzteilchen aufmontieren.

Statt dessen schüttelte der Verkäufer den Kopf und gab mir die Brille mit spitzen Fingern zurück. »Sorry«, sagte er, »das haben wir nicht. Aber warum kaufen sie nicht eine neue Brille? Sehen Sie, wir haben alle Modelle, dieses zum Beispiel oder das da, und die Gläser kopieren wir einfach. Morgen früh haben sie wieder eine schöne Brille.« Aus der eurowestlichen Wegwerfgesellschaft gerade entwichen, erwiderte ich, der kleine Schaden sei doch wohl zu reparieren. »Sorry«, kam es kurz, »es geht nicht.«

Im Hotel rieb ich mir die Nase und machte mich selbst ans Werk. Schließlich kam ich aus Peking, wo man seit vielen, vielen Jahren »aus eigener Kraft« einen ganzen sozialistischen Aufbau bewerkstelligt. »Lernen von Daqing«, murmelte ich mir ermunternd zu und sägte mit der Nagelfeile das runde untere Ende eines Cocktailquirls aus Plastik ab. Mit etwas restwestlichem »Uhu« klebte ich das Werkstück auf den spitzen Dorn, und siehe da, die Brille saß angenehm auf der Haut.

Als ich am Abend bei Freunden, über den großen, runden Tisch gebeugt, meine Nachbarn, höflicher Landessitte folgend, bediente, spürte ich auf einmal wieder den stechenden Schmerz. Ich tastete vorsichtig – die kleine Prothese war weg. Wo mochte sie geblieben sein? Ich beobachtete meine schmausenden Freunde wie ein Jäger, der Schroterlegtes servierte. Nun, der Fisch war ohnehin grätenreich...

Am nächsten Tag, ich hatte in Bangkok zu tun, galt mein erster Gang durch die glühende Stadt dem Optiker. Man muß dort weiter laufen als in Hong Kong, denn die Thais meistern das Leben in erdrückender Mehrheit mit unbewaffnetem Auge. In einem Laden, der auch Kameras, Seidenhemden und Papierwaren führte, begutachteten der Besitzer und seine Tochter den Brillenschaden. Sie schüttelten den Kopf. Das Mädchen, von meinen schmerzvollen Blicken offenbar gerührt, kramte ein kleines Knäul Wolle hervor und begann, den Metalldorn kunstvoll zu umwickeln.

Ich verbeugte mich dankbar, doch belehrte mich der nächste Spiegel, daß es der Reputation des Fremden wohl zuträglicher wäre, wenn er den alten Schmerz weiter ertragen würde. Bangkok blieb also, was mein Brillenproblem betraf, unergiebig; es gab nämlich auch nirgends Cocktailquirle aus Plastik mit rundglatten Enden, und in den Klonks, den Wasserstraßen der amphibischen Thais am Rande der großen Stadt, entdeckte ich nicht einmal ein schnitzbares Stückchen Holz.

In Rangoon, der nächsten Station, kam ich ohne Brille und mit Kopfschmerzen an. Ich traf auf erstaunte Blicke, als ich einen Bekannten gleich mit der Frage überfiel, ob er einen Cocktailquirl habe oder in der Stadt einen Optikerladen kenne. Offenbar hatte er erwartet, daß ich mich nach dem Sozialismus Präsident Ne Wins oder nach der Swidagon-Pagode erkundigte. Nachdem ich darüber aufgeklärt worden war, daß es in Burma weder einen für meinen Fall geschulten Brillenmacher noch Cocktailquirle gebe, leicht zu erwerbende Alabaster- oder Jadesteine aber mit der Nagelfeile nicht zu bearbeiten seien, drückte ich mein Sehgerät wieder auf den Schmerzpunkt, um wenigstens das Kopfweh loszuwerden.

Als ich am Abend den berühmten Schwarzmarkt der birmanischen Hauptstadt besuchte und das freie, aber teure Warenangebot am Rande des staatlichen Sozialismus betrachtete, erfaßte mich eine kühne Hoffnung. Hier, am Ort der bürgerlichen Unterwelt, mußten doch entweder Cocktailquirle aus Plastik oder vielleicht sogar, aus dem Fundus der abgetretenen Bildungsschicht, eine alte, ausschlachtbare Brille zu erstehen sein. Aber ich fand nur kahle Drahtgestelle und Motorradbrillen zu überhöhten Preisen. Und Rauschgift. Wird man eigentlich süchtig, ging es mir durch den Kopf, wenn man sich eine schmerzende Körperstelle mit Heroin einreibt?

Ich entschloß mich, lieber zu leiden. In Kuala Lumpur, der chinesischen Hauptstadt Malaysias, konnte ich auf einem Empfang des deutschen Botschafters endlich zwei Cocktailquirle klauen – ich beging »Augenraub«, denn ich trinke keine Cocktails. Das Ersatzteil hielt bis zur Rückkehr nach Hong Kong, wo es mysteriöserweise erneut beim Essen verlorenging. In Kanton, dort ist man nicht so eitel, wickelte ich mir die aus Bangkok vorsichtshalber aufbewahrte Wolle um den Schmerzdorn, und auf dem Fluge nach Peking bereute ich, daß ich mir in Hong Kong nicht doch rasch eine neue Brille gekauft hatte. Mit Schmerzen näherte ich mich dem Ausgangspunkt meiner Reise.

Mit vorsichtig gelupfter Brille las ich im Flugzeug in den militärischen Schriften Mao Zedongs. Bei der Lektüre des Kapitels, in dem vom »lang anhaltenden Krieg« in phantasievoller, improvisationsfreudiger Guerillamanier die Rede ist (ich empfehle dieses Kapitel allen brillentragenden westlichen Generalstabsoffizieren) merkte ich, wie sich auf einmal eine neue Idee über die Zeilen der Erkenntnis schob. Sollte ich vielleicht den Versuch machen, das so wichtige Ersatzteil in Peking aufzutreiben? In Peking, der Stadt der Improvisation, des Reparaturhandwerks und der verstorbenen konfuzianischen Gelehrten (von denen manche kurz-, manche weitsichtig waren)?

Angekommen, galt mein erster Gang wieder der schmerzhaften Suche. Ich lief die Wangfujing hinunter, eine der belebtesten Geschäftsstraßen – »Quelle der Prinzenfamilie«, wie der Namen sagt – und da sollte nichts zu finden sein? Der Verkäufer im Optikerladen zog, der »Massenlinie« folgend, die zahlreichen Angestellten zu Rate. Dann lächelte er über den eigenen Brillenrand: »Méiyou, wir haben das nicht, aber wir werden es produzieren.« Gerührt bemerkte ich, daß der Schmerz schon nachließ. Die Wegwerfgesellschaft lag hinter mir. Ich war wieder in der Reparaturgesellschaft.

Heute holte ich die Brille ab. Sie sitzt und tut nicht mehr weh. Die Augen sind allerdings schon zu alt, um die Welt deshalb noch einmal neu zu sehen.

Peking, 5. Januar 1978

Airport ist der falsche Begriff, das chinesische Feijichang »Flugmaschinenplatz« gibt die Eigenart des Ortes treffend wieder: Der Pekinger Flughafen ist noch nicht technisches Wunderwerk, halb- bis vollautomatisierte Anlegestelle des internationalen Luftverkehrs, sondern Feldflughafen, die in der Gegend vermutlich beste Möglichkeit für passagier- und güterbeladene Flugzeuge, auf der Erde aufzusetzen. In erster Linie noch Sache des Piloten und seiner Kunst, nicht des Towers und seiner Leitelektronik. Insofern nicht Massenbetrieb, sondern scharf kontrollierte Einzelabfertigung. Rein und raus darf nur, wer die Erlaubnis erhielt.

Dem Charakter des Feldflughafens entspricht die karge Beleuchtung. Wer in der Dunkelheit einschwebt, glaubt auf dem Meer zu landen: die wenigen schaukelnden Lichter könnten von patroullierenden Dschunken stammen. Die seitliche Lichtmarkierung der Runway ist kurz, kaum hat die Maschine abgebremst, rollt sie schon wieder im Schattenreich. In der Ferne, langsam größer werdend, nur ein heller Augenpunkt: Das angestrahlte Bild Mao Zedongs in der Mitte des links und rechts in der Ahnung zerfließenden Flughafengebäudes.

Die Maschine bleibt in respektvoller Entfernung stehen, in einer Art Habt-acht-Stellung. Zunächst geschieht nichts, die Motoren schweigen, Grabesruhe ist eingetreten. Als habe das

Reich der Schatten die Tore geöffnet, kommen in der Lichtlosigkeit von verschiedenen Seiten Gestalten auf das Flugzeug zu. Wollen Sie den fremden Vogel umzingeln? Zollbeamte betreten die Maschine und schreiten die Kabine von vorn bis hinten ab. Die Passagiere haben ihre Plätze beizubehalten. Erst nach dem Rekognoszieren beginnt das »Aussteigemanöver«.

Die Ankömmlinge marschieren auf den erleuchteten Mao Zedong zu. Durch einen schmalen Einlaß an der Seite begeben sich die Ausländer zur Paß- und Zollkontrolle. Es sieht nicht nach Empfang aus, eher nach Quarantäne. Das Visum erhält einen sorgsam gedrückten Stempel. Die Gepäckausgabe ist in einem großen Saal, in den ein Förderband hineinläuft. Das kurze Band läuft schnell. Wenn die Flut der Koffer eintrifft, entsteht ein Stau von Gepäckstücken und Menschen. Der Transport stockt, Zollbeamte reißen den Berg der Hindernisse ein, die Suchenden treten sich auf die Füße.

Am Ausgang des Saales stehen Kontrolleure, die Gepäcknummern und Abschnitte vergleichen, Angehörige, Freunde, ausländische und chinesische Empfangsdelegationen, Chauffeure und Dolmetscher. Manche unter ihnen suchen Leute, die sie nicht kennen; sie rufen die Namen aus. In dem Durcheinander entnervte Reisende, die ihr Gepäck nicht finden und wie Nachtfalter herumrudern. Draußen keine Taxis. Die meisten Leute werden zwar abgeholt, doch quellen aus der Masse immer wieder führungslose Gruppen oder Personen hervor, die vergebens nach einem Telefon suchen. Es gibt weder Fernsprechzellen noch Telefonbücher.

Der Stand der Empfangs- und Abreiseorganisation ist noch nicht über die Zeit hinausgediehen, da ein- oder zweimal in der Woche ein ausländisches Flugzeug kam und wegflog. Die Nadelöhrkontrolle ist geblieben. Am besten hat es der offizielle Staatsgast, dem der ganze Flughafen zur Verfügung steht. Tausende buntgekleidete Kinder, das diplomatische Corps, die wenigen akkreditierten Journalisten marschieren auf, um Tito, Le Duan, Präsident Bokassa zu empfangen. Hervorragend funktioniert die Massenorganisation.

1 *Restauration eines Bildes. Das überlebensgroße Bild Mao Zedongs über dem Haupteingang des Pekinger Bahnhofs wurde in ein Bambusgerüst gelegt und von den Spuren der Verwitterung befreit. Von wenigen, beherrschenden Plätzen blickt der Gründer der Volksrepublik unverwandt auf die Nachwelt.*

2 *Sanmian huan shan – an drei Seiten von Hügeln umgeben ist die Stadt Peking. Der Blick auf die Westberge am Abend erfaßt die filigrane Struktur der Pavillons auf dem Kohlenhügel nahe der Verbotenen Stadt. Wenn Wolken aufziehen, kommen Regen oder Wind oder Sand.*

3 *Die katholische Kirche in Peking, die Südliche Kathedrale, war die Wirkstätte der Jesuiten Matteo Ricci und Adam Schall. Mehrere Male zerstört und wiederaufgebaut dient die Kirche heute der kleinen katholischen Gemeinde Pekings als Gotteshaus. Jeden Sonntag wird hier die Messe gelesen.*

4 *An der (westlichen) Quian Men, parallel zur Chang An Jie sind moderne Wohnblocks entstanden. Die Baugruppen dringen in das alte Hofhaus- und Geschäftsviertel der Südlichen Stadt vor. Die Stadt verliert Charakter und gewinnt Allerwelts-Modernität.*

5 *Are you american? – dieser Frage begegnet der hellhäutige Fremde im Frühjahr 1979 in China auf Schritt und Tritt. Die Aufnahme der diplomatischen Beziehungen zu den USA, lange Jahre der »Erzfeind«, hat das Tor zur Welt geöffnet. Die Neugierde gegenüber allem Fremden ist groß. Lange hält sie jedoch in China nicht vor.*

6 *Im Sommer und Herbst 1979 stellten Pekinger Künstler moderne Gemälde an der Xidan-Mauer aus: bestürzender Realismus, den man nicht mehr sozialistisch nennen kann, atemberaubende Abstraktionen, die man hier »unsozialistisch« nennt, weil diese Kunst das »Volk verfehlt«, wie es heißt. Die Bilder stießen auf Interesse, erregten Anstoß und verschwanden wieder.*

7 *In der Jiaozhuangfu-Produktionsbrigade, einem Dorf nahe Peking, kann man diese Szene aus der Zeit des Krieges gegen die Japaner bewundern. Die chinesische Guerilla taucht urplötzlich aus dem Tunnelsystem des Dorfes auf und vernichtet den Feind. Die Tunnel wurden sorgfältig erhalten, Veteranen erklären den ruhmreichen Kampf.*

8 Sonntagmorgen am Eingang zum Sun Yatsen-Park, östlich des Tienamen. Bei dem warmen Ausflugswetter herrscht Hochbetrieb. Die meisten Leute haben Feiertag, andere fahren mit den Rädern zur Arbeit. Die Stadt ist überfüllt, vor allem die Jugend sucht die Kurzweil der Kinos, Parks und Ausstellungen. Harmloses, immer noch spärliches Vergnügen (nächste Seite oben).

9 *Tienanmen-Platz an einem Oktobermorgen. Unter den Schirmen haben die Photographen ihre Stände aufgeschlagen. Aus allen Teilen des Landes kommen Delegierte, Bauern, Studenten und Familien, um einmal einen Blick auf den großen Platz, den politischen Mittelpunkt des Reiches, zu werfen. Gern nehmen sie ein Photo auf dem Hintergrund des Kaiserpalastes mit nach Hause. Links im Bild das Portrait von Sun Yatsen, des Revolutionärs von 1911.*

Peking, 13. Januar 1978

In der Pekinger Universität. Mich interessieren die Lebenszeichen der juristischen Fakultät. Mit Professor M. ein langes Gespräch über Rechtssicherheit. Die wenigen Gesetze, die uneinheitlichen Strafzumessungen, die undurchsichtige Prozeßordnung, die mangelhafte Vertretung des Angeklagten und die Haftpraxis spiegelten noch die revolutionäre Anfangsphase, den Generalvorbehalt der Neuordnung, wonach das Recht erst erwächst, in der revolutionären Praxis entwickelt wird, bevor die ersten Schriftzeichen ins Gesetzbuch eingetragen werden. Diese von Mao Zedong immer wieder prolongierte Phase sei aber längst abgeschlossen. Der Verzicht auf den Primat des Klassenkampfes sei das endgültige Zeichen dafür, sagt der Professor. Die Gesellschaft sei entwickelt, nun schlage die Stunde der Legalität.

Die Kulturrevolution habe die revolutionären Kräfte des Volkes erschöpft, sagt M., und nicht nur das. Der Professor lehnt die Revolution von 1966 nicht glattweg ab, nein, sie sei schon von der Bürokratie und der Bildungsschicht provoziert worden, zwei im chinesischen Wesen verwurzelten konservativen Kräften. Sie seien gegen die Revolution der Eigentumsverhältnisse resistent gewesen, da die ökonomische Verteilung und Wertschöpfung den Mandarin und den Gelehrten in China nie interessiert hätten. Sich damit zu befassen, sei unter dem Stande gewesen, eine Sache der Bauern oder dieser merkwürdigen Kaufleute. So habe sich schon früher nach jeder der zahlreichen Sozialrevolten und Bodenreformen die Ordnung des Regierungsstils und des Denkens wie von einem kurzen Niederschlag erhoben, mit der großen Ausnahme des Kaisers Shi Huangdi, der ein Kulturrevolutionär gewesen sei. Allerdings hätten Schriftänderung und Bücherverbrennung die Einigung des Reiches zum Ziel gehabt. Das Motiv, einen neuen Menschen zu schaffen, habe dem Monarchen ferngelegen. Dazu mußte Mao Zedong auftreten.

Die Kulturrevolution von 1966 war also ein Versuch, China wirklich zu verwandeln, eine ruchlose, aber so große Tat, daß die moralische Kategorie nicht greife. Nicht die halbe Million Opfer sei das Bemerkenswerte, sondern die Erfolglosigkeit des Unternehmens. Daran könne der Kommunismus zerbrechen, meint der Professor leise. Seine Veränderungskapazität wurde durch den zu großen Vorsatz überfordert, das bedeutet aber, historisch widerlegt. Ein schmerzliches Lächeln geht über das Gesicht des Gelehrten. Aber etwas Wertvolles, ja, Unersetzliches sei eben doch vernichtet worden in diesem Experiment: Die Sittlichkeit Chinas, die ja Beamte und Geisteswelt in ihren Stellungen legitimiert und gleichzeitig in die Pflicht genommen habe. Das habe China nun nicht mehr. Wohl aber gebe es wieder Beamte und Intellektuelle.

Aus welcher Sittlichkeit wird sich dann aber das neue Recht speisen, dessen Heraufkunft annonciert werde, frage ich. Professor M. schüttelt den Kopf. Man werde pragmatisch Recht setzen, vieles aus der juristischen Kultur des Westens übernehmen. Aber wir schaffen eine Fassade – nicht ein Recht auf dem Hintergrund der Gesinnungsethik, wie man im Westen sagt, sondern aus Utilitarismus, reiner Nützlichkeitsmoral. Sei der Sozialismus, wenigstens dem Anspruch nach, nicht doch mehr als das, sei er nicht ein Derivat aus dem fernliegenden Christentum, unterbreche ich. Professor M. schaut mich unergründlich an, bevor er wie abwesend fragt: »Wie meinen Sie das?«

Ich habe eine Vision, antworte ich, ich nenne sie Hong Kong-Vision. Auch dort gebe es keinen Konfuzianismus mehr – infolge der westlichen Kulturrevolution –, aber auch keinen Sozialismus, also keinen Ansatz mehr für eine öffentliche Moral. »Und wenn das sittliche Motiv des Sozialismus in China wirklich tot ist«, schließe ich, »wird Hong Kong, das vollkommen glaubenslose, das neue Nanjing des Reiches werden.«

Peking, 1. Februar 1978

Beethoven, gestern noch als bürgerlich verpönt, gehört zum festen Programm von Radio Peking. Heute morgen ertönten die aufwühlenden Klänge der »Eroica«, vom jahreszeitlichen Sturmwind hin- und hergerissen, auf der größten Baustelle in Pekings Innenstadt. Die Lautsprecher sind nicht gerade Hifi-Qualität, eigentlich mehr für chinesische Marschmusik und Propagandasendungen geschaffen als für die Wiedergabe klassischer europäischer Musik. Aber der Kampf gegen die Viererbande, die auch den deutschen Musikheroen verurteilt, muß überall im Lande zum Ausdruck kommen.

So bietet sich dem okzidentalen Ohr ein eigenartiges Gemisch aus vertrauten und fremden Tönen. Die Dampfhämmer des Bauplatzes sind in Rhythmus und tonlicher Abstufung nicht genau auf die Musik eingestellt. Sie hauen buchstäblich daneben. Den Motoren der Lastwagen, obzwar zum Teil aus Europa importiert, fehlt der Celloton. Die Fahrer haben noch kein Gefühl dafür entwickelt, daß Beethoven am besten immer noch bei abgestelltem Diesel zur Geltung kommt, wenn er im Freien aufgeführt wird.

Gegen die Intention des Komponisten verstoßen auch die quietschenden Eselkarren, die zwischen den Sattelschleppern gemächlich mit schwerer Last dahinziehen. Ihr Geräusch erinnert im beethovenschen Zusammenhang allenfalls an das verunglückte Flagiolett eines Streichers, das zudem in der Partitur nicht vorgesehen ist. An chinesischen Baustellen tritt der Militärangehörige in seiner Friedensfunktion als Arbeitsheld ins Bild. Die »Eroica« bewirkt in seinem Verhalten jedoch keine sichtbare Veränderung.

Der Meister aus Bonn hatte die »Eroica« ursprünglich Napoleon gewidmet, als der Korse noch dem Republikgeist die Treue zu halten schien. Die Klänge haben also ab ovo etwas Aufrührerisches, und auch im China unserer Tage ist ja gelegentlich von Bonapartismus die Rede. Es gibt somit durchaus politische Motive für die Übertragung des Werkes auf großen chinesischen Baustellen. Es bietet zeitgenössische Arbeitsmusik im aufbauenden Sinne.

Peking/Tongcheng, 16. Februar 1978

In der Gemeinde Tongcheng des Kreises Tianchang in der Provinz Anhui tragen nach dem Strafgericht viele Leute »Hut«: Die Leute des Bezirksparteikomitees, die Leute des Gemeindeparteikomitees und Tao Yuanlong, der stellvertretende Leiter des Amtes für Öffentliche Sicherheit in der Provinz, der in Tongcheng zu Hause ist. Er trägt den größten »Hut«. Ihm wurde befohlen, vor den Massen der Gemeinde Selbstkritik zu üben. Eine mulmige Atmosphäre umgibt den fremden Besucher.

Zu allem wäre es nicht gekommen, hätte der Schwiegervater

Taos, Xue Donghai, das Zeitliche nicht so schnell gesegnet, wäre er, ein kleiner Mitarbeiter in einem genossenschaftlichen Laden der Gemeinde, nicht ein so beliebter Mann gewesen und gäbe es in China nicht das Gefühl enger Familienzusammengehörigkeit, das über die Lebzeiten hinausreicht und in den alten, vorrevolutionären Zeiten eine umständliche und kostspielige Bestattungskultur begründen half.

Als der geliebte Schwiegervater starb, dachte sein Schwiegersohn, Tao Yuanlong, nicht an die Revolution, die natürlich auch das Begräbniszeremoniell im Lande verändert, ja, auf das Radikalste vereinfacht hat, sondern er dachte an die Familie, an das Haupt, das ihr nun fehlte und dem man die Ehre des Andenkens schuldete. Vielleicht regte sich auch die Eitelkeit in dem für Öffentliche Sicherheit zuständigen Mann, jener Darstellungsdrang, der sich ja nicht nur in China des Anlasses der Trauer recht gern und ausgiebig bedient.

Wie auch immer – Herr Tao vergaß seine Erziehung und sogar die Viererbande, deren Spuren aufzudecken ihm dienstlich obliegt, und er benahm sich in einer Weise, die das erste Parteiblatt der Volksrepublik, die »Volkszeitung«, in Bericht und Kommentar zu dem Urteil kommen ließ: Es ist ein Skandal.

Der amtlichen Untersuchung ist es offenbar gelungen, tief in die Sache hineinzuleuchten, denn die »Volkszeitung« weiß sogar über den familiären Dialog zu berichten, aus dem »der üble bürgerliche Wind« hervorgegangen ist. Zuerst habe Tao gemeint, man solle keine große Feierlichkeit veranstalten; er habe sich dann aber dahingehend korrigiert, man könne wohl »einige Trompeter und Paukenschläger« suchen und »ein paar Leute« zum Essen einladen. Ob diese Frucht grundfalschen Denkens aus der Hand der Ehefrau stammte, wie einst der paradiesische Apfel aus der Hand Evas, verschweigt die Entstehungsgeschichte.

Was sich nun, nachdem »das Tor zu einer opulenten Begräbnisfeier aufgestoßen war« (»Volkszeitung«), ereignete, kann mit altchinesischen Augen oder mit dem scharfen Blick der Revolution betrachtet werden. Die Bilderfolge jedenfalls, die sich entfaltete, entsprach den ältesten Traditionen. Diese brauchten nicht umständlich wiederbelebt zu werden, sondern traten trotz langer, peinlicher Pause frisch ans Tageslicht, so wie ein Scheintoter erschrocken zwar, aber im Herzen erleichtert, den Rückweg vom

Friedhof antritt. Es kamen Trompeter und Paukenschläger. Einige? Nein, viele, um nicht zu sagen alle, und darunter offenbar auch solche, die chronisch »auf die Pauke hauen«, und das nicht nur im Falle von Pauken. »An dieser Feierlichkeit«, so raisonniert das Parteiblatt, »nahmen auch jene teil, die Schlägereien, Zerstörung und Raub verüben, Verbrecher, die die öffentliche Ordnung ernstlich stören, Gutsbesitzer, Großbauern, Konterrevolutionäre und schlechte Elemente, die dem Sozialismus spinnefeind sind und mit ihm abrechnen wollten.« Ein erschütternder Befund. Was für ein genius loci überschattet Tongcheng? Wie konnte das reaktionäre Gelichter 28 Jahre strenger Revolution überstehen, um auf einmal, beim Tode eines – zugegeben beliebten – Ladenangestellten, geschlossen auf den Plan zu treten?

Als nach den ersten Feierlichkeiten – ein chinesisches Leichenbegängnis kennt ihrer viele – die sterbliche Hülle in der Gemeinde Tongcheng ankam, wurde die traditionelle »Heimkehr des Sarges« mit einer großen Zeremonie begangen. Organisatoren waren, man möchte es nicht glauben, das Bezirks- und das Gemeindekomitee der Kommunistischen Partei in Tongcheng, also die für die ernstesten Belange verantwortlichen Instanzen. »Die Kritik an der Viererbande und ihrer Agenten in der Provinz Anhui haben sie schleifen lassen, aber die Begräbnisfeierlichkeiten für Xue Donghai haben sie unterstützt«, bemerkt die »Volkszeitung« bitter.

Aber das war erst der Anfang, denn nun nahm die alte Tradition ungehemmt ihren Lauf. Die Beileidsbezeugungen, die sich der »Heimkehr des Sarges« anschlossen, dauerten geschlagene drei Tage. 400 bis 500 Leute nahmen daran teil. Viele Blumenkränze wurden niedergelegt und Trauergedichte verfaßt, Bettzeug und Kleiderstoffe gestiftet. An dem Tag schließlich, an dem die Trauerfeier selbst stattfand – China nimmt sich für das Unwiderrufliche Zeit – ertönten über die Lautsprecher der Gemeinde, die man ja auch nur der Revolution zu verdanken hat, Trauerreden und Trauermusik.

Infolge der regen Teilnahme an den Zeremonien blieben einige Geschäfte in Tongcheng geschlossen. Fabriken stellten die Produktion ein. Als der Leichenzug aufbrach, folgten dem Sarg die trauernden Hinterbliebenen, eine Kapelle und die Blumenkranzträger. Dann kamen 500 bis 600 Gemeindemitglieder und überfluteten »wie ein wogendes Meer die Hauptstraße«. Daß zu allem Überfluß »nicht wenige feudale, abergläubische Handlungen« vorgenommen wurden – darunter sind taoistische Bräuche wie die Suche nach einem dämonenfreien Grabplatz zu verstehen –, blieb nicht unbemerkt. Denn die Familie hielt »die Szenen« mit dem Lichtbildapparat fest.

Nach der Bestattung begab man sich zum Leichenschmaus, dem sich Trauernde in- und außerhalb Chinas gleichermaßen zwecks Labung der Seelen zuwenden. Die Tafelnden von Tongcheng machten sich jedoch an sage und schreibe dreißig Tischen breit – ein lebendes breughelsches Bild. Die Vermutung der »Volkszeitung«, das Totenmahl sei mit »verschobenen Baumaterialien« finanziert worden, rundet das Gemälde des Schreckens ab.

Das dicke Ende konnte nicht ausbleiben. Leute schrieben Beschwerdebriefe an das vorgesetzte Parteikomitee der Provinz Anhui und beklagten den »Schwung und die Begeisterung«, die das Begräbnis in Tongcheng ausgezeichnet hatten. Eine Untersuchungskommission nahm sich des Falles an, und das vorgesetzte Parteikomitee kam schließlich zu dem Urteil: »Der Fehler des Genossen Tao Yuanlong ist dem Wesen nach ernst.« Der Genosse wurde von der stellvertretenden Leitung des Amtes für Öffentliche Sicherheit suspendiert und überdies zur Selbstkritik aufgefordert. Er muß vor den Massen der Gemeinde Tongcheng, die gerade noch mit ihm schmausten, ein Sündenbekenntnis ablegen, um seinen üblen Einfluß zu bekämpfen.

Auch die Parteikomitees von Bezirk und Gemeinde Tongcheng werden zur Rechenschaft gezogen. Sie haben durch die Beteiligung an einer Begräbnisfeier den, wie es heißt, »Standpunkt des Proletariats und ihre Rolle als Kampfstation des Sozialismus an der Basis aufgegeben«. Die Komitees wurden aufgelöst und durch provisorische Leitungen ersetzt. Was die führenden Funktionäre betrifft, so wurden sie »je nach den Umständen« verurteilt. Jedenfalls tragen sie alle »Hut«.

Peking, 21. Februar 1978

Jetzt ist es offiziell. Die neuen Führer der Volksrepublik wollen das Land bis zum Jahr 2000 modernisieren, technisch, technologisch, industriell, ressourcenmäßig. Ein Kraftakt. Nachdem Herkules den Stall der Viererbande ausgemistet hat, kommt Herr Prometheus, vom Taurus abgeschmiedet, nach China. Wenn der Missionar Matteo Ricci und die Seinen das erlebt hätten. Für das westliche Ingenium geht es diesmal nicht nur um das Astronomische Amt.

Aus Shanghai höre ich, daß der graphische Geist der Stadt die Parole bereits aufs Plakat gebannt hat. Unten, am Bund, wo die Nanjing-Road auf den Whampoo-Fluß stößt, steht eine Art moderner Geistermauer. Seit gestern prangt dort die Darstellung der wild galoppierenden Reiterschar, die aus einer optimistischen Apokalypse hervorzubrechen scheint. Der Zukunftsrausch gibt die Sporen, und darunter steht in ehernen Zeichen: »Um Minuten und Sekunden ringen – auf zum Jahr 2000.«

Der Optimismus wirkt ansteckend auf die schmale Ausländerkolonie Pekings, auch auf bedächtige Diplomaten, deren juristische Bildung oft die Kenntnisse ökonomischer Grundregeln überwiegt. Tatsächlich hatten die Chinesen zur Vergangenheit stets eine zuverlässigere Beziehung als zur Zukunft. Ihr Denken gründete auf Regeln, nicht auf Hoffnungen. Sie kennen kein Paradies, kein gesichertes Leben nach dem Tode, keinen Weltuntergang und kein Weltgericht. Da vorn tut sich nichts, das äußerstenfalls Erreichbare ist die Gegenwart in der Gestalt hoffnungsvoller Söhne.

Mao Zedong hat geirrt, sobald er Zukunft vorauszusagen wagte. Alle großen Sprünge erwiesen sich als Bocksprünge, die bald wieder revidiert werden mußten. Nirgends war in den vergangenen 30 Jahren das Prinzip Hoffnung dem Prinzip Irrtum so nahe wie in China. Das liegt aber nicht am Herkommen, sondern an der Ideologie, an den Konzessionen, die man der Prognostik des historischen Materialismus machen mußte. Die Fehlerquelle ist also, genau besehen, in Europa zu suchen. Fast alle historischen Prognosen von Marx und Engels waren falsch, sagt der Marx-Biograph Fritz J. Raddatz: »Man möchte von ›historischem Utopismus‹ statt von ›historischem Materialismus‹ sprechen –

immer dann jedenfalls, wenn Zustands- und Vergangenheitsdiagnose verlängert wird in Zukunftsperspektive.«

So werden sich die galoppierenden Reiter zum Jahre 2000 am Ende wieder als das erweisen, was Prognostik in China seit jeher war: Ein kategorischer Aufruf zum Handeln, eine sittliche Forderung. Für alles andere fehlt immer noch eine prosaische Voraussetzung: Die Rechnungsgrundlage für jede sinnvolle Vorausschau, die Statistik.

Peking, 27. Februar 1978

Nach dem Abendessen fiel mir ein, daß ich heute ein halbes Jahr lang im Peking-Hotel wohne. Ich gehe zum Etagenempfang und bestelle zur Feier des Tages eine Flache chinesischen Sekt. Der Boy sagt, er werde den Sekt im Hause besorgen, es könne etwas dauern. Ich beschließe, inzwischen ein Bad zu nehmen. Kaum habe ich mich in der Wanne ausgestreckt, schaut der Boy rein und fragt: »Soll ich Ihnen die Flasche bringen oder draußen stehen lassen?«

Das Peking-Hotel, man sieht es sofort, ist eine absolut freizügige Institution. Türen werden grundsätzlich nicht abgeschlossen. Es hätte auch keinen Sinn, denn der Schlüssel hängt für jedermann zugänglich an einem Brett am Etagenempfang. Meistens stehen die Türen zu den Zimmern und Appartements sogar sperrangelweit offen. Man weiß gleich, ob eine Delegation oder ein Einzelreisender gerade angekommen ist oder sich zur Abfahrt rüstet. Die offenen Türen fördern Familienatmosphäre und Alkoholkonsum.

In der letzten Zeit kommen mehr Wirtschaftsdelegationen. Als Mao Zedong noch lebte, war das Hotel fast ausschließlich politischen Gästen vorbehalten. Zum 1. Oktober, dem Gründungstag der Volksrepublik, und zum 1. Mai kamen maoistische Delegationen aus aller Welt. Im Aufzug, im Speisesaal konnte man an ihnen Ähnlichkeiten feststellen, trotz unterschiedlicher Herkunft und Sprache. Die Typen waren ein Verschnitt aus revolutionär, rustikal und intellektuell, peinlich darauf bedacht, sich mit China und den chinesischen Genossen hauteng zu identifizieren.

Der Stil der überschwenglichen Begrüßung hat den Wandel des

Publikums überlebt. Der romantische Revoluzzertyp aber ist selten geworden, und er tritt, wo er noch erscheint, nicht mehr mit der alten Selbstsicherheit auf. Nach Mao und nach dem politischen Tod seiner Fraktion, der Viererbande, ist Peking nicht mehr das »Auge der Wahrheit«, das Mekka hochfahrender, kurzgeschlossener Weltideen. Korrekt gekleidete Geschäftsleute mit ihren Köfferchen, amerikanische Touristinnen mit weiß-violett gefärbten Witwenhaar harren im Foyer. Aber auch ihnen treten die Tränen in die Augen, wenn sie sich von ihren chinesischen Fremdenführern verabschieden.

Ach, wieviele vermeintliche Freundschaften wurden zwischen den gewaltigen Säulen im Foyer des Peking-Hotels schon geschlossen. Delegationsleiter, die auf den Bus oder die vornehmere Wagenkolonne zum Flughafen warten, halten Ansprachen, in denen die Freundschaft »zwischen unseren beiden Völkern« beschworen und die »einmalige kulturelle und politische Bedeutung der Volksrepublik China« hervorgehoben wird. Es gibt keinen Superlativ, der nicht leicht über die Lippen der Gäste käme, von den Gastgebern lächelnd zur Kenntnis genommen und eifrig ins Notizbuch geschrieben. Vielleicht hat hier manche chinesische Selbsttäuschung ihre Ursache.

Das Hotel wirkt erhaben. Modern und großzügig der 16-stökkige Ostflügel, der zum Wahrzeichen des aufstrebenden, avantgardistischen Peking geworden ist. Verschwiegen, vernachlässigt, dennoch würdig der Mittelteil des Komplexes, der älteste, und der Westteil, in dem sich das Leben verloren zu haben scheint. Es gibt keinen Chinesen, jedenfalls keinen städtischen, dem das Peking-Hotel nicht ein Begriff wäre, der großräumig-schlichte, gänzlich schmucklose Haupteingang hinter der großen Autoauffahrt, den der Einheimische nur mit Sonderausweis passieren darf. Einzige Sensation in der Halle eine wandbreite Weltuhr, die alle Zeiten der Erde von Peking aus bemißt, und der markante Spruch an der Stirnwand bei den Aufzügen: »We have friends all over the world.«

Erhaben auch der Geruch. Es ist der zwischen Kampfer und Karbol schwebende der absoluten, der radikalen Sauberkeit, der alle Gänge des Hotels durchzieht und die Räume bis in die Sofakissen, Spitzendeckchen und die per Elektromotor auf- und zuziehbaren Gardinen gesättigt hat. In London oder New York würde sich die Nase der Gäste nicht daran gewöhnen, es würde Beschwerden hageln und Drohungen, das Etablissement zu kündigen. Nicht so in Peking. Die Duftnote wird als Charakteristikum empfunden, ja als etwas Notwendiges, das einfach zu dieser Hauptstadt und diesem Land gehört.

So stellt sich bei den Menschen im Hotel ganz leicht eine bedingungslose Zustimmung zu fast allem und jedem ein, was China ist. Derartig schnelle und klaglose Zusammenbrüche der westlichen Skepsis, die von unseren Kulturphilosophen als »angeboren« bezeichnet wird, als ein Hoheitszeichen der freien Denkungsart, habe ich noch nie erlebt. Nein, diese tollen Chinesen. Selbst Volkskommunen, deren Leben nichts als hart und erdig ist, nötigen dem Besucher nach einem Tagesausflug höchste Bewunderung ab. Zu Hause können sich dieselben Leute »Ferien auf dem Bauernhof« höchstens für ihre Kinder vorstellen. Sie selbst würden »vor Langeweile sterben«.

Zur Erklärung dieses Phänomens fiel mir nichts originelleres ein als die Psychologie der Geiselhaftung. Der Aufenthalt in China ruft ähnliche Reaktionen hervor, weil der Gast angesichts der Fremde des Landes, der Unübersteigbarkeit der Sprachbarriere und der Unerreichbarkeit der Menschen sich in einer fast extremen Weise der Fürsorge seiner offiziellen Gastgeber ausgeliefert fühlt. Im übrigen realisierte Mao Zedong – unbestrittener Führer, solange er lebte – das persönlichkeitsbezogene Geschichtsbild der meisten Europäer. Er ist ein Mann, der selbst unsere Söhne und Töchter, die schwierigen, einzunehmen verstand. Die Chimäre des Jahrhunderts.

So kommen mir viele alte Bekannte aus Europa, deren prüfend-zurückhaltende Art ich gut in Erinnerung habe, mit verklärtem Gesicht im Speisesaal des Peking-Hotels entgegen: »Ich freue mich ja so, Sie hier wiederzusehen, ich sagte schon zu meiner Frau, es muß ja wohl ganz toll sein, hier zu leben.« Die Unterhaltung, zu der man dann ins Zimmer eingeladen wird, dehnt sich bei Tsingtao-Bier und pflichtgemäß genossenem Maotai lange hin, die Fragen wollen kein Ende nehmen. Es gibt keine leichtere Distanzierung von den Querelen zu Hause in Deutschland als ein Abendgespräch im Peking-Hotel. Rätsel, natürlich unlösbare wie dieses China, sind, so scheint es, immer noch der beste Zeitvertreib.

Peking-Hotel – ein riesiger Schmelztiegel, eine Konformierungsmaschine. Der Gast aus dem Westen kann sich nach einigen Tagen eines gewissen Respekts selbst vor den bärtigen Guerilla-Führern, schwarz, weiß, auf jeden Fall rot, nicht mehr erwehren. Ihr Aufgebot schlägt für den Newcomer tatsächlich jede Modenschau. Wie gesagt, die Romantik ist im Schwinden begriffen, gewichtige rumänische Militärdelegationen, jugoslawische Volkstanzgruppen und westliche Geschäftsleute, kühl auf den nervus rerum pochend, beginnen das Bild zu bestimmen. Dem Generaldirektor eines deutschen Konzerns wollte ich einige eilige Filme mit nach Deutschland geben. »Ich lege das Päckchen in ihr Zimmer«, sagte ich in Peking-Hotel-Routine. Als ich nach flüchtigem Anklopfen die Filme auf seinem Koffer deponieren wollte, fand ich das Zimmer verschlossen.

Das Peking-Hotel ist heute auch nicht mehr, was es einmal war.

Tokio, 29. Februar 1978

Das Narita-Hotel liegt in der Flughafenmeile und hat ausschließlich die Aufgabe, an- oder abreisende Passagiere aufzunehmen. Bemerkenswert ist der Frühstücksraum. Mit großen Scheiben schiebt er sich in den sorgsam gestalteten Hotelgarten vor. Das künstliche Licht ist schwach, so daß der Gast am frühen Morgen oder am späten Nachmittag in der Dämmerung des natürlichen Tages sitzt, als Teil der Natur in einem Teil der Natur. Bei den akustischen Eindrücken zwangen der Flughafen und die in der Nähe sich verknotenden Verkehrsbänder die Architekten zum umgekehrten Verfahren. Da die Scheiben schalldicht sind und die Hygiene des Speisesaales offene Volieren verbietet, kommt das leise Vogelzwitschern, das zum Dämmerlicht gehört, die erwachende oder ermüdete Vogelstimme, aus der Bandkonserve. Ein intensives Endlos-Zwitschern erfüllt den Raum. Während in der freien Natur ein Schlag mit der flachen Hand auf den Tisch oder ein scharfer Zischlaut genügt, das Gezwitscher zum Schweigen zu bringen, muß der Narita-Gast den Ziergarten verlassen. Gewaltsamkeit der künstlichen Natur.

Peking, 5. März 1978

Massendemonstration am Ende des V. Nationalen Volkskongresses, des ersten seit dem Tode Mao Zedongs und dem Ende seiner Familie. Ich stehe auf dem Beifahrersitz und lehne mich mit den Kameras zum geöffneten Sonnenverdeck hinaus. Durch das Objektiv gewinne ich den Eindruck, die Menge der Hunderttausende wie ein Meer zu durchfahren. Gleich haushohen Wellen umbranden mich die roten Fahnen. Die rechteckigen Tücher wurden an ihrer langen Seite an den Bambusstangen befestigt. So bieten sie dem Wind die Breitseite, Geräusch und Bewegung überwölben den Aufzug wie hochfahrender Geist. Das ist ja der Sinn dieser Fahnen.

Von jung auf haben mich Massenaufmärsche angezogen. Nicht der Sache wegen. Ich glaube nicht an den Inhalt von Demonstrationen – die hehren Anlässe wechseln oft im Laufe der Geschichte. Mich interessiert das Gleichbleibende, die Inszenierung, die Mobilisierung der Zeitbühne, der Kraftstrom der Regie und die Antwort der Masse, die im großen Auftrieb in ihrer Stofflichkeit erkennbar wird. Die Kammern der Individuation haben sich unter dem Magnetismus eines stärkeren Willens geleert, die Profile des Ich und Du werden niedriger, schmelzen sichtlich dahin. Der Prozeß vollzieht sich im Zeichen des Feuerelements, die Erde dröhnt, es beginnt zu stürmen, das Element des Wassers tritt in der liquiden, wogenden Masse hervor. Schöpfungstag. Aus dem Amorphen kann das Neue kommen.

Ich habe Paraden der SS-Division »Das Reich« gesehen, denen sich rauschende Bekundungen des Krieges anschlossen. Gegenüber den Massendemonstrationen unter kommunistischer Regie kommen mir die Schauspiele der Nationalsozialisten im nachhinein marionettenhaft vor. Es waren Eliteballette. Sie rochen nach Schnürboden. Man sah ins Gesicht der Eitelkeit, nicht in dunklen, meertiefen Plural. Der Stechschritt in der Zwanzigerreihe, die knappen schwarzen Uniformen mit dem blitzenden Silberzeug, dem Degen und den weißen Handschuhen schienen einen repressiven Willensakt auszudrücken, dessen applaudierende Zeugen in Wirklichkeit die Opfer waren. Hier wollte einer von oben zu erkennen geben, daß er im Besitze aller Macht sei, hier führte jemand seine Muskeln vor. Das ließ mich kalt wie die

Motorradartistik der Stadtpolizei. Ich fand's auch nicht so gekonnt: Machst du das Volk zum Gegenstand, leistet es Widerstand.

Durch die Linse meiner Kamera sehe ich auf der Chang An, an der Xidan und auf dem weiten Rechtecke des Tienanmen-Platzes ein anderes Bild: Hier ist das Volk der Akteur, nicht seine Schergen. Bei einer guten Inszenierung gewinnst du den Eindruck zermalmender Kraft, die umrührt und einschleift. Es ist dann, als segle man in Sturm hinein, deine Sehachse sinkt unter das aufgewühlte Element, du verläßt den Kurs und folgst nur noch den übermächtigen Kräften, die dich umkreisen. Die Knöchel an den Schäften der Fahnen sind weiß vom Druck des Windes. Das Provisorische der flüchtig gefügten Tücher und Stangen gehört zu den Anzeichen der Revolution von unten, hier liegt der politische Unterschied zwischen Standarte und Fahnenwald. Grobe Schirmmützen, Kesselpauken auf Eselskarren, Fransen an den Transparenten sind die Accessoirs der Bauernaufstände und Bastillestürme.

Aber etwas ist diesmal anders. Die Bilder der Millionen-Aufmärsche vor Mao Zedong, dem Sieger der Kulturrevolution, galten einem einzigen Willen, und dieser Wille war der Weg. Aufgabe solcher großen Inszenierungen ist es ja schließlich, alle Zweifel und alle Unbotmäßigkeit in die Disziplin einer allkompetenten Institution zu nehmen. Exorziert werden menschliche Ungewißheit, tathemmendes Zaudern, Eigenbrötelei, erzeugt wird der Glaube. In einer plötzlich einleuchtenden, zauberhaften, zeitüberdauernden Gleichung lösen sich alle Schwierigkeiten auf. Die Demonstrationen vermitteln die Formel zum Leben, sie sind Gegenaufklärungen, nachdem Aufklärung die Welt ja nicht in ihrer Einheit wiedergibt, sondern nur in ihrer Entzauberung. Solche Anti-Körper müssen früh bekämpft werden, damit sich dem Schmelzprozeß nichts Störendes beimengen kann.

Deshalb haben die Propagandabehörden in den wirklich großen Diktaturen, und das sind bis jetzt nur die kommunistischen, die erzieherische Aufgabe, den Menschen auf die Stunde der Einschmelzung vorzubereiten. Getauft wird ja auch nicht aus heiterem Himmel. Zuerst gilt es Verhärtungen zu lockern, gelenkig, gefügig zu machen, die Seele will sorgsam massiert sein, sie sehnt sich geradezu nach der Andeutung größerer Kraft, auf

Abweichungen und Ausbuchtungen ist zu achten. Es dauert seine Zeit, bis die Regie mit kurzen, signalhaften Gesten oder Worten den Glanz der Übereinstimmung von innen heraus aufleuchten lassen kann. Die Verantwortlichen haben es fürwahr nicht leicht. Denn wenn der eingeübte Wille im entscheidenden Augenblick der Massenvermählung nicht bis in die Gesichter dringt, ist die Ernte verdorben.

Ob diesmal einer zur Rechenschaft gezogen wird? Ich sehe in der Vergrößerung meines Zooms auf den Gesichtern nicht jenen einheitlichen Willen, den meine Bleisoldaten ausdrückten, wenn ich sie in die Hitze gab, um neue Modelle auszuprobieren. Die Züge der Demonstranten weichen befremdlich voneinander ab, in ihnen liegt nicht die Gewißheit des schönen Gesellschaftstodes, das entschlossene Massen-Morituri, sondern eine für die Regie verheerende Spur des Unbeteiligtseins, ja, der Müdigkeit. Liegt es etwa an den politischen Bedingungen? Nicht ein Bild, sondern zwei Bilder, das von Hua neben dem von Mao, werden über den Köpfen getragen. Eine verwirrende Welt. Der eine ist tot, der andere neu, der alte hat mit seiner Willkür am Ende das Erdbeben hervorgerufen, der lebende konnte gerade erst in die Trümmer säen. Ich sehe es deutlich – der Stoff will nicht schmelzen.

Nein, es ist nicht gelungen, das Feuer zu entfachen. Die Masse zieht als Menge dahin, sie marschiert nicht, sie trottet. Mao blickt von seinem Bild mit seiner nicht retuschierbaren Ironie auf die Leute herunter, als wollte er sie provozieren, Hua starrt über sie hinweg. Man kann sogar meinen, er habe während der Portraitaufnahmen unausgesetzt daran gedacht, wie er dem Bilde des Vorgängers noch ähnlicher werden könnte. So ist es eine Art mechanischer Erinnerung, die die Marschsäulen formiert, prothesenhafte Bewegung. Ich sehe durch das Zoom eine absterbende Demonstration, die letzte vielleicht, die zusammengetrommelt wurde.

Peking, 13. März 1978

Als der Film in die dritte Stunde geht, und das Sterben der feenartigen Daiyu (dunkelblaue Jade) kein Ende nehmen will, frage ich mich, was die neuen chinesischen Kulturpolitiker dazu gebracht haben mochte, das sämige Farbwerk wieder aufzuführen. Ist ein Verbot, wie es im Chaos der Kulturrevolution verhängt wurde, in jedem Fall ein Gütesiegel? Die Funktionäre neben mir in der Kinoreihe schlafen.

»Der Traum der Roten Kammer« wird seit einiger Zeit in geschlossenen Gesellschaften gezeigt. Der Film aus dem Jahre 1962 bietet Teile des wohl berühmtesten chinesischen Romans, den die einen als »die Love-Story« des Landes, die anderen als die »Buddenbrooks« des Kaiserreiches bezeichnen. Es gibt jedenfalls kein Meisterwerk, das die Hauptinstitution der Jahrtausende langen chinesischen Geschichte greller angeleuchtet hätte: die Familie.

Sie ist das Gefäß des chinesischen Lebens. Die Quelle der Solidarität. Die Kraft des Reiches. Der Roman führt in die Mandschu-Zeit, und er trägt autobiographische Züge. Der Autor, Cho Xueqin, schrieb mit sehnsuchtsvoller Feder, denn der große Besitz seiner Familie bei Nanjing war nach wirtschaftlichem Ruin vom Kaiserhof konfisziert worden. Als das geschah, 1728, lebten in den Höfen des Hauses 114 Personen.

Xueqin beschreibt aber nicht die ökonomische Katastrophe, auch nicht den Aufstieg des Großvaters zum berühmten Kalligraphen, Schriftsteller und Drucker, der die Dichtwerke der Tang-Zeit für den Kaiser verlegte. Natürlich wird der aufwendige Lebensstil, das große Gepränge des damaligen Alltags sichtbar, aber die Übertreibung war typisch für die zeitgenössische chinesische Gentry, nicht nur für die rasch reich gewordenen Literaten jener Epoche. Die Säule der Gesellschaft, als solche mußte sich die Familie betrachten, hatte schon einen moralischen Sprung. Er ist das Thema.

Auch über die chinesische Gentry kam das Unglück mit der Verfeinerung, mit der Individualisierung der Gefühle und Entscheidungen. Der Film, in der kommunistischen Zeit entstanden, wendet sich vor allem diesem Merkmal zu. Das Haus hat nur einen Sohn, auf ihn konzentriert sich alles. Ihm öffnen sich die Tore weit, ihm folgen die Blicke ängstlich. Auf ihm ruht die Zukunft der Familie.

Das alte China kannte keine Primogenitur, sondern die gleiche Verteilung unter den Söhnen. Die Verantwortung, die ein einzelner trug, war daher mit schweren Gedanken belastet. Er hatte für drei oder vier Generationen, die im Haushalt lebten, zu sorgen. Die chinesische Familie jener Zeit war nie Sozialempfänger (etwa eines mildtätigen Staates), sondern selbstverantwortliche, produktive Wirtschaftseinheit, dabei ein Verband der sozial Gleichen. Über- und Unterordnung entstand nicht kraft Einkommens, sondern entsprechend der Generations- und Geschlechtszugehörigkeit.

Diese Ordnung der Gentry war durch unabweisbare Umstände diktiert. China kannte nie Großgrundbesitz, Latifundienwirtschaft westlicher Dimension. Die Eigentumsordnung verwaltete Knappheit (noch heute sind höchstens 15 Prozent des Landes agrikulturell nutzbar). Trotz wachsender Ungleichheit entstand nicht der schwarze Dorn der Sklaverei. Die Zukunft (der Dynastien und Familien) blieb stets verhangen: »Keine Familie kann für drei Generationen reich oder arm sein«, lautet ein altes Sprichwort.

Aus diesem sozialgeschichtlichen Hintergrund entrollt sich die Tragödie der »Roten Kammer«. Der schwankende Boden des Lebens verlangte eiserne Disziplin, eine straff gezogene Befehlskette vom Älteren bis zum Jüngeren, vom Mann zur Frau, vom älteren zum jüngeren Bruder. Sie besteht noch heute: »Der einzelne ist der Organisation untergeordnet, die Minderheit der Mehrheit, die untere der höheren Ebene, die ganze Partei dem Zentralkomitee.« (Art. 8 der Parteiverfassung von 1977)

Der Held des Romans , Baoyu, ein sensibler, Träumen zugeneigter Junge, entwickelt nicht Fleiß, nicht Wissensliebe noch Literatengusto, sondern Spieltrieb und Erotik. Zu den gelungensten Szenen des Films gehört das platonische Getändel mit den Cousinen, deren eine, eben jene »Dunkelblaue Jade«, sein Herz ergreift. Die Blicke der Familie werden noch ängstlicher. Denn Daiyu, die Angebetete, die als Waise ins Haus kam, hat eine verstiegene Seele. Sie und Baoyu – was würde dann aus der Familie?

Der Konflikt um den einzigen Sohn ist heftig und widerspruchsreich. Der Vater, der im Film (nicht ganz übereinstimmend mit dem Roman) nur in der Gewaltrolle auftritt, fordert vom Sohn Leistung. Die matrimoniale Macht (und Übermacht) hingegen nimmt den Leistungsverweigerer in den Schutz ihrer Höfe auf. Waltet dort ein anderes Prinzip? Darüber sind Auseinandersetzungen entflammt. Der Roman fand anti-konfuzianischen Anhang, seit er um 1750 erschien. Zuletzt ergriff Jiang Qing die »weibliche«, kulturrevolutionäre Partei, die anti-konfuzianische.

Und Mao Zedong? Er bewunderte die literarische Leistung, von der er etwas verstand. Er selbst schrieb Jahrzehnte lang, von keiner Parteikritik bedroht, Gedichte in meisterlicher klassischer Form, auf einsamer Höhe und mit den Inhalten eines pretiosen Seelenempfindens – während die literarischen Kollegen die Bewegungen der Landmaschinen und Baukräne in den Reim zu nehmen hatten. Sympathien für den gegen die Tradition aufbegehrenden Baoyu, Erinnerungen an den Streit mit dem eigenen Vater? Die Sphinx schwieg. Aber ohne Maos Erlaubnis konnte der exemplarische Film schließlich nicht gedreht worden sein.

Der Familienstreit um die Leistung des Sohnes ist aber nicht der Clou. Hier hätten die weiblichen Höfe nicht siegen können – letzten Endes. Das konfuzianische Komplott, die Wiedervereinigung der Großfamilie wider den Erben, vollzieht sich im Prinzip Zukunft – bei der Ehestiftung. Faul ist auch mal der Mandarin, aber die Heirat erlaubt keinen Spaß. Nicht Bios, nicht Eros, nein, ausschließlich der Sicherung der ökonomischen Lebensgrundlage hat die Institution der Ehe zu dienen.

So ist es die im familiären Zirkel tonangebende Großmutter, die älteste des Hauses, die dem Anschlag auf die Verbindung Baoyus mit Daiyu ihren Segen gibt. Hochzeitstag: In der Hülle aus feinster Seide, unter der die Braut bis zur Entlassung in die gemeinsame Kammer bleiben muß, steckt statt der verstiegenen Seele die handfeste, lebenspraktische andere Cousine. Der junge Herr werde sich mit diesem Lebensbefehl am Ende schon abfinden, meinen die Höfe.

Aber er tut es nicht. Er steht auf gegen das, was uns als ein abgefeimter Betrug erscheint, der chinesischen Familie zur Mandschu-Zeit hingegen als ein kleiner Verstoß innerhalb der legitimen Ordnung, wenn überhaupt. Die Partnerwahl stand nicht im Ermessen des einzelnen, der Betroffenen, die ja gefühlseingenommen sind, blind für Dispositionelles. Die Liebesheirat, diese Blickwendung nach innen, widerspricht im Prinzip dem Grundgesetz der familiären Wirtschaftsgemeinschaft. So wurde Baoyu zum Rebellen.

Im Film zerschmettert er eindrucksvoll die Jade, das Familienemblem, das er wie eine Amtskette auch beim Tändeln trug. Er marschiert durchs große Tor hinaus. Daß er zu den Mönchen geht, verschweigt ein sozialistischer Film. Die Familie blickt nicht auf Daiyu, die am Tag des Ehebetrugs zu Tode welkt, eine fast ironische Bestätigung für die Richtigkeit ihrer Nicht-Wahl. Nein, sie starrt fassungslos nur hinter dem Rebellen her.

Der hinterläßt verbrannte Erde. Die konfuzianische Familie ist zerstört. An dieser Stelle des Films wacht einer der chinesischen Funktionäre neben mir auf und reibt sich eine Zeitlang die Augen. So was hat er schon lange nicht mehr gesehen.

Chengdu, 23. März 1978

Die Stadt Chengdu, Hauptstadt der Provinz Sichuan, hatte eine Mauer aus dem 14. Jahrhundert mit Toren in den vier Himmelsrichtungen. Die Geschichte reicht 2000 Jahre zurück, sie bot Könige und Kaiser auf. Aber die Stadtmauer ist der Kulturrevolution zum Opfer gefallen, wie der größte Teil der Pekinger auch, und der Palast ist als administrativer Bereich für Besucher gesperrt. Scheues Chengdu, unruhiges Chengdu. Ich habe in den letzten Monaten in Peking, Shanghai und Kanton zusammengenommen nicht so viele Plakate gegen die »Viererbande« gesehen wie hier.

Da das Gästehaus heute morgen um sechs Uhr verschlossen war, sprang ich aus dem Fenster. Der Spaziergänger löst großes Erstaunen aus. In der alten Gasse nahe dem Guan Xian-Fluß weichen die Leute zunächst hinter die Türen ihrer Häuser zurück. Holzbauten mit teils kühn vorspringenden geschnitzten Dächern, Fassaden voller Wäsche, Handwerksbetriebe, Geschäfte, Wohnungen zu ebener Erde, offen zur Straße hin. Geheizt wird am Yangzi nicht. Wenn es kalt ist, hüllen sich die Menschen in alle Kleidungsstücke, die sie haben. Die Kinder gleichen dann kleinen, gerollten Teppichen. Der Einfachheit halber trägt die Mutter das junge Leben auf dem Rücken – neben der anderen Last.

Nach hundert Metern fassen die ersten Kinder Mut und beginnen dem Fremden zu folgen. Das Arbeitsgeräusch läßt nach: Die Leute treten vor die Tür, um den ungewohnten Anblick zu genießen. In der Galerie im ersten Stock, einer Art Balkon, schaukeln zerfetzte Palastlaternen; auf den niedrigen Dächern liegen Steine, Brennholz und Körbe. Die Häuser sind 70 bis 100 Jahre alt. Nur die notwendigsten Reparaturen werden gemacht. Gleichwohl wirkt die Gegend heimisch, vertraut und eingewohnt. Zwischen Haus und Gasse ist kein Unterschied. Jetzt haben wir kühle Tage. Der Sommer mit seiner stehenden Hitze wird die Leute ins Freie treiben.

Die Schar der Neugierigen hat sich zur Prozession formiert. Nun strömen sie von allen Seiten herbei. Es entsteht das unkontrollierbare Gedränge, das die Funktionäre so fürchten. Die Jungen beginnen hell zu lachen, es klingt wie Vogelgezwitscher. Kinder, Kinder: Die Geburtenrate muß unter ein Prozent fallen, sagt der Vorsitzende Hua Guofeng, der in Chengdu in bäuerlicher Vergröberung, derb und despotisch, von den Plakaten blickt, in der rechten Hand den roten Bleistift des Korrektors. Wunsch und Wirklichkeit liegen so weit auseinander wie Peking und Sichuan. Angesichts des quirlenden Segens schätze ich die Geburtenrate auf mehr als zwei Prozent.

Kleingewerbe, Gemütlichkeit, behäbige Ruhe. Es gibt in dieser Gasse reichlich zu essen, man riecht es. Gemüse vom nahen Land, Reis vom nahen Land. Wohlgenährte Freundlichkeit. Die Leute kennen kein Mißtrauen, sogar die Angst vor dem Roboterauge der Kamera läßt nach. Zwei Leihbüchereien voller Menschen. Wer Zeit hat, kann hier für ein bis zwei Fen stundenlang schmökern – Comic Strips, politisch gefärbt. Die Prozession hinter mir ist jetzt schon mehrere hundert Meter lang.

Die Jungen fangen an, sich um die besten Plätze zu keilen. Ich verstehe jetzt, warum das Gästehaus abgesperrt war. An der Kreuzung am Ende der Gasse rufen unglücklich dreinblickende Männer durch Megaphone die Ordnung aus. Sie haben wenig Erfolg. Die Jugend läuft hinter der Sensation drein bis zum Gästehaus und preßt dort noch die Köpfe durchs Gitter des Tores, das mit fliegenden Händen geschlossen wurde. Eine heitere, ländliche Stadt, das alte, kaiserliche Chengdu.

Chengdu, 24. März 1978

Ich hatte nicht geglaubt, nach Chengdu reisen zu müssen, um in China der Erotik zu begegnen. Gewiß, der Süden ist immer etwas munterer als der Norden, wer wüßte das nicht aus anderen Ländern. Peking ist spröde wie zu lange unbefeuchtete Haut, chinesische Streusandbüchse, ohne Erinnerung an das galante Leben der vorrevolutionären Zeit. Als ich mit General Trettner, dem früheren Generalinspekteur der Bundeswehr, einem väterlich-disziplinierten Herrn, einmal durch Peking streifte, brach es plötzlich aus ihm heraus: »Aber hören Sie mal, dies ist ja eine gänzlich unerotische Atmosphäre.«

Gestern abend aber, im Theatersaal von Chengdu: die chinesischen Zuschauer, sonst bei den Aufführungen schwatzend, schmatzend, Plätze wechselnd, herumlaufend, saßen still und folgten wie gebannt den Bewegungen der Tänzerin. Man konnte einen leeren Sojabohnenkern fallen hören; die Männer unter den festsitzenden Schirmmützen vergaßen, an der Zigarette zu ziehen; die Frauen und Mädchen hatten auf einmal nichts mehr zu kichern. Alles schien in eine unerklärliche Spannung versetzt, man glaubte gelegentlich ein Knistern zu vernehmen, wie es sich aus einer übermäßigen Sammlung von Energie entlädt, zwischen Gewitterfronten, sobald die Gegensätze, die extremen Temperaturen, die elektrischen Pole zum Ausgleich sich nähern. Züngelnde Aufmerksamkeit.

Auf der Bühne, in engem, expressivem Brokat, von einem langen Shawl aus fliegender Seide umweht, die Tänzerin, barfüßig. Ein leises, hartes Trommelsolo hält sie in Takt, Klopfton eines rasch und immer rascher gehenden Herzens. Sie spielt ein junges Mädchen, das im Spiegel eines kleinen Weihers sich selbst entdeckt. Die Pose, erst kindlich und wie zur Probe, nimmt Gestalt an und treibt bald eine Figur nach der anderen hervor: Zuerst den Gruß und das Entgegeneilen, das Erschrecken vor sich selbst und vor dem anderen, ängstlichen Rückzug, schmollend, dann liebevolles Verweilen und Umarmung, Versöhnung, Glück. Kein Hauch einer Anstrengung, bis die Bewegung zur tibetanischen Plastik erstarrt.

Beifall bricht auf, wie ich ihn in China noch nie hörte. Noch einmal dreht sich die zur Frau gewordene Tänzerin vor dem

Weiher um die eigene Achse, keine Regung ihrer Gestalt aus dem Auge lassend. Dann huscht sie zurück – in den sackartigen Hosenanzug des Alltagslebens von Chengdu.

Chengdu, 25. März 1978

Die »Stinkende Neun« ist 70 Jahre alt und Professor Ersten Ranges an der Medizinischen Hochschule der Hauptstadt Chengdu. Der hochgewachsene Chirurg (Spezialität Bauchoperationen) trägt die moderne Kopfbedeckung Chinas, die Schirmmütze, ein hochgeschlossenes Jackett aus teurem Wollstoff und Pelzschuhe. Das Besondere an ihm ist jedoch ein großzügig geschlungener, beiger Shawl. Er gibt der Erscheinung intellektuelle Eleganz. Wenn der Professor dasteht, das fein gemeißelte Gesicht halb zum Licht gekehrt, könnte er einen Bildhauer animieren. Bei der Erklärung der »Stinkenden Neun« aber lacht er wie ein Junge: »Das war das böse Wort der Viererbande für die Intellektuellen.«

Sein Schicksal ist nicht einzigartig in China und schon gar nicht typisch für Sichuan. Wie er jedoch dem Besucher präsentiert wird, bringt den besonderen Wiedergutmachungseifer der Provinz zum Ausdruck: Die Kulturrevolution hatte hier, im Unbeobachteten, offenbar schreckliche Formen angenommen. Im antiaufklärerischen Sturm verlor der Professor Titel und Autorität, er wagte, wie viele seinesgleichen, »nichts mehr zu tun und zu sagen« und zog sich in eine Krankheit zurück, eine »diplomatische Krankheit«, wie er verschmitzt einräumt. »Heute ist er wieder bei uns und arbeitet«, erklärt eine Professoren-Kollegin stolz. Was hatte die Kollegin vor zwei Jahren gesagt? So entschieden die Ordnung außer Kraft gesetzt worden war, so drakonisch wird sie jetzt wieder eingeführt. Die Studienzeit für Ärzte ist von drei auf vier Jahre erhöht worden; Mediziner mit der kurzen, schlechten Ausbildung müssen zu halbjährigen Nachkursen antreten. Sie erhalten ein geringeres Salär. Der politische Unterricht für die Professoren des Instituts, der früher zwei halbe Arbeitstage und einige Abende der Woche beanspruchte, wurde um mehr als die Hälfte gekürzt.

Die Aufnahme-Examen für Studenten gleichen einem Engpaß.

An Sichuans Universitäten meldeten sich im vergangenen Jahr drei bis vier Millionen junge Leute an, 600000 durften zu den Prüfungen, 60000 wurden schließlich zugelassen. Die Medizinische Hochschule Chengdu, eines der fünf Schwerpunkt-Institute Chinas, hat das Privileg, in einer zweiten Aufnahmeprüfung unter drei bereits akzeptierten Bewerbern einen auswählen und zwei abweisen zu dürfen. Unter den 700 Glücklichen, die schließlich einen Studienplatz bekamen, befinden sich vier Hochbegabte von 13 Jahren. Eine Schule der Besten, Rückkehr zur elitären Ausbildung.

Beim Gang über den Campus ertönen vom Glockenturm, den einst christliche Missionsgesinnung errichtete, wie zufällig militärische Wecksignale und Marschmusik. Die Studenten strömen aus den Sälen und machen im Takt Freiübungen. Der Leistungswille kommt konform daher, der Ruf der Hochschule bestätigt ihn. Die Krankenhäuser haben 1250 Betten; zwei Polikliniken für allgemeine Erkrankungen; für Zahn- und Munderkrankungen (Schwerpunkt der Hochschule) und für Berufserkrankungen sichern eine breite Ausbildung.

Täglich kommen 600 Patienten in die Ambulanzen. In einem großen Saal stehen gleich 120 Stühle zur Zahnbehandlung nebeneinander. Die künstlichen Gebisse für das ländliche Chengdu wirken herzhaft und haltbar. 130 Ärzte, 70 Schwestern und 60 Techniker nehmen sich in der Darstellung wie ein »Kampfverband in der medizinischen Schlacht« aus. Die ärztliche Kunst gilt dem praktischen, schmucklosen Heilen. Der Besucher kann ungeniert neben den Operationstisch treten, wo Patienten akupunktiert unter dem Messer liegen. »Ich habe das Gefühl, daß mir am Hals etwas herunterrinnt«, sagt ein Mann, dem aus der rechten Wange ein Karzinom herausgeschält wird.

Ärzte verdienen zwischen 53 und 300 Yuan im Monat, Schwestern zwischen 36 und 80: Raum für Alter und Leistung. Der Professor Ersten Ranges, der zehn Jahre lang »Stinkende Neun« war, bekommt das Rekordgehalt von 313 Yuan.

Dämonen, die ein Luxusleben führen. »Zähmung des Drachens«, lautet der Name des taoistischen Tempels, dessen Dachfirsten von mythologischen Tier- und Phantasiegestalten wimmeln. Aber das Wasser, das Element, dessen Geister sie bannen sollen, liegt besiegt im Tal. Beherrschender Blick auf eine prometheische Tat. Der Min-Fluß wurde gegabelt. Aus dem natürlichen Bett strömt Wasser in einen künstlich angelegten Strom, der einem Baume ähnlich in feine Verästelungen durch die Ebene wächst und dem Organismus Erde Nahrung zuführt. Zwei bis drei Reisernten im Jahr, Weizen, Raps, Tabak und Bambus auf 600000 Hektar bewässerten Bodens bilden den Reichtum der Provinz Sichuan. Zehn Millionen Menschen siedeln im Chengdu-Becken.

Der Weg zum Irrigationszentrum Guan Xian führt von der Provinzhauptstadt Chengdu gerade nach Norden. Die schiefe Ebene stößt an die Ausläufer des Himalaya-Gebirges. Eine einzige strategische Straße stößt in schwindelnde Höhen vor. In Bahnen, wie von Riesenhand in Fels und Erde gekratzt, ergießen sich von oben Ströme ins Tal, Massen von Kiesel und Sand mit sich reißend. Unten angelangt, sind die Steine rund wie Totenköpfe. Im Nu hatten sie einst das Flußbett gefüllt. Bei der ersten Schneeschmelze, bei starkem Regen stürzte das Wasser heraus und ertränkte das Land. Nach der Eroberung Sichuans durch den Chin-Staat bauten Gouverneur Li Bin und sein Sohn um 250 v. Chr. die erste Irrigationsanlage. Es war eine Frage der Staatsraison. Der Pionier erhielt dafür postum den Königstitel.

Mitten durch die 2500 km Kanäle der Ebene führt eine schmale, asphaltierte Landstraße. Eine Straße fast ohne Motor, eine Menschenstraße. Muskelkraft zieht und schiebt, schleppt und schleift. Selbst Zugtiere sind seltener als im Nordosten oder Osten Chinas. Aus dem Schlamm der Reisfelder starren Wasserbüffel. Die Straße ist eine Ader, in ihr sammelt sich das Leben. Ein unübersehbarer Strom von Menschen und Waren zieht in beide Richtungen. Feldarbeiter, Bauern mit turbanartigen Kopfbedeckungen, Frauen mit zwei, drei Kindern. Radfahrer haben lebende Schweine auf den Gepäckträger gebunden, damit sie auf dem Weg zum Decken oder Verkauf nicht Gewicht verlieren. Bambusrohrträger schleppen ihre Last viele Kilometer mit kleinen, schnellen Schritten. Mädchen mit Wasserkannen und hochgehäuften Gemüsekörben, rotwangig, gut genährt.

Von Zeit zu Zeit weitet sich die alte Handelsstraße zum Platz, Raststelle mit kleinem Markt, staubige, gemütliche Karawanserei, im Hintergrund Esel und Kamele. Zwischen zwei Bäumen ein starker Draht, daran Schweinehälften. Der Metzger zerkleinert Fleisch auf einem Holzklotz. Die Leute lachen und winken dem Fremden zu. Einige Bauern erheben sich gemächlich und nehmen die Schubkarren wieder auf. Die Räder bestehen aus einer rohen Holzscheibe. Das laute Quietschen stört niemanden, es signalisiert das Zeitalter. Ich stehe auf der ältesten Straße, die ich in China sah.

Die Landschaft ringsherum ist kunstvoll drainiert. Felder knallgelb: Raps; Felder wäßrig grün: Reis. Die Kanäle haben ein leichtes Gefälle, Schleusen regulieren den Wasserfluß. Niederländische Ahnung. Da das feuchte Klima den Wasserhaushalt stabil hält, können die Bauern in Einzelgehöften siedeln. In jedem Bambuswäldchen ein Haus, nach Fachwerkart gebaut, hell beworfen, nicht so grau und braun wie im Norden des Landes, darüber ein freundliches Strohdach. In einigen Gärten sehe ich Gräber, mit frischen Papierkränzen geschmückt. Neun Tonnen sei der Hektarertrag des fruchtbaren Landes, sagt mein Begleiter, um mich von den Grabhügeln abzulenken. Wer hier lebt, hungert nicht.

Nach einer Stunde langsamer Fahrt der erste Bus. Auf dem Dach keine Koffer, sondern Gemüse und Holz. Das Aufgetürmte schleift an den Zweigen der Bäume, die beide Seiten der Straße säumen: Schattenspender für die Lastenträger im heißen Sommer. In den Dörfern soziale Unterschiede, schöne Häuser, ärmliche Häuser. Später sehe ich, daß die schönen nicht reich und die ärmlichen schlampig sind. Die Han-Chinesen sind von einer vier Millionen starken birmanisch-tibetanischen Minderheit durchsetzt. Die Verständigung stößt auf Schwierigkeiten, auch der chinesische Begleiter kapituliert.

Ich bleibe an einem Haus stehen, wo auf die frischgekalkte Wand gerade die Leistungstabelle der Produktionsgruppe aufgemalt wird. Bei allem Gestikulieren und Lachen herrscht der rechnerische Ernst vor. Um eine Ziffer gibt es eine Debatte, langanhaltend wie Maos Guerillakrieg. Sie entwickelt Hitze und

Wind. Der mit buntem Papier überzogene Stern im torartigen Hauseingang, vom revolutionären Symbol in einen Lampion verwandelt, dreht sich und schwankt. Die Wortführer der streitenden Parteien haben Teetassen in der Hand. Wenn die Argumente ausgehen, hört man beruhigendes Schlürfen.

Chengdu, 28. März 1978

In Chengdu gibt es alles, was zu einer Stadt gehört: Straßen, Bahnhof, Flughafen. Was sich dort bewegt, gehört allerdings ganz verschiedenen Zeiten an: Die Straße ist noch Landstraße zu Beginn des 19. Jahrhunderts – nach europäischen Begriffen. Auf der Piste des Airports blitzen Düsenflugzeuge – hier ist Gegenwart. Die Eisenbahn wiederum erinnert an die Mitte des letzten Jahrhunderts in Europa: Kohle, Glut und Dampf, die Lokomotive, der Dinosaurier des Industriezeitalters – in China noch Wirklichkeit und Symbol.

Ich reise nach Chongqing, von der alten Kaiserstadt zur Hauptstadt der Kuomintang-Regierung während des Krieges, von einer aufgelassenen Hauptstadt zur anderen. Über das Häusergewirr Chengdus hat sich schon Nacht gesenkt. Der Bahnhof gleicht einer riesigen Schmiede. Rotes Kesselfeuer durchglüht den Rauch, der aus den Lokomotiven quillt. Tausende schwerbepackter Menschen.

Kunst des Packens, Kunst des Tragens. Keine Schulter ist zu schmal, der leichte, rollende Schritt unterläuft den Druck des Gewichts. Da hat einer acht Baststühle, eine halbe Zimmereinrichtung, wie zu einem Bilderrätsel ineinandergeschoben. Sie beschweren die eine Seite der Jochstange aus Bambus. Am anderen, längeren Ende sitzt in einem Korb ein Kind. Der Vater läßt es zwischen Himmel und Erde schweben. Ich sehe einen jungen Mann, der seinen gelähmten Freund, dick wie ein Kloß, über die Bahnhofstreppen von einem Zug zum anderen schleppt. Frauen versetzen Berge. Zu allen Paketen und Kindern kommen bei ihnen noch die große Thermosflasche, der Korb mit dem Essen, das Netz voller Gemüse und Obst.

An den Sperren stehen uniformierte Beamte mit Megaphonen und rufen Züge und Bahnsteignummern aus. Aufs Lesen ist hier noch kein Verlaß. Nach jedem neuen Aufruf windet sich eine lastgebeugte blau-grau-grüne Schlange durch die Schleuse und wird von Dienstpersonal mit Armbinde wie bei einem Blindenrennen über Treppen und Perrons zum Ziel gelenkt. Die Coupés verwandeln sich in Minutenschnelle in Gepäckburgen, in denen die Menschen wie Zwerge verschwinden. Reisen ist in China noch ein Abenteuer, ein seltenes Unternehmen, eine bleibende Erinnerung. Ich denke an das Kriegsende in Europa. Auch damals quollen die Züge über – aber kein Lachen ertönte.

Der Fremde darf im Zug nur selten unter den Chinesen reisen – noch immer wird er durch einen separaten Bahnhofseingang zu einem gesonderten Waggon geführt. Die Apartheid hat jedoch ein freundliches Motiv und ist nur relativ. Der Sonderwagen mit den dickeren Polstern und dem Tee servierenden Personal hängt an der Wagenklasse mit den dünneren Polstern, dieselbe Lokomotive zieht, derselbe schlechte Unterbau läßt die Räder holpern und kreischen, derselbe rußflockige Qualm überfällt den neugierigen Fenstergucker. Und man kommt nicht später und nicht früher an.

Die chinesische Bahn, das wichtigste Transportmittel für Menschenmassen und Massenwaren, achtet auf Pünktlichkeit. Man kann (heute wieder) die Uhr nach dem Zuge stellen. Wenn er unpünktlich ist, nicht nur einmal, folgen rasch schlechte politische Nachrichten. Die dünnen, meistens noch eingleisigen Bahnlinien haben strategische Bedeutung. Wer China beherrschen will, muß die Bahnknotenpunkte in die Hand bekommen. Der Kampf mit der »Viererbande« spitzte sich auf Bahnhöfen und Gleiskörpern zu. Hier griff das Militär ein. Kennzeichnend ist nicht der niedrige Stand der Elektrifizierung, sondern das Fehlen einer jeden Alternative für den Güter- und Menschentransport. Feuerrösser und gemächliche Schleppkähne ziehen Chinas Lasten.

Die Abfahrt eines Zuges gleicht dem Adieu fürs Leben. Familien scheinen sich für immer voneinander zu verabschieden. Das Mitlaufen Hunderter von Füßen übertönt in den ersten Sekunden das Zuggeräusch. Gleich hinter dem Bahnhof schluckt die Finsternis den Eisenwurm. Die Reise nach Chongqing dauert neun Stunden. Der Schienenstrang folgt dem südwestlich strömenden Tuo Jiang, der dann auf den nach Chongqing eilenden Yangzi trifft. Bergiges Land, von tiefen Schluchten durchzogen. In heller

Nacht gleicht es einem sturmbewegten Meer, das unter einem Zauberspruch erstarrte. Die phantastischen Gorges, Gebirgsengen, durch die der erregte Yangzi 80000 Kubikmeter Wasser pro Sekunde preßt, liegen noch weiter westwärts, zwischen Chongqing und Wuhan.

Nachtfahrt. Mit dem Geräusch der Dampflokomotive tritt eine andere Zeit in die Phantasie ein. Früher lernten wir, die Erfindung der Eisenbahn habe der Demokratie und dem Nationalstaat den Weg gewiesen. Wenn das stimmte, wäre China noch mitten auf dem Weg. Die Lokomotive schleppt in ächzendem Takt. An der Steigung werden die Kolbenstöße langsamer, das Puffen lauter, mit dem Gefälle fließt der Rhythmus schneller und befreit dahin. Die alten Maschinen haben ein Herz, das klopft, das jubelt, das jagt.

Die Lokomotive gibt Signale, sie ruft, sie alarmiert die Nacht, verkündet ihre Entschlossenheit, der Entfernung Herr zu werden. Man hört die Weite, sie schließt sich zum riesigen Raum. In den Bahnhöfen begegnen sich die Züge wie Wanderer, die einen müde, die anderen mitteilsam. Ein Saurier läßt zornig Dampf ab, als wolle er seine Kräfte zeigen, ein Elefant antwortet. Rostige Drähte parallel der Gleise ziehen Weichen hin und her, schreiendes Metall, Wechsel der Richtung. Aus den Stationslautsprechern kommen nicht Ansagen, sondern Befehle. Die Nacht ist von Spannung erfüllt. Aufschreckend denke ich an Truppenverschiebungen und Ausnahmezustand.

Morgendämmern. Rechts der Fahrtrichtung der Yangzi, lehmbraun. Das niedrige Wasser gibt Sandufer frei. Bauern haben den Boden bis zur Wassergrenze bepflanzt. Aus ihren hochgelegenen Häusern beobachten sie den Fluß, der Jahrhunderte spendete und mordete, wie ein launisches Tier, bevor er gebändigt wurde und sich geschlagen gab. Aus dem Dunst taucht Chongqing auf, über eine Halbinsel gebreitet wie der schuppige Rücken eines Fisches. Der schwere Yangzi und der leichte, blitzende Jialing Jiang geben der Stadt eine changierende Fassung.

Eine Stadt wie ein Kohlestein. Anthrazit.

Chongqing, 29. März 1978

Die Sonne steht über der Stadt, aber ich glaube nicht an die Sonne. Ich sehe nur den Schweiß auf dem Rücken der sechs bis zum Boden gebeugten Frauen, die einen Karren mit Backsteinen den Berg hinaufzerren. Alles liegt hier unter dem Joch. Kein freundliches Gesicht, auch Nachdenklichkeit ins Mürrische verzogen. An jeder Straßenkreuzung stehen »Armbinden« mit Megaphonen, um die Leute in Bewegung zu halten, sobald die Fremden kommen. Besuche sind hier nicht willkommen. Es gibt keine Begrüßung. Chengdu, ungleich älter, ist demgegenüber ein Sonntagskind. Chongqing trägt das Gesicht des Proletariats. Ich meine auf Anhieb, daß die radikalen Maoisten hier einen Stützpunkt hatten.

Schwerindustrie, Chemische Industrie, Flußschiffahrt – die Industrialisierung begann früh. 1939 mußte Chiang Kai-schek die Stadt zu seiner Hauptstadt wählen. Der Krieg mit den Japanern brachte Annäherungen an die Kommunisten, nationale Koalitionen. Chongqing war der Boden, auf dem man sich traf, ohne den Kampf gegeneinander zu beenden. Zhou Enlais Hauptquartier, heute als Sehenswürdigkeit vorgewiesen und aseptisch gescheuert, erinnert mich an die geheimen katholischen Kirchen und die verstiegenen Judenverstecke in den Grachtenhäusern Amsterdams. Tapetentüren und Geheimtreppen. Mao übernachtete nicht in der Stadt, sondern am Rande, im Hauptquartier der 8. Armee. Dafür strahlten die Villen der Kuomintang-Generäle im prunkenden Licht.

Gegen die Bestimmung der Geburt zur Weltzentrale geworden, dieses Chongqing, ein asiatisches Washington. Die Japaner nahmen sich die Stadt gründlich vor. Ihre Bombengeschwader brauchten die Last nur zwischen die Zielmarken des Yangzi und des Jialing Jiang fallen zu lassen – das saß immer. Chongqing wurde umgepflügt. Die Amerikaner versuchten hier zu vermitteln. Stilwells Mission mußte scheitern. Die Hauptstadt war nur ein Ausweichquartier vor den Japanern, die Nanjing erobert hatten, kein Ort der Integration. Aber die Revolution traf auf einen hochindustrialisierten Ort mit einem echten Proletariat, wie es in China ganz selten war. Der Kommunismus konnte nicht überfällige Reformen veranstalten wie auf dem Lande, er mußte sich an den Produktionsmitteln unmittelbar bewähren. Das Proletariat war nicht dankbar.

Zurückgeblieben die Stadt, weit, weit zurückgeblieben, wie die ganze 85-Millionen-Provinz Sichuan. Betriebsamkeit der Jahrhundertwende, frühindustrielle Arbeitsbedingungen, Wohnquartiere am Rande des Elends. Der Transport von zwei Propangasflaschen vom Güterbahnhof ins hügelige Stadtzentrum beschäftigt zwei Arbeitskräfte einen geschlagenen Tag. Der Anteil der Lohn- und Lohnnebenkosten am Jahresumsatz beträgt in einer modernen Werkzeugfabrik am Yangzi pro Arbeitskraft 15 Prozent – das ist ein Drittel des Anteils in der Bundesrepublik. Billige und zahlreiche Arbeitskräfte und härteste Arbeit, schwerer als in Peking und im vergleichsweise hochtechnisierten Shanghai. Die drastische Ungleichheit der regionalen Entwicklung macht China zu einem auseinanderstrebenden Kontinent.

Peking, 2. April 1978

Bei Nieselregen in das neue Hochhaus Jian Wai gongyu eingezogen – als erster Mieter. Die Fenster blicken nach Ost und West. Auf der einen Seite sehe ich über die Stadt in Richtung Tienanmen. Bei Dunst treten die chinesischen Dächer des Hauptbahnhofs schattenhaft hervor. An klaren Tagen erkennt man die Horizontale der Großen Halle des Volkes und den Pavillon auf dem Kohlhügel nördlich des Kaiserpalastes. Zwischen meinem Haus und der »Streichholzschachtel« des Peking-Hotels duckt sich ein altes Hofhaus-Viertel, das sich bis zur Kulturrevolution an die Mauer lehnen konnte. An diese erinnert heute nur noch ein bastionartiger Bau aus der Ming-Ära, auf dessen Plattform astronomische Geräte aus der Jesuitenzeit stehen. Genau auf der alten Mauerflucht verläuft der U-Bahnschacht, gekrönt von einer autobahnartigen Straße, die um den Kern der inneren Stadt führt.

In Peking gibt es drei Compounds – Häuserviertel mit westlichem Komfort, von Mauern und Zäunen umgeben, in denen nur Ausländer wohnen. An den Eingängen stehen Wachsoldaten der Armee. Sie kontrollieren die Ausweise der Chinesen, die als Dolmetscher, Chauffeure, Haus- und Verwaltungspersonal bei den Fremden arbeiten. Ohne Ausweis kein Zugang. Chinesische

Besucher dürfen in Begleitung des Gastgebers passieren. Ausländer leben im Hotel oder im Compound – ein Haus oder eine Wohnung irgendwo in der Stadt zu mieten, ist nicht möglich. Das Verbot wurde in den sechziger Jahren verhängt, als die kulturrevolutionäre Xenophobie ausbrach. Residenzen haben nur die Botschafter, auf ummauertem und bewachtem Botschaftsgelände.

Ein Grund für die »Kasernierung« ist die Sicherheit, ein anderer die Kontrolle. Die Xenophobie scheint im Augenblick überlagert zu sein – wirklich verschwunden ist sie jedoch nicht. Sie kann wieder ausbrechen – wie der Geisterglaube, wie das Hexenwesen, die ja auch 30 Jahre Revolution überstanden haben. Eine Ahnung von Schutzhaft liegt über dem Compound. Er ist die Karikatur der früheren Konzessionen in den Vertragshäfen. Briten, Franzosen, Russen, Deutsche, Japaner, Italiener, Ungarn besaßen in Tianjin, Hankow und Kanton Stadtteile mit eigener Verwaltung, Polizei, Kanalisation und Bauplanung. Chinesen durften in diesen Bereichen keinen Grund erwerben, sie waren ausgeschlossen. Heute sind die Ausländer in die Compounds »eingeschlossen«. Ihnen gehört nichts, die Verwaltung ist chinesisch, die Hausordnung diktiert.

Die Fremden können sich innerhalb und außerhalb des Compounds frei bewegen, werden aber beobachtet. Dies geschieht unauffällig. Die Fahrstühle dürfen (von Nachtstunden abgesehen) nur von chinesischem Personal bedient werden. Auf diese Weise können die Bewegungen der Hausbewohner, ihre Bekanntschaften und Besuche registriert werden. Den Autoverkehr kontrollieren die Wachposten an den Toren. Die Autonummern werden gegebenenfalls telefonisch an die Polizisten gegeben, die an allen wichtigen Kreuzungen der Stadt aus Glaspavillons den Verkehr regeln. Ein Ausländerauto geht in Peking nicht verloren. Von der Stadt Tianjin, den Ming-Gräbern und West-Bergen abgesehen, darf man den Stadtbereich nicht mit dem Auto verlassen. Selbst wer kreuz und quer durch die Stadt fährt und entlegene Winkel aufsucht, wird an irgendeiner Ecke vom Polizeiposten »ausgemacht«. Die äußeren Umstände schaffen in den Compounds eine Ghettoatmosphäre, in der sich soziale und psychische Empfindlichkeiten potenzieren. Es gibt eine »Peking-Allergie«. Auf engem Raum einander ständig begegnend, hörend und riechend leben verschiedene Rassen und Kulturen auf ihre Weise. Die Theorie von der Gleichheit aller Menschen – bis in den Imperativ des »Zusammenlebens« vorangetrieben – bricht rasch in sich zusammen. Das unterschiedliche, oft gegensätzliche zivilisatorische Verhalten führt zu Reibungen. Sie entzünden sich an den Kindern, am Alkohol und an der Art und Lautstärke der Musik in den hellhörigen Betonbauten. Beschwerden sind sinnlos, die Chinesen in der Verwaltung geben sie nicht an Angehörige der »Dritten Welt« weiter. Da der geheime Wunsch nach Apartheid nicht erfüllt werden kann, beginnen die Weißen die zu fremd anmutende Umwelt bald bewußt zu ignorieren.

Harmonisch ist nur die Kleinkinderwelt der chinesischen »Ayis«, der »Tanten«, die in den Compounds ihre natürliche Begabung zur Kindergärtnerei entfalten. Die Abneigung, unter deren Druck sich andere Rassen »in Luft« auflösen, bricht erst im Jugendalter hervor. Von da an fördert sie die Zirkelbildung. Die Japaner zum Beispiel leben vorzugsweise in der Gruppe. Wer nicht dazugehört, dem geht es wie einem fremden Organ nach der Transplantation: Er wird abgestoßen. Amerikaner und Europäer ohne Kolonialtradition, lange Auslandserfahrung oder lebendiges Interesse am Land vereinzeln per Familie oder allein. Die ursprüngliche Vorstellung des Neuankömmlings, in der Isolation des Compounds endlich einmal die Muße zum Studium oder zum Musikhören zu finden, erweist sich in der Regel als trügerisch. Erste Neugierde schlägt in bohrende Langeweile um. Nervosität und Gereiztheit fallen ein wie schwarze Vögel. Konflikte, denen der »Ausweg« versperrt ist, breiten sich nach innen als seelische Veränderung aus. Gefühle der Ruhelosigkeit, hektische Betriebsamkeit, schärfer werdende Kritik an den Chinesen und an den Lebensumständen sind die Stationen der fortschreitenden Klaustrophobie. Es gibt Fälle, wo nur fluchtartiger Wegzug die Katastrophe verhindert.

Kanton, 8. April 1978

Besuch in Kanton. Träg vor Hitze gleitet der Perlfluß dahin. Der April ist ein Monat der Kontraste. Als ich heute morgen aus Peking abreiste, lag trockene, steinige Kälte über der Stadt. Hier empfing mich Hitze, angenehm in der ersten Stunde, dann ermüdend. Ich sitze am Uferrand der kleinen Flußinsel Shan Mian, die britischer und französischer Stil prägte. Die Villen und großen Stadthäuser, nur mühsam erhalten, geben dem Perlfluß, den sie säumen, das Flair eines europäischen Stromes. Nachdem alle Kämpfe entschieden sind, herrscht hier eine Erinnerung, von der die jungen Chinesen nichts mehr wissen und die für die Älteren ihren Schmerz und ihre Demütigung verloren hat. Das Gewesene trägt Züge der Heiterkeit.

Um mir die Zeit zu vertreiben, höre ich mit Hilfe eines »Ohrwurms« vom Tonband Stücke eines chinesischen Sprachkurses. In einer Lektion werden die Völker und Staaten der Erde aufgezählt, wobei die Reihenfolge die Rangfolge der Einschätzung wiedergibt. An erster Stelle stehen die cháxianrén, die Koreaner, an letzter Stelle die meiguórén, die Amerikaner. Im Sprachkurs haben die Vietnamesen alle politischen Veränderungen überstanden, die yuènánrén behaupten noch den zweiten Platz in der Weltbestenliste, obwohl Kambodschakonflikt und Grenzzwischenfälle längst die Umwertung eingeleitet haben.

Ich nehme mir nur vor, im Pekinger Fremdspracheninstitut nachzufragen, ob die Reihenfolge schon geändert wurde, ob die kurze Diskussion, die einer Degradierung voranzugehen pflegt, schon stattgefunden hat. Ich bin sicher, daß »Kambodschaner« und »Japaner« nach oben rücken werden. Unverändert wird in diesem Teil meines Tonbandes nur der brausende, pfeifende, die Hauswand peitschende Winterwind bleiben, der am Ufer des sommerglastigen Perlflusses die Tonbandtexte untermalt. Seinen Rang wird niemand anzweifeln.

Peking, 10. April 1978

Im Compound. Seit ich im Hochhaus wohne, überfallen mich starke Träume. Die Beziehung zwischen Ort und Traum ist mir dunkel bekannt, aber ich gehe solchen Dingen nicht nach. Mich interessiert nur die Handlung, nicht ihre Ursache, auch kaum die Deutung. Man gerät ins Mystifizieren.

Mir träumte, ich säße am Schreibtisch. Plötzlich vernehme ich ein Klirren. Es beginnt schwach und rieselnd, steigert sich zum

Sturz und endet in einem Scherbenhaufen-Geräusch. Ich denke »Glas« und spüre gleichzeitig Zugluft. Meine Wohnung hat keine Scheiben mehr. Die Fensterrahmen sind leer.

Ich gehe zum Fenster und trete auf Glas. Es ist in unzählige kleine Stücke zerbrochen – nicht zerschlagen, sondern zerrieselt. Von draußen höre ich Tritte und Knirschen. Der Hof des Compounds ist mit glitzerndem Schutt übersät. Nahe den Häusern, unter den Fensterfronten der Wände, erheben sich Glaswälle. Es gibt keine heile Scheibe mehr. Die Fenster gleichen ausgestochenen Augen. Aus den Höhlen ertönt Lachen und Heulen.

Starker Wind ist aufgekommen. Es gibt also nicht nur einen Feuersturm, sondern auch einen Glassturm, geht mir durch den Kopf. Rettungswagen fahren mit Dauerhupen über die Chang An Dajie. Ich sehe, daß auch die Autos alle Scheiben verloren haben. In den Wagen der Funktionäre sind die Seidenvorhänge zerfetzt. Die Chauffeure halten ihre Arme schützend vors Gesicht.

Der Wind erreicht Sturmgewalt. Glasstaub wirbelt in Wolken hoch. Einige Leute versuchen, die Fensterhöhlen mit Wolldecken abzudichten. Das Element ist stärker. Hoch wehen Koldern und Vorhangreste heraus. Die ersten Verletzten laufen zum Tor des Compounds. In langsamer Fahrt setzt sich eine Autokarawane in Bewegung. »Wir fahren zum Krankenhaus«, höre ich eine Frau rufen.

Sturm treibt das Glas zu Dünen auf. Rollendes, schleifendes, singendes Geräusch. Ich fahre mit dem Finger über einen Fensterrahmen. Das Glas ist bis auf den letzten Rest aus den Fassungen gebröselt. Eine Umweltkatastrophe hat sich ereignet. Eine Materialkatastrophe. Das Glas ist ermüdet und in sich zusammengebrochen.

Ich springe an die Bibliothek. Sind auch die Bücher zermürbt? Zerfällt auch das Papier? Wer eine Waffe besitzt, um dies zu bewerkstelligen, braucht nicht zu verbrennen. Aber das Papier ist fest. Auch die Wände sind fest. Es ist nur das Glas. Ich suche verzweifelt nach einem »normalen« Grund. Hat ein feines, aber intensives Erbeben das Zerbrechliche erschüttert?

Ich verwerfe den Gedanken. Nein, es muß an der Substanz des Glases liegen.

Pyoengyang, 16. April 1978

Auf der Gangway beugt sich der Junge nach vorn und preßt das Gesicht aufs Geländer. Ich bin der Nächste und versuche ihn zu stützen. Aber ihm ist nicht schlecht – er befindet sich in Trance: Er küßt die Gangway, andächtig, mit geschlossenen Lidern. Auf die Hände gestützt, läßt er sich langsam hinabgleiten. Wir sind gerade in Pyoengyang gelandet.

Während des Fluges waren mir die vier jungen Koreaner durch ihren steinernen Ernst aufgefallen. Studenten, Priesterzöglinge – Terroristen? Man schließt heute ja nichts aus, wenn einer entschlossen dreinblickt und Getränke ablehnt. Daß sie zusammengehörten, sah man an Buttons auf ihren Revers, die das Gesicht Kim Il-Sungs, des Präsidenten der Volksrepublik, auf Goldgrund zeigten. Ich gebe zu, der Anblick des Herrn beruhigte mich.

Die erste Berührung des Fußes mit der heimatlichen Gangway bewirkte in ihnen eine jähe, unheimlich anmutende Veränderung. Kaum hatten sie die Lippen von dem magischen Geländer gelöst, machten sie zum Empfangsgebäude hin Front. Die Viererreihe schien mit dem Lineal gezogen. Aus den Hosentaschen klaubten sie kleine koreanische Landesfahnen. Blitzschnell entrollten sie die Symbole und erhoben sie in der rechten Faust zum Gruße.

Von diesem Moment an gehen die Zeugenaussagen auseinander. Während der zweite ausländische Passagier, ein Brite, behauptete, die vier hätten im Chorus dreimal hintereinander »maltkiln« gerufen, was soviel wie »Malzdarre« heißt, bezweifle ich den »englischen Gruß«. Denn der Begrüßungsschrei galt dem ums Tausendfache vergrößerten Bildnis des Mannes, der ihre Jackenaufschläge zierte: Kim Il-Sung. Wie Mao Zedong in Peking, so beherrscht Kim als Riese die Fassade des Flughafens von Pyoengyang.

Niemandem, der Nordkorea betreten hat, wird es gelingen, diesem Gesicht zu entkommen. Es beginnt einen sofort zu verfolgen, wie George Orwells »Großer Bruder«. Im seidigen Frühling ist das Land schön wie ein Pfirsich. Aber wie in einem absurden Traum steht neben jedem Baum, jedem Strauch derselbe Gärtner: Kim.

Die Taxis fahren den Fremden auf vorgeschriebenen Wegen

durch die Stadt. Von der runden Plakette auf dem Armaturenbrett, auf der zu Hause Christopherus das Kind trägt oder die Mickeymaus spitzt, starrt Kim. Vor dem Einlaß in die Bannmeile von Pyoengyang müssen die Lastwagenfahrer die Räder ihrer Trucks sorgsam von jeder Schmutzkrume reinigen. Das hat Kim befohlen. Die Kapitale ist von sauberen Dörfern und Großflächen der kollektivierten Landwirtschaft umgeben. Das hat niemand anderer als Kim gemacht.

Der Realität spielt er einen Streich. Kim Il-Sungs riesenhafte Bilder sind nicht Dekor, sondern der Rahmen, der die Hauptstadt umspannt – wie wenn Subjekt und Objekt, Reproduktion und Wirklichkeit, Hintergrund und Aufgeklebtes die Rollen gewechselt hätten. Man könnte ganz Pyoengyang abreißen – der Präsident würde bleiben. Nicht einfach übrigbleiben, wie nach jeder Zerstörung zufällig etwas übrigbleibt. Nein, er ist wie der Herr, das Wesen, aus dem alles hervorgeht und der folglich auch bestehen bliebe, wenn alles zu Staub geworden wäre, Mensch und Materie.

Ein gewaltiger Personenkult umgibt mich wie überlaute Musik. Es gibt keinen Schutz, denn alle Medien sind in einer, in seiner Hand. Ein Plakat bei der Einfahrt in die Stadt erinnert mich an Standbilder auf römischen Friedhöfen: ein Soldat lehnt den Kopf an Kims überlebensgroße Brust wie an Jesus Christ. Volk steht drumherum, Blumen spenden Schmuck. Kim Il-Sung war Guerillaführer bei den Chinesen in der Ost-Mandschurei, als es in den dreißiger Jahren gegen die Japaner ging. Vater der Soldaten, wie die Legende verzeichnet. Damals hieß er noch Kim Song-Ju.

Aber er ist nicht nur der Soldat aller Soldaten. Eines seiner Medien, der Rundfunk, nennt ihn seit Mao Zedongs Tod den »größten Marxisten-Leninisten unserer Zeit, den großen Führer der Weltrevolution und die rote Sonne, die ihr Licht über Asien, Afrika und Lateinamerika wirft«. Als ich ihn dann persönlich sehe, erinnert er mich tatsächlich an einen cäsarengleichen Mann: an Mussolini, den ich als Junge in Rom auf einem leibhaftigen Pferd reiten sah, ins asiatische gewandelt.

Ein Superlativ entmachtet den anderen. Auf welchem Stern bin ich gelandet? Erst beim dritten Spaziergang bemerke ich, daß es hier keine Radfahrer gibt, die in Peking zum Straßenbild gehören. Omnibusse saugen die Menschen auf. Überall Vorschriften.

Ohne Genehmigung darf kein Stadtbewohner aufs Land. Den Frauen ist es nicht erlaubt, nach alter Sitte Lasten auf dem Kopf zu tragen. Handtaschen verraten Eitelkeit und Faulheit, daher verschmäht man sie. Und die Männer tragen keine Westen. Von den Hochgestellten um Kim abgesehen. Aber die leben bei Kim, nicht im Volke.

Die Entfernung zwischen ihm, dem kommunistischen Halbgott, und den Massen ist interstellar. Sie kommt auch im Aufwand zum Ausdruck. Ich zählte in seiner unmittelbaren Umgebung zwölf Mercedeswagen, aber nicht die kleinen 280er, sondern die richtig großen. Es gibt, wie ich hörte, drei oder vier Techniker, die sich nur mit dem europäischen Prominenten-Produkt beschäftigen.

Aber das sind Assecoirs. Die Säulen des Regimes sind wie in allen seligen Diktaturen die Kinder. Sie fegen mit großen Besen im Kolonnenrhythmus den Sandboden vor Kim-Museen und Kim-Gedenksteinen staubsauber. Vorher machen sie vor dem Bild des Herrschers einen Knicks, singen und sagen Gedichte auf. Nach getaner Arbeit tanzen sie zu einer spitzen, geckernden Musik. Der verehrte Kopf auf Bildern und Statuen scheint sich wohlgefällig zur Seite zu neigen.

So ist die Nähe zum Volk denn doch vorhanden, wenn auch in jener ikonenhaften Weise, die zu tiefer Demut oder zum Bildersturm Anlaß gibt. Um die zweite, schreckliche Möglichkeit auszuschließen, hat das Regime eine Reihe von Vorkehrungen getroffen, die ich zu meiner Überraschung in Augenschein nehmen darf.

Das erste Geheimnis dieser wohl höchsten Machtvollkommenheit auf Erden (von Verhältnissen in einem anderen kommunistischen Land, in Kambodscha, abgesehen) ist der Mann selbst, Kim Il-Sung, mit 65 Jahren schon ein Mythos, der Sterblichkeit enthoben. Absolut ist die Kontrolle von Bild und Wort. Von den vier Stunden des täglichen Fernsehens sind zwei dem Zenit der Menschheit in Zitat, Rezitation und Theaterspiel gewidmet. Davon hat der Chinese Lin Biao, des Literaten Mao General, in der Kulturrevolution nur träumen können. Er besaß noch keinen »roten Kanal«.

Dann ist da die Partei, die Nordkorea von der Fontanelle bis zur keinen Zehe durchdringt, die Verfassung, die den Staat dienstbar macht, die Prätorianergarde, der Unauffälligkeit geboten ist und, last not least, der Clan. Er besteht aus 16 Verwandten Kim Il-Sungs, die auf hohen Posten wie Türme um den König stehen, und den alten Kameraden aus den Zeiten der Kriege. Sie sind Kims Schwertträger.

Bei der Aufzählung der Machtattribute fehlt der Kommunismus. Warum? Ist Nordkorea nicht ein kernkommunistisches Land? Auf dem zweistündigen Autoweg von Pyoengyang zur Sommerresidenz des Weltengestirns sehe ich in dem Land, das bei anderen, voran bei der Sowjetunion und Japan, mit über zwei Milliarden Dollar in der Kreide steht, nicht Armut wie in China, nicht indisches Elend. Daß die Geschäfte keine Auslagen haben, ist Landessitte. Textilien und wichtige Lebensmittel erhält man ohnehin nur auf Bezugsschein. Und in der Verfassung von 1972 steht: »Der Staat ist berechtigt, ohne Einschränkung über alle Objekte das Eigentumsrecht auszuüben« (Art. 19). Ist das kommunistisch?

Ich lese während der Fahrt hinter verhangenen Autofenstern weiter in der papierenen Verfassung. Der erste Artikel unter den »Grundrechten« lautet, Rechte und Pflichten der Bürger beruhten auf dem kollektivistischen Prinzip »einer für alle, alle für einen«. Dieser eine und diese alle, das kann, wohin immer ich blicke, nur Kim sein.

Es gibt keine Zufälle in diesem Land, und nichts wurde vergessen. Die oberste Volksversammlung (500 Parlamentarier) wählt den Präsidenten: Kim. Das »höchste Führungsorgan« der Volksrepublik ist jedoch das »Zentrale Volkskomitee«. An Kopfzahl klein, legt es die Innen- und Außenpolitik des Staates fest, leitet Regierung, Verteidigung, Justiz und die Volksversammlungen (Parlamente) an. Und wer steht an der Spitze dieses erhabenen Organs? Der Präsident (Art. 101). Und wer ist Präsident? Kim.

Das ist nicht kommunistisch, das ist genial.

Noch mächtiger als die Verfassung ist jedoch die koreanische Arbeiterpartei. Auch sie weist eine klare, zur Spitze ausgerichtete Architektur auf: das Zentralkomitee wählt ein 20köpfiges politisches Komitee (ein Politbüro), dem noch ein 13köpfiges Sekretariat zur Seite steht. Und wer ist Generalsekretär, Haupt aller Häupter? Kein anderer als Kim Il-Sung.

An dieser Stelle meiner Herrschaftsstudien bremst der Wagen

sanft. Ein Posten legt die Hand an die Mütze. Kim blickt mich an – in verjüngter Ausführung. Die Uniformen der Prätorianer haben russischen Schnitt, Rangabzeichen blitzen. Kameraden kommen und prüfen die Papiere. Sie haben die intelligentesten Gesichter, denen ich hier begegnete. Wir sind an der ersten Sperre.

Vor uns die Stadt Anyu mit 70000 Einwohnern und riesigen Fabriken. Alles war im Koreakrieg zerstört, sagt mein Begleiter, aber er, Kim, habe nach dem Siege alles selbst geplant und wieder aufbauen lassen. Der Elan, von dem solche Taten sprechen, atmet, nein keucht auch aus den Befehlen, in die das Zentralkomitee im Januar 1976 die Perspektivziele des Siebenjahresplanes (1978–1984) faßte. Bis dahin 80 Millionen Tonnen Stahl pro Jahr, ebensoviel Kohle und noch mehr Elektroenergie:

»Kämpfer auf dem Gebiet der Elektroenergie, stürmt vorwärts zur Höhe von 56–80 Millionen Kilowattstunden Elektroenergie... entfacht heftiges Feuer und erreicht die Höhe von 7–8 Millionen Tonnen Kohle vorfristig... erhöht die Stahlproduktion mit glühendem Elan wie die heldenmütigen Soldaten... betreibt Schweinezucht als eine Massenbewegung... der große Führer Kim Il-Sung befiehlt in diesem Jahr die Werktätigen der Landwirtschaft zur Höhe von 8,8 Millionen Tonnen Getreide... werdet an jeder Front des Perspektivplanes zu kühnen Einheiten und Sturmabteilungen...«

Wir haben die zweite Sperre erreicht. Zwanzig Minuten hinter Anyu ist die Landschaft menschenleer, paradiesisch. Wieder tritt ein junger Kim in Uniform hinter dem Schlagbaum hervor und salutiert höflich. Der dunkelverhangene Wagen mit dem Protokollchef schiebt sich jetzt nahe an den meinen heran. Eine Brücke mit Sperrbalken. Zeremonielle Wartezeit. Spannung zeigt an, daß wir in den inneren Kreis des Gestirns eingetreten sind. Hügel, ein glitzernder See. Über hohen Bäumen Radarschirme und ein riesiger, aus dem Paradies hinausragender Fernsehturm. Fotografierverbot.

Aber wie beim Audienzgang zu den alten Kaisern Chinas kommt noch eine Unterbrechung. Das schöne, ausladende Gebäude, vor dem wir halten, ist das Gästehaus. Die Wartezeit hier kann bis zu zwei Stunden dauern. Das Protokoll nutzt die Ungewißheit als ein Mittel der Psychologie. Es gab Botschafter, sogar Minister, die in der ersten Nacht in Pyoengyang um drei geweckt wurden mit der Nachricht: »Monsieur, halten Sie sich heute vormittag bereit, ein wichtiger Besuch steht Ihnen bevor. Wir müssen Sie jetzt ärztlich untersuchen.«

Der Beamte führt mich in einen großen Raum, von dem sich ein beherrschender Blick über den See, ein künstliches Staugewässer, öffnet. Kommodes, europäisch anmutendes Mobiliar. Im Bad ein Bidet, aber nirgends einen Haken, um den Hut hinzuhängen. Ich gehe an der Bibliothekwand entlang und finde nur Bücher von Kim, Reihe für Reihe, und nicht immer dasselbe Werk. Wer von den Gästen kann schon koreanisch oder chinesisch? Doch da stoße ich auf eine schmale, rotgebundene Broschüre, auf der ein Bronzedenkmal abgelichtet ist. Der Titel lautet: Kim Hyong Kwon. Er ist der Onkel Kim Il-Sungs, ein unermüdlicher anti-japanischer Kämpfer, Vorbild der Nation und Gehilfe des Führers: ein Repräsentant des Clans und seiner Loyalität.

Ich werfe den Hut auf den Boden und beginne den mit zahlreichen Bildern, Fotografien und Gemälden illustrierten Text zu lesen. Das außerordentliche, zukunftsweisende Schicksal des Mannes zieht mich in den Bann. Der Onkel war Kims Kamerad im Guerillakrieg. 1930 überschritt er die chinesische Grenze nach Korea, wurde dort kämpfend sistiert und starb 1936 im Gefängnis. Auf einem der Gemälde hat der hochgeknöpfte Onkel eine entfernte Ähnlichkeit mit Mao. Die Serie der Gemälde, die in dem Büchlein wiedergegeben ist, gehört zur fortgeschrittenen Anbetungskunst des Landes. Erregend die Öldarstellung, wie der Onkel in eine Polizeistation eindringt und einen japanischen Beamten niederschießt. Der Mann vermag nicht einmal mehr das Schwert zu ziehen. Man sieht das rötliche Mündungsfeuer und den zusammenbrechenden Feind.

Der Protokollbeamte reißt mich aus der Betrachtung. Gut eingestimmt, begebe ich mich auf die letzte Etappe, in die 500 Meter entfernte Sommerresidenz. Alte Bäume. Ein Hügel mit zwei Pavillons en miniature fürs asiatische Ambiente, auf halber Höhe über dem insellosen See. Noch ein Hügel und dann das ernüchternde Bild eines fünfstöckigen Bürohauses, das auch in Bonn stehen könnte: Der Amtssitz Kim Il-Sungs und seines engsten Stabes.

So ruhig ist es sonst wohl nur im Auge des Taifuns. Die Spannung läßt nach, ich sehe keine Uniformierten mehr, nur in strenges Schwarz gekleidete Herren mit schnell tastenden Augen. Die Schritte geben im großen Sitzungszimmer keinen Laut. Plötzlich steht er vor mir, Kim, sanft lächelnd. Nichts Dräuendes umgibt die Stirn, von der sich kräftiges Schwarzhaar nach hinten zieht. Er sieht gesund aus, rundlich, jovial – bis auf die durchdringenden, abwesenden Augen. Die gehören nicht dazu. Aber vielleicht sind sie der Sitz des Mythos, der in der Nähe nicht strahlt, sondern nur von fern.

Ist das so ungewöhnlich? Wieder kommt mir Mussolini in den Sinn. Ich verstehe Kims Sprache nicht, und er spricht keine westliche. Die Stimme rollt wie durch harte Kiesel. Das also ist der koreanische Gott mit Namen Kim. Die Gruppe arrangiert sich. Ein Dolmetscher mit haarlosen, roten Augenlidern säuselt wie die gelbe See. Was der Göttliche sagt, verrät indessen nichts von seinem Kult. Er ist vernünftig, professionell. »Meine Experten haben sich geirrt«, sagt er zum laufenden Siebenjahresplan. Falten des Mißmuts treten in die geschwungenen Augenwinkel.

Von Allah und Mohammed in einer Person bleibt nur ein verärgerter Wirtschaftsplaner: »Wir müssen heraus aus dem einseitigen Geschäft mit der Sowjetunion«, sagte er, »und auch ihr Land muß mir helfen, die Türen zur Welt weiter aufzustoßen.« So spricht kein Allmächtiger. »Wir haben nicht erreicht, was wir wollten. Dazu kommt die Kältewelle. Wir brauchen eine eigene Stahl- und Schiffahrtsindustrie. Ich will Walzwerke. Warum verstehen meine Leute das nicht?« Das Gespräch stapft durch Produktionsstatistiken. Der Gott Kim wird kleiner, ein Schrumpftitan. Ist das der Einmalige, aus dessen Büchern Studenten und Schüler 10000 Seiten lesen sollen, wie eines der jüngsten Kampagneziele lautet? Der Kontrast zwischen Bild und Wirklichkeit, dem Kim der Propaganda und dem Kim der ökonomischen Misere, ist augenfällig. War das bei Hitler auch so, bei Stalin, bei Tamerlan? Natürlich stimmen die Vergleiche nicht. Aber im persönlichen Gespräch stürzen die Plakatwände leicht um. Gleichzeitig bewundere ich den Erfindergeist der politischen Theologen. Sie wissen instinktiv oder aus Gelehrsamkeit, daß man den menschlichen Stein am besten in eine dynastische Fassung fügt, um seine Leuchtkraft zu heben.

Während Kim über sein ökonomisches Unglück weitergrollt, höre ich den Kanonenschuß und die Einschlagsexplosion, die im Jahre 1867 das amerikanische Piratenschiff mit Namen »General German« im Flußgewässer unweit von Pyoengyang zum Sinken brachte. Der Kanonier war kein anderer als Kims Großvater, wie jedes koreanische Kind heute weiß. Er schaffte es mit einem einzigen Schuß. Das Schiff, so heißt es, liege noch dort, wohin die Heldentat es gebohrt habe. Entscheidend ist jedoch: Das große Erbe blieb nicht Erinnerung. Es wurde weitergetragen.

Denn auf den Großvater folgten die Eltern Kim Il-Sungs, der Vater Kim Hueyk-Yik, ein glühend revolutionärer antijapanischer Kämpfer, dessen Spuren sich dann allerdings irgendwo in der Mandschurei verloren, und die Mutter Kang Ban Sok. Sie ist, wie manche Kaiserinmutter in großen Dynastien, die Hauptperson, in der die Tugenden der Vergangenheit sich sammeln wie in einem kostbaren Gefäß, und aus dem die geniale Energie dann ohne jeden Verlust auf das Kind übergeht. »Die Mutter Koreas« lautet ihr Name.

Eine rote Madonna, gläubig und schön, selbstlos und liebevoll. Ihr Leben (mit den Kims) wurde, wie schon das des Onkels, in Ölgemälden festgehalten. Eines zeigt sie auf einer Schaukel, den schon erleuchtet dreinblickenden Knaben auf dem Schoße. Es könnte im Garten von Bethlehem sein, wäre dort einer gewesen. Darunter steht ein Gedicht von Mutters Hand: »Hoch ist der Himmel, weit ist die Erde, Du wirst ein Mann, höher als der Himmel, weiter als die Erde.« So begann Kims Leben.

Es folgen nun teils idyllische, teils wilde Szenen der Revolution und der Flucht. Ein Gemälde sticht hervor, auf dem sich die Heldenmutter gegen japanische Polizisten tätlich zur Wehr setzt. Man besucht den Vater im Gefängnis. Die Mutter macht für den in der Hütte Weltprobleme studierenden Sohn Feuer. Damit kein Geräusch ihn störe, zerbricht sie das Holz in ihren Gewändern.

Der zum Mann herangewachsene Führer wird in verschiedenen Rollen und Szenen festgehalten. Das Revolutionsmuseum in Pyoengyang hat 90 Räume und drei Panoramasäle, wo dem Volk die siegreichen Kämpfe des Schlachtenlenkers Kim nahegebracht werden. Ob Guerilla gegen die Japaner oder Vernichtungskampf gegen die Amerikaner – stets strahlt in dem von Szenenbeleuchtung erhellten Raum der Scheinwerfer am Ende den größten aller

Feldherren an, dem sich mit Sicherheit auch Cäsar hätte beugen müssen.

Man sieht keine chinesischen Kombattanten, keine Freiwilligen, keinen Mao und nur einen mittelgroßen Lenin. Daneben stehen die beiden deutschen Langweiler Marx und Engels wie Gebrüder Brahms, klein in Marmor gehauen. Und wo ist Stalin? Aber was wäre Stalin in diesem Lichte anderes als der Konquistador eines Duodezstaates im Zeitalter des Kim Il-Sungismus?

Die dynastische Absicherung der Größe wurde in der Gegenwart ausgebaut – mit den Bindemitteln familiären Blutes, einem Erbe der chinesischen Kultur, und durch Zenturionentreue, die Unverbrüchlichkeit der Kriegskameradschaft. An der Oligarchie der Verwandten und Freunde hat Kim lange und erbarmungslos gearbeitet. Wie ein Gärtner fällte er Bäume, die ihn hätten überschatten können, und er stach Blumen aus, deren Farbkraft den Blick von ihm, dem Einzigartigen, hätten ablenken können. Wer nicht paßt, wird geschaßt.

Übriggeblieben und in den Dienst genommen wurden Schwager Ho Fam – er ist Außenminister. Neffe Hwang Cang-Yop Parlamentspräsident. Der Onkel der Mutter, Kang Yang-Uk, Chef der nationalen Einheitsfront, ehemaliger Student des presbyterianischen Kollegs in Pyoengyang und Einfänger der Christen. Kim Pyong-Na, Mann einer Nichte, ist Chef des Sicherheitsbüros. Der jüngere Bruder, Kim Yong-Chu, stellvertretender Premier. Kims zweite Frau, seine einstige Sekretärin, Kim Songae, Vorsitzende der koreanischen Frauenvereinigung und Parlamentsmitglied. Und der Sohn aus erster Ehe, Kim Chong-Il.

Dieser Sohn – wird er der Erbe des Vaters werden? Nachfolger in der ersten kommunistischen Dynastie? Oder wird an der prekären Frage der Heredität das System zerbrechen? Zum erstenmal wurde er 1973 als Nachfolger genannt. Er war damals 32 (oder 34) Jahre alt. Heute weiß man, daß er seine Erhöhung einer gesundheitlichen Krise des Vaters verdankte. Japanische Ärzte hatten bei Kim Krebs diagnostiziert. Er soll am Hinterkopf operiert worden sein und dreht sich aus diesem Grunde vor Besuchern nicht um.

Sohn Chong-Il wurde von Vater Kim und dem Vizepräsidenten Chue Yong-Kon, einem seignoralen Handlanger des Systems, »aufgebaut«. Er mußte durchs Land reisen, seine Portraits erschienen neben denen des Vaters an großen Gebäuden der Hauptstadt, sein Geburtstag, der 17. Februar, wurde nationaler Feiertag.

Zunächst stützte sich Chong-Il auf die alte Garde, auf die Narbenträger des Guerillakrieges. Zehn von ihnen, die teils bei den Chinesen, teils bei den Russen das Kriegshandwerk erlernten, nehmen die Schlüsselstellungen in Partei und Armee ein. Alle haben mit und unter Kim gekämpft.

1974 jedoch wurde der Sohn plötzlich anderen Sinnes. Er nutzte die ihm verliehene Position in der Partei, um seine Freunde nachzuziehen, durchweg junge Leute. Das Establishment steckte die Köpfe zusammen. Sammelte da einer, nach dem Vorbild Mao Zedongs, Rote Garden, um sie auf die alten Funktionäre loszulassen? Die Angst schuf Feindschaft. Die Verwandten, die Onkel und Vettern, die zweite Frau und deren Kinder hielten sich zurück, aber die Hofclique war zerfallen.

Im vergangenen Sommer schließlich, bei einem Besuch der koreanischen Kriegsschule, soll der Sohn einen schweren Unfall erlitten haben. Wurde er überfahren? Offiziere seien in den rätselhaften Fall verwickelt. Wie schwer die Verletzungen sind, weiß man nicht genau. Aber von der Nachfolge ist seither mit keinem Wort mehr die Rede. Es gibt keine Sohnesbildnisse neben denen des Vaters. Der Mann, dem ich gegenübersitze, wirkt ja auch kerngesund. 65 Jahre sind kein Alter. Hat der Fall der Jiang Qing und ihrer »Bande« zum Rückzug des Erben beigetragen?

Das glatte Gesicht Kim Il-Sungs zeigt keine Spuren von Beunruhigung. Der Mißmut, der während des Gespräches in seine Züge züngelt, ist anderer Art: Sachärger, Geldsorgen, Unzufriedenheit gegenüber den Mitarbeitern, die er gleichsam kollegial zu erkennen gibt – also materielle, nicht dynastische Zukunftsideen. Oder ist alles nur ein Schauspiel?

Es ist ein paradoxes Gesetz allerpersönlichster Macht, daß die Luft wieder schwerer wird, sobald man sich aus der klimatisierten Zone ihrer Büroexistenz entfernt. Als ich mich mit Kim unterhielt, hatte ich den Eindruck eines nüchternen Mannes, der mit Problemen gemeinsinniger Art kämpft, die der Expertenbehandlung bedürfen. Aber nun, nach der fast kühlen Verabschiedung, mit dem Zurückgleiten des herrscherlichen Betonklotzes in die ergrünte Natur, gewinnt der Name Kim wieder Farbe und Klang.

Die Wagen schließen zum amtlichen Konvoi auf, die Garde grüßt. In Anyu, der nahen Stadt, wieder die ersten großen Kim-Bilder. Ich bin in die Illusion der Macht zurückgekehrt.

Shanghai, 6. Mai 1978

Heute gereizter Wortwechsel mit den chinesischen Begleitern. Zusammen mit einem Fernsehteam in aller Frühe zum Morgenmarkt nahe dem Jin Jiang-Hotel. Unterwegs trafen wir auf eine Ente, die am Straßenrand an einem Baum festgebunden war. An der »kurzen Leine« watschelte sie auf die Fahrbahn, um vor jedem anbrausenden Lastwagen oder Radfahrer auf den Bürgersteig zurückzuflattern. Ich sagte zu den Kameraleuten, sie sollten die Entenszene filmen, das Leben eines solchen Tieres sei in China kurz.

Als wir vom Morgenmarkt zurückkamen, war die Ente schon fast nacktgerupft. Eine ganze Familie saß, teils in Arbeit, teils in Betrachtung vertieft, zwischen wassergefüllten Töpfen und Eimern. Das Reinigen und Ausnehmen der gastronomischen Wonne machte rasche Fortschritte. Die Kameraleute, glücklich, das dramaturgische Ende des harmlosen Anfangs gefunden zu haben, filmten die Ente und ihre Besitzer mit Hingabe. Im Nu war die halbe Straße versammelt.

Da entlud sich bei einem der Begleiter lange aufgestauter Zorn: »Wir verstehen nicht, warum Sie so scharf sind auf dieses Milieu. Immer nur klägliche Sensationen, alte Leute und alte Häuser, immer nur die Vergangenheit. Warum filmt ihr nicht moderne Straßen, Hochhäuser, Fabriken, warum nur Armut, warum das Pittoreske?« Er ereiferte sich, argumentierte mit den Fäusten. Ich verstand ihn schon. Unseren Hang zu Antiquitäten teilt ein junger Chinese nicht. Für ihn ist das Alte das Schlechte, wie für uns vielfach das Neue. »Beruhige Dich, Kamerad«, sagte der Kameramann, »das Märkische Viertel habe ich schon oft genug gefilmt.«

Peking, 19. Mai 1978

Als gestern die deutschen Pianisten, Gebrüder Kontarsky, mit romantischer Musik zu vier Händen das Auditorium begeisterten, beobachtete ich ihren chinesischen Kollegen Liu Shikun, der zu den wenigen großen Solisten seines Landes zählt. Er spielt andauernd mit Händen und Haaren. Mitten auf dem hochansteigenden Hinterkopf hat er durch Dauerbehandlung einen Scheitel gebahnt, der das Haupt querteilt. Es bekommt dadurch etwas Perikleisches.

Man beobachtet oft starke Nervosität bei Chinesen, die unter der Kulturrevolution gelitten haben – meistens handelt es sich um Intellektuelle oder Künstler. Ihnen wurde buchstäblich der Nerv geraubt. Dem Pianisten schlug man auf die Hände. Einige sagen sogar, ihm seien die Finger gebrochen worden. Ich glaube das nicht. Nach solchen Verletzungen könnte er nicht mehr spielen. Sein Vortrag glänzt aber durch technische Brillanz.

Er ist so etwas wie ein chinesischer Horowitz: Dieselbe virtuose Manier, derselbe gefühlsmäßige Überschwang, dieselbe Gebundenheit an die klassische und romantische Klavierliteratur (Modernes kann man Chinesen nicht bieten), dasselbe Schema von »Rückzug und Wiederkehr«. Als Horowitz nach einer nervenbedingten Kunstpause im Januar 1978 mit dem New York Philharmonic Orchestra das 3. Klavierkonzert von Rachmaninoff auf die Tasten schmiß, raste das Publikum. Horowitz aber, der gerade die breitsitzigen, zu feinen Stadtguys gewordenen Cowboys aus der Seelenfassung gebracht hatte, zitterte wie Laub.

Liu Shikun fährt in solchen Fällen fort, an seinem Scheitel zu arbeiten.

Peking, 25. Mai 1978

Las heute wieder das Nietzsche-Zitat, das auf recht ansprechende und ästhetische Weise den Nihilismus verkündet: »Es liegt ein Wintertag auf uns, und am hohen Gebirge wohnen wir gefährlich und in Dürftigkeit. Kurz ist jede Freude und bleich jeder Sonnenglanz, der an den weißen Bergen zu uns herabschleicht. Da ertönt Musik, ein alter Mann dreht einen Leierkasten, die Tänzer drehen sich, es erschüttert den Wanderer, dies zu sehen: so wild, so verschlossen, so farblos, so hoffnungslos ist alles, und jetzt darin ein Ton der Freude, der gedankenlosen, lauten Freude! Aber schon schleichen die Nebel des frühen Abends, der Ton verklingt, der Schritt des Wanderers knirscht, so weit er noch sehen kann, sieht er nichts als das öde und grausame Antlitz der Natur.«

Wer Europa noch nicht verlassen hat, Nietzsches »neues Griechenland«, die »ungeheure Trümmerwelt, überwachsen mit großem und kleinem Unkraut – wo gab es je schönere Ruinen?« – wer den Staub des Vaterlands noch nicht von den Füßen geschüttelt hat, sollte er sich nicht möglichst rasch aufmachen? Das Authentische an diesem Schwarzseher ist die Schärfe seines Blicks. Die Hoffnungslosigkeit, bei ihm noch metaphysisch, und Zeugnis eines elitären Geistes, hat sich mittlerweile demokratisiert – gab es je eine furchtbarere Demokratie? Nichts ist in Europa allgemeiner geworden als der Pessimismus im Alltäglichen – die negative Einschätzung der Kursentwicklung, die schlechte Laune der Autofahrer, die Schülermelancholie und das »ewige Rad« des Amourbetriebs. Eine sentimentale, von Selbstmitleid triefende Veranstaltung, aber Zeichen für »tiefere Traurigkeit«.

Exile sind jedoch meist Selbsttäuschungen. Wer glaubt an die Gegenwelt, die Antipoden? Das tun ja nicht einmal mehr die Kommunisten. Wo ist Arkadien? Gewiß, das Amüsement auf Kosten anderer, das Voyeurtum, ist in China medial noch nicht so weit entwickelt, 800 Millionen Bauern bilden ein ernstes seriöses Gewicht, einen Block psychischer Stabilität. Statt der seelischen Trauerwalze, der resignativen Annahme andauernder Wiederkehren (»bleich ist jeder Sonnenglanz«) herrscht die Hoffnung auf eine lineare Aufwärtsentwicklung vor – eine andere geschichtsphilosophische Grundbewegung. Aber sie ist die verbindliche Ideologie. Ich kenne Chinesen, die sich ihr entziehen – nicht in der Form laut geäußerter Kritik, sondern wortlos, in der Tat, so zum Beispiel in der verbreiteten Weigerung, schnell, viel, mehr als unbedingt notwendig zu arbeiten.

Dennoch: Die Jugend ist nicht so melancholisch, nicht so abgeschlagen und unausgeschlafen. Die Stimmen sind frischer, die Beziehung zur älteren Generation nicht so konfliktgeladen. Es gibt weder erwachsene Un-Kultur noch nichterwachsene Subkultur. Nachdem die Kraft der Ideologie nachläßt, lebt ein junger Mensch in China nicht so gefährlich wie in Europa, familiärer. Und der Erwachsene? Kann der Europäer, der westlich aufgewachsene Mensch, von seinem asiatischen Altersgenossen etwas lernen? Sicher den souveränen Umgang mit der Armut – wenn so etwas erlernbar und nicht nur erkennbar ist. Sicher den Stolz auf das Vaterland und die Liebe selbst zur kargen Schönheit in der Natur, zum Bambusblatt. Aber gibt es wirklich Immunität gegenüber der Krankheit des Nihilismus?

Hat das Leben Sinn ohne Gott? Die naive Frage an Chinesen, ob sie an einen persönlichen Gott glauben, stößt nur auf Unverständnis oder wird rundweg verneint. Da es sich nicht um einen einst gehegten, nun abgelegten oder verlorenen Glauben handelt, was Friedrich Nietzsches rasende und haßerfüllte Sehnsucht nach dem Christentum auslöst, sondern um eine irrelevante Sache, gibt es kein Sinndefizit wie bei uns. Die Welt ist aperspektivisch, diesseitig, täglich, vom »Saturnring« der Geister umgeben, die keine Unabhängigkeit gewinnen. Das Leben nach dem Tode erschöpft sich, stirbt noch einmal weg. Was mich nachdenklich macht, sind die Totenfeiern des Regimes und die Totenmusik. Sie sind von flächehafter, unbegrenzter, sich unendlich verströmender Traurigkeit. An die Stelle der linearen Fortschrittsmelodie des Lebens tritt am Ende doch der Kreislauf immerwährender, strophenhafter, variationsloser Wiederholung eines einzigen, klagenden Motivs. Nihil, nicht Nihilismus.

Shenzhen, Provinz Guangdong, 27 Juni 1978

Morgens um sechs schon auf dem Bauernmarkt. Hakka-Frauen unter breiten Hüten mit schwarzen Sonnenblenden, die aussehen wie Trauerränder. Der »Schiedsrichter« des Marktes, er sitzt mitten im Gewühl an einen kleinen Tisch, auf dem respekterheischend ein Abacus liegt, erklärt mir die zum Kauf angebotenen Tiere. Der Kantonese ißt alles, »was nicht Stuhlbeine hat«, mit Hunden (als Welpen zu sechs Yuan offeriert), Kröten, Schildkröten und Fröschen fängt es harmlos an. Dann gerät man jedoch in einen Bereich, wo Zunge, traditionelle Medizin und Aberglauben eigenartige Rezepte mischen.

Der Schiedsrichter zeigt auf hübsche Gekkos, die blitzschnellen Insektenvertilger. Man nehme sie gegen offene, eiternde Wunden zu sich. Ein dickbäuchiges Schuppentier, trotz menschengleich strotzender Ohren der Lebensgefahr nicht gewahr, einem Ameisenbär ähnlich und teuer (sieben Yuan pro Pfund), helfe angerichtet gegen Krebs. Kakerlaken, von denen die offiziellen Chinesen behaupten, sie würden »von den Ausländern« eingeschleppt, sind hier sehr begehrt. Man kocht sie und flößt den Sud bettnässenden Kindern ein, das soll helfen.

Der Rheumatismus ist die Plage der Reisbauern, er krümmt die alten Gestalten. Doch gibt es nach Auskunft des Schiedsrichter dagegen ein probates, wenn auch teures Mittel: Natternblut. Die getötete Schlange wird über den Mund des Patienten gehängt. Nun wird die Schwanzspitze abgeschnitten und das Blut fließt ab. Er kenne Fälle, sagt der Schiedsrichter, in denen die Behandlung schon nach vier Schlangen (je zehn Yuan) angeschlagen habe.

Shenzhen, 29. Juni 1978

Ein Bericht in der Volkszeitung hat mich auf den Geschmack gebracht. Ich suche nach den »besorgniserregenden Anzeichen« für Aberglauben. Seit zwei Tagen viele Stunden auf dem Markt, wo »das Land« verkehrt. Ich photographiere nicht, um niemanden zu ängstigen. Heute nachmittag endlich fand ich einen redseligen alten Mann. Sein Freund, erzählte er, ging neulich abends in einer einsamen Gegend spazieren. Als er seitlich ausspuckte, bemerkte er eine schattenhafte Gestalt neben sich. Zu Hause bekam er Fieber. Er fiel in einen tiefen Schlaf, aus dem er erst nach Tagen erwachte. Er berichtete seiner Frau, er sei im Traum dem Teufel begegnet, der ihn geschlagen habe, weil er ihn abends ins Gesicht gespuckt habe. Erst nach einer devoten Entschuldigung sei der Teufel bereit gewesen, ihn wieder ins Leben zu entlassen.

Als ich mich beeindruckt zeige, packte der Alte eine bessere Geschichte aus. Eine Frau baut ein Haus auf einem Grundstück, das ein Grab birgt. Nach dem Einzug zeigt der jüngere der beiden Söhne Zeichen geistiger Verwirrung. Er spricht nicht mehr, ißt zuerst nichts, dann ungeheuere Mengen, er schläft nicht. Eine weise Frau im Nachbardorf sagt, der Junge habe am Fluß einen

Spiegel gefunden, der dem Teufel gehöre. Die Mutter solle den Spiegel zurücktragen und sich beim Teufel entschuldigen. Tatsächlich findet die Mutter zu Hause hinter dem Möbelstück einen kleinen Spiegel. Sie folgt der weisen Frau, aber der Zustand des Sohnes bessert sich nicht.

Nun wird ihr der Rat gegeben, das Haus abzureißen, unter dem sich das alte Grab befindet. Sie weigert sich, den wertvollen Besitz zu opfern. Der Junge wird ins Krankenhaus nach Kanton gebracht, entweicht aber und taucht wieder zu Hause auf. Die Mutter schickt ihn zurück. Auf dem Weg schreit er und behauptet mit wiedergefundener Stimme, er werde sterben. Vor der Tür des Krankenhauses bricht er leblos zusammen. Die Todesursache ist unbekannt.

Peking, 3. Juli 1978

Seit einem Jahr sind die Kriegsfilme in den abendlichen Sendungen des Fernsehens seltener geworden. Dokumentationen und Unterrichtssendungen drängen ins Programm. Viele Chinesen lernen am Abend, nach der Arbeit und den weiten Fahrradwegen von ihren Betrieben, Englisch, Mathematik, Biologie oder lauschen einer gelehrten Diskussion. Gelegentlich flimmert auch ein ausländischer Spielfilm über die Scheibe, selbst deutsche, mit chinesisch sprechenden SS-Leuten und ratlosen Bürgern, die so aussehen wie Professor Unrat. Dennoch behauptet der chinesische Kriegsfilm eine »Nische«. Er gehört jedenfalls zur Programmstruktur.

Ich sehe diese chinesischen Filme nicht ungern. Wer sich mit dem Metier beschäftigt hat, von Remarque bis Plivier und zurück zu German Werths »Verdun«, weiß den Krieg, der hier geboten wird, zu schätzen. Wenn vor den Kinos in der Stadt Ambulanzwagen mit dem Roten Kreuz vorfahren und die Erste Hilfe mit der Bahre in den Vorführraum eilt, liegt das an den »harten« jugoslawischen Streifen über Massaker aus dem Jahre 1943 (die Landschaft ist schön, die Menschen sind grausam). Merkwürdigerweise vertragen viele Chinesen die europäischen Direktheiten nicht und begeben sich in Ohnmacht. Eine solche Gefahr für Leib und Seele besteht bei den landeseigenen Kriegsfilmen nicht.

Dort nämlich ist der Krieg integer, heil. Wer einen Herzschuß abkriegt, fällt zwar um, aber er blutet nicht und vermag sogar noch Abschiedsworte zu sprechen, die dem Vaterlande oder der Partei gelten. Man fühlt sich dabei an die Jugendzeit erinnert, als in der »Dunkelheit« der Weimarer Republik die soldatischen Taten des Weltkriegs im Heldenglanz erstrahlten. Höhere Bedeutung steuerten dann die Lehrer im Gymnasium bei, wenn sie die edle Einfalt und stille Größe der Laokoon-Gruppe beschrieben. Animiert übten wir des Mucius Scaevola Tugend. Während die Papierkugel auf der Handfläche verbrannte, bewahrte man klassischen Gesichtsausdruck.

Der Kriegsfilm am Abend in Peking vermittelt eine verwandte (unwahrhaftige) Atmosphäre. Nachdem das Grauen vor dem realen Kriege so lange ausschlafen konnte, deutet der Verstand das Anstößige wieder als bedenkenswerte menschliche Historie. Denn am Idealismus der Helden, an der Reinheit ihrer Motive, der Liebe zum Vaterland, ihrer Sorge um die Schwachen und an der Bereitschaft, das eigene Leben in die Schanze zu schlagen, ist ja nicht zu zweifeln. Sie könnten gelegentlich etwas dreckiger und blutiger sein, die Helden der Volksbefreiungsarmee, aber sie sind schließlich privilegiert: Sieg heißt die Quelle der Legende.

Ich komme darauf, weil ich gestern abend nach einem solchen Film ein paar Studenten, noch Sozialisten voll edler Einfalt und stiller Größe, mit dem Ausspruch erschreckte: »Ach, ich fand den russischen General ganz gut, den ermordeteten Timoschenko, der meinte, es wäre ihm egal, ob er unter der roten Fahne oder unter dem Andreas-Kreuz in Leningrad einzieht...«

Peking, 9. August 1978

Da an den Sommernachmittagen die Hitze schwer in die Räume fällt, bestellte ich vor vier Monaten Sonnenblenden. Ich dachte an Rollvorhänge, möglichst aus gelblich getöntem Material, damit dem Licht nur die Schärfe, nicht die Helligkeit genommen werde.

Als ich gestern nach Hause komme, empfängt mich die Nachricht, die Blenden seien schon geliefert und eingebaut. Zu meiner Überraschung sehe ich, daß aus den leichten Vorhängen schwere Sonnensegel aus Bast geworden sind, die wegen des Gewichts in die Betondecke der vier nebeneinanderliegenden Balkone eingeschossen werden mußten. Mit einem komplizierten, über Rollen laufenden System von Schnüren können sie heruntergelassen und hochgezogen werden. Einmal entrollt, verbreiten sie die schläfrige Atmosphäre eines Südsee-Bungalows. Kommt Wind auf, stöhnt der gefügte Bast in der ihm eigenen Art. Dann heißt es alle Mann zum Reffen. Kontiki.

Peking, 18. August 1978

Wieder das Gefühl des zurücklaufenden Rades: Alte, abblätternde Hofhäuser, Reparatur als Kunst der Improvisation, niedrige Wägelchen mit kreischenden Eisenrädern, die lilienhaften Füße können die alte Frau kaum mehr tragen, von der Freiluftküche vor dem Hauseingang kommt Zwiebelduft, schulterschmale Passagen, wispernde Mädchen, die schnell auseinanderlaufen, biegt man um die Ecke. Ich bin hinter der Sozialakademie von der breiten Chang An in die schmale Nanxiaojie (südliche kleine Straße) eingebogen. Hinter mir verschwinden die Türme des Bahnhofs. Nur noch einstöckige Häuser, dazwischen gelegentlich eine höher gezogene, leere Schmuckfassade, wie eine Bühnendekoration.

In dem Stadtviertel zwischen der alten Stadtmauer, an deren Stelle sich heute eine doppelbahnige Umgehungsstraße breitet, und der Wangfujing mit dem markierenden Bettenturm des Peking-Hotels wohnten zur Kaiserzeit einflußreiche Beamte und Geschäftsleute, die den Hof belieferten, Literaten, taoistische Priester und Mönche. Die strenge Hierarchie des chinesischen Herrschaftssystems, in der sich die kosmische Ordnung spiegelt, formte die Stadtarchitektur. Das Rechteck der südöstlichen Tatarenstadt durfte sich aus dem Osten in die Nähe des Kaiserpalastes vorschieben, dort dessen ganze Nord-Süd-Tiefe, die Zentralachse des Reiches, flankierend. Unter die mächtigen Dächer der polaren Verbotenen Stadt geduckt, gehörte das Hofhaus-Viertel zu den vornehmsten des Reiches.

Mittagszeit. In der brütenden Hitze ist das Geschäftsleben in der Nanxiaojie erstorben. Transporträder mit hochgetürmten Lasten, eine alte rote Rikscha stehen herrenlos da. Die Leute haben sich in den Schatten verkrochen, die leere Straße gibt ihr Alter preis. Ist sie nicht übersät von Wunden der Unachtsamkeit, wie ein alter, hinfälliger Mensch, der nur notdürftig gehalten wird? Rissige Wände, mit dem Schorf von Papierschichten überklebt. Der Architrav des Eckhauses hat sich auf der einen Seite bedenklich gesenkt, die Holzverblendung an dem Gebäude gegenüber mit der harmonisch gegliederten Fensterfront trägt den verblassenden Schmuck der alten Ornamente: Lotosblätter. Nichts wird repariert, betrifft es nur die Ansehnlichkeit, nichts restauriert. Um den spröden Charme der Stadt kümmert sich keiner. Die Häuser gehören niemandem mehr.

Als die mächtigen Fremden in der Mitte des letzten Jahrhunderts ihre apparathaften Phantasien auszubreiten begannen, stagnierte die architektonische Entwicklung Chinas. Man baute wie gewohnt, verfehlte damit aber den modernen Zweck. Roh und für immer provisorisch wurden die neuen technischen Elemente in die Straße eingelassen, ein Zeitalter auf das andere gestülpt. Die Träger für die schweren Oberleitungen der Trolleybusse, die Lichtmasten aus Holz, die über Porzellanisolatoren in die Häuser abgeleiteten Drähte bieten dem Auge ein graphisches Gewirr. Die Anatomie der Stadt weist bedenkliche Fehler auf: Adern liegen über der Haut, die Nervenenden der Elektrizität hängen frei herunter, stürzt der sommerliche Regen herab, tritt das Wasser aus den überlasteten Kanälen. Wenn der Wind in ein paar Wochen wieder zu brausen beginnt, entreißt er den durchhängenden Lichtleitungen einen klagenden Ton.

An den Straßenecken verdorren die Gemüseabfälle des Morgenmarktes. Seit die Tonnen da sind und jeden Tag aufgeräumt werden muß – die »patriotische Hygiene-Kampagne« lebt immer wieder auf –, riecht es nicht mehr so scharf. Der Trolleybus umfährt in letzter Sekunde ein großes Loch auf der rechten Fahrbahnhälfte: Arbeiter haben beim Kanalreinigen den Gullyrost abgehoben und vor der Mittagspause vergessen, wenigstens einen Gemüsekorb als Warnboje über die Öffnung zu stülpen. Ich bleibe stehen und beobachte die Geschicklichkeit der Fahrer. Mehr aber bewundere ich noch ihre Nerven: Keiner hält an, um die Stelle zu markieren. Man ist derlei gewohnt. Das Unfertige gehört zum chinesischen Leben: ein Charakteristikum der Neubauten. Bauschutt, Zementröhren, Metallreste, übriggebliebene

Ziegel liegen monatelang herum. Sie stehen in keinem Plan mehr, also sind sie nicht da.

Bei dem Gemischtwarenhändler nahe der Da Fang Jia Hutong (»Große Fang Familie«) kaufe ich alle paar Tage eine Kleinigkeit, Nüsse oder Bonbons (mit den glitzerndsten Verpackungen der Welt). Der alte Li hat schon siebzig Lenze gesehen und bedient immer noch. Wenn ich ihm sage, das seien noch Zeiten gewesen, als die Götter aus dem Tempel von nebenan um ihre Frauen gewürfelt hätten, muß er lachen und gleich schrecklich husten. An Li interessiert mich das Gedächtnis. Er hat das Hutong-Viertel erlebt, als es noch vornehm war – als am Abend die Boys mit der Laterne vor der Sänfte herliefen, der Nachtwächter alle zwei Stunden das Holzbrett klopfte und die Lampions in der Deng Shikou (»Laternen-Markt-Straße«) erst am frühen Morgen erloschen. Ja, er erinnere sich an den Beamten Song und an die Jiang-Familie in dem Haus dort drüben hinter dem großen Ailanthusbaum, ja, ja, das Denkmal für den erschossenen Gesandten Ketteler, ein richtiger Triumphbogen, habe bei der Zong Bo, ein paar Gevierte weiter, die alte Hatamen-Straße (heute heißt sie Dong Dang) überspannt.

Die Orientierung im Viertel fällt schwer. Man bleibt stecken, sobald man einige Schritte in die Vergangenheit macht. Am Zhi Hua Si, einem im Genist der Hofhäuser versteckten buddhistischen Tempel aus dem 17. Jahrhundert, frage ich einen Passanten, ob er den Namen des Bauwerks kenne. Der Mann ist vielleicht 35 Jahre alt, er zuckt mit der Schulter und sagt, er wisse es nicht. Die meisten Leute, die jetzt im kleinen Stadtviertel wohnen, sind nicht hier aufgewachsen wie der alte Li. Aber sie interessieren sich auch nicht für die Geschichte ihrer Umwelt. Das Alte, so glaube ich oft heraushören zu können, ist ihnen mehr Last als Anschauung. Zwar können in den Hofhäusern mit den Elementen der ehemaligen Hallen, Kinder- und Frauenhöfe, Vorratstrakte und Portierslogen leicht zwanzigmal so viele Menschen unterkommen wie früher, doch liegt der Ruch des alten Systems, der »feudalistischen« Zeit wie ein Fluch über gutmütig gerundeten Firsten und stolzen, in den Himmel weisenden Giebelabschlüssen.

Wer möchte an diese Vergangenheit denken? Aber lao Li geniert sich nicht. Er greift sich gelegentlich in den Bart, wenn ich ihn nach etwas zeitlich Entlegenem frage, und in sein längliches Gesicht tritt dann der Ausdruck der Freude am Spiel mit der Erinnerung. Auf einmal kündigt eine begrüßende Geste an, daß der Suche Erfolg beschieden war. Ja, es sei schon möglich, daß etwa zwanzig Tempel im Viertel gestanden hätten, man könne es nicht so genau sagen, denn schon in der alten Zeit (er meint damit immer die Jahre vor 1949) seien derartige Anlagen öfter in Wohnhäuser für reiche Familien umgewandelt worden. Es sei übrigens dem Glück keineswegs abträglich gewesen, in einem Tempel zu leben, keine Sorge.

Yuan Shihkai, den Staatspräsidenten und starken Mann Chinas nach der Revolution von 1911, ja, den habe er als Junge in der Kalesche vorbeifahren sehen, sein Haus habe nicht sehr weit von hier in derselben Straße gestanden wie das Elternhaus des berühmten Fräuleins Yehola, der späteren Kaiserin Cixi. Und hinter dem Zongli Yamen, dem Außenministerium, ja, das stimme, stand das Haus der Kaiserin Aleuté, die nach dem Tode ihres Gatten, des Kaisers Tongzhi, sich selbst das Leben genommen hat. Damals sei allerhand über die Todesursache gemunkelt worden, aber das Haus sei längst weg, man könne nicht einmal mehr sehen, wo es gestanden habe. Wie – nein, über Bordelle könne er nichts sagen. Es habe ein Vergnügungsviertel gegeben, drüben bei der Wangfujing, Weinhäuser, Teestuben... allerlei Allotria, aber über den »Gott der Erde«, der die Klagen von Menschen aus den fernsten Fernen zu ihren Verwandten nach Hause getragen habe und über den Himmelhund des Er Lang wisse er besser Bescheid.

Lis Vater, Gemischtwaren- und Gemüsehändler in der Hatamen-Straße, habe täglich in die Häuser der Umgebung geliefert. Auch in den Examenshof drüben mit seinen über achttausend Zellen, wo die Kandidaten nach drei Tagen und zwei Nächten Prüfung vor Hunger buchstäblich umgefallen seien. Schon damals hätten viele Menschen in den stillen Straßen gewohnt, denn das gute Leben in der Stadt habe die Verwandten des Hausherren angezogen, oft ganz arme Leute, die hier ein Auskommen fanden. Die Straßen des Viertels laufen alle von Ost nach West (von quergezogenen Geschäftsstraßen unterbrochen). In der Feuchtigkeit des Sommers strotzen die Pappeln und Weiden. Früher waren die Mauern der Häuser zur Straßenseite fensterlos glatt und abweisend, nur ein schmaler Eingang führte durch eine schützende Schleuse in die Höfe, die sich dann in einem 60 bis 70 Meter tiefen Rechteck bis zur Parallelstraße erstreckten. Man wohnte auf der Süd-Nord-Achse – nach dem Vorbild des Kaiserpalastes.

Geht man an der sichtverwehrenden Geistermauer vorbei in das Haus, so führt eine überdachte Galerie in die fein konstruierte Wohnwabe, deren bis in die Ming-Zeit und weiter zurückreichende, unwandelbare Struktur in einem auffallenden Widerspruch zur Zerbrechlichkeit der Bauweise steht. Holz überwiegt. Die kleinen Häuser, zwei oder drei pro Hof, haben zur himmeloffenen Atriumseite keine tragenden Mauern, sondern Wände aus phantasievoll variierten Holzgittern – weiche Übergänge nach innen. Die äußere Schale des Hauses ist dagegen austernhaft fest geschlossen, scharfrandige Mauern umgeben den Kern. Es gibt nur die Familie und den Kaiser, die Stadt als Versammlungsort und das schützende Haus, das in die Natur zurückführt. Dutzende Topfpflanzen, einige rasch wachsende Pappeln in der Mitte der Höfe, ein Wasserspiel, ganz selten ein kleiner See mit bizarren Natursteinen – hier ist die Mitte des Lebens.

Im Mikrokosmos der Familie kehrte die große Ordnung des Universums wieder, wie in jedem Ding. In seiner Struktur entsprach das Hofhaus der patriarchalischen Herrschaft. In der Mitte, zwischen zwei Höfen, lag die zentrale Halle, der Raum des Hausherrn und der Ahnenverehrung. Hier fanden die Feste statt, hier wurden Besuche empfangen. Zur Seite des Eingangs, vorne, lagen Studien- und Wirtschaftsräume, Unterkünfte für die Gäste, die nie fehlten, weil die Gasthäuser in der Stadt dem einfachen Volke vorbehalten waren. Im zweiten, hinter der zentralen Halle gelegenen Hof lebten die Kinder, die Nebenfrauen und die Bediensteten. Im östlichen Teil, dem Frühling und der Fruchtbarkeit zugewandt, die jungen verheirateten Söhne. Ein turmartiger Massivbau nahe der hinteren Mauer enthielt sichere Aufbewahrungsorte für die Werte, aber auch Karzer für die Unbotmäßigen.

Er habe keine Familie gekannt, sagt Li, die länger als drei Generationen in einem der weitläufigen Häuser gewohnt habe. Beamte wurden versetzt und der Handel mit seinem wechselnden Glück konnte Leute kurzfristig reich und arm machen. Der Literat habe kein Vermögen für eine Folge von Generationen ansammeln können, und den schweren Geldadel der Industriestaaten gab es in China nicht. So habe er immer wieder verarmte Familien mit dem Eselspack fortziehen sehen. Heute sei der Wechsel nicht mehr so lebhaft, die kleinen Familien führten ein genormtes, nicht vom Schicksal, von unvermutet eintretenden Amts-Reichtum oder von der Verarmung bewegtes Leben. Viel Zeit gebe er dem Viertel nicht mehr. Auf der anderen Seite der großen Straße, in der Südstadt, hätten sich die modernen, hohen Häuser schon tief in die Plantage der Hofhäuser hineingefressen.

Ich sitze in Lis Hof und nibble Tee. Unter der Weide ist es kühl. Li zieht schweigend an seiner Pfeife. Durch die dünnen Wände der Häuser dringen Kinderstimmen. Aus den Gängen, Korridoren und Galerien taucht gelegentlich eine alte Frau oder ein alter Mann auf. Früher streunten hier die Müßiggänger der Familie. Geheimnisse konnten die Häuser nicht bewahren, das leise Sprechen übte das Ohr bis zur äußersten Feinheit. In den Höfen waberte das Gerücht, es gab kunstvoll gesponnene Intrigen. Angesichts der patriarchalischen Ordnung mußte die Suche nach Gunst oft klüglich erdachte Wege gehen. Die gegenseitige Beobachtung erreichte aber erst nach der Revolution, besonders in den sechziger Jahren den Höhepunkt. In »Major Yi« beschreibt Chen Jo-hsi einen typischen Fall aus dem chinesischen Hofhaus. Eine umfangreiche Untersuchung setzte ein, von welchem der Erwachsenen diese ungeheuerliche Beleidigung in den Frieden der Höfe getragen worden sei: Ein vierjähriger Junge hatte mitten im Spiel den Vorsitzenden Mao ein »faules Ei« genannt.

Peking, 22. August 1978

Verkehrserziehung. Befehlsstimmen der Polizisten, über Lautsprecher in den »slam« vorstoßend, machen seit neuestem dem Dauerhupton der Stadt Konkurrenz. Wer geglaubt hat, die Chinesen seien fügsame, dem leisesten Wink der Autorität folgende Menschen, kennt den Radfahrer des Landes nicht. Für ihn ist der Polizist, wie jeder Uniformträger, »Luft«. Er schaut gar nicht hin.

Brüllt der Ordnungshüter wie ein Besessener hinter einem Delinquenten her und steigt dieser ausnahmsweise ab, sind im Nu auch Zeugen zur Stelle. Ein Kreis bildet sich, in dessen Mitte Polizist und Radfahrer einander gegenüberstehen. Der Polizist bringt den Vorwurf knapp vor. Der Radfahrer habe versucht, den fließenden Verkehr »wie ein Schattenboxer« (wohl eine Anspielung auf seine artistischen Bewegungen) zu durchqueren. So war es auch. Aber der Radfahrer widerspricht. Auch Zeugen wollen es anders gesehen haben.

Der Radfahrer fühlt sich ermutigt. Er bekommt einen roten Kopf, wohl aus Ärger darüber, daß er überhaupt angehalten wurde. Er sagt laut, er habe nicht so viel Zeit wie ein Polizist, er sei Arbeiter in der Ersten Maschinenfabrik, und die liege weit draußen. Der Polizist versucht etwas zur Sache zu sagen, wird aber unsanft zurechtgewiesen: »Das hier ist ein Bürger, Genosse, und er hat das Recht zu reden.« Der Polizist antwortet nichts. In sein Gesicht tritt ein verwunderter, resignierter Zug.

Man sei doch früher auch nicht am Überqueren der Straße gehindert worden, begehrt der Radfahrer auf, warum jetzt auf einmal? Der Polizist hebt nur die Hand, da schreit die Menge schon auf. In seiner blauen Uniform mit den langen weißen Ärmelstutzen steht er hilflos da. Der Kreis ist kleiner geworden. Polizist und Radfahrer müssen die Köpfe zurücklehnen, um einander voll mustern sehen zu können. Die Straßenecke ist mittlerweile zum Verkehrshindernis geworden. Alle reden durcheinander, der Polizist schweigt.

Entschlossen packt der Radfahrer die Lenkstange seines Rads und wendet sich zum Gehen. Der Polizist schaut ihm nach. Allein der Blick bringt den Sünder in Rage. Schon anfahrend schreit er noch etwas zurück und macht eine wegwerfende Armbewegung. Die Menge lacht laut auf. Der Polizist steigt die schmale Eisenleiter hoch, die in den Pavillon führt. Er schüttelt nicht einmal den Kopf. Langsam gewinnt seine Stimme den Befehlston zurück.

Peking, 9. September 1978

Heute Maos zweiter Todestag und kein Requiem. Die revolutionäre Linke in aller Welt hat schon lange verlernt, den Stifter des neuen Chinas zu bewundern. Mit dem Ende der Kulturrevolution begann sein Bild zu verblassen. Der Empfang für Nixon 1972 stempelte ihn zum Verräter. Persönlichkeitsverwandlung eines Idols.

Was man an der revolutionären Linken beachten sollte, ist ihre Fähigkeit, zu trauern. Wie herzzerbrechend beweinte sie die Erschießung Che Guevaras im bolivianischen Busch. Sein Bild wurde zur Ikone. Die herbe, männliche Schönheit, die charakteristische, kühne Baskenmütze gab die Vorlage ab für Posters und Buttons. Sie schmückten Zimmerwände und Revers.

Aber Che blieb immer Jüngling – eine sehr späte und etwas flüchtige Abwandlung des Prinzen von Homburg, Romantik, Verklärung, Musik. Ho Chi-minh hingegen war der Täter, die konkrete Anweisung zum Handeln, ein nüchternes, hartes Stück Prosa. Er war der moderne David, der dem amerikanischen Goliath mit nichts als einer Schleuder entgegentrat, furchtlos, entschlossen und schließlich unbesiegbar.

Ho Chi-minh, die Studentenvision, Che, die Knabenlyrik. Die revolutionäre Welt war noch beseelt. Es gab Führer und Zeugen. Man konnte hoffen, man durfte jubeln. Die Weltmacht Amerika erlitt die größte Schlappe ihrer 200jährigen Geschichte, der erfolglose Guerillero Che wurde wenigstens zum tragischen Helden. Beide, Che und Ho, boten Stoff für Träume, die revolutionäre Linke hatte Helden, mehr noch, sie hatte einen Olymp.

Heute, am zweiten Jahrestag des Todes Mao Zedongs, ist sie heimatlos. Es gibt keine Inkarnation des Glaubens mehr, von Fidel Castro abgesehen, der aber seit langem allzu abhängig ist von den Russen. Das waren die anderen ja nie. Ihre Freiheit war in Unabhängigkeit gegründet. Sie hatten die Fähigkeiten, wirklich zu verändern: Menschen und Mächte. Das ist vorbei. Die Musik ist aus, die Prosa verstummt.

Wohin gehen, wofür kämpfen, wie noch sterben?

Peking, 10. September 1978

Gestern lange Diskussion mit angereisten amerikanischen Professoren über Ent-Maoisierung, das Schlagwort der Zeit. Es ist eine Erfindung flinker Liberaler, die bei Leichenbegängnissen freudig verkünden, der große Mann, der auf dem Katafalk liege, sei nicht nur tot, er sei erledigt. Die Geschichte hört nicht auf sie, wie das

Nachleben Napoleons bewies. Sie bildet ihre Meinung aus tausend und abertausend Urteilen, aus einer allmählichen, sich über Jahrzehnte hinwegziehenden Abstimmung, deren Kriterien mir keineswegs rational vorkommen, dennoch gültiger als die Rückblicke der zu klein Geratenen, die alles auf ihr Niveau zu bringen versuchen.

Was das Quantum der Reformen und die Qualität der Revolution betrifft, halte ich den Vergleich Maos mit »Chinas anhebendem Augustus Imperator« Qin Shi Huangdi (221–210) für zulässig. Die Kommunisten selbst haben die Parallele vorbereitet, indem sie an dem Reichseiniger lobten, was die Konfuzianer Jahrhunderte lang an ihm verdammt hatten. Mao selbst kam in einer Rede (1958) auf den Kern der Sache: »Was ist denn so ungewöhnlich an Huangdi? Er hat nur 460 Gelehrte umgebracht. Wir haben 46000 hingerichtet. Ich habe schon gewissen Demokraten entgegengehalten: Ihr glaubt, ihr könnt uns beleidigen, wenn ihr uns als Qin Shi Huangdi bezeichnet, aber ihr irrt, wir haben Qin Shi Huangdi hundertfach übertroffen. Ihr bezeichnet uns als Qin Shi Huangdi, ihr bezeichnet uns als Despoten – wir bekennen uns gern zu diesen Eigenschaften. Wir bedauern nur, daß ihr hinter der Wahrheit zurückbleibt, daß wir eure Vorwürfe ergänzen müssen.«

Vielleicht lohnt es sich, den Vergleich auszumalen und dabei am Ende zu beginnen, das nicht immer die Verklärung erfährt, die Theodor Mommsen seinem Liebling und Standbild, dem beispielhaften Gaius Julius Cäsar zuteil werden ließ. Gerade bei den Römern finden wir das Gegenteil. Cäsar stellte sich in Catos Augen anders dar, herrschgierig und grausam; der große und schlaue Augustus kam gut weg, weil die Mordaffären seine Leistungen einfach nicht aufwiegen konnten; dafür zog sich jedoch der finstere Tiberius durch Grobheit, Hochverratsprozesse und Intellektuellenhaß die unsterbliche Abneigung des Zeitgeistes zu, den Tacitus, Sueton und Dio Cassius schäumend zum Ausdruck brachten. Und war sein Ende dann nicht genauso umdüstert wie das Ende des zweihundert Jahre älteren, aber wie er im Zenit seiner Zeit stehenden Huangdi? Beide schüttelte die Konspirationsfurcht. Huangdi saß auf seinem Thron mit einem Schwert über den Knien und ließ niemanden wissen, in welchem Raum seiner vielen Paläste er heute schlafen werde.

Und wie endete Mao Zedong? Starb er im Oktober 1956 oder schon im Juli während des großen Erdbebens? Egal, er lebte mumifiziert seit vielen Monaten, sprachgelähmt, bewegungsgelähmt, eine erstarrte Königsfigur in der Hand der Camarilla seiner Frau, stummes Lordsiegel einer verrückten Politik, Legitimation für unzählige Verbrechen, im langen Machtkampf mißbrauchte Autorität. Jiang Qing hätte es fertigbringen können, den toten Mao durch die Lande zu karren, wie es die Johanna von Kastilien mit ihrem Philipp tat. Und wäre China nicht das durch und durch rationale Staatswesen, das es ist, hätten seine Nachfolger, dankbar über seinen Tod wie die Epigonen Huangdis, Geld und Kunstgegenstände auf sein Grab gehäuft.

Aber was sagt schon das Ende? Steht dort etwa die Gerechtigkeit oder blicken wir in aufgewirbelten Staub? Die Epigonen Huangdis litten unter den Wunden, die der Titan ihnen geschlagen hatte, ihr Urteil konnte gerecht nicht sein. Die Geschichtsschreiber wetzten an ihm ihre Federn: »Ein Mann mit einer hervorragenden Nase, mit großen Augen, mit der Brust eines Raubvogels und der Stimme eines Schakals, ohne Güte und mit einem Herz wie ein Tiger oder ein Wolf« – so steht es notiert, wir können es akzeptieren oder nicht.

Allzu große Nähe, das eigene Erleben macht oft blind. Es mußten viele Jahrzehnte vergehen, bis die Emotionen schwanden, bis es unerheblich wurde, daß Qin Shi Huangdi der illegitime Sohn eines Ministers und der Frau eines Herrschers von Qin war. Das Ressentiment der Moral tobt sich gelegentlich an solchen Verhältnissen aus. Heuchelei. Wie konnten freisinnige Geister, denen strenge Ehegesetzgebung von Haus aus ein Greuel und die Deklassierung unehelicher Abkunft das schlimmste Beispiel reaktionärer Bürgerlichkeit ist, sich plötzlich über den Schicklgruber-Hintergrund Adolf Hitlers aufhalten? Der malende Gammler von Wien zeugte schon für alles kommende Böse, während Leistungsverweigerung in der Gegenwart so manchen doch als eine Tugend erscheint, die nur versteinter Geist nicht richtig zu würdigen vermag.

Der Uneheliche also eroberte und annektierte die »kämpfenden Staaten« Han, Zhao, Wei, Chu, Yan und Qi von seinem Heimatstaate Qin aus und schuf einen absolutistischen Zentralstaat, in dem Militär und Beamte regierten. Die Feudalherrschaft zerfiel, 36 Gaue – militärisch geleitete Kommanderien – traten an die Stelle der alten Staaten, ihrerseits in zivil verwaltete Kreise gegliedert, Steuerämter dem Hauptzweck nach. Der Kaiser selbst, ein früher Harun al Raschid, reiste inkognito im Lande und kontrollierte seine Verwalter. Trotz der Mißstände – die Beamten saßen auf Lebenszeit in ihren Positionen und verwandelten sie in Pfründe – wirkte diese administrative Umwälzung bis zum Ende der chinesischen Kaiserzeit in diesem Jahrhundert nach. Um seine Herrschaft zu schützen, ließ der Kaiser alle Waffen einziehen (das wohl erste Waffenmonopol des Staates) und siedelte die einflußreichen Familien des ganzen geeinten Reiches, etwa 120000 Menschen, in der Hauptstadt Changan, dem heutigen Xi An, an. Es gab politische Hierarchie, auch soziales oben und unten, aber vor dem Gesetz, so verordnete der Uneheliche, sollten alle Menschen des Reiches gleich sein.

Die Bauern wurden Eigentümer ihres Landes. Einheitliche Gesetze und Verordnungen wurden erlassen, die voneinander abweichende Maße und Gewichte genormt, die Achsenspurweite standardisiert, ein Straßennetz gebaut, auf dem ein schneller Kurierdienst verkehrte. Die größte Leistung des Regiments war jedoch eine durchgreifende Kulturrevolution, der gegenüber Maos Kulturrevolution wie ein milder Protest erscheint. Huangdi ließ seinen Minister Li Si eine einheitliche Reichsschrift schaffen, Wortlisten, erste Lexika, die der babylonischen Zeichenverwirrung ein Ende setzten. Qin entwickelte ein Verständigungsmittel, das mit der Ausdehnung des chinesischen Reiches über zahlreiche Dialekte und Sprachen hinweg eine ökumenische, die Einheit garantierende Bedeutung erhielt – weit über die Grenzen hinaus, bis nach Japan. Noch heute nimmt der Reisende aus Peking in Kanton die Schrift zu Hilfe, um sich zu verständigen.

Gegen den zentralistischen Neuerungsdrang meldete sich die Tradition oppositionell zu Wort. Die Gelehrten, Dichter und Philosophen, alle, die von Konfuzius geprägt waren, sahen in den Taten Huangdis das Ende der reichen Kultur und Freiheit. Der neue Staat antwortete mit der Vernichtung der klassischen Literatur, einer der größten und folgenschwersten Bücherverbrennungen der Geschichte. Der Kanzler Li Si ordnete an: »Alle geschichtlichen Aufzeichnungen, außer der Chronik von Qin, sind zu verbrennen. Mit Ausnahme der Gelehrten des umfassenden Wissens hat jeder, der das Buch der Oden, den Kanon der Schriften oder die Reden der hundert Schulen der Philosophie besitzt, diese Bücher bei Amtspersonen abzuliefern, auf daß sie verbrannt werden. Wer sich herausnimmt, über diese kanonischen Texte zu diskutieren, wird auf dem Marktplatz geköpft; wer unter Berufung auf das Altertum die Gegenwart kritisiert, ist mit seinen Angehörigen zu töten. Von dem vorliegenden Erlaß ausgenommen sind Schriften über Heil- und Arzneikunde, Orakelbefragung und Land- und Forstwirtschaft.« (213 v. Chr.) 460 Gelehrte und Dichter, die dem Befehl zuwiderhandelten, wurden mit dem Tode bestraft.

Es ist sicher kühn zu behaupten, Mao Zedong sei dieser historischen Wagenspur gefolgt, er habe unter gänzlich gewandelten Bedingungen eine vergleichbare Leistung erbracht. Wer kann heute schon die Zuverlässigkeit eines solchen Vergleichs belegen? Immerhin – um die Reichseinheit ging es diesmal wieder. Sie wurde sogar gegen fremde Hegemonialmächte durchgesetzt, wobei Chiang Kai-schek den Abzug der Europäer erreichte, Mao und Chiang mit unterschiedlichem Einsatz gegen die japanische Hegemonialmacht kämpften. Die Revolution schließlich führte Mao gegen Chiang zum Siege, die größte und verlustreichste Bauernrevolution nach der Taiping-Revolte, im Unterschied zu ihr mit der Waffe eines nationalen Sozialismus geführt, der durch und durch rational und diesseitig genannt werden darf und in einer grundstürzenden Weise erfolgreich war. Die jahrhundertelange Gentry-Herrschaft wurde abgesprengt, die kommunistische Partei trat, alle Macht ergreifend, an ihre Stelle.

Ständige, bewußt lancierte Richtungskämpfe, die Reduzierung der marxistischen Endzeit-Hoffnung auf die permanente Revolution der Gegenwart, behinderten die zügige Entwicklung Chinas, verhinderten gleichzeitig aber auch die Rückbildung der zentralparteilichen Funktionärsschicht in eine drückende, unbewegliche Beamtenherrschaft. Dank der leninistischen Parteiorganisation und dank der Massenkommunikation konnte Mao tiefer durchgreifen, als es dem inkognito die Verwaltung kontrollierenden Huangdi möglich war. Ihn beflügelte auch ein ganz anderes, ruchlos modernes Denken. Wer Massenpsychologie und alle Variationen der Kommunikation – von der Eisenbahn bis zu den Medien – beherrscht, kann totalitär regieren. Daher wäre es anachronistisch zu glauben, Mao habe seine Kulturrevolution, eine Armee- und Jugendrevolte, nur deshalb angezettelt, um auf den schon verlorenen Thron zurückkehren zu können. Wer das glaubt, rechnet nicht mit dem modernen Führer. Der Weltpartisan, der Mao war, die gelungenste Verkörperung der Guerilla, die je Zugang zur Macht fand, hatte einen tiefen Blick in die angeborene Faulheit und Gefräßigkeit der Menschennatur getan. Für ihn war der Mensch nicht gut. Er, der Nomade, ging mit allen Instinkten gegen den Seßhaften los. Er träumte, während der Rest kaute. In ihm wirkte die große Existenz, die immerfort schwanken wird, ob die Welt als sittliche Idee oder als ästhetischer Entwurf betrachtet werden soll.

Wer so ist, so alt und so modern in einem, fürchtet die rurale Existenz einer Milliarde Menschen nicht. Dieselbe Entschlossenheit im Handeln läßt den Vergleich zwischen Mao und Huangdi so faszinierend und bestürzend erscheinen, von der Chance, Geschichte mit persönlicher Kraft anzustoßen, abgesehen. Für ihn war klar, daß die Bürokraten, die Funktionäre der Partei, die zur Feudalschicht zu gerinnen drohten, in die Tiefe gestoßen werden mußten. Die Methoden verstanden sich dabei von selbst. Man nimmt den Mühlstein um den Hals und verführt die Jugend. Jiang Qing, Maos Frau, erhielt eine Chance. Sie bestand in der Monopolisierung des gedruckten Wortes, des gespielten Theaters und des gefilmten Drehbuchs, den verschiedenen Darstellungsformen des einen maoistischen Gedankens vom absoluten, dem Werden nicht mehr unterworfenen, sozialistischen, chinesischen Helden. Auf diesen Nenner wurden alle Massenkampagnen gebracht. Sie ersetzten die Institution. So war Mao, wie andere bedeutende Führer unseres Jahrhunderts, vor allem ein brillanter Befreier von jeder Verantwortung. Er brauchte den Kaiser Shi Huangdi nicht zu spielen. Er war Kaiser. Nur hundertmal moderner und mächtiger als jener.

Peking, 12. September 1978

Besuch bei einer Panzerdivision nördlich von Peking. Die Gäste, unter anderem drei pensionierte hohe Offiziere der Bundeswehr, folgen sachkundig den Vorführungen der etwas ältlich wirkenden

Stahlungetüme. Anschließend in einer kleinen Fabrik, die von den Offiziersfrauen betrieben wird. Unter Höllenlärm stanzen sie Metallformen für die Motorenproduktion. Stolz zeigt uns die »Vorsitzende« die wenigen Maschinen. »Das ist ja alles gut und schön«, sagt einer der deutschen Offiziere nach der Besichtigung. »Aber das Schicksal der Damen...«

Peking, 18. September 1978

Gestern Theater beim Zoll wegen des Tauschs der Schreibmaschinen. Der Fall ist exemplarisch. Eine elektrische Schreibmaschine ist angekommen, die auch gleich den Lochstreifen für die fernschriftliche Durchgabe von Manuskripten herstellt. Die Einfuhr ist zollpflichtig. Um die Kosten zu vermeiden, schlage ich der Behörde einen Tausch vor: Ich sende meine alte, nicht so luxuriöse elektrische Schreibmaschine nach Deutschland zurück und möchte dafür die neue zollfrei einführen.

Die Chinesen sind einverstanden, wollen aber die zurückgehende Maschine überprüfen. Warum nicht? Ich fahre zur Behörde und präsentiere das versandfertige Gerät. Warum der Tausch vorgenommen werde, fragen zwei in taubengraue Anzüge gekleidete Beamte. Weil diese alte Maschine erhebliche Mängel aufweise, erwidere ich. Einer der Herrn drückt auf die Tasten. Als sich nichts rührt, sagt er befriedigt: »Sie haben recht, die Maschine ist kaputt.«

Ich wende ein, daß dies eine elektrische Schreibmaschine sei. Der Beamte schaut mich fragend an, dann geht sein Blick zur Deckenbeleuchtung. Ich zeige auf die Schnur mit dem Stecker an der Rückseite des Schreibgerätes. Der Herr lächelt. Mir fährt durch den Kopf: Weiß er nicht, was eine elektrische Schreibmaschine ist? Bevor sich Peinlichkeit ausbreitet, sage ich so ruhig wie möglich: »Ja, der Schaden scheint noch größer zu sein als ich angenommen hatte. Die Maschine muß unbedingt zurück nach Deutschland. Ich darf mich bei Ihnen bedanken.«

Die beiden Herren in Taubengrau verabschieden sich freundlich, wenn auch etwas steif.

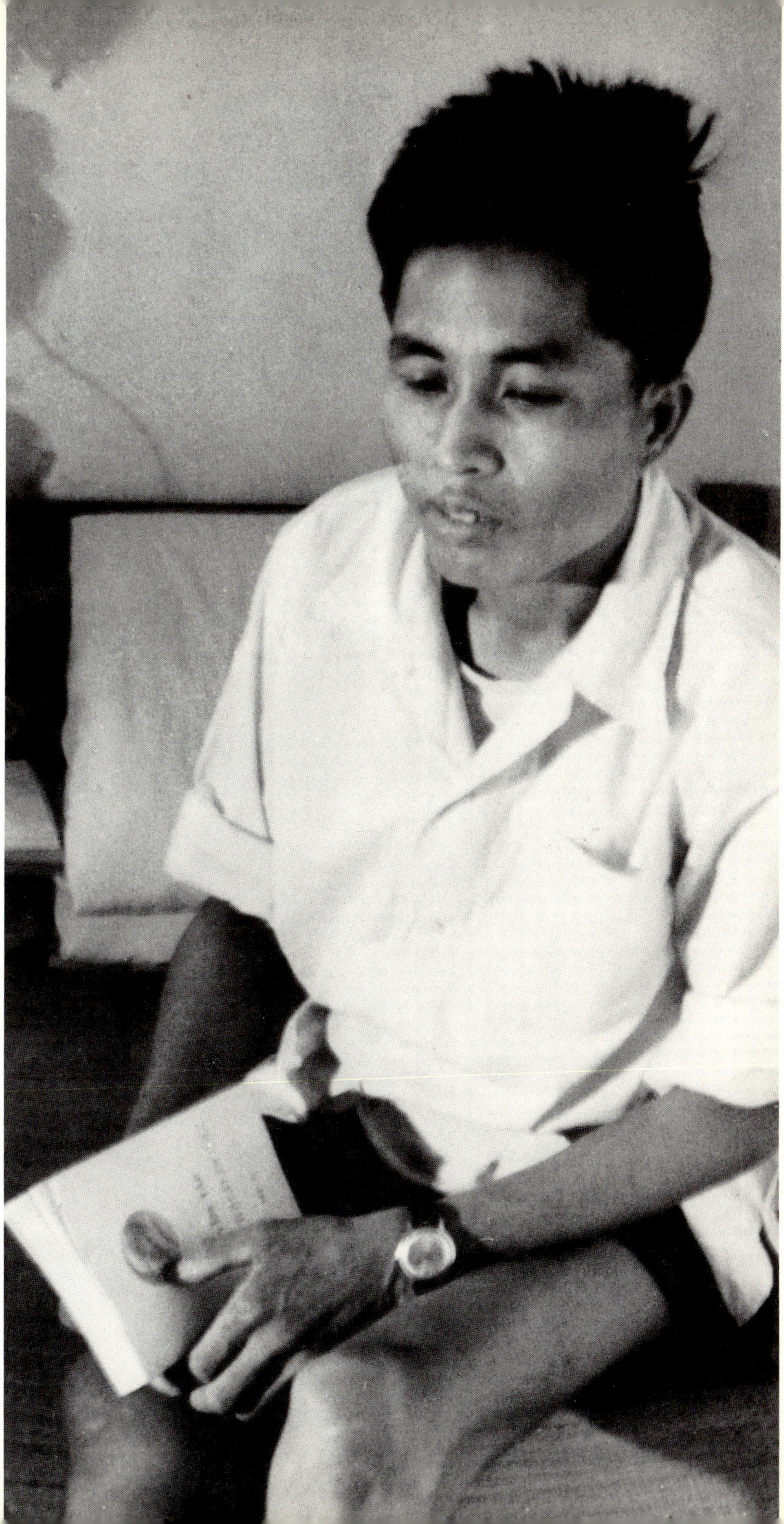

10 Vietnamesischer Leutnant im Gefangenenlager von Panxi in der Provinz Yünnan. März 1979, der Krieg in Vietnam ist gerade vorüber. Der Gefangene denkt über das Ereignis nach und sucht Rat in den Ausgewählten Werken Mao Zedongs. Dessen Autorität ist für ihn so unbestritten wie die Ho Chi Minhs (vorherige Seite).

11 In der südwestchinesischen Stadt Kunming, der Hauptstadt der Provinz Yünnan, gehören mehr als ein Drittel der Einwohner, etwa 300000 Menschen, dem islamischen Glauben an. Der Imam einer Moschee ließ sich gerne aufnehmen, bevor er aus dem Koran sang.

12 Straße nach Turfan, ein dunkles, heißes Asphaltband führt teils durch vegetationslose Hügel, teils durch Steinwüste, ehemaligen Meeresgrund, der von schwarzen, wie Anthrazit glitzernden Steinbrocken übersät ist.

13 *Verfallene Siedlung in der Wüste zwischen Urumchi und der Oase Turfan. Es gibt in der Gegend viele »Geisterstädte« – das Wasser versickerte, oder der Sandsturm kam und grub alles ein. Was blieb, sind Bilder vergeblichen Mühens.*

Peking, 19. September 1978

Glauben die Modernisierer noch an die Revolution? Oder bedeutet Deng Xiaopings berühmtester, aus Maos Zusammenhang gerissener Satz, daß die Wahrheit in den Tatsachen liege, die Rückkehr zu Evolution, Wirtschaftswachstum und Technik? Wird die Revolution »geerdet«, hat das Diesseits begonnen?

Bis zur Lektüre der »Guangming Ribao« heute morgen hatte ich Zweifel. Dem ideologischen Bannkreis zu entkommen, ist schwierig. Er gleicht einer Heimat, die man nicht gern verläßt, weil sie einfach, überschaubar und warm ist. Realität – das ist immer offene See, Tag nach dem Traum, grau anstatt blau.

Aber nun ist es wohl doch so weit. Eingekleidet in die Geschichte einer phantastischen Reise in die Vergangenheit und Zukunft verkündet die Zeitung das Ziel der neuen Politik. Utopie kann man den Artikel nicht nennen, auch nicht Hirngespinst oder Phantasie, denn der Zustand, den der per Zeitmaschine reisende Reporter Yan Jiaqi am Ende schildert, existiert – wenn auch nicht in China, wenn auch noch nirgends in der vorausgesehenen Perfektion. Plagiat wäre also die zutreffende Charakterisierung – aber gehen wir Schritt für Schritt voran.

Der neugierige Yan Jiaqi möchte wissen, ob irgendwo in der Welt, die er echt chinesisch mit der Geschichte gleichsetzt, die blitzende Idee der neochinesischen technokratischen Aufklärung: »Die Praxis ist der einzige Maßstab der Wahrheit« verwirklicht wurde. Mit einem Raum-Zeit-Schiff steuert er drei Gerichtshöfe an, wo schwerwiegende Fälle anstehen: Rom, Ferney in der Schweiz und Peking.

In Rom wird er im Februar 1633 Zeuge des Prozesses gegen Galileo Galilei vor dem »Römischen Gerichtshof der Häresien«. Galilei muß der Lehre abschwören, daß die Erde sich um die Sonne drehe. Yan hört ihn zwar flüstern: »Und sie bewegt sich doch«, aber das nützt nichts. Die Wahrheit, so erkennt der Reporter, wird von der Religion getötet, die Wissenschaft der Theologie unterworfen.

Nach dieser Erfahrung begibt sich der Chinese in die Schweiz des Jahres 1755, wo er mit den Geistesgrößen der europäischen Aufklärung, Voltaire, Diderot, Rousseau und Montesquieu, zusammentrifft. Aber ihr »Gerichtshof der Vernunft« kommt weder zu bindenden Beschlüssen noch zu beispielhafter Praxis – die geschmäcklerischen Herren sind zu sehr mit Diskutieren und Enzyklopädie-Schreiben beschäftigt. Enttäuscht wendet sich Yan seiner Heimatstadt Peking zu, wo er 1994 eintrifft.

Was er dort vom 350 Meter hohen Fernsehturm aus sieht, versetzt ihn in atemlose Begeisterung: Alles ist wundervoll – die Kleidung keine Uniform mehr (wie in den Siebzigern), sondern farbig und modisch, besonders bunt bei den Frauen und Kindern. Der Turm, auf dem er steht, beherbergt Restaurants, Geschäfte und eine Wetterstation. Der alte Kaiserpalast scheint in einem tiefen Tal zu liegen, umgeben von 20- bis 40stöckigen Hochhäusern. Zwischen ihnen Parkanlagen, automatisch bewegte Bürgersteige, Supermärkte, Einfahrten in eine unterirdische Stadt und genügend Wohnraum, um jedem zehn Quadratmeter zuzuteilen.

Die »Guangming Ribao«, die den Reporter Yan zur Rekognoszierung entsandte, heißt »Stundenzeitung«, nicht mehr »Tageszeitung«. Im 42. Stockwerk des Volksgerichtshofes erfährt der Reporter schließlich, daß der »Gerichtshof der Praxis« mit dem »Hof für die Massen des Volkes« identisch sei. Einer der Richter erklärt ihm, die berühmten Tienanmen-Demonstrationen im April 1976 hätten eine Epochenwende gebracht: Die Viererbande konnte zerschlagen werden.

Primitiv? Keineswegs, eher sensationell. Dreißig Jahre lang war die Zukunft Chinas von Erwartungen des Kommunismus gekennzeichnet. Sicher differenzierter als in der utopischen Urphantasie des Marxismus. Mao sprach nie von Paradies, sondern stets von Kampf, von permanenter Revolution. Er glaubte nicht an den säkularisierten Himmel, er war nie Christ, nie Jude. Aber seine Nachfolger glauben offenbar nur noch an Hong Kong, an New York, an Atlanta, wo die technische Zukunft schon längst begonnen hat. Der Reporter Yan Jiaqi findet die Wahrheit in Tatsachen, die haargenau der Wirklichkeit kapitalistischer Metropolen entspricht. Welch ein Triumph für die Erfinder, deren Kreation zur Blaupause chinesischer Zukunftsphantasie geworden ist.

Plagiat – und damit fertig? Nein, im Gegenteil. Die Reportage Yans besitzt eine philosophische und politische Eigenart, die man angesichts ihrer Einfachheit vielleicht übersieht: Ungebrochenen Optimismus. In der westlichen Welt begegnen wir heute fast nur noch der schwarzen, der negativen Utopie, der Trauer über die Grenzen des Wachstums, der Katstrophenangst vor den entfesselten Kräften der Technik, Massenpsychologie und Macht. Mit einem Wort: Der Furcht vor 1984. Diese Furcht aber haben die Autoren der »Guangming Ribao« um genau zehn Jahre hinter sich gelassen.

Man könnte ihre naiv-technologische Vision »Novissima Atlantis« nennen, anknüpfend an die »Nova Atlantis« des Francis Bacon aus dem Jahre 1626, die sich wiederum auf Platons Atlantis-Phantasie im Dialog »Kritias« bezieht. Aufs Zeitdiagramm übertragen, markieren die drei Visionen Punkte einer gerade aufsteigenden Linie des technischen Fortschritts und der Menschheitsentwicklung. Sie beginnt bei der Insel Atlantis, die dem Poseidon zufiel, einem sich unter der göttlichen Kraft zum Paradies fortentwickelnden Eiland. Unendliche Fruchtbarkeit, Tempel, Königshäuser, Häfen und Schiffswerften; schöne Landschaft, heiße und kalte Quellen, wilde und zahme Tiere; zehn über dem Gesetz stehende Könige, die niemals gegeneinander die Waffen führten, vom Glanz ihres unendlichen Reichtums nicht betört – dies ist Atlantis, das erste glückliche Atlantis.

Platons »Kritias« bricht mitten im Fluß des Dialoges ab, genauso wie Bacons »Nova Atlantis«, das sich zur Stätte des Wissens und systematischen Erfindens, zum Geist der auf die Erfahrung gegründeten induktiven Methode fortentwickelt hat. Bacon war Zeitgenosse Galileis, seine Methode paßt zum mechanistischen Weltbild, ihr entspricht die Institution der Forscherakademie (Salomonshaus). Der Zweck unserer Stiftung, läßt Bacon den Vater des Salomonshauses sagen, ist Erlangung des Wissens um Ursache und Bewegung der Dinge und die Ausweitung der Grenzen des menschlichen Reiches mit dem Ziel, alles möglich zu machen. In der Schilderung entfaltet sich nun der Kosmos der Wissenschaften und ihrer Anwendung in der Technik. Nicht einmal ein Institut »zur Untersuchung von Sinnestäuschungen« fehlt.

Die Utopie, das »Nirgendwo« ist längst Wirklichkeit geworden, fast überall. Wir sehen den Schatten, nicht mehr das Licht des technisierten Lebens, und so bleibt es in der Tat den Chinesen vorbehalten, am Glauben und an der Empfindung des »Idealzustandes« festzuhalten. Die Aufklärung hat in China gerade erst begonnen, an unverbrauchten Kräften der Hoffnung fehlt es nicht. Die literarische, ganz idealistische Revolution Mao Zedongs liegt zurück, die Angstvision vor der brave new world, in die sich der expansive abendländische Forschergeist verkrochen hat, liegt am Rande. Die »Akademie der Wissenschaften« und die »Akademie für Gesellschaftswissenschaften« sind nicht nur die geachtetsten Institutionen Chinas, sondern haben eine mit Regierung und Partei eng verbundene Leitungsfunktion übernommen.

»Novissima Atlantis« fand in der Vision des Reporters Yan Jiaqi sicher einen unvollkommenen Ausdruck. Entscheidend ist jedoch die Geschichte, in der sie steht.

Tianjin, 24. September 1978

Das Erdbeben kam wie eine unterirdische Sturmflut. Der eine Straßenzug wurde zum Wellenkamm, der andere zum Wellental. Dann krachte, splitterte und ächzte es. Die Stadt Tianjin wurde in den Grundfesten erschüttert. Was keine Kampagne, kein Appell, keine Revolution je schafften: Die sechs Millionen Menschen der Stadt und des Weichbildes sprangen auf die Straße.

Dann schlossen sich die unsichtbaren Tore. Erst seit diesem Frühjahr ist dem Fremden der freie Zugang – nach Reiseerlaubnis – wieder möglich. Aber der Staub der Explosion hat sich noch nicht gelegt. Der ewige Wind, von der Bohai-Bucht oder von der Höhe der Inneren Mongolei, wirbelt den feinen Bruch wie eine schmerzliche Erinnerung immer wieder auf.

Das Leben ist Kampf, Aufräumen und wieder Kampf. Peking und Shanghai, die beiden größten Städte Chinas vor Tianjin, führen ein vergleichsweise pivilegiertes, wohlhabendes Leben. Auch die Hauptstadt erzittert am 28. Juli 1976, am 9. August, am 15. November und am 12. Mai 1977. Aber umgelegt, eben gemacht wurde Tangshan, herumgeschleudert, schwer verwundet, das knapp hundert Kilometer entfernte Tianjin. Tangshan sah ich vor einem Jahr: Nichts war höher als ein Baum.

Menschliche Arbeitskraft – sie ist oft ein zweifelhafter Ausdruck von Stärke, aber in der Not die zuverlässigste Energie. Nach fast zwei Jahren wird immer noch aufgeräumt, hinter zerbrochenen Fassaden gewühlt. Man sammelt wiederverwendbare Backsteine, die Frauen tragen schwere Schürzen und helle, runde Hauben. Sie sitzen auf kleinen Hockern und klopfen alten Mörtel von den Ziegeln.

Eine kleine Stadt steht in der großen Stadt. Wie man zwei Päckchen Spielkarten ineinanderschiebt, wurden dörfliche Hütten aus Lehm, Grobsteinen und Wellblech Straßenzug um Straßenzug vor die zerrütteten und zerbrochenen Häuser gesetzt. Das Dorf auf dem Trottoire: Jahrtausende hat China in solchen praktischen, leicht reparierbaren, gegen die gröbsten Unbilden der Witterung Schutz bietenden Unterkünften gelebt. Es war nur eine Rückkehr.

Am rechten Ufer des Hai-He, der die Stadt in Schleifen durchzieht und in dem irgendwo die Furt liegt, die Tianjin – Himmel und Furt – den Namen gegeben hat, stehen Behelfsheime in endloser Reihe und geben der Flußansicht ein pittoreskes, fast südeuropäisches Aussehen. Dort haust nicht das Elend, dort herrscht keine Not, eher fügt man sich der Notwendigkeit: Dem Aufbau der Fabriken wurde nach dem Erdbeben der Vorzug gegeben.

Diese Phase ist abgeschlossen, wie der dichte gelbe Rauch verrät, der das Revier der dominierenden Chemieindustrie nahe den drei Universitäten durchbeizt. Die Textilfabriken, die Maschinenfabriken, die endlosen Hallen und Höfe, aus denen Fahrräder, Gummiprodukte, Papier quellen, die in China führenden Uhrenfabriken, sie sind wieder von Leben erfüllt. Nach Shanghai ist Tianjin die größte Industriestadt des Landes.

Nun sind die Behausungen der unzähligen Menschen an der Reihe. Hinter Hütten und alten Fassaden erheben sich Hunderte von vier- bis fünfstöckigen Wohnblocks. Die Zeugnisse der alten historischen Stadt verschwinden, die Mauer aus dem 15. Jahrhundert ist längst gefallen. Das Erdbeben hat die Geschichte geschluckt. Was es nicht schaffte, was übrigblieb, sind die meisten Gebäude der früheren europäischen Konzessionen. Es gab mindestens sieben, seit die Europäer 1858 kamen, Produktion und Handel in die Hand nahmen und ihre Stadtteile bauten.

Es gab eine britische, französische, österreichisch-ungarische, russische, italienische, belgische und (seit 1896) auch eine deutsche Konzession. Es gab eine Rue de Baron Gros, eine Baron-

Czekam-Straße, eine Via Vittorio Emmanuele. 1870 und 1900 rannten chinesische Aufständische gegen die Viertel an, vergebens, bis dann der europäische Selbstmordversuch mit der Waffe der Weltkriege den fremden Einfluß allmählich absterben ließ. 1937 kamen die Japaner, und sie igelten sich in einer riesigen Festung ein, deren Mauern, Wehrtürme und Schießscharten noch heute eine feindliche und hilflose Silhouette in die Stadt zeichnen.

In den Nachmittagsstunden nimmt der Verkehr in den von Bauhindernissen verengten Straßen eine beängstigende Dichte an. Kaum Personenautos, viele Lastwagen und Hunderttausende von Radfahrern. Sie nehmen die ganze Breite der Straße in Besitz, ausweichend und vorstoßend. Ein Bild kollektiven Lebens, wie ich es noch in keiner anderen Stadt Chinas in dieser Vollendung sah. Aber zum erstenmal steht jetzt Fröhlichkeit in den Gesichtern.

Es ist Samstag, in China Arbeitstag. Im großen Erholungspark an den drei Seen sind alle Boote vermietet, aber die Wege nur spärlich begangen. Auch hier wird gebaut, fürs Vergnügen. In einem Käfig raunzen drei Tiger, lustige Buben kitzeln sie mit Strohhalmen an der Nase. Wind, Sand und Salz. Die Lippen schmecken bitter. Man sieht Liebespaare. Es wächst kein Gras. In dieser Stadt zu leben, verlangt viel Tapferkeit.

Peking, 30. September 1978

Fertige Bibliographie über die Versuche, die chinesische Geschichte in einen universalgeschichtlichen Zusammenhang zu bringen. Ernst von Lasaulx, Viktor von Strauß, Graf Kayserling, Oswald Spengler, Karl Jaspers, Jean Gebser, Arnold Toynbee – alles Geschichtsphilosophen, die nach einer Fügung suchten. Was sie bemerkt haben, brachte Jaspers auf den Begriff der »Achsenzeit«: »Die Achse der Weltgeschichte scheint... um 500 vor Christus zu liegen, in dem zwischen 800 und 200 stattfindenden geistigen Prozeß. Dort liegt der tiefste Einschnitt der Geschichte. Es entstand der Mensch, mit dem wir bis heute leben. Diese Zeit sei in Kürze die ›Achsenzeit‹ genannt.«

Was sich in dieser Zeit ereignete, möchte ich in Zukunft von China her betrachten – obzwar es sich um eine Parallelität der

Erscheinungen handelt, um ein Nebeneinander, nicht um ein Nacheinander, nicht um Einfluß, Kontagion, Nachahmung, sondern um eine universale Eruption des Weltgeistes (ein Hilfswort): Konfuzius, erfolglos im Staate Wei wie Platon in Syrakus, begründet wie Lykurg, der Gesetzgeber Spartas, das Patriarchat. Es lebt Laozi, die Philosophen Modi, Liezi führen das Bewußtsein zu sich selbst, wie in Indien Buddha, in Persien Zarathustra, wie die jüdischen Propheten, Homer, die Vorsokratiker und Plato, wie die Tragiker.

Gebser erinnert an die Parallelität zwischen Sophokles und Zhuangzi, an Sätze, in denen sich das Erwachen aus dem mythischen Traum widerspiegelt. Zhuangzi: »Sind nicht vielleicht gerade ich und du in einem Traum befangen, von dem wir noch nicht erwacht sind?« Und Sophokles im »Aias«: »All, die wir leben, seh ich, sind nicht mehr als Gebild von Traum, wie eines Schattens Dünne.«

Mutation des Denkens. Im Abendland, in China und Indien erreicht es in einem prästabilierten Aufschwung höchstes Niveau, seine Muster halten uns heute noch gefangen, die bisherige Geschichte des menschlichen Geistes bezieht sich auf diese Zeit. Die Sehnsucht nach ihr erleben wir in Renaissancen. Weltreligionen, philosophische Systeme, Prophetie und Wissenschaft nehmen dort ihren Ausgang, der Mensch wird sich seiner selbst bewußt, fragt radikal, reflektiert. Es gibt keine befriedigende Erklärung über die Ursache der Parallelität. Welches ist der Nukleus dieser Weltgestaltung, die Quelle der unerhörten Strahlungsenergie in einer festbegrenzten Epoche?

Der reitende Mensch, die Reitervölker. Sie erreichten Indien, das Abendland, zum Ende des zweiten Jahrtausends China. Ich weiß aber nicht, ob die Weite der Welt auch die Dimension des Geistes erschließt oder nicht doch nur die Lust zum Erobern anstachelt. Interessanter ist die andere These, von der Jaspers spricht: Der Geist als Ordnungsmacht. Am Anfang der Achsenzeit nämlich standen kleine Staaten, Städte. Kampf aller gegen alle in China, Indien und im Abendland. Shi Huangdi schuf den Zentralstaat – ohne ihn keine vierhundert Jahre dauernde Han-Dynastie (202 v. Chr. – 220 n. Chr.). Han inthronisierte den Konfuzianismus, die indische Maurya-Dynastie mit König Ashoka (272–236 v. Chr.) den Buddhismus, die hellenistischen

Reiche und das Imperium Romanum schufen den antiken Bildungsbegriff.

Oswald Spengler registriert den »seltsamen Augenblick«, als unter den Kaisern Wudi (140–86) und Mingdi (58–76) die chinesisch-konfuzianische, die indisch-buddhistische und die antik-stoische Weltmacht sich dem Kaspischen Meer so weit genähert hatten, daß eine Berührung leicht möglich gewesen wäre. Es kam nicht dazu, nur die Hunnen, am chinesischen Limes abgewehrt, durchbrachen, germanische Stämme vor sich hertreibend, den römischen. Aber zu diesem Zeitpunkt hat die Epoche der Achsenzeit schon ihre Identität verloren. Die Entwicklungen divergieren.

Das chinesische Reich hat alle anderen überlebt. 1911 ging die alte Dynastie zu Ende, nicht unbedingt die Monarchie. Ich weiß, daß ich mich in die dünne Luft der Spekulation begebe, wenn ich sage, das Reich dauert heute noch fort. Die Geheimnisse der Gegenwart sind nicht weniger schwer zu entdecken als die der Vergangenheit.

Peking, 3. Oktober 1978

Gestern wieder im »Weißhaarigen Mädchen«, dem einzigen chinesischen Stück, das man als Musical nehmen kann, geht man von der gefälligen Hauptmelodie aus, die auch ein Bernstein hätte erfinden können. Dem Inhalt freilich fehlt das Leichte, Beschwingte. Das Mädchen, vom bösen Gutsbesitzer mißbraucht, wird verrückt (weißes Haar ohne Altern gilt als Zeichen für tiefe psychische Veränderung), und nach dem Sieg der Revolution wird Gericht gehalten über den Unterdrücker des Volkes. Die außerordentliche seelische Dramatik des Stücks erschien der Jiang Qing anstößig. Im revolutionären Kampf, so befand sie, verliere man nicht den Verstand.

Musikalisch steht Europa Pate. Das anheimelnde Lied aus den glücklichen Tagen des Mädchens hat Schlagerqualität, man könnte es eine »Schnulze« nennen, träfe diese Bezeichnung für musikalische »Masse« die Partitur nicht ungerecht hart. Aber der Ruch, die chinesische Melasse aus Sibelius, Grieg und Lehar, mag das Urteil der Päpstin verschärft haben. Sie reduzierte, wie mir

Professor F. von der Pekinger Musikhochschule neulich erzählte, die Musik in China einfachheitshalber auf 18 Musikstücke. Ein Tondiktat. Die zusammengestrichene Klangpartitur wurde als »beispielhaftes Musikgut« empfohlen, was das Leben für sehnsüchtige Ohren wohl recht eintönig machte. Die traditionelle Peking-Oper verstummte, und das Piano verwandelte sich in ein elektrisches Klavier, das pausenlos »Die Rote Laterne« und den »Gelben Fluß« (nach der Melodie des Komponisten Xien Xinghai) herunterspielte.

Die Reglementierung der Musik ist in China aber nicht erst eine Sache der Kulturrevolution gewesen. Die Ablehnung der europäischen Musik, vor allem der französischen Impressionisten, datiert aus früherer Zeit. Auch Kulturpolitiker, die nicht zu den Radikalisten zählen, kritisieren den elitären Charakter des Ausdrucks – mehr noch der dahinter stehenden Anmutung. Mit dem Ideologieverdacht, die Tonfarben repräsentierten die Dekadenz der bürgerlichen Welt, war man in Maos China zu allen Zeiten schnell bei der Hand – nicht nur dort übrigens. Und tatsächlich, die dahinschmelzende Kontur hat ein melancholisches Flair. »Die Tonalität liegt im Sterben«, sagte Camille Saint-Saëns am Ausgang des Jahrhunderts.

Für mich war impressionistische Musik stets mit luxurierenden Empfindungen verbunden. Swanns Welt, die Odette de Crécy, das Milieu der Verdurins – Marcel Proust erscheint mir als das literarische Pendant dieser Musik, dem ich ausschweifende Sessionen widmete. Die Kutsche, das letzte zivilisierte Fahrzeug, die Chrysanthemenblüte, das fließende schwarze Samtkleid, Combrey und das Hotel, in das man allenfalls noch gehen konnte, das Grand Hotel de la Plage zu Balbec, alles, was kultiviertes, vornehmes Welken darstellt unmittelbar vor dem zweiten luziferischen Fall in die Maschinenzeit, die schöne, elegische und doch schon annehmliche Welt – das ist der Impressionismus.

Ein größerer Gegensatz als diese späten Farben, Malvenfarben, und das staatspraktische, ganz diesseitig tägliche, traumlose chinesische Empfinden läßt sich nicht denken. Musik habe den Massen zu dienen, nicht dem entlegenen Geschmack, sagt Professor F., wenn er die Vorbehalte gegen die neutönende, experimentelle Musik (Stockhausen ist hier ein Name, nicht ein Begriff) erläutert, die auch in der leichteren Luft aufrecht erhalten werden. Mit dem chinesischen Kultur-Sozialismus hat dieses Urteil nichts zu tun. Es scheint sich vielmehr auf den alten (konfuzianischen) Grundsatz zu beziehen, daß die Musik nicht aus der Mitte des Menschen in die Empfindsamkeit flüchten dürfe, sondern öffentliche Pflichten habe: Tönende Ethik.

Nach dieser chinesischen Anschauung gab es »gute« Musik, die den Menschen über sich selbst hinaushob, damit er zu einer Intarsie der ewigen Gesetze der Natur und des Kosmos werde. Diese »Harmonielehre« ließ den Musiker nicht im Sinne der Gefühlswillkür frei sein (was er ja auch im abendländischen Europa nicht war). Unter allen Umständen galt es »böse« Musik zu vermeiden, die auf den Menschen verderblich wirke. Das erinnert an Tolstois Roman »Kreutzersonate«, der eine Verführung via Musik zum Vorwurf hat, also »böse« Musik beschreibt. Deng Xiaoping drückt dasselbe etwas einfacher aus: Er möge westliche Musik nicht, die »zu sehr mit den Hüften wackelt«.

Nun wird sich in China ja eher amerikanische Country-Musik durchsetzen, der Lodenmantel fürs Gehör (ein untrügliches Zeichen übrigens für konservative Grundstimmungen), als Musik aus impressionistischer oder modernistischer Anmutung. Zu deren guter Interpretation gehört eine Seele, die das imaginäre Museum der europäischen Musikentwicklung bis zu dem Ende durchschritten hat, da die Farbe über die Form den Sieg davontrug. Das wird in China nie geschehen.

Shanghai, 15. Oktober 1978

Walroßgrüße, Krokodilsgähnen, Freudenpfiff des Drachens. Auf dem Whampoo-Fluß dämmert der Morgen. Der Whampoo fließt in den Yangzi, der Yangzi fließt ins Meer. Das Hoping-Hotel steht mit der Stirn zum »Bund«, der den Whampoo führt, und mit der Flanke zur Nanjing-Road, die Shanghai wie ein glänzender Säbel mittleibs durchbohrt. Eine Kreuzung der Welt.

Es ist halb sechs, ich öffne das Fenster. Feiner Dunst feuchtet die Pastellfarben um den Strom und die hybride Architektur der alten Geld- und Gastimperien, die Kuppeln, Säulen, Architrave und Kapitelle, die Athen bis in die späten asiatischen Konzessionen entließ. Aber mein Blick bleibt an einem Fenster des gegenüberliegenden Chinesen-Hotels hängen. Dort steht eine junge Frau in der schmucklosen Ziviluniform des Landes und bürstet die hüftlangen, gelösten Haare. Geduldig, gleichmäßig. Ihre Bewegungen folgen dem Rhythmus einer Musik.

Sie dringt aus der Straßenschlucht herauf, den anschwellenden Huporkan durchgleitend, die erregten Megaphonschreie des Verkehrspolizisten in der Radfahrerlawine überspringend. Eine eingängige Butterfly-Melodie. Sie entschwebt 20 Lautsprechern am Ufer, und zum Arienrhythmus heben und senken auf achthundert Meter Breite zweitausend Shanghaier die Arme, strecken das Bein, heben den Fuß und drehen die Hüfte – knien, greifen zum Himmel, pressen mit leichter Hand die große Mauer zur Seite: Schattenboxers Morgensaison.

Mit Schwung stößt die Stadt Shanghai vom Ufer der Nacht ab, wie Wimpel flattern Jacken und Shawls. Eine Frau steht mitten auf dem Promenadenweg wie eine umgedrehte Chrysantheme auf dem Kopf, den blechernen Napf mit Morgentee neben sich. Junge Artisten in burgunderroten Trainingsanzügen machen aus dem Stand Salto nach vorn und rückwärts. Säbelfechter dreschen virtuos aneinander vorbei. Lachen ertönt.

Der Herr mit Schirmmütze dreht zwei kiloschwere Eisenkugeln gleichmäßig wie ein Kugellager in der linken Hand. Er blickt versonnen auf das gewaltige Containerschiff, das eine Dschunke mit zwei fischschuppengrauen Segeln zum Reffen zwingt. Fluß und Straße um die ruhig schwingenden Schattenboxer beginnen zu kreisen und zu sieden. Auf einem zehn mal acht Meter großen Plakat jagen glückliche Reiter dem Jahr zweitausend entgegen. An seinem Fuß grätscht ein grauhaariger Dicker, der entfaltete Hintern beschreibt einen unstörbaren Kreis.

In der Nanjing-Road schlägt's acht. Die Schüler der Grund- und Mittelschulen des Whampoo-Distrikts stehen in Dreierreihen auf dem Trottoir. Für Schulhöfe ist nicht genug Platz im großen Shanghai. Die Nationalhymne ertönt, die kurze, martialische Weise. Kinder im Habacht, Augen geschlossen, junge Pioniere mit dem roten Schal heben die rechte Hand über den Kopf. Eilige Angestellte, Marktläufer mit Gemüsekörben, Fahrradkulis mit Zentnerlasten auf der Lafette, Busse und Trucks strömen wie an einem lebenden Bild vorbei. Am Warenhaus Nummer Eins, im Auge der Stadt, drücken Leute ihre flachen Nasen an den Scheiben platt: Drinnen machen die Verkäufer Morgengymnastik, bevor sie die Türen aufreißen. Das ist, als werde ein Staudamm gesprengt.

Die Chinesen haben den Kampfpanzer »Leopard«, ja, sie haben ihn, und dazu den deutschen »Tiger I«. Sie stehen baukastenverpackt in der großen Spielzeugausstellung Nanjing Road 96 nahe dem Bund, wo sich die Schattenboxer jetzt wie Flitzer verlaufen. An den Schaufenstern bleibt ein Teil der Turner hängen, begierig auf den europäischen und japanischen Zeitvertreib schauend, den hochmechanisierten, zukunftsförmigen. Umlagert sind die »Apache Calibre 44« der B.C.M. Compagnie London, zwei lange Wildwestcolts mit dem in rotem Futter liegenden Sheriffstern, eine französische 8-mm-Kanone und die flunderschnittigen Rennwagen und James Bond 007-Autos der westlichen Ober- und Unterwelt. Der Eintritt in die Utopie kostet fünf Fen, im angeblich sozialistischen China gibt es nichts umsonst.

Viele junge Kerle, die Kappen schief auf dem Kopf, rauchend und rauchend, und eine Myriade huschiger Mädchen. Woher nehmen sie am frühen Morgen die Zeit? Auf der Nanjing-Road ist jeden Tag Sonntag. Die größte Industriestadt Chinas arbeitet umschichtig; heute, Montag, haben die Stahlarbeiter frei. Nichts hält sie in den engen Quartieren, raus zur Nanjing, zur Neijing, zur Fuzhou, zur Yunnan, zur Zong shou lu, dem »Bund«. An den Haltestellen platzen die Busse wie reife Tomaten, die sechs Straßencafés und zehn Restaurants der Nanjing und die unzähligen Schnabulierbuden der Seitenstraßen sind um zehn Uhr knallvoll.

Ich zähle die Geschäfte der Straße, die tausend Läden auf fünf Kilometer Ost-West und fünf Kilometer West-Ost. Neben acht Kaufhäusern, darunter dem größten Chinas, machen 41 Textil- und Bekleidungsläden unterschiedlicher Größe die Nanjing seidig und weich. Das Kunstfaserhemd kostet 20 Yuan, die Hälfte des durchschnittlichen Monatslohns, aber es geht. Die teuerste Kamera in den zwölf Fotoläden ist für 453 Yuan zu haben, soviel macht auch ein mittlerer Fernseher in den mit viel technischem Gesums aufgeblasenen Radio-Elektrohäusern (der japanische Farbfernseher, er bleibt ohne Abnehmer, kostet 2000 Yuan). Hier kauft nur »das Auge«. In den fünfzehn breiten Schuhläden jedoch trippeln tausend neu glänzende Füße. Shanghai liebt den Auftritt.

In alten Missionsberichten heißt es, die Chinesen seien genußsüchtig. Nun, ich sehe und höre sie oft essen. Aber noch nie war ich Zeuge, wie sie Bündel von Yuan-Scheinen über die Kauftische warfen. Hier tun sie es, im Superfreßladen in der Mitte der Nanjing-Road, nahe den vielstöckigen Department-Stores. Es gibt ein Sonderangebot: Große Blechdosen und Kekse für 3,50 Yuan, darauf ein behüteter Mädchenkopf. Ellbogenschlacht, es ist 10.30 Uhr, die Masse der Jugendlichen und Muttis wogt hin und her. Eine Tortenschachtel platscht runter. Aufschrift »Happy Birthday«, Lachen, ein Kinderschrei. Der Laden führt dreißigerlei Gebäck, hunderterlei Bonbons, vierzigerlei Fleisch- und Fischkonserven. Den Riegel echten Streußelkuchens für 4 Fen schiebe ich im Gefecht gleich ganz in den Mund.

Ich habe eine halbe Stunde gebraucht, den Laden zu durchqueren, zum Seitenausgang wirft er mich raus. Oktobertag, seidige Luft, 21 Grad. Es gibt in China zwei Geheimnisse, und ich steige ihnen in der Nanjing nach. Die rauhen Schaufenster der 14 Apotheken – das ist kein Zählfehler – sind an auffallender Stelle mit vitalitätsstärkenden Ginseng-Präparaten dekoriert. Der Hinweis ist nicht sehr dezent. Einen tieferen Einblick noch gewähren die Foto-Ateliers, die im ganzen Land einen »feinen Stil« aufweisen: Blitzende Metallrahmen, aus denen das Schönheitsideal des angeblich keuschen Chinas blickt. Ein dauergelocktes Mädchen (die »Elektrodauerwelle« macht genau zwei Yuan) und ein strahlend dynamischer Mann.

Ich denke mich in die kolorierten fotografischen Bilder hinein, die den jungen Mann, der Zukunft vorgreifend, im westlichen Anzug mit Krawatte darstellen und die hübsche Frau mit dem flüchtigsten Lidschatten, den ich sah. Was wollen diese Menschen, was wollen sie sein? Ins bewegte Spiegelbild der Schaufensterscheibe fällt die Antwort der gewaltigen Stadt: Groß wollen wir sein und prächtig und voller Kraft. Das ist es, das neue China. Das Fensterglas des Ateliers fängt in der Mittagssonne die jüngsten Plakate ein, die es in Peking noch nicht gibt, die Breitwandinszenierung der »vier Modernisierungen«. Sie hängen wie der alte chinesische Himmel über der Nanjing.

Links die Landwirtschaft, allegorisch dargestellt durch eine ährenschwingende Frau, die in eine freundliche, grüngelbrosa Landschaft lacht. Sanfte Hangshow-Hügel, kegelige Guilin-Berge säumen die Welt und machen sie wohnlich.

Daneben ein behelmter Industriearbeiter, über eine Armada von Traktoren, eine ganze Stadt chinesischer Röhren, einen Wald von Kränen gebietend. Auch er hat nicht mehr die revolutionäre Faust geballt, freudiges Staunen über die neue Welt hebt die Lippen.

Ihn eskortiert der Wissenschaftler, ein Reagenzglas mit roter Flüssigkeit betrachtend. Er trägt Brille. Jeder Chinese mit Brille sieht gelehrt aus. Auf diesem Plakat weist der große Eintrag »Jahr 2000« am Fuß den gedachten Weg. Wie ein Dominik-Buchdeckel aus unserer Jugendzeit.

Schließlich die Modernisierung der Verteidigung: Raketenfamilien, Panzerkohorten, Jagdstaffeln, Schiffsrudel. An der Seite, das Gesicht zum Volk gewandt, der Kämpfer mit dem entschlossenen, augenbrauenschweren Blick.

Es gibt noch mehr Plakate in Shanghai, tanzendes Zukunftsvolk mit Schriftrollen, Retorten und Hafenrampen, die wie die Rutschbahnen im Park aussehen. Auch Kinoplakate, die japanische Gewaltfilme annoncieren, ja sogar einen englischen Streifen: Der europäische Lebemann, ein Filou und Abenteurer, so scheint's, aus der Zeit der Konzessionen, lüftet gerade den Zylinderhut. Das ist nicht mehr die Welt der Transparente und Politikerköpfe, vom buddhagleichen Mao überstrahlt, das ist nicht mehr die Do-it-yourself-Zukunft der ländlichen Asketen. Das bewegte Spiegelbild in der Ladenscheibe, in dem sich Straßenleben, die Menschen und die Ikonen der Zukunft ineinanderschieben – das ist eine neue, kühne Welt.

Unsere Welt oder doch eine andere Welt, schon eine endgültige oder noch einmal revidierbare? In einer kleinen Seitenstraße der Nanjing, am Ende ihres namhaften Teils, wo ein unbezahlbar teures neues Antiquitätengeschäft die Phantasie beutelustiger Touristen erschöpft, stehen Terrassenhäuser, einst »Fasanenhäuser« leichter Damen genannt. Es roch hier seinerzeit nach billigem Parfüm und schwerem Make-up. Der Schritt wird bleiern, denn er rafft Zeit. In zur Straße weit geöffnete Ladenlokalen sitzen breit und dicht nebeneinander Näherinnen hinter alten Nähmaschinen, im Fußtakt nickend. Daneben siedet in scharfem

Öl Schmalzgebackenes, von drei Weißhäubchen gewendet und angeboten. Eine Frau und ein Junge schleppen schwere Vierecksteine zum Bepflastern des Trottoires. Ich habe nur 200 Schritte gehen müssen bis zurück in die Anfangsjahre der siegreichen Revolution.

Der Widerspruch, den ich wahrnehme, spannt sich zwischen Zukunft und Realität. Die Nanjing-Road – das ist die Verheißung der technisierten Gesellschaft. Hier hingegen, unter den dunklen Holzemporen der Chinesenhäuser, wird immer noch die Gleichheit des Sattwerdens ersehnt. Ich wandere auf einmal ganz tief in der Dritten Welt, der lichtarmen, aus der sie hervorgebrochen sind, die Revolutionsbilder, die Fahnen, die im Bannkreis der Not hart gewordenen Gesichter. Hier ist die Wirklichkeit des 900-Millionenvolkes. Nach dem Volkskongreß im März dieses Jahres trat in der überfluteten Hauptstraße Pekings die marschierende Revolution noch einmal auf, überragt von den Ikonen der alten und neuen Führer. Aber auch die alten Männer in der Seitenstraße, die auf kleinen Hockern in der Sonne sitzend über Brettspielen brüten und erstarren, wenn ich stehen bleibe, haben die ummauerte, in sich gekehrte Welt Chinas noch nicht verlassen. Technologische Utopie – für diese Alten wie für die Revolutionäre ein lasterhafter Traum.

So ist also letztlich noch nichts entschieden. Die Nanjing-Road, Zeitschiene zur Zukunft, ist nichs als lärmende, blitzende Möglichkeit, die wie immer die Jugend zum Verfechter gewann. Hier, wo die Träume »groß« und »prächtig« und »voller Kraft« wie letzte Auskünfte aus der Wundertüte der Partei fallen, entsteht Chinas neuer, nun wirklich nicht mehr konfuzianischer Glaube. Er paßt, in rätselhafter und glücklicher Fügung, zum Typ des jungen Menschen: Selbstbewußt und ausgreifend, in den leicht hervortretenden Augen des Südländers alle Wünsche eines sommerlichen Lebens, auf rassige Erscheinung und Wirkung bedacht. Der Blick der Jünglinge und Mädchen fällt in dieser Spiegelstraße, die jede Bewegung und jede Falte reproduziert, immer wieder aufs eigene Bild.

Der schnelle Shanghaier, kein Spottname, keine diskrete Krankheit, sondern der Typ am Ende und Ausgang der kommunistischen Revolution, kommt ausgerechnet dort zum Leben, wo die Partei 1921 gegründet wurde. Von hier aus entzündete Mao später die große und zugleich verheerende Kulturrevolution, hier saßen am Ende die Archo-Revolutionäre der »Kaiserin« Jiang Qing, die altchinesische, introvertierte Revolution. Die Volksmilizen waren schon bewaffnet, man gab bereits die Fahnen in den Wind. Als dieser letzte Wille scheiterte, wurde die Nanjing ein Freudenmeer. Die Menschen soffen die Geschäfte leer und tanzten. Der schnelle Shanghaier und seine Nanjing – sie waren immer vorn.

Das Nachmittagslicht liegt über dem weiten Volkspark, wo unzählige Chrysanthemen die Leute erfreuen und Fotografen anlocken. Die Alten in den Platanen-Restaurants nippen am Tee, Kinder purzeln übereinander. Friede herrscht. Von der Mauer vor dem Park blicken die säuberlich portraitierten »ausgezeichneten« Arbeiter der Shanghaier Betriebe auf die imperialen Monster des Overseas Chinese Hotels und des Guoji Hotels. Kein Schatten liegt mehr über ihnen, kein Urteil, kein Bann. Der Blick wird frei. Ich bleibe vor einem siebenjährigen Knaben stehen, der mit hellsichtigen, schnellen Strichen Passanten portraitiert. Sein Blick fällt auf mich, er blättert den Zeichenblock um und skizziert. Zum Ende setzt er seinen Namen darunter, reißt das Blatt ab und gibt es mir.

Im Feng Lei, dem Wind-und-Donner-Theater auf der Nanjing, spielen am Abend die Puppen. Klein Sansans Opa hat einen »elektronischen Bären« erfunden, der auf englische Kommandos hört. Leider lernt der Knabe nicht gern. Als der Bär dann auf ihn zugelaufen kommt, verwechselt er »Stop« und »Snap«. Daraufhin beißt ihn der Bär. Besser geht es da schon Paodi und Wangdong, den Geschwistern, deren Papi nach einer bedeutenden Erfindung zum Vorsitzenden Hua nach Peking gerufen worden ist. Er meldet sich über das Fernsehtelefon. Die Kinder beschließen, zu ihm zum Tienanmen zu reisen und nehmen eine kleine Rakete. Natürlich versprechen sie vorher, fleißig zu sein. Der Puppenreigen schließt mit »Der Kaiserin neue Kleider«, einer Paraphrase des alten Märchens mit der bösen, unglücklichen Jiang Qing als Hauptperson.

Das Publikum begreift und applaudiert. So und nicht anders sind Welt und Gegen-Welt. Es ist zehn Uhr abends. Die Nanjing hat im sparsamen Licht der chinesischen Nacht ein wenig an Zukunft eingebüßt. Der Schritt der Pärchen, die gesittet untergehakt nach Hause streben, ist langsamer geworden. Statt der schnellen Shanghaier nun gemächlich und schwer in die Pedale tretende Bauernjungen, die, auf Anhänger getürmt, zentnerweise Gemüse zu den Nacht- und Morgenmärkten fahren. Der Jugendstil im Marmor der Bankentreés hat sich in Dunkel gehüllt. Der Hafen ruht von den Ausschweifungen des Tages. In der Halle des einstigen Palace Hotels mit den berühmten hängenden Gärten ist es schummrig. Der weiß livrierte Liftboy erhebt sich aus dem Sessel, als hätte er lange auf den letzten Gast gewartet. Eine Frau im langen grauen Arbeitskittel kniet auf der Erde und putzt den Messingfuß einer Türangel. »Gibbons, London and Wolverhampton« steht darauf.

Shanghai, 17. Oktober 1978

Traum. Die Fernsehansprache des Präsidenten war für 19.00 Uhr angekündigt, wurde aber eine Stunde vorher auf 21.00 Uhr und dann noch einmal um zwei Stunden auf 23.00 Uhr verschoben. Aus meiner Wohnung im 18. Stockwerk hatte ich einen weiten Blick über den Whampoo und die Hafenanlagen, gleichzeitig aber auch einen tiefen Einblick in die Straßen mit den geduckten Häusern um uns. Ich sah, daß die Leute vor den Fernsehgeräten ausharrten. Das Fluoreszieren der Räume breitete einen Blauschleier über die Stadt

Kurz nach 22.00 Uhr rief H. an und wollte meine Meinung über die Gründe der Verzögerung wissen. Er habe aus Peking erfahren, daß der ganze Zhongnanhai auf die Sendung warte, obwohl man sich dort normalerweise kurz nach 22.00 Uhr zur Ruhe begebe. Alle Leute seien gespannt, fügte H. noch hinzu, bevor er sich wieder zum Fernsehgerät begab, das, wie er sagte, im Büro des Straßenkollektivs stehe.

23.00 Uhr. Das Satellitenbild aus dem Weißen Haus ist deutlich, der Präsident beginnt mit frischem Predigerton. Auf die Beziehungen zwischen den Vereinigten Staaten und der Volksrepublik China müsse ein aufmerksamer Blick geworfen werden. Die historische Kommission, die seit zwei Jahren im State Department arbeite, sei bei der Untersuchung der chinesischen Geschichte auf schwere Verbrechen des Kaisers Shi Huangdi

(Regierungszeit 221-210 v. Chr.) gestoßen. Eine umfangreiche Dokumentation spreche von zahlreichen Morden, besonders unter Intellektuellen und Bürgerrechtlern. Anstoß habe auch der Haremsbetrieb am Kaiserhof erregt.

Der Präsident schilderte einige Einzelfälle, samt und sonders blutrünstige Vorkommnisse. Seine Stimme klang nun erregt, die Faust fiel mehrere Male auf den Schreibtisch, so daß es zu kurzen Bildstörungen kam. Die Beziehungen zwischen den Vereinigten Staaten und der Volksrepublik China könnten nur dann ungetrübt bleiben, erklärte der Präsident, wenn sich die gegenwärtige Regierung in Peking rückhaltlos und vollständig von Shi Huangdi distanziere und seine Zeit als »Unzeit« bezeichne. Ein von den Mitgliedern des Politbüros und des Ständigen Komitees des Nationalen Volkskongresses unterfertigtes Dokument sei bei den Vereinten Nationen zu hinterlegen.

Shanghai, 1. November 1978

Ich trage manchmal ein Kreuz um den Hals, manchmal einen Buddha – gerade wie es mir der Augenblick eingibt. Gestern schaute das kleine Silberkreuz aus dem Hemd hervor. Mir wurde es bewußt, als ich im Omnibus zum Bund die Blicke auf mich geheftet fühlte – interessiertere als sonst im arroganten Shanghai. Unter den Mitfahrern waren viele Frauen, eine nestelte an der schwarzen Plastiktasche. Sie trug den einfachen blauen Kittel, die Haare glatt, ohne die jetzt übliche Ondulierkunst. Als ich an ihr vorbei wollte, sagte sie, sie müsse auch aussteigen. Auf der Bustreppe machte sie eine Handbewegung, als wolle sie mich vorbeilassen. In der blitzschnell geöffneten und wieder geschlossenen Hand lag ein kleines Kreuz.

So ist der Unterschied zwischen den Menschen. Ich bekleide mich einmal mit dem einen, dann mit dem anderen Symbol (der Buddhismus ist freilich eine Philosophie, den Halbmond umzuhängen würde mir nicht einfallen), aber diese Frau umfaßt in einer Welt, in der Jesus Christus unbehaust ist, das Kreuz wie einen Schatz, in dem sich der Reichtum ihres Lebens angesammelt hat. Wieviel Liebe atmet hier, welche Ängste hat sie zu bestehen, wie sparsam muß sie sein mit dem Bekenntnis, wie fern lebt sie dem Jubel, der dem Christenmenschen angemessen ist. Ich überlege mir, ob ich der Frau folgen soll. Lag in dem Zeichen eine Aufforderung? Ich entschließe mich, meiner Wege zu gehen.

In den alten Missionsberichten, die doch immer noch eine der besten Quellen über das alte China sind, wird die Christenseele des Chinesen als ein wenig schwach und anfällig für die Trugbilder des Aberglaubens dargestellt. Nicht die Religion, die Bindungsfähigkeit, fehle den Menschen, sondern die Begabung zur Konfession im doppelten Sinne: sich zu entscheiden für ein bestimmtes Bekenntnis und dessen unverwechselbaren Kult. Und dem Bekenntnis Tiefe zu verleihen, es in den intimsten Antrieben der Seele zu verwurzeln: persönliche Identifikation. Der Glaube, so meint die Mehrzahl der Missionare, erfasse den Chinesen also nur flüchtig, an einer Oberfläche, wo Nützlichkeitserwägungen letztlich den Ausschlag geben. Und außerdem (das berührt die Missionare besonders schmerzlich) sei das Sündenbewußtsein in den Menschen nicht stark entwickelt. Sünden der Person würden grundsätzlich als läßlich betrachtet – im Unterschied zu Sünden wider die Gemeinschaft, die Familie, die Ahnen.

Es ist nicht leicht, den Urteilen von Missionaren zu folgen. Das Ringen um die Seele macht eifersüchtig. Wer kämpft, denkt nicht nur liebevoll. Im übrigen traf mit der Chinamission eine Hochkultur auf die andere, die abendländische auf die ältere chinesische. So war von vornherein mit der Resistenz einer alten Prägung zu rechnen. Eine substantielle Überlegenheit konnte das Abendland nur zur Jesuitenzeit (vom Bau der Süd-Kathedrale in Peking 1650 bis zur Auflösung der Societas Jesu 1773) ins Spiel bringen, in Form der Wissenschaft. Die Jesuiten bewegten sich in der chinesischen Oberschicht wie konfuzianische Scholaren und waren sorgsam darauf bedacht, das Zeremonienwesen, das im Ahnenkult seine weihevolle Höhe erreichte, nicht zu verletzen. Hatte nicht schon der Buddhismus seinen großen Erfolg auf die Übernahme des Taoismus gegründet, was ihn allerdings mehr im Volke heimisch werden ließ als in der Elite des Landes?

Die Chance des Christentums in China und die Gründe seines Niedergangs stehen uns heute klar vor Augen. Ihre Kenntnis ist für jeden von Belang, der die Begegnung mit China sucht. Die Verbindung zur konfuzianischen Beamten- und Literatenschicht, das gleichsam tributäre Verhalten der Jesuiten gegenüber den

Zeremonien hat den in China beargwöhnten Privatcharakter des Christentums klug verhüllt und seine Inhalte in die lichte Staatsnähe gebracht. Der Verdacht einer chiliastisch-ekstatischen und asketischen, landfremden »Taiping-Bewegung« tauchte erst auf, als spanische Dominikaner und Franziskaner von den Philippinen nach China kamen und mit der Denunziation der Jesuiten den römischen Ritenstreit anheizten. Die Bulle des Papstes und die Gegenaktion der chinesischen Behörden zur Abwehr der fanatischen Proselytenmacher brachte das Ende der aussichtsreichen Chinamission herauf.

Die Missionare des 19. Jahrhunderts konnten zwar viel mehr Menschen bekehren als die Jesuiten, stießen aber am Ende auf einen Gegner, der ihnen ungleich gefährlicher wurde als die schon im Abstieg begriffene konfuzianische Beamtenschaft: Den Nationalismus. Die kulturelle Begegnung verlief diesmal ohnehin in groben, ungeschlachten Formen. Die imperialistischen Mächte hatten sich in China gewaltsam festgesetzt, zuerst in Vertragshäfen, dann in der Form kolonialer Aneignung. Das Christentum erschien auf dem Hintergrund des zutiefst unsittlichen Opium-Krieges und büßte dadurch viel innere Glaubwürdigkeit ein. Das Wort Gottes als Propaganda, als kulturell-pädagogische Waffe der Eroberer – das Verbot der Mission, die Enteignung des Kirchenbesitzes, die Vertreibung oder Inhaftierung der Geistlichen und die Umwandlung aller Kirchen in nationale chinesische Institutionen waren danach eine geradezu logische Folge. Die Chance der Chinamission, die alte, aber doch schon zerfallene Kultur des Konfuzianismus als eine harte Hohlform zu benutzen, in die sich der neue Glaube ergießt und kristallisiert als Bauelement und Grund des chinesischen Lebens – diese großartige Möglichkeit der Weltgeschichte war endgültig dahin. Wir sind um ein erhebendes geschichtliches Schauspiel gebracht worden.

Aber das alles sind Fragen der Macht und der Situation, nicht eigentlich Fragen der Gläubigkeit der chinesischen Seele. Obwohl es dem Fremden wohl nie gelingen wird, diese Seele ganz auszuleuchten, glaube ich im reichen Geistervokabular der Sprache und in der animistischen Belebung der Natur auf religiöse Anlagen zu treffen. Zeigte der gigantische Massenkult des Maoismus etwas anderes? Die Seele nimmt den Götzen für einen Gott. So betrachtet zielt der Entschluß eines bedeutenden Mannes, eine

Volkskaiser-Rolle anzunehmen und sich durch das Monopol seiner Lyrik, verbunden mit dem Druck-Monopol die Rolle des Stifters und Erlösers zu sichern – die ideologische Alleinherrschaft (im Sinne des ersten Gebots des Dekalogs), die Freund Lin Biao und Mitglieder der Familie mit dem Attribut der Unfehlbarkeit versahen – auf die religiösen Kapazitäten im chinesischen Volk. Es war freilich Diesseits-Religion, Metaphysik in der Monade, aber geglaubt werden mußte, unter Androhung aller denkbaren zeitlichen Sündenstrafen.

Nun ist mit dem großen Erdbeben von 1976 auch dieser Glaube dahingeschwunden, und die Erschütterung hat möglicherweise ein Stück der überstrapazierten Glaubenskraft mitgerissen, die den Himmel der nationalen Freiheit und sozialen Gleichheit, personifiziert in einer Stiftergestalt, getragen hatten. Die Chinesen kehren zu Geisterglauben und materialistischer Daseinssorge zurück – beide bedingen einander –, und der Tiefstand des ideologischen Denkens in der breiten Bevölkerung deutet den Führenden an, daß sie den Christen, Buddhisten und Mohammedanern ruhig etwas Freiheit gewähren können, ohne daß der dominierenden Staatsphilosophie der Parteikader eine Gefahr erwachsen werde. Die neu gegründeten Seminare und Institute zur Erforschung der Religionen verfolgen im wesentlichen zwei Ziele: Der Islam, in China weitgehend mit Minderheiten identisch, soll in »Ruhe« gewiegt werden, die Mandarine kennen seine politische Bedeutung. Und das Christentum, nun, das ist ja heute eine Art Anstecknadel für jedes System, das ein moderneres Bild seiner selbst verbreiten möchte und für irgendwann einmal mit dem Besuch Seiner Heiligkeit, des Papstes, rechnet.

Kanton, 7. Dezember 1978

Ob die Jiang Qing nun tot ist, wie es gerüchteweise heißt, oder lebt – die vierte Frau Mao Zedongs und angebliche Anführerin der Viererbande wird überschätzt. Unbegreiflich ihr Fehler, der Amerikanerin Roxane Witke in der Phase zugespitzten Machtkampfes ein Memoiren-Interview zu gewähren, ein Machwerk der Eitelkeit. An den Einschränkungen bei der Freigabe des Materials, die sie sich gefallen lassen mußte, wurde die Relativität ihrer Position deutlich sichtbar. Für den gesunden Mao Zedong, der in der zweiten Hälfte der sechziger Jahre von Shanghai aus die Macht zurückeroberte, war Jiang Qing sicher eine wertvolle Gehilfin gewesen – aber in der Zeit der Krankheit, des Siechtums, beherrschte sie offenbar nicht einmal das Chefbüro. Es gab ja keine Machtübernahme der Vier im einzigen entscheidenden Moment zwischen Maos Tod und der Bekanntgabe des Todes.

Die Jiang Qing hatte also nichts mit den alten chinesischen Kaiserinnen gemein, weder mit Cixi, der Empress Dowager, mit der sie während der Tienanmen-Unruhen im April 1976 verglichen wurde, noch mit den Kaiserin-Witwen der Han-Zeit, der chinesischen Blütezeit parallel zum Römischen Reich. Die Kaiserinnen herrschten in der Regel nicht kraft Persönlichkeit, sondern als Figuren ihrer Clans, eine Einrichtung, die unter Mao und seinem Partei-Kaisertum durch die Clique ersetzt worden war. Diese Clique, später, nach der Niederlage, Bande genannt, trachtete nicht nur nach der Macht, sondern empfand sich als Speerspitze und Traditionshalter der autarkistischen, permanent revolutionären, altchinesischen, antibürokratischen, populistischen Parteistaatsidee Mao Zedongs.

Nicht in der Machtfülle, wohl aber in der Intention lassen die Jiang Qing und die Empress Dowager sich vergleichen: Beide stemmten sich zu ihrer Zeit und mit ihren Mitteln gegen die Modernisierung Chinas. Cixi führte die konservative Opposition der Mandschus gegen den Reformer Kang Yuwei, der zwischen dem 11. Juni und dem 21. September 1898, innerhalb von einhundert Tagen, mehr als vierzig Reformedikte erließ. Durch einen Staatsstreich der Mandschu-Offiziere ließ sie den regierenden Kaiser Kuangxue stürzen und überantwortete einen Teil der Reformer dem Henker. Xenophobie hatte sich gegen den Versuch der »Verwestlichung« durchgesetzt.

Der Kang Yuwei in Jiang Qings Tagen war Zhou Enlai (von seinem Schüler Deng Xiaoping begleitet). Deng wurde seiner Ämter enthoben, Zhou starb vor Mao, Hua Guofeng übernahm die Rolle des Kaisers Kuangxue und hätte möglicherweise dessen Schicksal erlitten, wäre die Palastrevolution nicht den entgegengesetzten Weg gegangen. Die genauen Gründe für den andersartigen Ablauf sind noch nicht erforscht. Die Anzeichen sprechen jedoch dafür, daß die Putsch-Kapazität der Viererbande nicht ausreichte: Maos Leibwache 8341, eine fast 50000 Mann starke Prätorianergarde unter dem »Präfekten« Wang Dongxong, wandte sich gegen die Jiang Qing; die Armee stand, im Unterschied zu den reaktionären Mandschu-Offizieren, diesmal auf seiten der Reformer. Chaos und Anarchismus in der Partei und der Produktion, von den Propagandisten der Vier bewußt geschürt, riefen die Gegenreaktion der um ihre Posten besorgten Funktionäre hervor.

Jiang Qings Unternehmen war also schlecht vorbereitet und im übrigen viel zu spät eingeleitet worden. Mao Zedong hatte zunächst große Schwierigkeiten gehabt, seiner Frau innerhalb der machtentscheidenden Partei eine legitime Rolle zu verschaffen. Als er sich in Yanan von seiner kranken dritten Frau, die den »Langen Marsch« mitgemacht hatte, trennte und die junge, attraktive Schauspielerin aus Shanghai mit der zweifelhaften Vergangenheit zu sich nahm, zwang ihm das Zentralkomitee Kautelen ab: Die Jiang Qing durfte sich nicht politisch betätigen. Erst in der Kulturrevolution konnte die ehrgeizige Frau mit Hilfe von Marschall Lin Biao diese Barriere überwinden. Sie stieß aber bald auf eine zweite Barriere: auf das Mißtrauen Mao Zedongs.

Wie man sich dieses Mißtrauen vorzustellen hat – ob die kolportierten Warnungen Maos an die Adresse seiner Frau zutreffen, ob eine Entfremdung eintrat, die sich in einem schwärmerischen Altersgedicht des Helden für seine geliebte zweite Frau Yang Kaihui äußerte – dies alles ist vom Nebel der Propaganda umwoben. Die Jiang Qing gelangte jedenfalls nicht über den Rang einer (einflußreichen) Nebenfigur hinaus, sie hatte im Gegenteil nach der Kulturrevolution und der Restauration der Partei mit dem schärfsten Mißtrauen in der Führungselite zu rechnen, es gab keine Rechtstitel, sie zur »Kaiserin und Regentin« zu machen, und eine Agrippina war sie weder von der Härte des Charakters noch von der Rolle als Mutter her: Sie hatte keinen Sohn Nero.

Wir wissen, daß sie Leidenschaft für das Theater, die Oper, das Fotografieren und für Pferde besaß. Der Aufwand, den sie mit Sonderzügen, Häusern und Personal trieb, mochte für neu-chinesische Verhältnisse unangemessen groß gewesen sein, hielt sich aber, gemessen an Macht und Einfluß, im Rahmen. Die Aufzählung der Laster, die unter den Mitgliedern der Viererbande verbreitet gewesen sein sollen, klingt mühsam zusammengesucht. Der Verein war in Wirklichkeit wohl ziemlich prüde. Die Jiang Qing hatte nach ihren flatterhaften Tingelzeiten in Shanghai keine erotischen Nebeninteressen. Es gibt Gerüchte über engere Beziehungen zu Lin Biao. Sie wären in ihrem Milieu aber nur schwer zu realisieren gewesen. Die zur Akt-Brutalität drängende Dirnenphantasie der Kaiserin Cixi war ihr wohl fremd. Als Messalina kann man sich die Jiang Qing nicht vorstellen: »... und unter dem Schild mit dem falschen Namen ›Lycisca‹ stand sie nackt, die Brüste vergoldet, und zeigte den Leib, der dich getragen, o edler Britannicus!« (Juvenal)

Die Suche nach ihrer charaktermäßigen Dominante trifft wohl auf das Machtstreben. Ob die Loyalität gegenüber Mao das entscheidende Motiv war – während der Kulturrevolution konnte man darauf schließen – oder ob die eigene Erhöhung ihr Handeln diktierte, bleibt der Forschung überlassen. Sie wirkte meistens doch im Hintergrund, stand nur selten und nicht gleichrangig neben Mao, wie die Agrippina auf den Münzen des Kaisers Nero. Sie schürte freilich den Haß gegen Zhou und Deng, gegen die nüchternen Reformer, hierin war sie der Frau des Kaisers Claudius und Mutter des Nero durchaus ähnlich. Die Beseitigung der Opponenten und Rivalen machte aber keine entscheidenden Fortschritte. Medien, Staatsrat, Zentralkomitee und die Schlüsselstadt Shanghai befanden sich zwar ganz oder teilweise in der Hand der Vier – doch fehlte der große, ruchlose Charakter, der das Netz gezogen hätte, solange es noch ging – in den letzten Wochen Maos oder knapp danach oder in der Zeit, in der man den Tod verheimlichen, doch mit den Anweisungen des Vorsitzenden hätte regieren können.

Die chinesische Revolution hat keinen machtbewußten weiblichen Charakter hervorgebracht, der Zhous und Maos Tod, die Sternstunde des Umsturzes, genutzt hätte. So blieb es beim normalen Leben.

Peking, 24. Dezember 1978

Im Compound. Abends in der Cambridge History of China und in Kierkegaards »Stadien auf dem Lebensweg« gelesen. Traf auf die unheimliche Dimension: »Geistes-Existenz, besonders die religiöse, ist nicht leicht, der Gläubige liegt beständig über der Tiefe, hat 70000 Faden Wasser unter sich... Er kann ruhiger, erfahrener werden, eine Sicherheit finden, die den Scherz liebt und den frohen Sinn, aber bis zum letzten Augenblick liegt er über einer Tiefe von 70000 Faden Wasser.«

Ich schaue aus dem Fenster – lichtlos, kalt, kein Schnee. 70000 Faden Wasser, 70000 Faden Erde, 70000 Faden Menschen – beständig über der Tiefe. Das Bild treibt mich um. Die Tiefe – das ist die Pforte der Hölle, durch die man nicht geht, sondern fällt, endlos, aber stets bei Bewußtsein, es gibt keine erlösende Ohnmacht. Ich fahre zur Christmette. Die Süd-Kathedrale, mit der Fassade im nachgemachten jesuitischen Barock, ist voll bis zur Tür, man muß sich reinzwängen. Kaum Chinesen, ich sehe nur zwei alte Frauen und einen Mann, offenbar einen Priester, sonst nur Leute aus den Botschaften, Südamerikaner, Romanen, Polen, ein paar Deutsche. Die Gemeinde verdankt ihre Existenz Zhou Enlai, er ließ die Kirchen – eine katholische und eine protestantische – öffnen. Eine stille Messe, schmucklos – die Kirche, die Devotionalien und die Liturgie vor-konziliar. Der Priester, mit dem Rücken zur Gemeinde, spricht lateinisch, endlich eine Sprache, die man leicht versteht. Mich erinnert der Gottesdienst an meine flandrische Jugend. Der Priester reicht die Kommunion, der Leib des Herrn wird noch nicht von vielen Händen berührt. Nach chinesischer Art liegt die Kirche in einem ummauerten Hof. Wer ihn betritt, wird nach seinem Namen und seiner Nationalität gefragt. Die Priester sind wortkarg. Ich ging neulich in den Beichtstuhl, um ein Gespräch anzuknüpfen, kam aber über die sorgsam gelernten drei Sünden auf chinesisch nicht hinaus. Heute aber, zur Feier der Weihnacht, steht ein alter Priester – es soll der Bischof von Honan sein – in der Tür und verabschiedet die Gläubigen mit Handschlag.

Peking, 29. Dezember 1978

Nicht jeder Tag fängt gut an. Ich werde durch ein schleifendes, schabendes Geräusch wach. Aber es ist nicht der Wind, der mich in der Nacht schon geweckt hatte, es ist Frau Li, die chinesische

Raumpflegerin. Sie geht mit dem Strohbesen über den Teppich. Der Staubsauger ist kaputt, der Antriebsgummi hat seine Spannkraft verloren. So ein Ersatzteil gibt es in China nicht.

Ich bin unausgeschlafen, aber das kalte Duschbad macht munter. Es gibt für zwei Wochen kein warmes Wasser. Die Kesselsteine wachsen hier rapide – »das ist wie Niere«, meint Herr T., der chinesische Hausmeister.

Durch das plätschernde Wasser dringen zwei verschiedene Klangströme an mein Ohr. Die orientalische Diplomatenfamilie über mir spielt wieder die Bänder mit der monotonen, schmachtenden Gesangsmusik ab. Ein Trauerspiel. Und von der Baustelle neben meinem Haus kommen flotte chinesische Marschweisen. Ich schreite zum Gegenangriff: Arnold Schönberg, »Verklärte Nacht, op. 4« – bis zum Anschlag aufgedreht. Gegenüber Orientalen ist die europäische spät-romantische Schule ein terroristischer Akt.

Frau Li gestikuliert im Lärm, sie möchte mir etwas zeigen und zerrt mich zum Fenster. Ich sehe die Bescherung sofort. Seit Lin Hujia, der aus Tianjin nach Peking gerufene Bürgermeister, das Stadtzepter schwingt, gibt es einige neuere hygienische Einrichtungen. Zu ihnen zählen Abfalltonnen auf Rädern. Sie passen in den Hebemechanismus der Abraumwagen, sind also leichter und »sauberer« zu entleeren als die provisorischen Holzkisten, deren Inhalt mit Schaufeln auf Lastwagen gekleckert wurde. Die Räder der neuen Tonnen haben aber keine Sperre. Bei Sturm sausen die runden Gehäuse auf dem Hof herum wie Teile eines Karussells, die Ausgang haben. So passierte es: Eine Tonne hat sich tief in die Seitentür meines Autos gebohrt. Es gibt hervorragend arbeitende Reparaturwerkstätten in Peking. Aber sie verfügen weder über Ersatzteile noch die Lackfarbe des Wagens.

Bangkok, 3. Januar 1979

Gestern abend mit Professor D. von der Tokioter Sophia-Universität. Interessanter Begriff: Der neu-spartanische Kulturkreis. Er umfasse Kambodscha, Vietnam und China. Das verbindende Merkmal dieser kommunistischen Staaten sei die Eigenart des Sozialsystems, das alle Aufbaukräfte verzehre. Problematisch das

Wort »Kulturkreis« und die Einbeziehung Chinas. Das Land scheint nach dem Tode Mao Zedongs und der Entmachtung seiner Fraktion einen anderen Weg einzuschlagen.

Ich hole eine Flasche Wein. »Das ist eine Diskussion wert«, sage ich. »Ich halte nichts von Ihrem Kulturkreis. Sie verteidigen jetzt Ihre These, ich greife sie an. Wenn ich merke, daß ich verliere, fange ich an, mitzutrinken. Einverstanden?«

Der Professor für alte Geschichte lacht. »Ja, ich bitte nur um ein Privileg. Ich beziehe meine Argumentation aus dem Kreis der drei Länder. Das heißt also: Alle Erscheinungen im modernen Indochina, in Vietnam, Kambodscha und in China werden gegen das alte Sparta aufgewogen. Einverstanden?«

»Passen Sie auf«, sage ich, »nun lasse ich die erste Kugel los. Die Spartaner standen etwa seit dem 8. Jahrhundert v. Chr. unter einem starken Bevölkerungsdruck. Anstatt zu kolonisieren, wie es die hellenischen Städte taten, fielen sie über die benachbarten Messenier her. Darauf wollen Sie gleich hinaus, ich weiß. Aber weder die Kambos noch die Viets riskieren den Konflikt wegen des Bevölkerungsdrucks. Andere Zeiten, andere Motive – unvergleichbar.«

»Da ziehe ich den Kopf nicht ein«, meint D. »Die Vietnamesen greifen jedenfalls an. Mit Laos haben sie schon einen ›Freundschaftsvertrag‹ abgeschlossen, der einem siegreichen Waffengang gleichkommt. Die Kambodschaner sind die Messenier. Die Parallele läßt sich weit ziehen: Militärisch nicht so stark, daß sie im Felde unbesiegbar wären, aber unbequem und widerständlerisch wie die Heloten. Sie werden die Vietnamesen an die Gewalt fesseln, ihre Guerilla wird ihnen den ewigen Kriegszustand bescheren, wie es einst die Messenier gegenüber den Spartanern taten. Hanoi wird nichts anderes übrig bleiben als das eigene Land vollständig zu militarisieren. Der Preis aber ist eine ruinöse Verachtung der menschlichen Natur – Überforderung. Deshalb stimmt meine Behauptung vom ›neuen Sparta‹.«

»Klingt gut, aber zu allgemein«, wende ich ein, »Sie scheinen zu vergessen, daß Sparta im 6. Jahrhundert den Peloponnesischen Bund geführt hat, dem sogar Athen angehörte. Das war aber keine Zwangsgemeinschaft, wie sie die ›indochinesische Föderation‹ Hanois, der Zusammenschluß Vietnams mit Laos und Kambodscha zu werden verspricht. Sparta handelte nicht ›imperialistisch‹ – im Gegenteil. Im antiken Paktsystem waren die Mitglieder so frei, daß sie ihre eigene Innen- und Außenpolitik treiben und sogar Kriege führen konnten. Nur in dem Fall, daß sie an die Hilfe des Bundes appellierten und die Bundesverfassung ein Votum daraus machte, führte Sparta die vereinigte Armee. Die Spartaner verfolgten also eine tolerante Außenpolitik, der Mechanismus des Peloponnesischen Bundes glich eher dem der NATO als der vietnamesischen Hegemonie. Ich glaube, Sie unterscheiden die Systeme nicht, großer Historiker.«

»Und Sie«, sagt D. heftig, »ersetzen Beinarbeit, Sie weichen in die Außenpolitik aus. Ich nenne aber jetzt die Gründe, weshalb Vietnam, Kambodscha und China – ja, ich sage China – zusammengenommen einen neuspartanischen Kulturkreis darstellen.

Kriterium 1: Die Spartaner lehnten die ummauerte ›Polis‹ ab und beharrten auf ›Dörfern‹. Sie machten also das ganze Land wehrhaft, wie es unsere drei asiatischen Staaten taten und tun, auch China, mein Lieber. Denken Sie an Lin Biaos gar nicht so abstrakte Weltdorf-Idee, mit der er den ›Städten‹, den kapitalistischen Industrieländern der Erde, den Kampf ansagte. Lin Biao ist zwar tot, und die Chinesen denken heute selbst ›städtisch‹, aber die großen Industrie- und Veredelungsländer geraten sichtlich in politische Energie- und Rohstoffnot. Die Rohstoffbesitzer geizen mit den Ressourcen. Autarkie, die Fähigkeit, aus eigener Kraft zu leben, wird auch im Westen immer größer geschrieben. Überlebensfähig ist das anspruchslose ›Dorf‹.

Kriterium 2: Es gab die Spartaner, eine herrschende Minderheit, eine Kriegerkaste; dann gab es die rechtlich zurückgesetzten ›Umwohnenden‹, die Periöken in benachbarten Städten; und schließlich die Heloten, die versklavten Messenier. In Indochina spielen die Kambodschaner und Laoten die Rolle der Heloten. Und die Vietnamesen besitzen die ganze Arroganz der alten Spartaner. Das ›oben‹ und ›unten‹ der Herrschaftsbeziehung taucht aber auch innenpolitisch, im Verhältnis zwischen der Parteioligarchie in den erwähnten Ländern und dem helotengleichen, gemeinen Volk auf. Die leninistische Oligarchie ist mächtiger als die spartanische je sein konnte. Dort gab es zwei Könige aus verschiedenen Geschlechtern, es gab einen Ältestenrat, die Geronten, und es gab fünf Ephoren – eine Hochbürokratie, deren Mitglieder jedes Jahr neu gewählt werden mußten. Nach dem historischen Urteil waren die beiden Monarchen nicht eigentlich Könige, sondern glichen in ihrer eingeschränkten Macht den beiden Konsuln Roms.

Kriterium 3: Derselbe ›zermalmende öffentliche Geist‹, den Arnold Toynbee in Sparta feststellte, prägt auch die ›Neuspartaner‹ in Kambodscha und Vietnam. Der Krieg ist die Lebensnorm. Die Führer verstehen alles vom Krieg, nichts vom Frieden. Jedes Spartiatenkind wurde mit acht Jahren in die militärische Erziehung gesteckt und während der beiden letzten Jahre beim Geheimdienst ausgebildet. Sie können diese Kinder mit den sadistischen Teenagern Pol Pots vergleichen. Sie dürfen töten, wie die Spartaner Heloten umbringen durften – schon der leiseste Verdacht der Untreue oder des Widerstands genügt. Obwohl der Helot als ›Inventar‹ zum spartanischen Bauernhof gehörte, war er vogelfrei. Sein Herr konnte ihn genauso wenig schützen oder freilassen, wie der Vorsitzende einer kambodschanischen Kooperative oder ein vietnamesischer Fabrikfunktionär jemanden vor dem Zugriff der Parteipolizei zu retten vermag. Da wie dort existiert kein individuelles Recht. Zu jedem Jahresanfang wurde den Heloten der Krieg formell neu erklärt – das war ein Ritual –, heute steht die Kriegserklärung an den ›Volksfeind‹ in jeder Ausgabe der vietnamesischen Parteizeitung. Nehmen Sie ihr Glas und trinken Sie.«

Ich mache eine abwehrende Handbewegung: »Einen Moment. Willkür, Rechtlosigkeit da und dort, so ist es tatsächlich. Mir ist aber nicht bekannt geworden, daß Sparta die Messenier systematisch umgebracht hätte. Sie mußten zwar schwere Arbeit verrichten, aber es gab weder Genozid – oder nennen wir es, den fortschrittlichen Zeiten entsprechend, ›Soziocid‹ wie in Kambodscha, Holocaust an allen Mißliebigen. Die Morde gehen in die Millionen. Zudem wurden 500000 chinesische Händler umgebracht oder vertrieben. Siehen Sie nicht den Unterschied zwischen Gegenwart und Vergangenheit?«

»Stören Sie meine Parallele nicht«, fällt mir D. ins Wort. »Sie ist noch nicht erschöpft. Die Kambodschaner leben nach Geschlechtern getrennt wie die Spartaner, die auch nach der Heirat in Kasernen schliefen und aßen. In Kambodscha darf niemand einen Kochtopf besitzen, er macht sich sonst eines Verbrechens gegen das Kollektiv schuldig. In Sparta gab es eugenische Richtlinien. Ein schwacher Mann mußte der Aufzucht wegen für sein Weib einen starken Mann besorgen. Das sind aber Symptome grundsätzlicher Anti-Sexualität und Anti-Erotik, auf die wir gerade auch in den kommunistischen Ländern Asiens stoßen. Die Männer, die im antiken Fall 53 Jahre Militärdienst machen mußten, vom 8. bis 60. Lebensjahr, dachten nur an Aufsicht, Auswahl, Spezialisierung und Wettkampf – ganz sicher nicht an Frauen In den kommunistischen Kaderstaaten ist das nicht anders.

Das Leben im ewigen Truppenlager hat auch moderne Aspekte. Die schützende Familie tritt zurück. Die Frau in Kambodscha und Vietnam ist genauso emanzipiert, schießfähig, sportlich und grausam gegenüber dem Feind wie es die Lakedaimonierin war. Die Kinder gehören dem Staat oder der Partei, man will soziale Insekten heranzüchten – die ›Wächter‹ Platons, die alles kontrollieren, natürlich auch die ›gefährlichen Gedanken‹, und die ›Sklaven‹ des Aristoteles, die der Philosoph in den letzten Büchern seiner ›Politik‹ befürwortet. Das ist eben die Utopie: Die Herstellung der Stabilität des Gemeinwesens um jeden Preis. Lykurgs ›Kosmos‹, die spartanische Lebensordnung, hat in Indochina eine moderne Wiedergeburt gefunden.«

Ich greife zum Glas. »Nun werden Sie auch noch sagen, daß es in Vietnam, Kambodscha und im modernen China ebensowenig eine hochentwickelte Kunst gibt wie in der spartanischen Zeit. Nicht schlecht, Professor. Sparta scheiterte an der Hybris. Glauben Sie, daß auch die kambodschanische und die vietnamesische Gewalttour so unglücklich enden wird? Daß Ihr ›Kulturkreis‹ also zu den ›gehemmten‹, den ›steckengebliebenen‹ Kulturen zählen wird, wie die Polynesier, Eskimos und Nomaden, von denen Toynbee glaubte, sie seien am unendlichen Meer, am ewigen Eis und an der dauernden Dürre gescheitert?«

»Ja«, sagt D., »das glaube ich, militärische Überlegenheit genügt nicht. Solche Ordnungen erstarren, zerbrechen und gehen unter.«

Angkor Wat, 7. Januar 1979

Es ist Krieg, heiß, die Feuerbäume blühen nicht. Der Abstecher nach Angkor wurde von den Thais organisiert, als Pol Pot sich zu dem hoffnungslosen Versuch hatte überreden lassen, die Tür Kambodschas spaltbreit zu öffnen. Heute stehen die vietnamesischen Divisionen am Mekong. Der Aufenthalt ist kurz, sechs Stunden. Schönfärberische Gerüchte sagen, die Vietnamesen würden an der »Mekong-Linie« stehen bleiben. Sie werden nicht so töricht sein wie die Leute, die glauben, der Krieg sei nur eine Unterbrechung des Friedens.

Auf dem Weg vom Rollfeld denke ich an die Giteaus und Boisselieres in Vaters Bibliothek, die meine Angkor-Phantasie früh beflügelten. Das Wiedersehen mit der Dammbrücke und ihrer Schlangenleiber-Balustrade, dem Weg des Gottkönigs Suryavarman, verdrängt die Gegenwart. Im Mittagslicht leuchtet der Sandstein der Tempelanlage in einem Rot, das die Hitze mit einer bläulich flimmernden, noch flüssigen Glasur überzieht. Die mit Galerien verbundenen Tempeltürme erinnern mich seit jeher an steingeschnitzte Artischocken, an etwas Treibendes, wie es dem Gotte Vischnu gemäß ist.

Ich löse mich von der Gruppe und strebe den Reliefs an der untersten Galerie der dreistufigen Pyramide zu. Einige Khmer-Teenager in schwarzen Anzügen, die gerade Suppe kochen, starren mich wie eine Geistererscheinung an. Ihre Gewehre, fachmännisch zusammengestellt, sind beinahe größer als sie. Ich verweile vor der Schlacht von Kurukshetra, dem letzten Kampf des Heldenepos Mahabharata. Auf schätzungsweise hundert Metern ziehen zwei Armeen – die der Pandava und der Kaurava (natürlich Verwandte) – gegeneinander. Alle diese Krieger und Helden mit dem blattgeschmückten Diadem werden sterben. Das Epos erinnert an die Schlacht in Etzels Saal. Warum haben die Chinesen kein Heldenepos?

Pflanzenhafte Menschen. Der kriegerische Furor raubte ihnen die Schönheit nicht. Sie ist nur zu einem entsetzlichen Attribut geworden. Ich werde später zu den Devatas gehen, den Hüterinnen des Heiligtums, deren Schönheit nomen qualitatis ist, der »erste Zustand«. Die Nähe der Reliefs, auf denen mit Schlangenstricken aus dem Milchmeer Unsterblichkeitsextrakt gequirlt wird, hat keinen Bezug zum Gemetzel und vermittelt dem Betrachter einen erheiternden Aspekt. Die Schlachten sind wie Gewitter, in kosmische Bedeutung gehoben. Entscheidungen fallen jedoch erst am Tage des jüngsten Gerichts, wenn der Geist Yama die Tickets für Himmel und Hölle ausgibt. Diese Bilder kommen aus der Gläubigkeit des Hinduismus.

Ich denke an den toten Malcolm Caldwell. Ich sah ihn auf dem Pekinger Flughafen, bevor er mit ein paar amerikanischen Journalisten zu seiner letzten Reise nach Phnom Penh aufbrach. Ein sympathischer englischer Exzentriker, er hatte leuchtende Augen. Die beiden Privatissimi mit Pol Pot, zu dem er hielt, kosteten ihn viel. Leute mit schwarzen Pyjamas erschossen ihn im Gästehaus im leeren Phnom Penh, nachts.

Bangkok, 17. Januar 1979

Die Flüchtlingstragödie wird zur Story des Jahres werden. Westliche Medien, vom Vietnamkrieg her dieser Weltgegend noch überdrüssig, brauchen noch eine gewisse Zeit um zu begreifen, daß man mit Schlagzeilen über die Flucht Menschen erschüttern kann. Wenn die Elendsszenen länger als ein Jahr dauern, verschwinden die Nachrichten darüber wieder im »Gedächtnisloch«. Es gibt dann Leute, die befinden, der sensible Leser unserer Breiten fühle sich gelangweilt.

In Wirklichkeit geht es Ende des Jahres erst richtig los. Da der Guerillakrieg in Kambodscha anhält, werden die Bauern in diesem Jahr keinen Reis anpflanzen und ernten können. Jedenfalls nicht genug, um die vielleicht noch vier Millionen Kambodschaner zu ernähren. Reis verlangt Ruhe. Er muß umgesetzt und gepflegt werden. Der Krieg stört die Ruhe. Die Guerilla braucht nur alle drei Tage eine Salve über ein Feld zu schießen, und es geschieht nichts mehr, die Arbeit hört auf.

So wird am Ende des Jahres über Kambodscha eine Hungersnot hereinbrechen, wie es sie seit Jahrhunderten nicht gab. Vietnam kann und will nicht helfen. Da es in dem geschlagenen Land kein Verteilungssystem gibt, wäre auch großzügigste Hilfe sinnlos. Hunderttausende werden sich in Bewegung setzen und versuchen, über die 600 km lange Grenze nach Thailand zu gelangen.

14 *Morgens um sechs am Bund in Shanghai treffen sich die Schattenboxer. Weiße Handschuhe, weiße Turnschuhe unterstreichen die Bewegungen. Aus Lautsprechern, die früher harte, parolenhafte Ansagen verbreiteten, erklingen Butterfly-Melodien. Der Tag beginnt gesund und gleichmäßig.*

15 *Boat people, zum Inbegriff der Flüchtlings-schicksale in Südostasien geworden, gehören in Bangkok zum normalen Leben. Das Wohnen ist billig und mobil.*

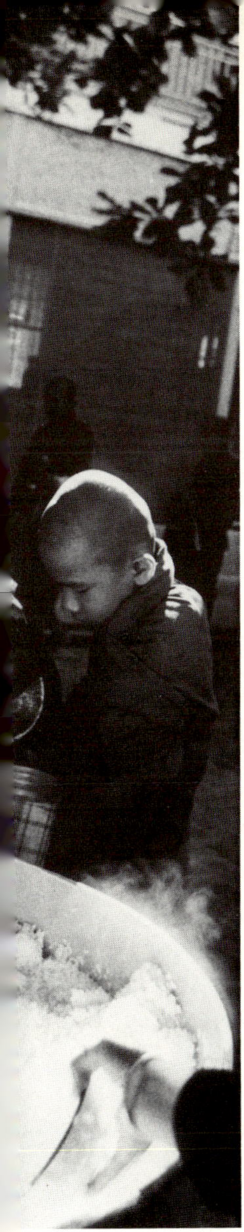

16 *Ein reicher Fabrikant spendet Reis und Curry. Die Speise wird mit der Hand aus der Bowle gegessen. Der buddhistische Mönch nimmt täglich nur eine Mahlzeit ein – vor 12 Uhr mittags.*

17 *Der Abt des Klosters Doi Sutep, hoch über der Stadt Chieng Mai in Nord-Thailand, zieht mit seinen Mönchen betend um die Stupa des Klosters.*

18 *In Ayuthia zerbröckeln die Ruinen der großen Vergangenheit. Birmanische Heere zerstörten 1767 die Reichshauptstadt aus dem 14. Jahrhundert. Zwischen den Resten von Tempeln und Klöstern hausen Mönche und Nonnen. Alte, alleinstehende Frauen ziehen gern die weiße Robe an. Sie sichert ihnen bescheidenes Auskommen und die Achtung der Jüngeren.*

Jenseits der Grenze bis nach Bangkok erstreckt sich die Reisschüssel des Nachbarlandes. Die Thais werden sich wehren gegen Menschen, die nur noch Heuschrecken gleichen.

Peking, 19. Januar 1979

Wang Guangmei, die Witwe Liu Shaoqis, ist auf dem Neujahrsempfang in der Großen Halle des Volkes aufgetaucht. Für die aus dem Gefängnis Entlassene eine große Ehre, Startzeichen für die Rehabilitierung des Mannes, den die Maoisten umgebracht haben. Nun werden wir eine der sorgfältigen Inszenierungen zu Nutzen und Frommen des Volkes erleben. Langsam müssen Parteimitglieder und Massen zur Einsicht gebracht werden, daß der Vielgeschmähte, gegen den Hua Guofeng noch auf dem XI. Parteitag 1977 herzog, ein hervorragender Mann war. Alle Anklagen gegen ihn werden verbrannt und ausgehaucht.

So etwas geht eigentlich nur in einer widerstandslosen Gesellschaft. Ich habe Schwierigkeiten zu begreifen, warum die Witwe dem Regime nicht eine schmetternde Absage erteilt. Müßte sie nicht sagen: Meine Herren, ihre Partei hat meinen Mann, mich und die Familie in einer Weise malträtiert, daß ich keine Neigung verspüre, ihnen den geringsten Dienst zu erweisen. Die Rolle der glücklichen Rehabilitierten spiele ich nicht. Ich bin nicht zynisch genug, in ihren wechselvollen Aufführungen noch einmal als Geschlagene, dann als Geehrte aufzutreten. Sie haben mich verloren.

Aber nein, so etwas hört man in China nicht. Offenbar bleibt hier jedermann in der Pflicht des chinesischen Universums, auch wenn ihn die Herrscher mit Fußtritten durch die Galaxe gekickt haben – man fühlt sich nicht als Repräsentant abstrakten Menschenrechts. Man kennt Katastrophen, aber keine Schuld, und anstatt zu widerstehen, wartet man. Professoren, Künstler, Schriftsteller arbeiten erleichtert, animiert, ja gerührt mit demselben Regime zusammen, das sie gestern vertrieb und verteufelte. Sie bedauern den Verfall der alten Kultur und das Ende vieler Langzeichen in der Schrift, aber sie folgen dem »Kaiser« wie Unerlöste: Ich, der Chinese, was bin ich ohne China?

Houston (Texas), 4. Februar 1979

Auf Amerika-Reise mit den Chinesen. Bei strömendem Regen trifft die Delegation Deng Xiaopings im riesigen Rodeo-Schuppen ein. Es riecht nach Arena, Pferden, Beef und Schweiß – die ordinärste Langnasenmixtur. Eine Country-Band erschüttert jeden Eintretenden bis auf den Grund des Gemüts. Ich reihe mich unter die chinesischen Beamten und Journalisten, die an einer vierzig Meter langen Theke deckelgroße Stücke Fleisch und melonengroße Kartoffeln auf schwache Pappteller gehäuft bekommen. Dazu Messerchen und Gäbelchen aus Plastik.

Die Herren stehen mit dem Aufgehäuften ratlos herum. Kein Amerikaner kommt auf die Idee, jemandem zu sagen, wie er essen soll. Wie angelegentlich bemühen sich demgegenüber Chinesen um die Stäbchenhaltung gerade angereister Fremder. Aber die Begleiter des Vizepremiers sind gehalten, frohe Miene zu allen amerikanischen Spielen zu machen. Wie alte Profis tragen sie ihre Texashüte und nicken im Takt der Band. Als beim Einfangen eines Kalbes das Lasso so unglücklich über den Kopf des Tieres rutscht, daß ein Auge in hohem Bogen durch die Arena fliegt, verzieht ein Chinese das Gesicht, lacht aber dann sehr laut, um im Gleichgewicht zu bleiben.

Den Operateuren der beiden Pekinger Kamerateams läuft der Schweiß vom Gesicht. Ihnen entgeht keine Nuance des barbarischen Spiels. Als Deng Xiaoping nach der Begrüßungszeremonie den Texashut aufsetzen muß, ertönt unter dem Gewirr von Kameras, Plattformen, Lampen und Leitungen das unnachahmliche helle Lachen der Begeisterung. Amerika sei ja ein ganz großartiges Land, versichert mir ein kleiner, schwarzhaariger Kollege. Da jede kritische Anmerkung unerwünscht ist, werden Filme und Reportagen so überzogen positiv, wie sie Jahrzehnte lang überzogen negativ waren, wenn es um Amerikanisches ging. Die Gäste finden es nicht einmal unhöflich, daß die Rodeo-Leitung die Cowboys weiterturnen läßt, als Deng ermüdet und verschwitzt aufsteht und die Halle verläßt.

Peking, 10. Februar 1979

Schwer geträumt. Ich folgte einer Menge, die zum Tienamen zog. Fast alles junge Leute. Die Dämmerung war hereingebrochen, nur gelegentlich hörte ich ein geflüstertes Wort. Eine Entschlossenheit, deren Sinn ich nicht wußte, unterdrückte die sonst so eifrige Schwatzsucht. Vorne ging ein großer Junge mit einer weißen, turbanförmigen Pelzmütze. Er schien der Anführer zu sein, um ihn drängte sich das Aufgebot. Rechts tauchte der Gebäudeschatten der »Großen Halle des Volkes« auf, die Säulen mit den ungestalten Kapitellen.

Auf dem Platz herrscht Gedränge und Geschiebe. Ich bleibe nahe bei dem Jungen mit der hellen Mütze. Die Leute tragen die dicken Wintermäntel, aber die mildern das Stoßen und Reiben nicht. Es wird jetzt so heftig wie vor einem Notausgang. Ich bin eingekeilt, kann nichts sehen, werde aber wie eine Puppe in der Strömung dorthin getrieben, wo die Mitte des Ereignisses sein muß. Die Erregung wächst, der schnelle Atem treibt Hauchsäulen in die Luft. Beängstigend ist nicht nur der wachsende Druck, sondern das sich vertiefende Schweigen. Es ist der unendliche Augenblick zwischen Zündung und Explosion.

Ich warte, aber nichts bricht aus. Das Aufgebot mit dem Mützenträger hat den inneren Ring erreicht. Mir wird schwarz vor den Augen. Hier explodiert nichts, fühle ich ungewiß, hier wird zermalmt. Einige Menschen verlieren unter dem gewaltigen Andrang den Boden unter den Füßen, werden hochgehoben, herausgetrieben wie Korken. Plötzlich tut sich ein Spalt zum Mittelpunkt auf. Dort steht eine Frau, eine Ausländerin, neben ihrem Wagen, einem kleinen Citroen. Als sie mich sieht, gestikuliert sie.

Wie nach einer Sekundenbelichtung schließt sich die Linse wieder. Ich merke jetzt nur, daß die Menge Zentimeter um Zentimeter nach vorne drängt. Die Ringform, die konzentrische Form der Bewegung wird deutlich. Etwas schließt sich. Unaufhaltsam nähern wir uns dem Mittelpunkt. Kein Laut ertönt. Die Hauchsäulen scheinen zu einer einzigen riesigen Stele zusammenzuwachsen. Ich kann keine Gesichter erkennen, ich weiß nicht, ob sie verzerrt oder verzückt sind. Die Masse ist absolut und undurchdringlich.

Plötzlich, so als setzte der mächtige Magnet, der alles zur Mitte hin zusammengezogen hatte, aus, löst sich der Druck und die Menge strömt zurück. Die Menschenebbe entfaltet nun in umgekehrter Richtung mitreißende Wucht, einige fallen nieder, andere trampeln über sie, der Mann mit der weißen Mütze wird wie an einer Gummitrosse an mir vorbeigezogen, nach dem tief mahlenden vernehme ich nur ein helles, reißendes Geräusch. Ich wehre mich mit aller Macht dagegen, ins Meer hinausgespült zu werden, trete und strample, bis ich mich frei fühle und, wenn auch wankend, wieder auf ruhigem Boden stehe. Vor mir, etwa 50 Meter entfernt, erhebt sich der Obelisk des Denkmals für die Helden der Revolution, der Platz liegt in der gewohnten Nachthelle breit und menschenleer vor mir.

Das kleine Auto mit der Frau, zu deren Mittelpunkt die konzentrische Bewegung drängte, ist verschwunden, spurlos in den Boden getrieben oder restlos in den Dampf der riesigen Atemsäule aufgelöst. Erdrückt und beseitigt, erweicht, in der Masse amalgamiert, zum Nichts gebracht. Habe ich mich im Traum dem Sinn genähert, den die gewaltigen, alles zerstampfenden, alles Befremdliche wegwischenden Aufmärsche auf diesem Platz über Jahrzehnte verfolgten?

Peking, 14. Februar 1979

Vor den Wandzeitungen an der Xidan gedrückte Stimmung. Heute morgen wurden Leute abgeführt. Sie hatten in eilends geklebten Texten Menschenrechte gefordert. Zeitungen solchen Inhalts haben nur dann eine Chance, registriert zu werden, wenn sie ganz spät oder ganz früh geklebt werden. Nachts gehen Chinesen und Ausländer mit brennenden Kerzen an der Mauer entlang und suchen neue Zeitungen. Aus der Ferne sieht das aus als schwirrten Glühwürmchen.

Gegenüber Fremden sind die Chinesen nicht mehr so entgegenkommend wie zu Beginn der Kampagne. Damals öffnete sich in der dichtesten Menge eine Schneise. Heute bleibt die Menschenmauer geschlossen. Leute, die hinten stehen und nichts sehen, schreien gelegentlich »nian, nian, nian«, was so viel heißt wie »lest laut vor«. Dann beginnt eine Stimme, den Text laut vorzutragen. Die Zuhörer senken die Köpfe und hören mit geschlossenen Augen zu. Atemlose Stille, Momente höchster Konzentration.

Peking, 17. Februar 1979

Die Chinesen marschieren in Vietnam ein. Der Kampf zwischen den kommunistischen Staaten weitet sich aus. Ein faszinierendes Resultat der Ideologiegeschichte. Die beiden Weltkriege hatten den Glauben verbreitet, Kriege seien auf »kapitalistische« Länder beschränkt, der Korea- und der Vietnamkrieg erhielten eine spezifisch amerikanische Färbung, die Bedeutung des Kampfes des Hauptkapitalisten gegen Kommunisten. Im Westen waren es nicht nur Linke, die dieser Geschichtsklitterung anhingen.

Nun sehen wir die Tatsachen. Im Augenblick weiß allerdings niemand, welche Kriegziele China verfolgt. Ein Carthaginem esse delendam? Es wäre konsequent. Die Eroberung Kambodschas war ein Schlag in das Gesicht des Reiches. In Amerika hatte ich während des Besuchs Deng Xiaopings neun Bemerkungen gezählt, mit denen der Gast auf den bevorstehenden Krieg hinwies. Dem Präsidenten sagte es Deng ins Gesicht. Aber niemand nahm die Ankündigungen ernst. Die Pazifisten versuchten die Wirklichkeit zu verdrängen.

Heute morgen in den Botschaften blasse Gesichter. Die Diplomaten glauben an Geschäfte, nicht an Politik. Sie haben die Lage seit Monaten falsch eingeschätzt und das Bild eines »zum Frieden entschlossenen« Chinas in der Welt verbreitet. Nun fürchten sie um das Ansehen des Landes. Damit wird die Fehleinschätzung fortgesetzt. Peking wird das »kleine Karthago« nicht dulden. Der Krieg, der als »begrenzt« dargestellt wird, ist nur ein Auftakt.

Peking, 18. Februar 1979

»Das Spukschloß im Spessart« – »Der Glöckner von Notre-Dame« – Charlie Chaplin – die Filme und Stars der Pekinger Kinosaison haben doch etwas mehr Zulauf als die »Aufklärungsgesellschaft«, die heute im zugigen Sun-Yatsen-Park neben dem

Kaiserpalast ein Treffen veranstaltete. Ein junger Mann las die zwölf »Grundsätze« der Gesellschaft vor, in denen von Demokratie und dem Ende des »Feudalismus« die Rede ist. Die wenigen Zuhörer, zum größten Teil wohl Anhänger, hatten sich dicht um den Lesenden geschart, als wollten sie ihn vor bösen Winden schützen. Man sieht nur Pelzmützen und dicke Wämse.

Eine halbe Stunde später geht es an der »Mauer der Demokratie« nahe der Xidan, lebhafter zu. Die Mauer ist jetzt schon ernster zu nehmen als der Hyde Park in London, bekenntnishafter. Seit Tagen kündigt eine gelbe Wandzeitung für »Sonntag, 14.00 Uhr« die Verteilung der hektographierten »Chinesischen Menschenrechtsdeklaration« an. Ihre neunzehn Punkte hängen als Muster klein und grau an der Mauer. Sie enthalten nicht nur etwas über Bürgerrechte. Ketzerischer klingt der Satz von der »erstrebenswerten Freundschaft« mit der Sowjetunion.

An der Stelle, wo die Ankündigung klebt, halten sich mehr Leute als üblich auf, in der Mehrzahl Jugendliche. Sie spazieren »unauffällig« und sichtlich gespannt hin und her. Sie warten, wie nun überall in China vor Wandzeitungen gewartet wird – mit einer Vorsicht, die ans scheue Reh erinnert, gleichzeitig aber entschlossen, die Neuigkeit nicht zu versäumen, manche mit jenem intensiven Gesichtsausdruck, der den Wunsch nach Erleuchtung verrät.

Das Warten hat ein Ende, als plötzlich ein junger Mann mit einer weißen Pelzmütze auftaucht, von einem der Antichambrierenden als der angekündigte Überbringer wichtiger Nachrichten erkannt. Es ist genau 14.00 Uhr, die Demokratie ist pünktlich wie die Uhr. Ein Erkennungsruf ertönt: Als ob eine unbekannte Hand an Fäden zöge, umringen die gerade noch so unauffällig Flanierenden blitzschnell den Mützenträger. Ein fast gewaltsamer Ansturm keilt ihn ein. Er gestikuliert, ruft ein paar Worte und wird von der Menge zur Mauer gedrängt.

Wie beim improvisierten Straßentheater erscheinen jetzt auf der Mauerkrone, aus der Tiefe des dahinterliegenden Autobusparkplatzes, vier, fünf junge Leute mit großen olivfarbenen Leinentaschen und beginnen Hektographiertes zu verteilen: Die Menschenrechtserklärung ist da, eine kleine Zeitung mit blaßblauen, aber authentischen Schriftzeichen, die man in die Tasche stecken, mitnehmen, in der Wärme zu Hause sorgsam ausbreiten, in der Schule oder im Betrieb mit den Kameraden studieren und diskutieren kann. Wie auf Kommando fliegen hundert Arme hoch, die Hände winken auffordernd zur Mauerkrone, greifen, krallen. Das kostbare, dreibogige Schriftstück läßt sich im Wind nur schwer weitergeben. Die Hände bleiben oben, um es zu erhaschen – aus der Entfernung sieht das aus wie eine Abstimmung in wichtiger Sache.

Wer ein Exemplar ergattert hat, schwingt es wie eine Trophäe in der Luft und teilt seine Freude den Umstehenden mit. Der Andrang wird immer größer, auch die Schar der Verteiler auf der Mauerkrone. Gelegentlich wird die Ausgabe der Botschaft gestoppt und Geld eingesammelt. Minimalbeträge wechseln den Besitzer, eine Art Geschäft hat begonnen, das erste Geschäft mit einem nicht lizenzierten Druckwerk, das ich in China sehe.

Ein neuer Schwung Deklarationen geht in die Menge. Um auch kleinere Leute und schwächere zu bedenken, die hilflos in der vielhundertarmigen Hydra stecken, knüllen die Jungen auf der Mauer Ausgaben mit liebevoller Vorsicht zusammen und werfen sie so weit wie möglich unters Volk. Zu fliegenden »Schwalben« verformte Menschenrechtsgrundsätze erhalten Sonderapplaus. Leute rennen den »Drachen« nach, die Szene wird zum Ballett mit etwas verwirrender Choreographie, feiner Staub wirbelt hoch. Gestern war der erste schwere Sturm des Winters über Peking gerast und hatte Tonnen gelber Körner in das Häusermeer geschüttet. Die schwarzen Haare der Menschen sind im Nu hell getönt. Nebelschleier breiten sich über die Bühne der Demokratie.

Oben wird auf einmal gestikuliert. Die Leinentaschen fliegen zur Demonstration in die Luft, sie sind leer, alle Deklarationen verteilt. Durch die Menge der Wartenden geht ein Stöhnen der Enttäuschung. Schreie: »Kommt wieder!« »Bringt neue!« Die Arme sind weit ausgestreckt, die Hände zucken, langsam erstarrt das Bild. Nun sieht es aus, als würden viele hundert Menschen vor einer langen, mit windzerfetztem Papier umflorten Mauer Abschied winken.

Peking, 19. Februar 1979

Im Compound. Für den in zwei Monaten zu erwartenden Frühling kündigen die Chinesen wie eine Kurverwaltung Kurzweilfreuden an: Im Schwimmbad hinter dem Internationalen Club werden Fische ausgesetzt, die gegen einen angemessenen Betrag geangelt werden dürfen. Sehr chinesisch. Petri Heil.

Sonntag im Compound, Stunden wie tropfendes Blei. Viele Vorhänge sind geschlossen. Die Abfallkisten voller zerbrochener Flaschen. Ich öffne das Fenster zum Hof und schaue hinunter. Der alte Chinese, ein Hausfaktotum, er war einmal Koch in der deutschen Botschaft im Legationsviertel, trägt den Shawl dreimal um den Hals geschlungen. Ich werfe ihm ein paar Worte zu. Kinder johlen, dritte, vierte Welt. In den Tönen liegt eine merkwürdige Schärfe, nun sehe ich, warum. Sie bewerfen das pakistanische Kindermädchen aus der Familie über mir mit Steinen. Die ängstliche Frau läßt den Hagel über sich ergehen, hält einige Male die Hand vors Gesicht. Ein Junge schmeißt mit voller Kraft und trifft sie auf die Brust. Sie schreit auf vor Schmerz. Der alte Koch schlurft auf die Kinder zu und droht ihnen mit dem Knochenfinger. Sie weichen wie vor einem Geist zurück.

Das Mädchen sucht hinter der Glastür des Hauseingangs Schutz. Die Kinder finden ein anderes Ziel, eine der großen Holzkisten, in denen das Umzugsgut transportiert wird. Ständig stehen fünf oder sechs dieser Ungetüme im Compound, zum Auspacken oder zum Einpacken. Darauf in schwarz der Name des Besitzers und der Bestimmungsort: »Jonny Obozo, Third Secretary, Sambia Embassy, Lusaka«. Die Steine erzeugen beim Aufprall einen hohlen Klang, wie das Echo eines Donners. Die Kinder werfen konzentriert und schweigend.

Der Wind treibt Papier und Holzwolle über den Hof. Sechzehn Stockwerke sind die Häuser in der zweiten Reihe hoch, die der vorderen Reihe mit dem Blick auf die Chang An zehnstöckig. Im Compound gibt es keine Geschäfte, kein Restaurant, die chinesischen Kindermädchen gehen mit den dick vermummten Kleinen zum Sonnentempel-Park gegenüber den Botschaften. Innerhalb des übermannshohen Zaunes alles glatter Stein, waagerecht, senkrecht. Von der benachbarten Baustelle fällt Kalkstaub ein.

Peking, 22. Februar 1979

Das Mädchen deutet mit hocherhobener Hand auf die Schriftzeichen, verweilt dabei und erklärt sie mit singender südchinesischer Stimme wie eine Moritat. Die Zeichen sind groß, mit grobem Pinsel auf ein Leinentuch gemalt, das mit zwei Nägeln an der Holzwand befestigt wurde. Wenn das Mädchen dem Höhepunkt des Geschehens näher kommt, beginnt seine Stimme zu zittern. Sie schwankt, als stünde sie auf einer hohen Säule, verlöre das Gleichgewicht und stürzte dann plötzlich jammernd und schluchzend ab. Die Hände versuchen das Leid im Munde zurückzuhalten, vergebens. Herzzerbrechendes Weinen schüttelt die kleine Gestalt.

Wir stehen an der Chang An – Dong Dang, einer der großen, belebten Straßenkreuzungen Pekings, vom Hauptbahnhof und Peking-Hotel etwa gleich weit entfernt. Wie ein schwerer Klotz dunkler Trauben drängen sich die Leute um das Mädchen, das nach einigen Minuten haltlosen Weinens wieder die rechte Hand erhebt und erneut Zeichen für Zeichen mit lauter, fester Stimme zu erklären beginnt. Auf das Tuch ist die Geschichte ihres Bruders gebannt, der nicht mehr lebt, der unter der Qual ungerechter Anschuldigungen das Leben einbüßte, an gebrochenem Mut starb, weitab in der Provinz, nahe Changsha in Honan, wo machthungrige Funktionäre sich noch manches leisten können.

Sie kam vor sieben Tagen in die Hauptstadt, um für den Bruder Gerechtigkeit zu suchen. Ob sie sich erlaubt oder unerlaubt von ihrer Kommune entfernte, gibt sie nicht preis. Nachts schläft sie auf dem Steinboden des Bahnhofs. Er ist in den Tagen der Demonstrationen zum Notdach der Sternfahrer geworden, für die es in der Stadt kaum ein Quartier gibt. Heruntergerissen sieht das Mädchen aus, den Kampf um die Sauberkeit hat sie aufgegeben, die Frische der Armut wich einer Mischung aus Trotz und Resignation. Das Gesicht lodert auf, wenn sie sagt, sie wolle sich den Zugang zu einem Mitglied des Politbüros erzwingen, um ihrer Liebe zur Heimat willen dürfe es bei dem geschehenen Unrecht nicht bleiben.

Dunkelheit ist hereingebrochen, auf der Szene liegt das kalkige Licht der Straßenlaternen. Das Mädchen hat seinen Gesang wieder aufgenommen – zum wievielten Male schon? Eine Woche ist vergangen, seit sie begann, Tausende hörten zu und gingen weiter ihres Weges, der Chinese nimmt sich der Angelegenheiten eines ihm fremden Menschen nicht an. Seit Tagen beobachten Funktionäre und bestellte Aufpasser das Treiben an der Straßenecke, schon am ersten Tag haben sie ihren Auftraggebern alles haarklein berichtet. Aber nichts geschieht. Niemand gibt dem Mädchen etwas zu essen, niemand bietet ihm einen warmen Schlafplatz an. Die Kälte greift nach den jungen Gliedern und ans Herz. Von Tag zu Tag wird das Weinen am Ende der Geschichte, wenn der Bruder einmal mehr den ungerechten Tod erlitten hat, länger und leiser. Es ist Winter in Peking, immer noch.

Dann bleibt der Platz an der Straßenecke leer. Statt dessen tauchen Gerüchte auf. Das Verbot habe sie ereilt, lautet das eine. Sie sei in der Stadt auf Wanderschaft gegangen, ein anderes. Geschäftig eilen die vermummten Wintergestalten an dem kahlen Zaun vorbei. Im Wind schwankt der Blechteller der Straßenbeleuchtung. Ich habe eine Bitte um Gerechtigkeit Hungers sterben sehen.

Peking, 24. Februar 1979

In Vietnam fallen die eisernen Würfel. Die Situation wird durch die kommunistische Einstellung zum Krieg verschärft. Sie ist selbstgerecht. Kommunistische Kriege sind gerechte Kriege, ein Mittel der Weltrevolution. Nun kämpfen Kommunisten gegen Kommunisten. Ihre »Gerechtigkeiten« stoßen wie Schilde aufeinander. Welch eine Ironie.

Mit dem Konflikt zwischen Vietnam und Kambodscha, Vietnam und China, China und der Sowjetunion sind wir in das Zeitalter der »kämpfenden kommunistischen Staaten« eingetreten. Es ist ein Zerfallsprodukt des Weltkommunismus, der sich nun vollends als bürgerliche Angst- und sozialistische Wunschvorstellung erweist. Der Konflikt erzeugt eine unkalkulierbare Katastrophenfigur. Keine Kriegsform ist ausgeschlossen. Die Skala reicht vom bakteriologischen und nuklearen Krieg über den regulären konventionellen und den Guerillakrieg bis zu Staatsstreich, Subversion und Terrorismus. Der Krieg gewinnt die Tiefendimension geheimpolizeilicher Verfolgung und Ideenausrottung. Feindvernichtung, nicht Unterwerfung ist das Ziel.

Seine beispiellose Steigerung liegt in der Schärfe gesellschaftlicher Inquisation. Der kommunistische Krieg ist die radikale Vollendung der Demokratie, deren Minderheitsschutz immer eine liberale, durch nichts zu garantierende Kunstform war. Bevor das Kriegsziel der Feindvernichtung nicht erreicht ist, gibt es unter Umständen Pausen, aber kein Ende. Das Ende schließlich bedeutet nicht Frieden, sondern die Etablierung einer absoluten, weder durch Recht noch durch Widerstand eingegrenzten Herrschaft.

Wir beobachten das Ende des gehegten Krieges. Da der kommunistische Krieg unter Ausschluß der Öffentlichkeit geführt werden kann, in der Form tiefen Schweigens oder propagandistischer Verzerrung, wird seine Natur oft verkannt oder verharmlost. Die Beherrschung der Medien wirkt sich auf Kriegspolitik und Mitteleinsatz aus. Es brauchen keine Rücksichten genommen zu werden. Die Kriegsführung der Franzosen und Amerikaner in Algerien und Indochina wurde durch Medien und Meinungsbildung tief beeinflußt. Es waren, in Begriffen der Medientechnik ausgedrückt, Hörfunk-, Zeitungs- und schließlich Fernsehkriege. Über den Kambodschakrieg und den Krieg in Vietnam wissen wir nichts.

Peking, 7. März 1979

Man kann Zeuge sein und Täter werden. Es ist sicher nicht die Kanonade von Valmy, aber doch ein unbezweifelbarer Wandel in der jüngsten chinesischen Sittengeschichte: Die Chinesen schwingen das Tanzbein. Und der Fremde darf freundliche junge Landeskinder auffordern. Sie sitzen seitlich der Tanzfläche, im Halbdunkel, wie Vögel auf der Stange und warten.

Der Ballsaal des Kulturpalastes neben dem Minzu-Hotel hat schon bessere Zeiten gesehen. Architektur und Stuck verraten den russischen Baumeister. Das indirekte Licht aus der ovalen Decke wechselt die Farbe. Wenn es in Türkis herunterfließt, erinnert die Szene an Draculas Grabkammerfeste.

Hier im Palast wird mittwochs und freitags aufgespielt, im Internationalen Club, einem Treffpunkt der Dritten Welt, am Dienstag, Donnerstag und Samstag (dann gleich bis fünf Uhr morgens) und im Diplomatenviertel Sanlitun einmal in der

Woche, freitags. Die Kulturrevolution, dem swingenden Treiben abhold, erleidet also allabendlich eine gerechte Niederlage. Denn es waren Lin Biao und seine Gesinnungsgenossin Jiang Qing, die einst alle Trompeten stopften.

Und wie in der Stahlindustrie wurde das Land auch auf dem Parkett um mehr als zwanzig Jahre zurückgeworfen. Die Kapelle ist alt und echt wie bei den Nachkriegs-Dorfmusiken in Europa. Man wagt wieder Schritte und Töne. Die drei Saxophonisten umklammern ihre Instrumente wie schweres Handwerkszeug. Was sie damit anrichten, versetzt sie selbst in Schrecken. »Good bye Johnny« wankt unsicheren Tones von dannen.

Mit nagelbrechenden Glissandos wartet der Pianist auf. Er flirtet mit ausländischen Damen im Parkett, ein chinesischer Schwerenöter auch figürlich, und gerät in Rührung, wenn russische Weisen erklingen. Dann rollt die Stimme wie die Wolga.

Dem chinesischen Arbeitsleben entsprechend macht die Kapelle ziemlich oft Pause. Die Herren, auf dem Podium trokken, eilen dann an abgelegene Tische zum Bier. Inzwischen plärrt aus Lautsprechern, die wohl lange der Verstärkung von Kommandos dienten, westliche Disco-Musik. Das »Saturday Night Fever« setzt im Raum alles in Bewegung. Neben den verwaisten Instrumenten auf dem Podest wackeln drei Stehlampen gemütlichen Jugendstils, unten teilt sich das Publikum nun in ausländische Schlangentänzer und einheimische »Taktnachahmer«, die begierig »lernen«.

Wer wagt, zieht jetzt Treffer. Die aufgeforderte chinesische Dame kommt freudig auf die Tanzfläche und nimmt sportlich Aufstellung – Schuhabsätze aneinandergepreßt, Oberkörper leicht vorgebeugt. Die meisten benötigen einige Takte Überlegung, bis sie in den Rhythmus einfallen.

Die Pekinger Nächte werden länger. Während draußen in den Gassen die 25-Watt-Lampe der Wohnung spätestens um halb zehn erlischt, während Chinesen, die bei Ausländern zu Gast sind, zwischen zehn und elf Uhr abends aufbrechen, kennt der »Schwoof« vor halb drei Uhr keine Polizeistunde. Je später der Abend, desto dunkler die Gäste. Um Mitternacht kommen die Afrikaner, die Türhüter, Sekretäre und Botschaftsräte von Tansania und Uganda in Jeans und festsitzenden Hüten. Sie bringen einfachheitshalber die chinesischen Damen gleich selber mit.

Woher aber kommen die tanzfreudigen Mädchen, wer sind sie? Nagende Frage. Ist der Vater Kader? Ist das Nettsein Arbeit? Der Verantwortliche der Veranstaltung, ein (während der Kulturrevolution sicher gepeinigter) Herr mit hochgeschlossenem Kragen und flotten Beinen, sagt nicht viel. Man hört nur heraus, daß nicht jeder Chinese, der gerade mal möchte (geschweige denn Chinesin), hereinkommen und drauflos tanzen darf. Aus der Kontrolle gerät die Sache nicht.

Unweigerlich stellt sich beim China-Erfahrenen die Vorstellung von »Abordnung«, »Einsatzgruppe« oder »Tanzkollektiv« (einer Untergliederung des Kulturkollektivs) ein, einer Organisation also, die zum Tanzen unter sich und mit anderen beordert. Wie überall, wo Weiblichkeit aus übergeordneten Gründen auf sich selbst verwiesen ist, gehen immer wieder Mädchenpaare (nie Knabenpaare) aufs Parkett. Dann wird kompromißlos Pflicht und Kür geübt, mit Körper- und Handhaltungen, die in ihrer Entschiedenheit an Karate erinnern. Die Hand auf dem Rücken der Partnerin liegt ausgestreckt, im Winkel von 90 Grad angepreßt.

Herein kommt der Fremde für zehn Yuan (immerhin 12,50 Mark). Für eine chinesische Begleiterin ist dieselbe Gebühr zu entrichten. Chinesische Damen und Herren, die auf eine geheimnisvolle Weise »zum Hause« gehören, dürfen umsonst – wie einst bei deutschen Kirmesbelustigungen »Kinder ohne Köpfe«. Die Kellner im weißen Jackett servieren (dem Fremden) die Flasche Bier für 0,90 Yuan (1,15 Mark) und die Flasche Rotwein (dry) zu 4,30 (5,38). Westliche Preise, maßvoller Komfort.

Der knallrote enge Pullover, das Seidenband im Haar und leichte, elegante Schuhe sind bei den Damen keine Seltenheit. Man ziert sich noch, einem ausländischen Herrn an den Tisch zu folgen, flattert gleich wieder auf die Stange zurück – aber wie lange noch? Gewöhnung verändert. Ältere Semester walzen im Mao-Look, der in der spärlichen Beleuchtung doppelt streng wirkt. Die Paare treiben wie melancholische Zweimaster vorbei, von der stürmischen Musik gelegentlich in trudelnde Drehung versetzt. Die Mienen sind ernst. Kommen die Herrschaften eigentlich gern?

Peking, 11. März 1979

Gerücht, Wei Jingsheng sei verhaftet worden. Der Fall wird im Ausland Aufsehen erregen. Mehr als die Sache der Fu Yuehua, einer etwa 30jährigen Frau, die offenbar schon im Januar ins Gefängnis gesteckt wurde. Ich habe sie einmal auf dem Tienanmen-Platz gesehen. Sie beeindruckte mit ihren Reden junge Leute, führte eine Art Demonstration an, deren Sinn mir verschlossen blieb. Es hält sich das Gerücht, sie sei von einem Funktionär vergewaltigt worden und kämpfe um ihr Recht. Nach dem, was ich sah, eine Kohlhaas-Natur.

Mag ihr Fall einigen Chinesen zu Herzen gehen, Wei ist ein anderes Kaliber. Seine Artikel in der Zeitschrift »Tansou« (Erkundungen) sind, wie der Titel der Publikation sagt, anklägerisch und herausfordernd. Jedes Zeichen, das er schreibt, verlangt nach einer Stellungnahme. Aussage und Stil der Sprache sind auf hohem Niveau vereint, wie in der Wandzeitung über die »Fünfte Modernisierung«, der grundlegenden Demokratieforderung. »Fünfte Modernisierung« ist seitdem zum geflügelten Wort geworden.

Der Mann wirkt intellektuell, von nervöser Leidenschaft getrieben, stets in mühsam verhaltener Eile wie viele Chinesen, die »Körpersprache« sprechen. Ein Jakobiner, wenn auch nicht ein St. Just – dazu fehlt ihm nicht die Jugend, sondern die reflektierte Radikalität. Ich blieb ihm gegenüber mißtrauisch. Denn ich kann mir mühelos vorstellen, wie er als Rotgardist (der er war) seine Lehrer verprügelt hat – oder andere aufforderte, es zu tun. Wie alle geborenen Raisonneure ein schillernder Typ. Die Story von den vielen Erschießungen im Pekinger Prominentengefängnis bis in die jüngste Zeit nahm ich ihm nicht ab. Originell dagegen der Artikel über die Jugendkriminalität. Sie sei eine Folge des existierenden Systems. Das sozialistische Milieu auf der Anklagebank – ein Skandal.

Klar, daß die Autoritäten den jungen Helden, der die schönste Nebensache Chinas, die Demokratie, zur Hauptsache machte, zunächst einmal abkühlen werden. In einem Jahrzehnt wird Wei dann als Justizminister in einem Reformkabinett auftauchen oder als Chefredakteur einer Parteizeitung – ein unerbittlich strenger Chef übrigens.

Peking, 16. März 1979

Die Sitten werden lockerer. In Lis Restaurant, nicht weit von der Wangfujin und in dem kleinen, stallartigen »Cafe« vor dem »Friedens-Hotel« verkehren viele junge Leute, denen der Yuan nicht viel bedeutet. Was tun sie, vom Essen abgesehen? Sie trinken.

Sie trinken Bier, flaschenweise, batterienweise. Und dazu Schnaps. Der wird hinter der Theke aus großen Flaschen ausgeschenkt. Einer holt ein Wasserglas voll. Am Tisch verteilt er. Wie ein Chemiker vor Reagenzgläsern mißt er immer wieder in Augenhöhe ab, ob die Pegel die gleiche Höhe aufweisen. Das geht mit Kritik und Zuspruch vor sich. Unzeremoniell wird in China nie getrunken. Das Gewissen verlangt einen Anlaß, und der muß in Worte zu kleiden sein. Es hört sich an wie eine heftiger werdende Diskussion. Zuerst müssen die Worte steigen, dann dürfen die Stoffe folgen. Die meisten jungen Leute können mit dem Hochprozentigen nicht umgehen. Warum trinken sie überhaupt? Erfahrene Erwachsene schütteln den Kopf. Am Geld allein liegt es nicht. Der tiefere Grund ist politischer Natur: Endlich etwas für die eigene Person, für sich selbst tun.

So beginnt mancher Ausflug harmlos wie eh und je: Man kauft sich ein paar Eis am Stiel, geht in die Kneipe, steckt das Eis ins Bier, das meistens warm serviert wird. Plötzlich hallo, Freunde kommen. Essen wird bestellt, dazu Schnaps und Bier, bald geht es hoch her. Für uns ist das nichts Besonderes. Für Chinesen aber ist es eine Art Staatsblamage, wenn vor dem Restaurant junge Leute betrunken auf den Treppen sitzen und sich übergeben.

Kunming, 28. März 1979

Frühsommerhelle, Luft wie wehende Seide, die Konturen der Hochgebirge am Horizont. Wenn der Fremde in Kunming, der Hauptstadt der Provinz Yünnan, auf einen der Hügel steigt, der einen Blick über den weiten, schmalen Westsee bietet, schlägt das Herz schneller und der Atem jagt. 1900 Meter hoch liegt die Zweimillionenstadt, in der sich irgendwo, den Fremden verborgen, das Hauptquartier der westlichen Vietnamfront befindet.

Erst seit einiger Zeit kommen Ausländer nach Kunming. Sie halten die Freizeithüte fest, denn der Fallwind aus der Felsenburg des Tibet weht steif über die Eintrittspforte nach Birma, Laos und Vietnam. Vor dem einzigen vielräumigen Hotel stehen von morgens bis in die Nacht Neugierige. Sie pressen die Köpfe zwischen die Stäbe der Umfassung und können sich nicht sattsehen. Junge Leute warten auf Spaziergänger: »Are you american?« lautet die erwartungsvolle Frage. Kommt ein nein, tritt Ratlosigkeit in die Gesichter.

Stadt der hunderttausend Platanen, südländisches Lachen. Es ist eine Sympathiegeste, wenn junge Mädchen dem Fremden die Zungenspitze im Mundwinkel zeigen. Die 24 nationalen Minderheiten der Provinz – zehn von 30 Millionen Menschen – treten im Schmuck ihrer Trachten in Erscheinung. Sie beleben mit ihrer stolzen Anmut das eintönige Bild der chinesischen Provinzstadt. Ich sehe keine Kinderwagen. Die Mütter tragen ihre Kleinen auf den Rücken gebunden, ein Handtuch oder Seide über die Köpfe gebreitet. Jahrelang, so wird mit bedeutet, nimmt das Kind die Brust. So entsteht enger Familienzusammenhang.

Neben einem mehrstöckigen Kaufhaus im Zentrum liegt eine der vier Moscheen der Stadt. Der Tempel im Hinterhof gleicht einem taoistischen oder buddhistischen, aber an der Seitenwand prangt ein Gemälde der Kaaba in Mekka. Der Imam, ein alter Chinese mit langem, fransligem Bart und weißer Kappe, singt aus dem Koran. Er sitzt auf einem Stein im Hof, die Augen andächtig geschlossen. Es gibt 50000 Mohammedaner in der Stadt, in den Moscheen wird täglich viermal gebetet, freitags ist ein großer Gottesdienst. Die Minderheit der Meos, die von Tradition christlich ist, hat dagegen ihren Glauben verloren. Kraft des Islam.

Im Steinwald, 29. März 1979

Das Gefangenenlager liegt in Panxi, 300km vor der vietnamesischen Grenze. Von Kunming führt die schmale Asphaltstraße durch gebirgige Urlandschaft, von Steinen machtvoll überlagert, abweisend, radikal. 270km Autofahrt, zuletzt über sandverwehte Feldwege, vorbei an alten, kargen Lehmdörfern. Die Zeitmaschine fällt um siebzig, hundert Jahre zurück: Altes Asien, China,

Südostasien. Modernisierung bis zum Jahr 2000? Hier geht keine Uhr.

Sand im Mund, bitterer Geschmack. Es gibt Bilder von archaischer Schönheit: Hundert Frauen hacken ein Feld um, schwere, rostrote Erde. Dazwischen junge Bäume im strahlend grünen Blätterschmuck. Und es gibt Bilder von tiefer, zehrender Melancholie: Steinwälder, bizarre, baumgestaltige Gebilde aus wasserzerfressenem Kalkstein, erstarrt wie Lots Weib. Von Ferne glaubt man sich Ruinenstädten zu nähern – nordische Vision vom umkämpften Visby auf Gotland. Wer näher gelangt, tritt in ein Labyrinth ein. Verwechselbare Steinbäume, von zornigen Riesen in Matten, Sumpf, Moskitotümpel, Roterde eingerammt. Dazwischen schwarze Ziegen. Ein dunkelhäutiger Hirte stützt sich auf den Stab.

Hochland, Schluchten und Karstberge, dünne Kiefern mit Ästen wie Kerzenleuchter. Unten liegt das kleine Glück, das Reisfeld, das Weizenfeld, das Gemüsebeet. Aber keine Maschinen und nur wenige Wasserbüffel im Suhl. Alles macht der Mensch, nach Geschlecht geteilt: die Frauen Feldarbeit, die Männer Titanenwerk gegen Stein und Sand. Wie Barlach-Figuren liegen Frauen und Kinder im Geschirr der Pflüge. Wasser gibt es in der Schlucht genug, der Boden muß drainiert werden: Primitive Hebewerke, Überflußbecken, Kanäle. Das kleine Glück ist eng begrenzt, ein schmaler, sonnenarmer Grund, von Steinwüste umringt.

Ummauerte Dörfer. Würden die Chinesen nicht um jede Siedlung, jedes Haus eine Mauer ziehen, sie hätten Baumaterial im Überfluß. Hinter den Mauern Mischbevölkerung. Das Motorengeräusch alarmiert die Leute. Kinder stürzen unter den Strohdächern hervor, viel zu viele Kinder, alte Menschen, Bauern mit geschultertem Arbeitsgerät, Mädchen mit der Bambusstange, an der schwerbeladene Körbe wie Waagschalen hängen. Zerfetzte Arbeitskleidung, Flicken einer alten Minoritätentracht. Die Reisschüssel klebt am Mund.

Am Abend kommen Bauern aus einer Steinwald-Kommune zum Tanz. Gutmütige, gesunde Leute mit verarbeiteten Händen und schweren Gliedern, Sani-Nationalität. Sie erzählen etwas über das einfache Kulturleben, vom nahen Krieg haben sie über den Dorflautsprecher gehört, nichts genaues. Das bewegt sie nicht; die Fernsehbilder sind noch nicht in ihre Ruhe eingedrungen. Mit Trommel, Trillerpfeife und Kratzgeige wird zur Walz aufgespielt. Die Mädchen bewegen sich in einfachen Figuren, es ist immer derselbe Rhythmus und zwanzigmal dieselbe fünftönige Melodie.

Am nächsten Morgen hören die Menschensiedlungen auf. Der Feldweg durchstößt in erregten Windungen eine steile Zyklopen-Landschaft. Ich sehe Raubvögel und große, schwarzglänzende Raben. Ein Gebirgsriegel wie ein letztes Bollwerk. Plötzlich öffnet sich der Blick ins Tal. Die Eisenbahnlinie, wie mit einer gigantischen Fräse durch Felsmassiv und über Felsenrücken getrieben, fällt befreit ab. Schweres Grün nimmt uns auf, breite Reiskulturen, Obstplantagen, weiße Siedlungen. Traktoren rattern, Motorpflüge gehen flink übers Feld, zufriedene Gesichter, von der Erstarrung befreit. Ein Triumphbogen überzieht die Straße. »Wir grüßen die glorreiche Volksbefreiungsarmee« steht dort in unnahbarer chinesischer Schrift.

Panxi, 30. März 1979

220 Gefangene leben im Lager Panxi, einem chinesischen Regiments-Hauptquartier, darunter 63 Leicht- und Schwerverwundete. Sie kämpften in zwei regulären Divisionen (316. und 345.) sowie in den lokalen Streitkräften. Der chinesische Lagerkommandant ist ein älterer, würdiger Offizier namens Wang Yuting. Vier Ärzte und 230 Pfleger sorgen für die Verwundeten. Der chinesische Soldat erhält 45 Pfund Reis im Monat, der vietnamesische Gefangene 60 Pfund. Wir interviewen drei Soldaten, eine Milizangehörige, einen Arzt und den Kommandanten.

Der vietnamesische Polit-Offizier verzieht vor Schmerz das Gesicht. »Unsere Vorgesetzten warnten uns, in chinesische Gefangenschaft zu gehen«, sagt er. »Wir würden geköpft oder man würde uns den Leib aufschlitzen und das Herz herausreißen. Aber es kam alles anders. Wir werden gut behandelt.« Eine chinesische Schwester stellt dem Verwundeten eine Dose Birnen auf den Bettrand. »Ich wurde im Kampf gegen die Amerikaner schon einmal getroffen«, sagt der Offizier. Auf dem Gips des zerschmetterten rechten Beins steht das Datum des 12.III.1979.

Der 24jährige beinamputierte Korporal mit den langen Fingernägeln und dem gescheiten Gesicht weicht jeder kritischen Frage aus. Was er vom Krieg halte? Er sei Berufssoldat und könne daher nichts über die Ursachen sagen. Ob er glaube, daß den Heimkehrern aus chinesischer Gefangenschaft Gefahren drohten? Er überblicke die Entwicklung nicht, doch hätten manche Kameraden Angst vor »Umerziehung« und Repressalien. Einige diskutierten darüber, ob es nicht besser wäre, hier zu bleiben. Er selbst habe aber den Wunsch, zurückzukehren. Er wisse, daß er in Yünnan sei, mehr nicht.

Den 19jährigen Soldaten rufen wir vom Fußballfeld, wo er mit anderen Gefangenen und chinesischen Kameraden den Ball tritt. Er fühle sich wie zu Hause, sagt er, das Essen sei gut. Daß die vietnamesische Armee in Kambodscha eingefallen sei, habe er erst in Gefangenschaft erfahren. Heute habe er vor den Chinesen keine Angst mehr: »Ich weiß, daß China ein revolutionäres Land ist und Gefangene mit revolutionärer Humanität behandelt. Er gehe zum täglichen Polituntericht, aber es zwinge ihn niemand. Mehrere Gefangene hören seinen Antworten zu, bis einer ihrer Kameraden kommt und barsch sagt: »Geht da weg!«

Die 29jährige Milizangehörige war Arbeiterin in einer Zuckerfabrik, einen Kilometer von der Grenze entfernt. Als die Artillerie zu donnern begann, lief sie in Panik weg. »Ich konnte nicht mehr sprechen.« Ob es wahr sei, daß die Chinesen Frauen vergewaltigt hätten? Nein, sie habe weder in Vietnam noch in China etwas davon gehört. Das Mädchen trägt eine schwarze Seidenhose, Bluse und goldene Ohrringe. Sie hält beide Hände vor Mund und Nase – Verlegenheit und Höflichkeit. Sie weiß nicht, daß es Europa und Deutschland gibt. Nach dem lästigen Gespräch läuft sie zu ihren vier Mitgefangenen zurück, die auf dem Rasen mit Chinesinnen Karten spielen.

Der chinesische Militärarzt sagt, die Schwerverwundeten seien über den Berg. Keiner sei im Lager gestorben. Sie hätten keine schweren chronischen Krankheiten mitgebracht, seien aber alle geschwächt und unterernährt angekommen. Hier hätten sie drei bis vier Kilo zugenommen. Sie würden systematisch untersucht und peinlich sauber gehalten. Haareschneiden sei wichtig. Die Verwundungen seien zum Teil schwer. Der Arzt deckt Liegende auf: einem wurde das halbe Gesäß weggerissen. Mehreren wurden Glieder amputiert. Einer mit Bauchschuß erhält Bluttransfusion. Zerschmetterte Schultern und Arme.

Der Lagerkommandant Wang Yuting sagt, es gebe keinen Aufruhr oder Widerstand unter den Gefangenen. Bei Verfehlungen werde so verfahren: zuerst Verwarnung, dann Selbstkritik, in schwereren Fällen drei bis fünf Tage Zwangsarbeit, im Falle von Aufruhr Gerichtsverfahren. Der Kommandant beruft sich auf das »Genfer Abkommen«, in dem von solchen Strafen allerdings nichts geschrieben steht. Bis jetzt sei nichts passiert, auch kein Fluchtversuch. Bei den Gefangenenvernehmungen (Fragen nach Einheit und Frontlage) habe keiner die Antwort verweigert.

Panxi, 31. März 1979

Die Chinesen sind Meister in der Gefangenenbehandlung. Sie haben Geduld und Gleichmut. Als ein Gefangener die Bitte um ein Interview ablehnt, gehen der chinesische Dolmetscher und der Stenograph, der jede Äußerung mitschreibt, wortlos weiter. Ein gefangener Offizier liest in den Ausgewählten Werken von Mao Zedong, verdeckt aber den Titel, als wir eintreten. Ein anderer sagt westlichen Fragern ins Gesicht: »Ich bin vietnamesischer Offizier. Ich bin ein Mann. Ich mache den Propagandarummel nicht mit.« Die Chinesen gehen wortlos weiter.

Am Rande des großen Lagersportfelds sitzen Soldaten, die meisten nicht älter als 17 bis 19 Jahre. Asiatische Armeen waren immer jung. Sie singen: »Vietnam – Ho Chi Minh, Vietnam – Ho Chi Minh.« In den Gesichtern steht Ernst, keiner lacht. Im Polit-Unterricht lernen sie die »Konfliktursache« kennen. Sie teilen dann rasch den Wunsch ihrer neuen Lehrer, daß zwischen den Nachbarvölkern Frieden herrschen möge. Auf Wandtafeln stehen Dankgedichte an die Chinesen.

Reis und Medizin machen milde. Den Zugang zur Seele öffnen jedoch die Spiele. Die chinesischen Soldaten des Lagers fungieren als gleichaltrige Spielkameraden: Netzball, Brettspiele, Kartenkunststücke, Tischtennis. Chinesen sind Schiedsrichter, Chinesen dribbeln, Chinesen rennen um die Wette. Die Vietnamesen dürfen selber kochen, sie dürfen ihre eigenen Stubenvorgesetzten wählen. Ihnen ging es noch nie so gut.

Am Abend auf einmal ein anderes Bild: Zwei chinesische Züge marschieren mit aufgepflanzten Bajonetten und Schnellfeuergewehren zum Sportplatz. Soldaten, Gefangene, Angehörige der Offiziere strömen mit kleinen Hockern unter einer hoch aufgespannten Leinwand zusammen. Gezeigt wird der Film von der Einnahme Shanghais durch die Volksbefreiungsarmee am Ende des Revolutionskrieges. Ein Lichtspiel von der chinesischen Superiorität, das wie alle bewegten Bilder die Gefangenen tief beeindruckt. Als sollte zwischen Vergangenheit und Gegenwart eine enge Beziehung demonstriert werden, steht alle drei Meter um das Geviert der Zuschauer ein schwerbewaffneter chinesischer Soldat.

Panxi, 31. März 1979

Alle Menschen des Fleckens Panxi belagern vor Mitternacht die kleine Bahnstation, um den Abmarsch der merkwürdigen Fremden zu beobachten. An der Stirnwand des Warteraums hängt eine Bildtafel mit einem Hund, einer Katze, einem Huhn und einem Schwein, einer Benzin- und einer Giftflasche. Und darunter steht in einfachster Schreibweise, daß ein Mitführen dieser Tiere und Gegenstände in der Eisenbahn untersagt sei.

Eine Schmalspurbahn. Die Reise nach Kunming dauert acht Stunden. Berghänge, 107 Brücken, mehr als 170 Tunnels. Als die Strecke unter der eisernen Regie der Compagnie Francaise des Chemins de Fer de L'Indochine et du Yunnan im Jahre 1910 fertiggestellt war, hatten zehntausende chinesischer Arbeiter an Entkräftung, Tropenkrankheiten und Sprengunglücken ihr Leben verloren.

Nacht. Spärliches Licht aus den Schluchten zeigt die Abgründe an, über die diese mythische Eisenbahn, das Werk reinen imperialistischen Willens, dahinschwebt. Schienenknirschen und verzerrter Widerhall, Windgeräusch und Kurvenächzen. Heulen der Berggeister. Aus Angst vor ihnen traten die chinesischen Arbeitskulis immer wieder in den Streik.

Kunming, 1. April 1979

Die Helden sind jung und haben vor Aufregung schwitzige Hände. Zum erstenmal seit Ausbruch des Vietnamkrieges stellen sich chinesische Soldaten den raffinierten, fremden Fragen. Neun Soldaten, unter ihnen nur ein Polit-Offizier, erzählen ihre Kriegsabenteuer, die ihnen hohe, neu gestiftete Orden einbrachten. Wirkungsvoller und rücksichtsloser Einsatz des eigenen Lebens sind die Kriterien der Verleihung.

Die Erzählungen folgen einem bestimmten Schema. Zuerst kommt ein Wort zur Motivation: Die Grenzübergriffe der Vietnamesen, die Verluste an chinesischem Leben beflügelten Haß und Rachegeist. Nichts wird beschönigt, nichts abstrahiert. Die hauten uns. Wir hauten sie. Da gibt es keine übergeordneten Ausreden. Der chinesische Soldat trat wütend zum Kampf an: »Gegenangriff zur Selbstverteidigung« lautet die Diplomatie- und Zeitungsformel.

Dann kommt die Tat. In allen Fällen handelt es sich um begrenzte Aktionen, wie das Erstürmen von Höhen, Durchbrechen von Stellungen, Ausheben von Widerstandsnestern, die Abwehr von Gegenangriffen. Nirgends ist von breitentfalteten Sturmangriffen die Rede, immer nur von Stoßtruppunternehmen, infanteristischen Hebelbewegungen, Nahkampf und lauerndem Guerillakampf. Der persönliche Einsatz steht im Vordergrund: Überblick über die taktische Lage, Angriff des einzelnen oder der Gruppe mit Handfeuerwaffen, Handgranaten, geballter Ladung. Der hochmotivierte Einzelkämpfer stellt sich vor.

Die Soldaten werden als »Helden« bezeichnet. Man kann sie freilich nicht vergleichen mit den Soldaten der Verdun- oder Stalingrad-Schlacht, mit den leidgeprüften, erschöpften Dauerkämpfern, die achttägige Trommelfeuer in Granattrichtern überstanden. Hier wird eine politische Militärparade vorgeführt, wenn auch niemand am Einsatz des Lebens zweifeln kann. Sicher war der Mensch gefordert, aber nicht in der äußersten Anspannung seiner seelisch-nervlichen Existenz. Es war ja auch nur ein begrenzter Krieg.

Selbst im Duell von Frage und Antwort stehen die Chinesen ihren Mann: Der gefangene Gegner wird nicht erniedrigt. Und chinesische Soldaten erhalten offenbar keine Anweisungen, wie sie sich selbst in Gefangenschaft verhalten sollen. Diese Form der Niederlage ist eigentlich nicht vorgesehen, die Erziehung kennt nur den »heldenhaften Kampf«. Der vietnamesische Gegner wird ernst genommen. Am Anfang habe er sich sehr hart verteidigt, dann sei die Front geschmolzen. Die Soldaten seien jedoch zum Kampf gezwungen worden, sicher existierten Spannung und Differenz zwischen den »Autoritäten« (Hanoi) und dem »Volk«.

Auf die Frage, ob er im Falle der Gefangennahme dem Feinde Auskünfte geben würde, antwortet der Soldat Luo Zhen: »Wenn ich gefangen genommen werde, werde ich mich bis zum Ende resolut weigern, irgendeine Aussage zu machen. Ich werde meine Partei, mein Vaterland und meine Kameraden nie verraten. Ich werde versuchen, zu entkommen. Wenn es mir nicht gelingt, werde ich alles tun, um meinem Leben zusammen mit dem Leben von Feinden ein Ende zu setzen.« Luo Zhen sagt das nicht gelernt daher. Gibt es noch eine Frage, warum die Russen Angst vor den Chinesen haben?

Über die chinesischen Verluste werden nur einheitsweise Angaben gemacht, von Zug zu Zug, von Kompanie zu Kompanie, wie sie hier vertreten sind. Dabei zeigt sich, daß die Vietnamesen bis sechzehnmal so hohe Verluste hatten wie die Chinesen, was angesichts der stark bewehrten Verteidigungslinie höchst ungewöhnlich wäre. Der Gegner habe Gasgranaten russischen Ursprungs eingesetzt, die Soldaten wissen jedoch nicht, um welches Gas es sich handelte. Verluste habe es nicht gegeben, da die Chinesen angesichts der »Gaswolken« Hügel erklommen hätten. Chinesische Artillerie habe nicht auf Dörfer, nur auf feindliche Stellungen gehalten.

Liefen Chinesen im Selbstopfer vor den Panzern über Minenfelder? Die Frage wird gar nicht richtig verstanden. Pioniere hätten Minen geräumt, ob mit Suchgeräten, wisse man nicht. Freimütig sagen die Soldaten, die gegnerischen leichten und schweren Maschinengewehre und die Qualität der Artilleriemunition seien besser als die chinesischen. Gelassenheit, auch als die Frage nach den Rangabzeichen für Offiziere kommt. Sie seien nicht nötig. Ein fremder Offizier stelle sich eben vor, auch im Kampf. Dafür verdient ein Offizier (Kompaniechef) 50 bis 60 Yuan im Monat und ein Rekrut im zweiten Jahr nur acht Yuan.

Kunming, 2. April 1979

Nach der Heldenvorstellung verabschieden wir uns von den Soldaten. Was sie schilderten, war nicht nur eingelernt – sie hatten die Taten begangen. Aus Gehorsam. Aus Vaterlandsliebe, die ideologisch stark verschnitten ist, aus einem tiefen Gefühl der Gerechtigkeit, aus Haß gegen die Vietnamesen. Die Soldaten besitzen ein klares Feindbild. Es schwankt nicht, die Seelen sind fest und gläubig, naiv – würde sich dieses Wort mit der oktroyierten Ideologie nicht schlagen. Aber was ist Ideologie? Der chinesische Infanterist dient drei Jahre. In dieser Zeit wird er nicht zum Intellektuellen. Er bleibt einfach. Ihm werden Ergebnisse eingetrichtert, die seiner Handlungsweise Richtung und Ruhe geben. Man könnte ihn auch mit Zement füllen.

Ich habe nichts gegen Soldaten. Auch nichts gegen den chinesischen Vietnamkrieg. Mich ärgert nur das Wort »Kriegshelden«, mit dem sich die Chinesen nach dieser Mischung aus Strafexpedition und Spähtruppunternehmen ausgestattet haben. Die Soldaten werden herumgereicht. Heute nachmittag traten sie in Kunming in einer Massenversammlung auf. Hier gerät alles zum pädagogischen Unternehmen. Vom Kriegszweck ist nicht die Rede. Aber sind diese Soldaten wirklich die »Batmen« der Nation? Beim Abschied hatten sie feuchte Hände. Eine Unterhaltung mit westlichen Journalisten kann aufregender sein als eine Schießerei mit Vietnamesen. Aber ich möchte sehen, ob die jungen Männer sich weniger »heldenhaft« verhalten, wenn sie sich nicht beobachtet glauben. Einer löst sich von der Gruppe und verläßt das Hotel. Ich folge ihm.

Er geht zuerst in Richtung Hauptplatz, einem kleinen, immer noch großen »Tienanmen« mit Tribüne, Mao- und Hua-Bildern, leeren Fahnenmasten, Platzarchitektur der permanenten Revolution, Massenkampagnen, Kulturrevolution. Kurz vorher biegt er in eine Seitenstraße ab. Auf der linken Brustseite des Uniformrocks trägt er die Plakette »50 Jahre Volksbefreiungsarmee«, die allen Teilnehmern des Vietnam-Feldzugs gegeben wurde. Niemand schaut auf das Abzeichen. Kein Passant beachtet den jungen Soldaten. Der geht wieder zur Hauptstraße zurück. Er spaziert, wie ich merke, ziellos. Warum? »Bewundert« werden will er offenbar nicht. Ich habe auch noch nie erlebt, daß in China nach einem Soldaten »geschaut« worden wäre, wie in Frankreich immer noch.

Wir sind in einem kleinen Park angelangt. Der Soldat hat auf einer Bank Platz genommen und raucht. Mir fiel schon bei der Besprechung im Hotel auf, daß fast alle Soldaten kettenrauchen. Die Beine hat er übereinandergeschlagen und döst vor sich hin. Er trägt Schuhe aus grünlichem Segeltuch, wippt mit dem freien Bein. Er sei mit 17 zur Armee gekommen, als Freiwilliger, hatte er erzählt, ungewöhnlich jung also und nach wenigen Monaten in den Krieg gezogen. Mit einer geballten Ladung räucherte er einen Viet-Bunker aus und bahnte seinem Stoßtrupp damit den Weg. Ein Bauernjunge mit einem rauhen Gesicht.

»Das Leben ist trübsinnig, eintönig, regelmäßig. Die Stunden, angezeigt vom Trommelwirbel, sind nicht minder dumpf und düster, als er selbst. Der Schritt und das Aussehen sind einförmig wie das Kleid. Die Lebhaftigkeit der Jugend und die Langsamkeit des Alters nehmen schließlich die gleiche Gangart an...« Ich habe diese Stelle bei Alfred de Vigny vage im Kopf, als ich den Soldaten betrachte, der jetzt mit brennender Zigarette eingenickt ist. Der Kopf rutscht immer tiefer. Es ist nicht leicht, die chinesische Armee zu begreifen, ihren Geist. Dabei hat sie zweifellos einen Geist, denn sie hat gesiegt, die Revolution zur Herrschaft gebracht und vorher lange genug die Revolution in den Stützpunkten und mit dem Volk zusammen eingeübt.

Die Armee ist also nicht nur ruhmreich, sondern gehört zu den Schöpfern des Staates. Aber kein Blick fällt auf den gekrümmt schlafenden Soldaten, dem jetzt die Zigarette aus der Hand gefallen ist. Was jeden Gegner, auch die hochgerüsteten Sowjets, die chinesische Armee fürchten läßt, ist das machtvolle Motiv, aus dem sie lebt – nicht so sehr das Selbstbewußtsein als die Selbstgewißheit. Darin unterscheidet sie sich von nahezu allen anderen, auf jeden Fall aber von den westlichen. Mit einer derartigen Selbstgewißheit kann man übrigens gefährlich erstarren, in Ausrüstung, Taktik, Doktrin. Hat Vietnam die chineischen Soldaten schockiert und müde gemacht? Heute morgen, bei der Diskussion mit den »Helden«, hatte ich gelegentlich diesen Eindruck.

Ich meditiere über den Geist der chinesischen Armee. Worin unterscheidet er sich vom Geist einer westlichen? Ich bleibe bei de Vigny, weil er mit seinem Soldatenbild treffliche Merkmale liefert. In »Servitude et grandeur militaires« sagt er zum Beispiel, sein Vater habe Friedrich II., den Preußen-König, bewundert und dabei angemerkt, daß »zuviel Bewunderung für den erlauchten Feind ein Fehler der Offiziere seiner Zeit gewesen wäre; daß sie infolgedessen schon halb besiegt wären...« Nein, so etwas kann der chinesischen Armee, der Volksbefreiungsarmee, nicht passieren. Sie schätzt den Feind, wie heute morgen die Vietnamesen, propagandistisch-negativ ein. De Vignys Soldat hingegen kennt keinen Haß. Ein weiterer Unterschied ist die Kritik an sich selbst. In der chinesischen Armee bleibt sie aufs Technisch-Taktische beschränkt oder nimmt die Form politischer Selbstbezichtigungen an, während sie nicht nur bei de Vigny, sondern in allen westlichen Betrachtungen und heute mehr denn je den Zweck des Soldaten schlechthin (nicht nur den Krieg) in Frage stellt. »Die Krone dieser Heere ist eine Dornenkrone«, schreibt de Vigny, »und unter deren Stacheln, dünkt mich, ist die schmerzhafteste die des passiven Gehorsams.« Solche Kritik, hier auf den Kadavergehorsam der napoleonischen Armee gemünzt, würde den Soldaten Mao Zedongs im Traum nicht einfallen. »Die Bewunderung eines militärischen Führers wird zu einer Leidenschaft, zu einem Fanatismus, einer Raserei, die aus unsereinem Sklaven, Wahnsinnige, Blinde macht«, klagt de Vigny. Typisch westliche Selbstdistanzierung. Der chinesische Soldat vermag sie nicht zu vollziehen.

Aber könnte es vielleicht Ungehorsam oder Widerstand geben, wie ihn de Vigny in der Gestalt des Viscomte d'Orte verkörpert? Dieser Soldat gab seinem König, Karl IX., in der Bartholomäusnacht (24. August 1572) den Bescheid: »Sire, ich habe den Befehl Eurer Majestät an ihre getreuen Untertanen und Kriegsmannen weitergegeben; ich habe nur gute Bürger und brave Soldaten gefunden und nicht einen Henker.« Und könnte es die Barmherzigkeit des Soldaten geben, die de Vigny in »Laurette oder das rote Siegel« schildert? Im März 1815, auf der Landstraße, die von Artois nach Flandern führt, traf der junge Leutnant de Vigny auf einen Bataillonskommandeur, der eine Frau im Wagen mit sich führte: eine Wahnsinnige. Sie war einst die Ehefrau eines jungen Mannes, den der Kommandeur aufgrund eines Todesurteils exekutieren lassen mußte. Er hatte es nicht über sich gebracht, die gebrochene Frau allein zu lassen. So führte er sie eben mit sich, Feldzug für Feldzug.

Ich weiß nicht zu sagen, ob es Barmherzigkeit in der revolutionären Armee geben könnte. Ich glaube es nicht, lasse die Antwort aber dann doch schlafen wie den Soldaten auf der Parkbank. Die Zeitungen veröffentlichten aus dem Vietnam-Feldzug Briefe von gefallenen Soldaten, Briefe, die für den Fall des Todes geschrieben und weisungsgemäß den Angehörigen übergeben wurden. Aus ihnen spricht bedingungsloser Glaube an die Partei, an das Vaterland und an die Armee. Es sind moderne Leonidas-Briefe, wie Menschen sie schreiben, die sich dem öffentlichen Zweck gewidmet haben. Ist in ihnen »der Mensch unter dem Soldaten verschwunden«, wie de Vigny über das Leben unter der Waffe sagt? Ich bin nicht sicher. Ich möchte mich hüten, den Glauben anderer Leute gering zu schätzen, nur weil wir jeden Glauben verloren haben.

Peking, 6. April 1979

Zeitungslektüre. Immer wieder tauchen dieselben vier Ausländer auf, die ins chinesische Universum aufgenommen scheinen: Hans Christian Andersen, der dänische Märchenerzähler, Madame Curie, Albert Einstein und Charlie Chaplin. Für die vier gibt es keinen gemeinsamen Nenner, außer Chaplin war keiner je in China.

Im Falle Chaplins scheint die Dankbarkeit, der vielleicht liebenswerteste chinesische Zug, eine Rolle zu spielen. Der Schauspieler folgte 1954 in Genf einer Diner-Einladung Zhou Enlais, zu einer Zeit, als die Beziehungen Amerikas zu China weit unter dem Gefrierpunkt lagen. Von der Begegnung existiert eine Photographie, die Chaplin mit seinem Gastgeber zeigt.

Die alten Filme, die jetzt in China aufgeführt werden, kommen dem Sinn der Leute für artistische Komik entgegen. Die Tragikomödie wird sicher nicht nachempfunden und Charlies Kampf gegen die Maschinenwelt widerspricht geradezu der Modernisierungs-Ideologie.

Madame Curie war Kommunistin, nun schön, und Albert Einstein einfach der unbestritten größte Wissenschaftler in der ersten

Hälfte des Jahrhuderts. Er paßt ins Fortschrittsbild, für ihn ist die Verehrung auch am höchsten. Zu seinem 100. Geburtstag versammelte sich in Peking die intellektuelle Prominenz zu einer Feierstunde, es gibt Einstein-Briefmarken. Daß der Gelehrte von den Nationalsozialisten verfolgt wurde, fällt ins Gewicht, daß der Jude Zionist war, nicht. Man verfährt hier sehr pragmatisch und selektiv, wie es gerade paßt.

Die Vorliebe für Andersen hat vordergründig philologische Ursachen. Seine Märchen gehören zu den Werken, die in China am frühesten übersetzt wurden, schon lange vor 1949. Daß die europäischen Märchen »sozial« sind, dem Armen (und Guten) eine Aufstiegschance zu geben, rührt ideologisch an. Im übrigen mögen Chinesen alles, was die Kinderwelt bereichtert.

Urumchi, 14. April 1979

Um 22.45 Uhr beginnt einer der Motoren unregelmäßig zu laufen. Ich schaue mich in der Kabine um. Ich bin der einzige Ausländer auf dem Flug von Peking nach Urumchi, Hauptstadt der fernwestlichen Provinz Xinjiang. Alles schläft. Die von vier Propellern am Himmel gehaltene russische Antonow ist eine alte Mühle. Die Sitzreihen stehen so eng, daß man die Brust flach machen muß. Das Licht flackert.

Sie schlafen lapidar, monolithisch-ruhig wie in der ausladenden Wartehalle des Pekinger Flughafens, wo wir acht Stunden auf den Abflug nach Xinjiang gewartet haben. Ich liebe Verspätungen in China, ich gehe dann lange und langsam mit Augen und Ohren herum. Wie oft wird man die würdige, bühnenhafte Flughafenauffahrt vor den sechs mächtigen Säulen, flankiert von zwei vielarmigen Kandelabern, noch benutzen können – Reise mit Zeremoniell, Reise als Seltenheit? Im Hintergrund breitet sich der neue Terminal mit den glatten Wänden, in braun-blaue, dunkelbraune, reisgelbe Farben gekleidet. Er bereite »dem großen Vaterland Ruhm und Ehre«, schreibt eine Zeitung.

Modernem Verkehrsaufkommen, dem Ansturm der Touristen, war das Flughafengebäude aus dem Jahre 1959 schon lange nicht mehr gewachsen. Dafür hatte man es aber ursprünglich nicht geschaffen. Nicht den Reisenden, diesen Anonymus mit Gepäck, wollte man hier begrüßen, sondern Delegationen, die Abgesandten und Zugewandten – den Staatsbesucher. Deshalb beanspruchten nicht die technischen Einrichtungen für Abfertigung und Gepäckaufnahme die Räumlichkeit, sondern die Empfangssäle, groß und klein. Ein Reichsflughafen, kein Reiseflughafen.

Mao Zedong vorn, Mao Zedong hinten. Wer des Abends in Peking einschwebt, erblickt den Erleuchteten, das ruhige, gestirnhafte Gesicht hoch über den Gebäudezugängen. Und wer abreist, tritt in ein Foyer ein, das als »Halle des Volkes en Miniatur« gestaltet ist, ein Rund zwischen acht Säulen mit ornamentverzierten Kapitellen (vom korinthischen abgeleitet). Hier sieht man sich noch einmal einem überlebensgroßen Vorsitzenden in Weiß auf rotem Hintergrund gegenüber – dessen Perspektive allerdings sehr unvorteilhaft geworden ist: Mao muß dauernd auf die Gepäckabfertigung starren, auf das ihm so verhaßte individualistische Chaos.

00.19 Uhr. Ein lautes, schußartiges Geräusch reißt mich aus meinem Tag-Nacht-Traum vom Pekinger Flughafen. Turbulenzen haben die Maschine erfaßt, sie rollt in schwerer Dünung. Das Knacken scheint von der Flügelverstrebung außerhalb der Kabine zu kommen. Die Stewardeß mit den langen chinesischen Mädchenzöpfen balanciert Bonbons durch die Kabine. »Wir werden in Lanzhou landen und erst morgen nach Urumchi weiterfliegen. Schlechtes Wetter«, sagt sie.

An Bord scheint es keinerlei Sicherheitsvorkehrungen zu geben. Handgepäck, auch schwere Gegenstände, sind in die »Ablage« über den Köpfen geschoben. Eine Ansage für Notfälle gibt es nicht. Hier fallen auch keine Sauerstoffmasken herunter, wenn der Druck in der Kabine plötzlich nachlassen sollte. Als die Maschine vor 25 Jahren gebaut wurde, kannte man diese Technik noch nicht. Chinesische Passagiere leiden nicht unter dem Gefühl der Gefahr. Über Flugzeugabstürze berichten die Medien nichts. Die wenigsten Leute wissen, daß ein Flugapparat herunterfallen kann.

Ein Techniker aus dem Cockpit eilt mit der Zange in der Hand zum Heck der Maschine. Der Anblick beruhigt mich, die Verantwortlichen sind tätig. Im Restaurant des alten Pekinger Flughafens ist die Einsatzfreude der zivilen Luftfahrt auf Plakaten dargestellt: »Die rote Fahne hochhalten, das Hauptkettenglied festhalten, den Bau der zivilen Luftfahrt beschleunigen«, heißt es auf einem Poster, das ein astronautenhaft-siegessicherer Flugkapitän beherrscht. Gangways und Bodenpersonal, Raketen und Besatzungen umgeben ihn. »Den Kampfeswillen der Massen an den Himmel schreiben«, befiehlt an anderes Poster.

Neben dem gipsweißen Vorsitzenden an der Gepäckabfertigung führen Stufen zur Haupthalle empor. Eine riesige Glasfront gibt den Blick auf das Rollfeld frei. Wie einst in Berlin-Tempelhof muß man weite Fußwege zu den Flugzeugen zurücklegen. Zehn Säulen stützen die Halle in der Breite, symmetrisch sind die Schriftzeichen dazwischen angeordnet: »Vereint alle Anstrengungen für den Sozialismus: Mehr, schneller, wirtschaftlicher aufbauen.« Die Wände seitlich der Fensterfront tragen Gedichte, in Maos Kalligraphie geschrieben. Und in der Mitte wiederum, über allem und nebeneinander, hängen Bilder des alten und des neuen Vorsitzenden.

Alles wichtige ist in der Mitte und alles ist rechteckig angeordnet in China. Auch die abgesessenen, zerschlissenen, zum Teil aufgerissenen Kunstlederbänke, auf denen Wartende sitzen, lagern, liegen. Hier sieht man, mit viel Gepäck mit dem privilegierten Konsumangebot der Hauptstadt beladen, den einfachen Funktionär, eines Flugtickets immerhin für würdig befunden. Die feineren Herrschaften mit den taubengrauen oder anthrazitfarbenen, geschneiderten, oft taillierten Anzügen, begleitet von jungen Sekretären und ondulierten Damen in Rock und besseren Schuhen, sogenannten »Genossinnen-Pumps«, ziehen wie ein eiliges Geschwader durch die Menge. Sie verschwinden in der Polsterklasse der luftigen Emfangsräume.

Gibt es Klassen in China? Ja, es gibt sie, zumindest aber gibt es soziale Distanz. Die höheren Funktionäre (sie vermehren sich wie in Deutschland die Ministerialräte) essen, wohnen und kleiden sich anders. Aus den Flugzeugen kommen Generale, von Adjutanten umschwärmt und von Mitgliedern ihres Stabes erwartet, meistens etwas beleibte »Götter in oliv«. Elegante Kader lesen die Zeit von der Digitaluhr ab: »Lassen Sie die Wagen vorfahren, da kommt er...« Die Mädchen, mit aufgelegtem Rouge in den gut assortierten Flughafen-Shops flanierend, wo sind sie zu Hause? Sie haben mehr als 6,50 Yuan bei sich, das durchschnittliche Monatseinkommen eines Bauern (in bar), und ihre netten

Begleiter bestimmt mehr als 40 Yuan – das Durchschnittsgehalt des chinesischen Arbeiters.

1.04 Uhr – die Nachtlichter der Stadt Lanzhou, Hauptstadt der Provinz Gansu. Schnaufend sucht die Maschine die Landepiste. Schwindelgefühl, der Druckkörper ist nicht mehr in Ordnung. Die Leute sind aufgewacht und halten sich die Ohren zu. Wer reist nach Xinjiang am Ende des Reiches, in die Stein-Gobi, an die Grenze, wo die Russen nagen? Soldaten, Bauernkader, Uighuren, einfache, gehärtete Leute. Die neue Klasse ist in Peking geblieben. »Heute morgen um 7.30 Uhr fliegen wir weiter. Es sind dann noch dreieinhalb Stunden bis Urumchi«, sagt die Stewardeß im marineblauen Hosenanzug. »Das Handgepäck können Sie an Bord lassen.«

Es ist mäuschenstill auf der Piste, das Flughafengebäude sieht aus wie eine leere Ausstellungshalle. Wären nicht die rotleuchtenden Schriftzeichen anders, man könnte glauben, nach einem Umweg durch die Luft wieder auf den alten Flughafen in Peking zuzugehen. Maos Bild erhaben in der Mitte, die gleichen Treppenaufgänge, die gleiche riesige Front aus Glas, drinnen Säulen und Empore und die Sprüche, das gleiche zerschlissene Mobiliar. Vor den Fenstern eine Reihe Zwergkiefern, Symbol der Langlebigkeit und Gesundheit. Sie sind aus Plastik und ein bißchen staubig.

Wohin sich die Chinesen verkrümeln, weiß ich nicht. Ich werde in den dritten Stock des Nebengebäudes geführt. Auf jedem Fensterbrett im Treppenhaus liegt eine Fliegenpatsche aus Plastik, Ergebnis einer langen Erziehungskampagne: Mao war ein Feind der Fliegen. Die Dielen knarren. Aus dem Wasserhahn kommt nachts kein Tropfen. Ich schaue aus dem Fenster. Lanzhou ist militärisches Sperrgebiet. Scheinwerfer tasten über Sendeanlagen und Kasernen. Hier wird gewacht. Der Strahl erleuchtet einen Hügelkamm. Oben stehen Soldaten. Indianerblick in die nächtliche Ebene. Wenn sie kommen, kommen sie von dort.

Ich denke an den jungen Professor von der Akademie der Wissenschaften. Auch er saß schon drei Stunden im großen Saal des Pekinger Flughafens und wartete auf die Maschine nach Shenyang. Wir vertreiben uns die Zeit mit Mühlespiel. Als er die Neugierde der Nachbarn bemerkt, sagt er auf einmal unwillig: »Wir haben in China viel zu lange abgeschlossen gelebt.« Von

Zeit zu Zeit steht er auf und begrüßt Kollegen. Man kennt sich untereinander. Die Intelligenz ist eine Klasse für sich. Vor drei Jahren bekamen Wissenschaftler nur selten Flugtickets. Zu den Funktionären halten sie heute noch Distanz.

Sie waren eingesperrt – die einen physisch, die meisten geistig, in den Lackturm der Ideologie, deren zum Ritual erstarrte Formeln einen im alten Flughafengebäude umgeben, wie im Eiswind gefrorene Standarten. »Was ist die Wahrheit – dieses Thema interessierte uns brennend«, sagt ein Naturwissenschaftler aus dem Kreis der Wartenden. »Versuchen Sie eine Antwort«, setzt er hinzu. Ich denke nach. Hatte man vor wenigen Jahren hier nicht alles gewußt, sich im Vollbesitz der Wahrheit wähnend? Wer hätte damals einen Fremden gefragt? »Wenn man einmal so weit ist wie Sokrates und weiß, daß man nichts weiß, ist man der Wahrheit nähergekommen«, antworte ich.

Die Abgeschlossenheit und ihre komischen Folgen. Die japanischen Touristen, die aus einer JAL-Maschine quellen, haben alle die gleichen Hüte auf dem Kopf. Ihre Freude ist grenzenlos, und sie teilt sich der jungen chinesischen Führerin mit, die in glattem Japanisch und scharfklingendem Diskant die Gruppe begrüßt. Lachen, Händeklatschen, Blitzlichter. »China is beautiful«, rufen ein paar Amerikaner, die man wie eine gesättigte Herde zum Abtransport führt. Sie hatten das große Erlebnis und stehen nun in schrill-blauen Mao-Anzügen, bepackt mit den Trophäen des »Freundschaftsladens« in Peking zwischen den schlafenden Chinesen, deren »Einfachheit« sie rundäugig bewundern. »Warum ziehen die sich so merkwürdig an?« fragt einer der chinesischen Wissenschaftler. »Ist das schön?«

7.30 Uhr. In Lanzhou. Auf die Soldaten oben am Kamm des Hügels fällt schon die Sonne. Die unendliche Ebene davor schimmert bläulich. Techniker ziehen die Stoffbezüge von den MiG 21, die in Reih und Glied vor dem Hangar stehen. Wir steigen wieder in die Urumchi-Maschine ein. Das Bodenpersonal bereitet ohne Geräuschschutz am Kopf den Start vor. Die alte Antonow zieht langsam hoch, das Grün bleibt zurück, verliert sich in Streifen. Jetzt gleicht die Erde der Haut des Elefanten.

Peking, 20. April 1979

Die Stadt regt die Traumphantasie an, gibt es dafür eine Erklärung? Es gibt keine präzise Antwort. Wahrscheinlich ist es der Eindruck des undurchdringlich Fremden, der zu traumhaften »Ausstattungen« führt, wobei die Requisiten unserer Erscheinungs- und Empfindungswelt entnommen sind.

Gestern kam H. zu mir und erzählte den Traum von der »chinesischen Puppe«. Sie habe gelebt, sich aber marionettenhaft bewegt und keine Sprache verstanden, auch nicht Mandarin. Ohne Bedenken habe er in sie hineingebissen, zuerst in Ellbogen und Knie, dann in Knöchel und Schultern. Es habe sich zwischen den Zähnen angefühlt wie die zähe, aber mit Vergnügen durchbeißbare Substanz der »Gummibärchen«, wie Kinder sie lieben.

Die Puppe habe keine Zeichen des Schmerzes oder des Unbehagens gezeigt. Das Gesicht sei unbewegt geblieben, »fatalistisch«, wie H. hinzufügte. Beim Knabbern sei der Appetit gekommen. Er habe aber keine »kannibalische« Freude empfunden. Aufgegessen habe er die Puppe nicht. Er sei nicht »satt« gewesen, aber der Kaumuskel habe zu schmerzen begonnen.

Der Traum wäre nicht erwähnenswert, kleidete die Schlafphantasie den Chinesen nicht in absonderliche Kostüme. Das »Aufessen« ist vermutlich das Symbol für einen intensiven Versuch der Aneigung. Der Wesensart näherte sich der Träumer aber mit Klischees: »Fatalistisch«, »unbewegt«, »keine Schmerzreaktion« – der ewig akupunktierte Asiate.

Peking, 29. April 1979

Für Staatsmänner und Politiker, die sich einmal um China bemüht hatten, bleibt Peking auch nach ihrem Rückzug aus dem Amt ein lohnender Platz. Chinesen sind nämlich dankbar, und diese Dankbarkeit kann unter keiner Verfehlung oder gar einem Fehler leiden, deretwegen die Karriere abbrach, hatte sich der betreffende Politiker vorher nur Verdienste um die Beziehungen seines Landes zu China erworben. Kakuei Tanaka, einst japanischer Ministerpräsident, in den Lockheed-Skandal verwickelt und deswegen sogar in Untersuchungshaft, durfte Deng Xiaoping in seinem Ziergarten empfangen, und Präsident Nixon wurde zum erstenmal seit seinem Amtsverlust bei Dengs Washington-Besuch wieder die Ehre einer offiziellen Dinner-Einladung des Weißen Hauses zuteil.

In Peking sind Nixon und Heath, Sihanouk und Kissinger nach wie vor Besucher, denen staatsprotokollarische Fürsorge zuteil wird. Die guten Zeiten scheinen wiederzukehren, vom parfümierten Duft der Erinnerung umweht – war das Ungemach der Wahlniederlagen oder der Vertreibung nur ein Traum? Das Establishment des neuen China, alles überarbeitete, übermüdete Männer, sucht in stundenlangen Gesprächen die Meinung der ehemaligen Häupter und Häuptlinge über die Weltlage herauszufinden und begibt sich dann mit ihnen zum acht- bis zehngängigen Diner, wo noch einmal Trinksprüche gewechselt werden und der Gast die ihm sonst versagte Gelegenheit erhält, sich in die edle Brust zu werfen und an den wissenden Kopf zu fassen angesichts des Abstiegs, den wir (weltpolitisch) seit seinem Ausscheiden zu verzeichnen haben.

Henry Kissinger kam gestern mit Frau Nancy und Stab an, verschwand in dem weitläufigen Gästehaus, das ihm schon am 9. Juli 1971, bei seinem berühmten Geheimtreffen mit Zhou Enlai als Herberge gedient hatte. Er besprach sich nicht nur mit der chinesischen Prominenz, sondern traf auch mit dem Prinzen Sihanouk zusammen, der damals, zur Zeit der Geheimmission, schon einmal als Exilist in Peking saß. Kissinger sagte später zu einem amerikanischen Diplomaten, er habe den Prinzen »aufmerksam, aber in großer persönlicher Unruhe« vorgefunden. Die changierende Formel trifft die Situation Sihanouks. Er hat die chinesische Gastfreundschaft überstrapaziert (was eine ganz außerordentliche Leistung ist) und befindet sich nun auf dem Sprung ins nordkoreanische Ersatzexil zu Freund Kim Il-Sung.

Aufbruchstimmung hatte über Sihanouks Residenz in der »Straße des Imperialismus«, im früheren Legationsviertel schon lange eine Art komfortabler Melancholie gebreitet, in der Nostalgie, Schickeria und politischer Quälgeist eine oszillierende Mischung eingegangen sind. Des Prinzen Parties haben rasch den Ruf elegischer Séancen gewonnen, bei denen der Prinz sich innerhalb weniger Stunden als fürstlicher Gastgeber, als ein geistiges Haupt der Buddhisten auf der Sedia gestatoria, als Sänger eigener ruchloser Chansons und schließlich als greinender Fürst gibt. Ein unaussprechliches Soufflé, das die ausgehungerte Ausländerkolonie Pekings begierlich genießt, denn es kommt ja nicht alle Tage vor, daß der chinesische Außenminister Huang Hua mit Gattin Foxtrott tanzt.

Prinz Ohneland ist für die Chinesen indes keine einfache Figur. Sie haben ihn neben das Schachbrett gestellt, wie schon Zhou Enlai geraten hatte, verdecken aber seinen Rang: Bauer oder Turm im indochinesischen Spiel? Das Finassieren der kommunistischen Macht mit der Legitimität des Monarchen (sie ist ohne Zweifel gegeben) wirkt fremdartig. Sihanouk spürt die reine Objektrolle, die man ihm zugedacht hat, und reagiert darauf mit einem wahren Ausbruch feuilletonistischer Interviews. Sie sind teilweise gegen Pol Pot gerichtet, »den Schlächter meines Volkes«, teils gegen die Chinesen, deren harte Vietnam-Politik dem kambodschanischen Friedensprinzen jede Verhandlungschance nimmt.

Das Changieren des Prätendenten paßt durchaus ins chinesische Konzept, solange die Interview-Worte nicht in Tränen ertrinken. So bat Präsidentin Deng Yingxao, die Frau Zhou Enlais, Sihanouk vor ein paar Tagen um Zurückhaltung. Der Prinz sandte daraufhin an alle Journalisten der Hauptstadt ein Rundschreiben, in dem zu lesen stand, was Kenner ohnehin nicht bezweifeln: daß er ein einfacher Khmer-Bürger sei, nicht mehr, nicht weniger. Der Brief folgte einem ersten Rundschreiben, in dem vorsorglich alle Interview-Bitten abgewiesen worden waren, die den gerade begonnenen chinesisch-vietnamesischen Verhandlungen hätten gelten können. Dennoch kommen mit goldener Regelmäßigkeit Interviews, darunter auch immer ein ganz großes, das wie eine besonders delikate crème de Khmer ein opulentes Diner beschließt.

Peking, 2. Mai 1979

Madame Helena heißt sie, und mir war während der Pressekonferenz der augengroße Saphir aufgefallen, der ihre linke Hand beschwert. Sie sitzt im Politbüro der rumänischen Kommunisten und souffliert dort ihrem Gatten Nicolae Coucescu die Antworten vielleicht genau so wie auf der (hoch über allen Journalisten) erhabenen Tribüne in der Pekinger Halle des Volkes. Wo war eigentlich der Sohn, Jugendführer Rumäniens? Ich kann mich nicht mehr erinnern. Haben ihm die Chinesen etwas geschenkt? Von den Deutschen wollte er einen Porsche, keinen Volkswagen – das war ihm zu wenig –, so bekam er einen Audi Spezial. Aber halten wir uns nicht mit Nebensächlichkeiten auf.

Ich frage mich nämlich, was aus der Idee Lenins geworden ist. Die Zarenfamilie mußte 1918 sterben, damit aller Welt klar werde, daß die Stunde der autokratischen Herrschaft geschlagen habe. Die Macht sollte von der Familie auf Volks übergehen, von der Krone in die Faust, vom Hof auf den Hinterhof. Dann werde sich die Geschichte dem Stande der Gerechtigkeit nähern. Der Mann, der das dachte, hatte in Sibirien in einer armseligen Hütte gehaust und sich auch dann, als er an der Macht war, nichts geleistet.

Es gibt untrügliche Zeichen für seine Niederlage. Seit er verblichen ist, verzeichnen wir vier Versuche der Restauration, vier dynastische Anläufe im Zeichen der kommunistischen Revolution: Ceaucescu läßt sich mit der Schärpe vor dem Bild des alten Königs fotografieren. Seine faschistisch aufgemachte Jugend, die Abhängigkeit des Politbüros, die dreizäunige Absperrung seines Regierungs-Compouds und die versiegelten Parks am Schwarzen Meer genügen ihm nicht. Da hätte Lenin ja noch ein Auge zugedrückt. Nein, er sucht eine ältere, höhere Legitimation: die dynastische. Andere verfahren wie Bonaparte – auch dieser ein Sohn der Revolution. Bei Pol Pot in Kambodscha lassen sich sechs Verwandte und Ehefrauen identifizieren, die zur Verteidigung der Macht zusammengetreten sind. Kim Il-Sung von Korea beförderte fünfzehn nähere und entferntere Verwandte in hohe Positionen, die er von gefährlichen Nicht-Verwandten gesäubert hatte. Die Genealogie dieser perfektesten der roten Dynastien reicht bis zum revolutionären Großvater zurück. Nichts geht über den Nachweis aus der Geschichte.

Die Chinesen kamen derselben Entwicklung mit einem Coup d'Etat zuvor. Um Mao Zedong, den Volkskaiser, hatte sich ebenfalls Familie gebildet. Jiang Qing verkörperte alle Allüren eines launischen Hofes. Sie hatte Häuser und schöne Unterhalterinnen, Regisseure, Drapeure und Requisiteure für die Inszenierung der eigenen Opern, Filmleidenschaft, eine Fotografierhand, die der Kalligraphenhand des Gatten nicht nachstand, einen Schwiegersohn, der die Medien beherrschte und damit die Feinde niederkartätschte, einen Mao-Neffen in der benachbarten Militärprovinz, einen Kronrat in Shanghai und viele junge »Söhne«, Wang Hungwen an erster Stelle, den Kronprinzen und Dressman der Revolution: Auslese aus der Vorlese der kommunistischen Partei.

Wir wissen also, was Lenins tote Seele umtreibt. Meinen die Chinesen nur die Machtpolitik der Russen, wenn sie von den »neuen Zaren« reden, oder meinen sie mehr: die Korruption einer Idee, ihre schnelle Verderblichkeit? Faszinierend in der Tat das Tempo des Zerfalls und die fast reuevolle Rückkehr zum autokratischen Herrschaftsstil, zur Ersten Familie. Eine Genugtuung mag dem Toten zuteil werden. Er braucht sich nicht von der ewigen Ruhe zu erheben, denn der Volksneid frißt diejenigen, die unter seinem Namen begannen, besonders gern. Die Silbertabletts sind schon beschlagen, auf den Sonder-Badestränden stehen rätselhafte Zeichen im Sand, hinter der Datscha flüstern die Gärtner und die Vier sind eine Bande. Die Schüler Lenins wollten es im Geheimen treiben, aber ihre Herkunft holt sie ein. »Demokratie«, sagte mein Geschichtsprofessor, »ist nicht die Antwort auf die Frage, wie regiert wird, sondern wer regiert.«

Wuhan, 4. Mai 1979

Wuhan – das Renommier-Hüttenwerk aus deutsch-japanischer Hand in Zentralchina produziert nur ein Drittel seiner Kapazität. Es fehlt an Elektrizität. Die deutschen Ingenieure und Techniker haben den Mangel seit vielen Monaten vorausgesagt. Der »Strominfarkt« ist typisch für die Imbalancen in der chinesischen Wirtschaft, ein Alarmzeichen. Man kann es auch ein Wahrzeichen nennen. Zuerst behinderte die Kulturrevolution den Baubeginn. Dann behindert die Viererbande die Fertigstellung. Nun verzögert der Energie-Engpaß die Inbetriebnahme des funkelnagelneuen Kombinats.

Die Geschichte des Werkes liest sich wie ein spannender Roman. 1966, noch zur Zeit des als Revisionisten und Kapitalisten geschmähten Präsidenten Liu Shaoqi, baten die Chinesen um einen Kredit von 600 Millionen Mark. Kurz darauf brachen die Verhandlungen unter den Stößen der Kulturrevolution zusammen. Wieder aufgenommen wurden sie erst 1973. Nun wollten die Chinesen keinen Kredit mehr. 1974, bei der Unterzeichnung des Vertrages, kam es zu den ersten Unruhen. Die Radikalen, später Viererbande genannt, protestierten gegen jede Abhängigkeit vom Ausland. Sie wollten revolutionär und bäuerlich bleiben.

Nach Vertrag und Plan sollten die Stranggießanlage und das Kaltwalzwerk der Firmen Schloemann-Siemag und Demag im März 1977 fertiggestellt sein. Aber bevor die Anlage marschbereit war, hatten die Chinesen schon 540 Millionen Mark durch Produktionsausfall verloren. 540 Tage nämlich, anderthalb Jahre, verzögerten die politischen Unruhen die Vollendung des Werkes. Jeder Tag schlug mit einer Million zu Buche. Die permanente Revolution powert ihre Kinder aus. Dazu kommen nun noch die Tage, die mangels Elektrizität produktionslos verstreichen.

Was die Viererbande angerichtet hatte, konnte ich in Wuhan noch im Mai 1977 besichtigen. Der Bauplatz glich einem Gelände nach schwerem Artilleriebeschuß. Überall lag alles herum: Schrott und sensible Maschinenteile aus 18 deutschen Schiffsladungen. Rohre und Berge von zersplittertem Holz. Im Keller des Kaltwalzwerkes stand die Elektronik im Wasser. Unbefestigte Industriewege machten jeden Schwertransport zur Berg- und Talfahrt. Je nach Wetter wurden die Arbeiter auf offenen Lastwagen durch Sandstürme oder Schlammwüsten gefahren. Wenn sie ankamen, waren sie so erschöpft, daß sie schlafen mußten.

Auch ein Jahr später, beim nächsten Besuch, schliefen die Arbeiter um elf Uhr morgens zwischen Stahlplatten und auf eisernen Drehbänken tief und fest. Zwei Stunden nach Schichtbeginn klapperten die ersten Eßstäbchen, länger als maximal fünf Stunden pro Tag packte niemand das Werk des Fortschritts an. Es hatte sich zwar manches gebessert gegenüber der Viererbanden-Zeit, als die Arbeitstätigkeit auf zehn Prozent gesunken war, als Renitenz und Aufläufe die Funktionäre zwangen, empfindliche Bereiche mit Stacheldraht zu schützen. Aber der Stacheldraht lag noch immer da, niedergetrampelt oder auseinandergezogen. Zum Aufräumen reichte die neue Disziplin nicht aus. Man sah nicht mehr so viele Karten- und Brettspieler, die Vorgesetzte beim

Inspektionsgang provokant musterten. Und von den Straßen Wuhans waren die Lastwagen verschwunden, auf denen Verurteilte, mit Schildern um den Hals und bewacht von martialischen Garden umhergefahren wurden.

Heute, wieder ein Jahr später, wird mehr als fünf Stunden gearbeitet, die Leistungsprämie beträgt maximal zehn Prozent. Die Belegschaft ist mindestens zweimal so stark wie in vergleichbaren westlichen Fabriken. Die Stranggießanlage wird von 530 Arbeitern gefahren, in Deutschland von der Hälfte. Hochtechnologien wie die in Wuhan, wo Eisenrammen mit 108 Stundenkilometern Geschwindigkeit gegossen werden, benötigen eine breite Facharbeiterschicht und eine sicher funktionierende Versorgung. An beidem fehlt es. »Wenn wir nach Ablauf der Garantiezeit weggehen«, befürchtet ein verantwortlicher Mann des deutschen Firmenkonsortiums, »wird bald nichts mehr funktioniren.«

Sind die Chinesen dabei, sich zu übernehmen?

Peking, 8. Mai 1979

Militarisierung eines Volkes, immer noch eines der faszinierenden Experimente des historischen Willens. Einer der bedeutendsten Strategen Vietnams, General Van Tien Dung, hat das Konzept des »lokalen Volkskrieges« entworfen. In seiner Effizienz ist es mit Mao Zedongs Theorie des Guerillakrieges vergleichbar, in Teilen vielleicht der jugoslawischen Verteidigungsdoktrin ähnlich. Nach dem chinesischen Feldzug verdient es besonderes Interesse, daß Van Tien Dungs Konzept, obzwar unmittelbar nach dem Kambodscha-Krieg Anfang des Jahres entworfen, ganz auf die Verteidigung gegen China abgestellt ist.

Van Tien Dung ist Mitglied des Politbüros und stellvertretender Sekretär des Zentralen Militärkomitees der Kommunistischen Partei. In der Nachfolge General Giaps gilt er als der erste Militär seines Landes. Er eroberte 1975 Süd-Vietnam in einem Blitzfeldzug und dirigierte den Überfall auf Kambodscha. Seine Taktik sah blitzartige Vorstöße in die Zentren der gegnerischen Verteidigung und ihre Aufsprengung von innen vor. Der Erfolg ist allerdings umstritten, denn die Roten Khmer entzogen sich unter ihrem Verteidigungsminister Son Sen den »Kugelblitzen«.

Das Konzept des »lokalen Volkskrieges« ist Inhalt eines Übungskurses für höhere vietnamesische Offiziere. Es wurde nach der Verbreitung durch Hanoi von der vietnamesischen Botschaft in Peking erläutert. Man kann es in vier Punkte gliedern:
– Vorneverteidigung Vietnams durch bestausgebildete und konventionell modern ausgerüstete regionale Streitkräfte, einschließlich Miliz. Eine Gebietsreform – Verringerung der Zahl der Provinzen von 80 auf 39 – und enge kommunikative Verflechtung geben der Verteidigung einen stahlnetzartigen Verbund. Hinter dem standfesten Schild stehen die mobilen Hauptstreitkräfte und die strategischen Reserven des Verteidigungsministeriums.

– Die Orts-, Stadt-, Distrikt- und Provinzverteidigung befestigt das ganze Land, nicht etwa nur die nördlichen Grenzbereiche. Dies setzt die totale Militarisierung Vietnams voraus. General Van Tien Dung: »Das ganze Volk kämpft gegen den Agressor, jeder ist ein Kämpfer, jede Siedlung ist eine Kampfposition.«

– Um die schwerwiegenden Folgen andauernder Militarisierung auf die Wirtschaft abzufangen, möchte der General Verteidigung und Produktion zu einer »strategischen Einheit« zusammenfassen. Der lokale Schwerpunkt der Doktrin kann dafür die Voraussetzung schaffen. Van Tien Dung: »Die Kombination von Verteidigung und Landesaufbau ist eine Sache auf Leben und Tod.«

– Vietnam erhält unter dem Einfluß des Konzepts den Charakter einer historisch beispiellosen Militärdiktatur, eines »Super-Sparta« – ohne Klassenaufteilung. Der Sozialismus bietet die Einigungsformel für das ungeteilte Engagement des einzelnen, keine beglückende Zukunftshoffnung mehr. Er ist Disziplinierungsmittel. Die Partei spielt eher eine Hilfs- denn eine Führungsrolle. Sie muß nach den Worten des Generals reformiert und auf den Zweck der Verteidigung ausgerichtet werden.

Die Doktrin vom »lokalen Volkskrieg« gibt im nachhinein Aufschluß über einige Besonderheiten des chinesisch-vietnamesischen Krieges. Obwohl das Konzept noch mehr Plan als Wirklichkeit ist, trugen im Februar und März die regionalen Streitkräfte des Landes schon die Hauptlast der Verteidigung und verwickelten die Chinesen in schwere Positionskämpfe. Mobile Hauptstreitkräfte kamen offenbar nur stellenweise zum Einsatz. Der Angreifer vermochte das noch keineswegs perfekte Stahlnetz nur mit größten Anstrengungen zu durchbrechen.

Entscheidend ist die Erklärung General Van Tien Dungs, daß sein Konzept vom »lokalen Volkskrieg« sich vom herkömmlichen chinesischen Guerillakonzept »grundlegend« unterscheidet. Die Vietnamesen verzichten zwar nicht auf »Irregularität« bei der Kriegsführung, sie operieren mit Milizen und in Guerillataktik, wo es angebracht ist, verzichten aber auf das maoistische Hauptkriterium der Mobilität. Die örtliche Verteidigung ist gleichsam zementiert, ein mit allen Mitteln der Organisation, Befestigung und Logistik vorbereitetes Schlachtfeld, dessen Eroberung dem Feind hohen Blutzoll abfordert.

Den berühmten, aus Sun Tzu gewonnenen Vierzeiler Maos, lehnt der vietnamesische General ab: »Feind geht vor, wir weichen. Feind bleibt stehen, wir stören. Feind wird müde, wir schlagen. Feind weicht, wir folgen.« Demgegenüber beruht die neue Kampfesweise auf hartnäckigster Verteidigung von Land (»jeden Zentimeter«), Dorf, Stadt, Straße. Der Grund dafür ist: Vietnam besitzt im Unterschied zu China nicht die Tiefe des Raumes. Es kann nicht nach dem Prinzip verfahren: »Weich ist stärker als hart« (wie das Wasser), und das Bild des Fisches im Wasser zerbricht an der Enge. Dieselbe Enge aber wird zur Stärke des Verteidigers, wenn er mit dem hochgespannten Stahlnetz operiert, den Angreifer durch konventionelle Fangschläge aus dem Konzept bringt und so den Stoß der Hauptstreitkräfte »von der Höhe« ermöglicht.

Standfeste Verteidigung und offensive Strategie bilden mithin im Konzept des Generals eine Einheit. Ortseinheit, Distrikt, Stadt, Provinz, Militärregion – das ganze Land – hängen auf jeder der genannten Ebenen (Breite) und durch Etappenstränge (Tiefe) kommunikativ-befehlsmäßig und logistisch zusammen. Im Falle des großen Angriffs läßt man sich überrollen und kämpft im Rücken des Gegners weiter. Es gibt keinen Rückzug. Die örtlichen Verteidigungskräfte als das Rückgrat der Verteidigung bereiten sich moralisch, politisch, militärisch, wirtschaftlich und technisch auf ihre Aufgabe vor.

Wie lange so etwas geht? Lange. Die herrschenden Minderheiten in den kommunistischen Staaten können die Luken schließen wie auf einem Schiff im Sturm. Von draußen dringt nichts herein. Und im Inneren hallen immer nur die Echos derselben Befehlsworte. Der Verlust der Kultur ist einkalkuliert.

Peking, 18. Mai 1979

Als ich im kleinen Stadtviertel in die Straße einbiege, die zur Sozialakademie führt, sehe ich die Bescherung. Ein Armeelastwagen hat einen Eselskarren mit Rüben gestreift. Am Wagen fehlt ein Rücklicht, und ein paar hundert Rüben kollern auf der Straße umher. Der Bauer und die Soldaten diskutieren die Schuldfrage, man versucht sich auf ein kurzes Protokoll zu einigen. Frauen, das Strickzeug in der Hand, werden um Zeugenaussagen gebeten. Es gibt weder Klarheit noch Streit, der Bauer ist trotz des Schadens wohlgemut und lacht.

Von Zeit zu Zeit verläßt er die gestikulierende Gruppe, die nun die ganze Straßenbreite einnimmt. Er geht zum Karren und tätschelt die beiden Mähren mit dem malerisch anmutenden, zirkushaften Kopfschmuck. Mit dicken Stricken zieht er die Bretter zusammen, die seine Rüben auf dem Wagen halten, ironische Kommentare der Straßenjugend rühren ihn nicht. Vielleicht versteht er sie gar nicht. Dann kehrt er zu den Soldaten und den »Zeugen« zurück und erkundigt sich nach dem Stand der Diskussion.

Nach einer Stunde sind die Verhandlungen beendet. Der Bauer läßt die Peitsche knallen und zieht weiter. In diesem Augenblick stürzen die Anwohner mit Schüsseln und Körben auf die Straße und klauben die vom Karren gefallenen Rüben auf. Lautes Lachen, die Stadt wird zum Dorf. Durch die einsammelnden Frauen und Kinder geht eine Händlerin, die Altwaren kauft. Sie hat einen Schellenstock in der Hand, nacheinander erklingen fünf Töne. Eine melodische Tonfolge – so soll Anpreisung ja auch sein.

Peking, 23. Mai 1979

Einmal nichts sehen, nur hören. Ich verbringe eine Nacht am geöffneten Fenster meiner Pekinger Wohnung. Christian Morgenstern hörte »Fisches Nachtgesang«. Um die ungewöhnliche Wahrnehmung wiederzugeben, muß man sie, wie Chinesisches, in eine Zeichensprache transskribieren, die in Dichters Fall aus Strichen und Häubchen bestand. Ich schließe das Auge nicht, ich nehme es weg, gebe das Ohr der Nacht und warte auf den Morgenton. China hat typische Geräusche, unverwechselbare, einmalige, anderswo verhallte, nie Wahrzunehmende. Nur Töne – oder eine Komposition?

Vor dem Haus verläuft die Chang An Dajie, die Haupt- und Reichsstraße Chinas, von der vielfachen Länge der großen Ost-West-Achse in Berlin, breiter und himmlischer als die Champs-Elysées. Um zwei Uhr nachts, wenn der Lastwagenstrom verebbt, die Dunkelheit ihre Tiefe erreicht hat, beginnt die Stunde des Ohrs.

Pferdegetrappel, als seien alte Stadttore geöffnet worden. Vor meinem Fenster verlief einst die Mauer. Wie setzt das Pferd ein Bein vor das andere, fragte ich mich als Kind auf dem Lande, und noch heute versuche ich mit vier Fingern den Rhythmus des Pferdegangs nachzuahmen. Die gelbliche Sparbeleuchtung offenbart dem Auge keine Bilder. So tauchen sie mit dem Geräusch in meiner Phantasie auf – die überhoch beladenen Wagen mit Gemüsen, Abfalltonnen aus der Fabrik, Papierplunder, mit gewaltigen Rundhölzern, wie sie vor vierhundert Jahren zu den Gräbern der im Tod triumphierenden Ming-Kaiser gekarrt wurden.

Die mauerlose, große Reichsstraße schrumpft zur Dorfpassage, das Getrappel dringt wie ein vertrauter Ton, wie familiäre Erinnerung in die Träume der Menschen ein, die in den kleinen, verwitterten Hofhäusern an der Dang An schlafen. Peking ist flach wie ein Fladen, eine Gassen-Stadt, eine Sammlung unbeachteter Antiquitäten. Hall und Widerhall haben dort dörflichen Klang. Vor dem Traumauge tauchen weite Felder auf, arkadische Landschaften. Es kommt Trab in den Traum.

Von den Bahnhofstürmen dringt die Glockenspielmelodie »Der Osten ist rot« herüber, eine mahnende und erhebende Weise der Revolution, den Stundenschlag einleitend. Es ist nun drei. Ein rhythmisch wiederkehrendes Quietschen untermalt das Pferdegetrappel. Man denkt für einen Moment, es sei ein organischer Ton, klagender Laut. Schräg gegenüber im Dunkel, jenseits der großen, neuen Straße über der U-Bahn, lagen einst die Examenshallen, die Zellen, in denen die Anwärter für die Beamtenprüfungen um diese Zeit den Qualen des unerbittlichen Tages entgegenharrten. In den Nachtstunden häuften sich die Selbstmorde.

Aber dem Ohr kommt rasch die Erleuchtung. Es ist keine letzte Klage. Ich kenne das Geräusch aus der Provinz Sichuan, wo Schubkarren und Büffelkarren glatte Holzscheiben als Räder haben. In die Mitte der Scheibe wurde ein Loch gebohrt. Die Nabe nimmt die Welle auf. Stifte auf beiden Seiten geben der Scheibe Halt. Kein Kugellager, kein Schmieröl, kein empfindliches Ohr, keine aufjagenden Nerven. Es quietscht hell und durchdringend, hartes Holz auf hartem Holz. Ich kann nichts sehen. Aber ich weiß, daß der Bauer auf dem Wagen tief und gerecht schläft.

Den Bahnhof, von den Russen im chinesischen Dachstil mehr gebacken als gebaut, mag ich nur an Feiertagen wie dem 1. Mai, wenn die Lampengirlanden an den Fassaden dem Kitsch Kontur verleihen. Gnädige Nacht. Jetzt nehme ich nichts anderes wahr als die urwelthaften Signale der herbei- und davoneilenden Züge, das Fauchen und Schnaufen der Dampflokomotiven, das Rangiergeräusch der aufeinanderstoßenden Waggons.

Wenn die schwere Masse des Zugs mit viel Ächzen und Stöhnen in Bewegung gebracht ist, gewinnt das Puffen und Brüllen einen hurtig-kraftvollen Klang. Er verliert sich geschäftig in der Ferne, Rufe in die Nacht werfend, Antwort heischend, die, von der Luftbewegung des Tempos verzerrt, prompt in die Stadt zurückfliegt. Die Weite Chinas ist erreicht, der Reisende taucht in das Schienenabenteuer ein – Ziel Shenyang, Ziel Shanghai, Ziel Kanton, Ziel Kunming, viele Stunden, Tage.

Feines Klingeln, sich vermehrendes, ausbreitendes Geklingel dringt an mein Ohr. Es hat fünf geschlagen, die Nacht weicht, leistet aber noch grau-gelben Widerstand, verflüssigt sich in pastellfarbene Masse. Die Stadt ist ein Schattenwesen. Und in diese diffuse Ebbe dringt nun die Flut der Radfahrer ein, aus hundert Seitenstraßen die Dang An überschwemmend. Sie kommen in Dreißiger- und Vierzigerreihen. Das Klingeln bringt den Morgen wie anderswo die Vögel, die es hier in Peking nicht gibt, weil man sie getötet hat. Du mußt schon zum Sommerpalast der Kaiserin hinausfahren, an einem warmen Spätnachmittag, um tiefstreifende Schwalben zwitschern zu hören.

Das Geklinge streckt sich zum Dauerton, zum endlosen, steigerungslosen Ton-Band, im aufbrandenden Morgen bald übertönt vom Hupen der Busse, Lastwagen, Transporträder und Funktionärskarossen. Die neue Tongestalt ist nicht gleichmäßig, sondern alarmierend, für die Schwerhörigkeit des chinesischen Verkehrsteilnehmers bestimmt, dessen Straßenbewegungen mich immer an Tantes Schnittmusterbogen erinnern, den ich geheimnisvoll und außerordentlich verwirrend fand. Der chinesische Fußgänger überquert die Straße traumwandelnd, er muß um seines Lebens willen geweckt, erschreckt werden. Nun schließen westliche Gäste, die aus Villenvororten ins stille China gekommen sind, im Peking-Hotel wütend die Fenster.

Der laute Tag ist da, der chinesische Tag. Lärmig sind die Städte, wo titanenhafte Bautätigkeit und wachsendes Verkehrschaos die Luft erzittern lassen. Dampframmen, Bohrhämmer, Bulldozer, giraffenförmige Krane, Kommandopfiffe, Gebrüll der Polizisten, Fehlzündungen verbreiten die Stimmung von Aufbruch und Zukunfts-Amok. Lautes Lachen, Räuspern und Spukken »De Profundis« ersetzt die marktschreierischen Laute des kommerziellen Hong Kong, den lusitanischen Werberuf Macaos. Auf der großen Baustelle unter meinem Fenster klappern die Eßgeschirre der Soldaten.

Ich schließe die Fenster. Der chinesische Tag hat keine anziehenden Töne – sie schwinden am Morgen mit dem Gemurmel der Märkte dahin. Der Aufbau des Entwicklungslandes vollzieht sich unter mechanischen Geräuschen. Die primitive Maschine dominiert, das Klappern, Knallen und Holpern. Es wird Jahrzehnte dauern, bis das Geräusch das niedrige Profil des elektronischen Rauschens und Zirpens erreicht, die Geisterstimme, das Flageolett der spätindustriellen Zeit. Etwa um 11.00 Uhr morgens erreicht der Lärm den Scheitelpunkt – dann dringt unmerklich Müdigkeit in die Monotonie, die den ganzen Nachmittag über nicht mehr weichen will. Abends sitzen die Leute unter den Straßenlaternen, die Frauen stricken, die Männer hocken im Kreis auf kleinen Schemeln. Du hörst Rufen, Flüstern, das Klatschen der Spielkarten, das Klappern der Schachsteine, das manchmal schon an das verbotene Mahjong erinnert, an das scheppernde, geldschindende Freizeitabenteuer von Hong Kong.

Suchst du wirklich den Abend, den Frieden des Windes, der in langnadligen Kiefern rauscht wie durch eine Harfe, dann gehst du am besten hinaus zu den Ming-Gräbern, in eines der verfallenen, und wartest auf die Wiederkunft der Monarchie. Manchmal, in der Zeit des ausgehenden Winters und ankommenden Frühlings, verfärbt sich der Himmel zum gelben Lampion, Wolken sinken herab, es rieselt Sand aufs Haar. Je tiefer du in die Stadt zurückkehrst, desto lauter pfeift der Sturm in die glasierten Ziegel. Ihre runde Form tönt wie ein altes Instrument. Peking, wahrscheinlich im 8. Jahrhundert v. Chr. gegründet, ist so alt wie Rom. Es war stets Vorposten, Festung im Norden, Barbaren-Wehr. Wer lauschen kann, hört es heute noch.

Peking, 26. Mai 1979

Bei der Heimfahrt vom Minzu-Hotel fuhr ich durchs kleine Stadtviertel zwischen dem Kaiserpalast und der Wohnung. Es war schon dunkel, aber der »Hades«, wie ich die Straßen ohne Tageslicht nenne, schien noch bevölkert. Das Jahr wird wärmer, im Mai beginnt in Peking die schöne Zeit. Man bleibt länger auf und genießt die angenehme Luft. Die Bäume grünen, das Leben gewinnt Weite.

Aber seltsam – die Leute bewegen sich heute nicht so ungezwungen wie sonst. Sie weichen dem Standlicht des Wagens aus – der einzigen im nächtlichen China erlaubten Autobeleuchtung. Das Weghuschen erinnert mich an Kakerlaken: schnell ins äußerste Dunkel. Ich steige aus und gehe zu Fuß weiter. Nun sehe ich die ersten Wegelagerer. Sie haben sich in den Toreingängen breit gemacht, mit Sack und Pack. Es riecht streng. Über kleinen Holzkohlenfeuern werden irgendwelche Flüssigkeiten und Speisen gewärmt. Bast ist ausgerollt, daneben zerlumpte Kleidungsstücke. Und Menschen: Bauern, elend, heruntergekommen.

Es geht also weiter. Seit dem Winter strömen Landleute aus den ärmsten Regionen Chinas nach Peking, formieren sich dort zu »Delegationen« und wollen zum Zentralkomitee vorgelassen werden, am liebsten zu Deng Xiaoping, dem »Unbestechlichen«, wie sie ihn nennen. Besseres Leben, vor allem für die schlecht bewirtschafteten Staatsfarmen, und Gerechtigkeit – mehr Gerechtigkeit vor dem Gesetz und den Funktionären, lauten die Wünsche. Die Propaganda, die alle Oberflächen jahrzehntelang überglättet hat, scheint das Verhalten der Menschen nicht mehr zu bestimmen.

Vor dem Fremden weichen die Landleute zurück. Ich erlebe wieder die »Ungleichzeitigkeit« des Landes, die das historische Interesse stark anregt. Das Elend von Jahrtausenden, der vorrevolutionäre Zustand, die Hoffnungslosigkeit sind in die Gasse eingekehrt, die zu dem vornehmen Beamtenviertel zählte. Mir kommt der Gedanke, daß es auch dem stärksten politischen Willen nicht gelingen wird, die zähe, widerstrebende Substanz des menschlichen Lebens zu durchdringen, aufzuweichen und zu formen.

Aber ich sehe, daß die Nachbarschaftshilfe funktioniert. Die Anwohner geben den Landleuten etwas zu essen. Das wäre vor der Revolution anders gewesen: den »Unbekannten« gegenüber, die nicht zur Familie gehören, hätte man sich gleichgültig gegeben. Nach einer Stunde läßt das Gekrieche, Geschabe und Geflatter nach. Das arme China schläft.

Peking, 29. Mai 1979

Gestern und heute lange Diskussionen mit Professoren und Studenten des X-Instituts über die Beziehungen Chinas zu anderen Ländern und über die Modernisierung. Nach dem harten Eingreifen der Partei in die Demokratie- und Menschenrechtsdiskussion wurde die Parole ausgegeben, die westlichen Einflüsse auf Technik, Technologie und Organisationswissen zu beschränken, die politischen Prinzipien des Westens und seine Lebensformen hingegen abzulehnen; sie seien dekadent und korrumpiert. Wir hatten also Grund und Stoff zur Diskussion. Sie wurde offen geführt. Ich zitierte aus Toynbees »Die Welt und der Westen«, eine Studie über die Frage, ob man fremde Kulturen teilweise übernehmen kann oder nur »en bloc«, mit ihrer geistigen Substanz.

Die Schüler und Professoren hielten mit ihren Meinungen zurück, die Diskussion wurde leider wieder zum Monolog, wie schon so oft. Doch haben die Chinesen in den beiden letzten Jahren etwas gelernt, was sie vorher nicht konnten: Sie hören aufmerksam zu – nicht mehr hoheitsvoll, mit der eisigen Höflichkeit desjenigen, der sich im Besitz der Wahrheit wähnt und nur aus theatermäßiger Neugier die Selbstdarstellung des Irrtums beobachtet. Ich hatte zwei Tage lang den Eindruck einer akademischen Atmosphäre.

Doch spürte ich auch dieses Mal die Schwerkraft der Geschichte, die jeden Gedanken an eine Öffnung Chinas gegenüber den Ideen des Westens beschwert und verlangsamt. Die grundsätzliche Bereitschaft ist zwar vorhanden. Dann aber bringen die Reminiszenzen, die schlechten Erfahrungen, einen bangen Ton in die Argumentation. »Aus eigener Kraft den Anschluß schaffen«, taucht als alte, rettende Formel auf. Daß sie nur für Notzeiten gelten kann, nicht für normale Zeiten des wirtschaftlichen Aufstiegs und der internationalen Kommunikation, dämmert den Zuhörern. Aber sie bleiben unsicher. Sie denken, ohne es auszusprechen: Sind wir uns nicht selbst genug?

Mein »Monolog« – : Dreimal schon in seiner langen Geschichte hatte China folgenreiche Begegnungen mit dem Westen (beziehungsweise mit dem gelehrigen Japan) gehabt – wir sind Zeugen der dritten. Zum erstenmal versuchte der Westen im 17. und 18. Jahrhundert in China und Japan Fuß zu fassen. Er trat im Gewand der Religion auf. Während Japan die Fremden abwies, konnten die Jesuiten in der Ming-Periode, besonders aber in der folgenden Mandschu-Zeit, bei Hof Zugang finden. Sie waren als Astronomen tätig, hüllten das Christentum in konfuzianische Riten und duldeten den Ahnenkult. Aber der Ritenstreit in Rom, das Anpassungsverbot des Papstes, entzog dem Werk den Boden. Vom großen Einfluß des jesuitischen China-Bildes auf die westliche Aufklärung abgesehen, blieb die Begegnung eine Episode.

Im 19. Jahrhundert kamen die Fremden in anderer Gestalt. Sie hatten die Kulturen des Ostens inzwischen technisch, wissenschaftlich, organisatorisch überholt und die Prinzipien der Herrschaft und der Rationalität – in denen Max Weber die Kriterien der modernen Welt erblickt – an die Stelle des Christentums gesetzt. Nach kurzem Kampf und tiefen inneren Veränderungen nahm Japan 1868 den Aufruf zur Modernisierung an. Die siegreichen Kriege gegen China (1894/95) und gegen Rußland (1905) zeigten das Land auf dem Weg zur imperialen Position. Japan wurde zum Vorbild und Fluchtort der chinesischen Reformer.

Demgegenüber war die Begegnung des Westens mit China im 19. Jahrhundert quälend, kriegerisch, feindselig und häßlich. Die gewaltsame Öffnung des Landes diente dem Handel, weniger der

Mission, und erst in der späten Phase, als Russen, Japaner und Deutsche auftraten, der Kolonisation. Die Mandschu-Dynastie hielt sich oder wurde von den Westmächten über Wasser gehalten. Dabei blockierte sie hinhaltend den Weg zur Modernisierung des riesigen Landes. Der Grund lag nicht in ihrer moralischen und politischen Stärke, sondern in der beispiellosen Kraft und Stabilität des konfuzianisch verfestigten Gesellschaftssystems. Nur Revolution von unten konnte hier Änderung bewirken, nicht Reform von oben.

Wer mit historischem Gespür den Kaiserpalast in Peking durchquert, kann an der erhabenen, symmetrischen, kalten Architektur die Gründe für Chinas Bewegungsstarre ablesen. Drei entschiedene, schnörkellose Stradas machten den konfuzianischen Staatsaufbau aus: Monarch und Beamtenschaft, grundbesitzende Bildungsschicht und illiterate Bauernmassen. Es gab keine Mittelschicht, keine Kaufleute und keine patriotische Kriegerkaste wie in Japan, keinen Ansatz zur kapitalistischen Geldwirtschaft, keine Investoren, weder Wissen über die Welt noch Korrespondenz nach draußen. Barbaren und Berater wurden sinisiert. China war immer nur von weniger starken Kulturen umgeben, Korea, Japan und Vietnam übernahmen die Segnungen des Reiches en bloc. Bis heute ist es daher einem Chinesen im Grunde unvorstellbar, daß andere Länder etwas Besseres bieten könnten als das eigene. Es gab also keine dynamischen Elemente im Geschichtsprozeß. Von dorther fehlt jede Voraussetzung für die Modernisierung.

Reformen, die versucht wurden, waren die Folgen verlorener Kriege oder schwerer innerer Niederlagen oder einer Kombination aus beidem, wie der Boxeraufstand 1900. Schließlich kam die kommunistische Revolution, der energischste Reformstoß, eine Revolution von unten. Sie war eine Brechung des westlich-industriell orientierten Marxismus-Leninismus in der chinesischen Optik Mao Zedongs. Nationale Sozialreform, in deren Mitte die Bauern standen. Die Frage, inwieweit der chinesische Sozialismus überhaupt marxistisch ausgerichtet ist, stellt sich mir immer dringender. Ich sehe eigentlich nur die leninistische Partei – das Herrschaftsinstrument.

Peking, 2. Juni 1979

Heute kam Herr Wang vom X-Institut zu Besuch und wir setzten die Diskussion über Chinas Öffnung gegenüber dem Westen fort. Rasch waren wir uns einig, daß die Elemente des Marxismus, die China übernahm, die Aufgeschlossenheit gegenüber der Welt gefördert, die Zentripedalkraft jedenfalls geschwächt haben. Mein Urteil über den Leninismus als reines Herrschaftsinstrument teilte Herr Wang erwartungsgemäß nicht. Daß der Kommunismus als Weltsystem in sich kontrovers geworden ist, jedenfalls keine internationale Solidarität und nationale Auskünfte mehr produziert, verstärkte in China seit Jahren die Kräfte der Isolation und des »eigenen Weges«. Der sino-sowjetische Konflikt ist dafür das lebendigste Beispiel.

Aber auch die moralische und politische Dekadenz des Kommunismus, sein Abstieg als Sozialreligion und Menschheitsziel, berührt China und kann zu weiteren Verkrampfungen führen. »Ein Gespenst geht um in Europa«, beginnt das Kommunistische Manifest von Marx und Engels, »das Gespenst des Kommunismus. Alle Mächte des alten Europa haben sich zu einer heiligen Hetzjagd gegen dieses Gespenst verbündet...« Diesen Text kann man heute mit neuen Sinn füllen: Drei Gespenster, so läßt sich jetzt sagen, gehen um in der Welt, die Gespenster der Menschenrechte, der Freiheit zur politischen Opposition und des Wunsches nach persönlicher Lebensgestaltung. Alle Mächte des Kommunismus haben sich zu einer unheiligen Hetzjagd gegen diese Gespenster verbündet.

Eine ideologische Krise, eine Glaubenskrise, erschüttert China. Was wird aus der »Befreiung des Denkens«, die Deng Xiaoping eingeleitet hat, um seine Landsleute zur Übernahme von Verantwortung und zum Wagnis der Initiative zu bewegen? Sie soll die Modernisierung des Landes begünstigen, nicht politische Liberalität, wie der Westen die ausstrahlt. Der Kampf um das Maß der Öffnung gegenüber dem Westen ist daher noch nicht zu Ende, der point of no return noch nicht passiert. Das meint auch Herr Wang.

Peking, 20. Juni 1979

Den ganzen Tag wegen der Südostasienreise unterwegs. Auch der Pekinger »Resident« erhält kein Dauervisum, wie es zum Beispiel in den USA üblich ist. Die Einzelvisa müssen beantragt werden, sind in der Regel auf die Reisedauer begrenzt. Die spezielle Aufenthaltsgenehmigung für Peking muß man für die Zeit der Abwesenheit bei der Polizei deponieren. Der Führerschein für China wird gegen den deutschen Führerschein, der während des Aufenthalts bei der Polizei liegt, ausgetauscht. Ein dichtes Kontrollnetz.

In der Bank of China trifft man Ausländer, fahrige Compound-Bürger. Die Stimmung ist aufgeräumt, denn die meisten rüsten zu einer Reise. »Mal wieder raus«, heißt die Devise. Der Lärm von Hong Kong, die unbegrenzte Konsumwelt erscheinen begehrenswert. Ich erkenne schärfer als früher die »spezifische Sinnesenergie« der Verwöhnten (auch an mir selbst). Es gibt Fälle, in denen längere Abstinenz Seelen-Ödeme kreiert.

Kanton, 21. Juni 1979

Bruthitze. Morgen Hong Kong, dann über Bangkok, wo der Chinese L. A. S. zusteigt, gleich nach Chieng Mai. Ich habe die Rauschgiftreise gut vorbereitet. Zwei Wochen habe ich nun Zeit, mit Dealern und Opiumbauern, Offizieren der Thai Narcotic Division, der Armee und der Border Patrol zu sprechen, mit Geschäftsleuten, die in Verdacht stehen, gegen die es aber keine Evidenz gibt, mit Polizisten in Chieng Mai, Ärzten, buddhistischen Mönchen und Nonnen, schließlich mit Rauschgiftsüchtigen selbst, wo immer ich sie auftreiben kann. L. A. S. hat in Bangkok seine Beziehungen spielen lassen und die Kontakte eingefädelt.

Ich werde alle Sachangaben bei thailändischen und malaysischen Regierungsstellen sowie bei amerikanischen Spezialisten in Washington prüfen lassen. Die folgenden Tagebuchnotizen sind somit die einzigen in diesem Buch, die unter Umständen nachkorrigiert werden. Drei Viertel des europäischen Heroinbedarfs, sechs Tonnen pro Jahr, kommen aus Südostasien, dem »Goldenen Dreieck« Burma, Laos, Thailand.

Die Heroinszene ist in besondere politische, ethnische und geographische Gegebenheiten eingebettet. Die Atmosphäre ist lethargisch, von Korruption verseucht. Der Buddhismus tritt als Gegenkraft gegen die wachsende Suchtgefahr in Tailand auf. Typisch ist der Drogenplatz Chieng Mai in Nord-Thailand. Man stößt dort auf den Skandal einer »tolerierten Zone«. Die Stadt, die von ausländischen Drogenabhängigen wimmelt, ist die Strandgutküste der westlichen Zivilisation.

Hong Kong, 22. Juni 1979

Dschunkenleben. Korrupt und maskiert ist nur der Gondelbetrieb am Schmutzrand von Aberdeen, wo man für ein paar Hongkong-Dollar durch die Abfälle der Fischrestaurants gerudert wird. Gegenüber, nahe der Bootswerft, geht die Schminke ab. Die kleinen Kinder sind im Relingradius an den Mast gebunden, Großmutter putzt das Gemüse, der halbwüchsige Sohn läßt die Beine baumeln. Männer betreiben kleine schwimmende Küchen. Es herrscht peinliche Sauberkeit und Ordnung, Fleisch glänzt rot, am Grünzeug perlt das Wasser. Der kauernde Koch korrigiert die Lage mit flinkem Ruderschlag. Hier ist die Welt amphibisch, wenn auch mehr landorientiert als in den Klonks um Bangkok, wo der Mensch einem minotaurischen Wasserwesen gleicht, verschmolzen mit dem flachen, meist überladenen Boot.

Das Leben auf dem Wasser läßt den Menschentypus schärfer hervortreten als die Erde es erlaubt. Einmal paßt der Mensch sich schmiegsam an, eintauchend bis an die Kiemen, das anderemal steht er an Deck oder auf der Brücke, führt das Ruder oder richtet die Segel. Der Chinese, der mich in Kanton auf seine Dschunke genommen hat, ist ein Aufrechter, ein Seefahrer. Von Zeit zu Zeit verläßt er die Sicherheit des Perlflusses und segelt zu den Inseln nahe Hong Kong. Er spürt dann die Dünung des großen Meeres, Wind kommt auf, die Rahen knarren, aber zum Odysseus, wie er uns im XXV. Gesang der Göttlichen Komödie entgegentritt, wird der Chinese nicht. In dem runden Schädel neben mir geht kein weltausgreifender Gedanke um. Alles Sinnen ist kontinental, vom Hafen zum Hafen strebend.

Zum chinesischen Naturell gehört die Erde, die Familie, alles

Gebundene und Verwurzelte. Von daher kommen Kraft und Geist des Landes. In uns, so kommt es mir vor, lebt eine andere Sehnsucht. »O Brüder«, sagt Odysseus zu seinen Kameraden, »verschmäht doch nicht, den kargen Abendrest der Sinneskraft, soweit sie Euch vorhanden, zu nutzen, soll's der Sonne nach gelingen, daß wir am menschenleeren Weltteil landen. Vergeßt die Herkunft nicht, der wir entspringen, daß wir nicht gemacht sind, vertiert zu leben, nein, Tugend uns und Wissen zu erringen...« So fuhr Odysseus, die Säulen des Herkules passierend, in den atlantischen Untergang. Nicht einfach ein Held, wie es ihn überall gibt, nein, ein Provokateur. Dieser Seefahrer fordert das Schicksal heraus. Das taten die Vorfahren des Rundkopfs neben mir nie. Cheng Ho, Admiral des Ming-Kaisers Yong le, der im 15. Jahrhundert bis in die Arabische See segelte, war die Ausnahme.

Hong Kong, 24. Juni 1979

Nach zwei Monaten hatte das überkommende Salzwasser der südchinesischen See die Haut Ying Los verätzt. Krusten bedekken Arme, Brust und Lenden. Er stinkt wie Dantes tiefere Höllenkreise. Führt er die Schüssel mit dem »weißen Tee«, worunter Chinesen heißes Wasser verstehen, an die schartige Öffnung, die sein Mund darstellt, zerreißt die Kruste und ein Fluß dunklen Eiters ergießt sich in die Schale. Keine Watte, kaum Mullbinden, keine Desinfektion. Das alte Elend hat nicht einmal mehr normale Augen, aus dem Tränen ihren Weg finden könnten.

Dafür hat Ying Lo etwas anderes. Er hat Geld – genauer, Gold. Aber wer weiß das schon? Seine vier Angehörigen, zwei Töchter, ein Schwiegersohn und eine halbwüchsige Enkelin und ein chinesischer Freund aus den New Territories, der mich begleitet; er gehört zur Lagerverwaltung, er kennt sich gut aus. Ying Lo stammt aus Nha Trang, einer Küstenstadt nordöstlich von Saigon, wo es ein chinesisches Händlerviertel gab. Bevor ihn das Glück nach Hong Kong führte, war er an einen namenlosen malaisischen Küstenstrich verschlagen worden, zwei Jeep-Stunden nördlich Kuala Terengganu. Die Flüchtlinge wurden wieder ins Meer getrieben.

Das Flüchtlingselend ist eine Probe auf die Menschlichkeit. Diese ist aber, im Unterschied zu Descartes' Vernunft, die am schlechtesten verteilte Sache der Welt. In weiten Teilen Asiens sind Menschlichkeit und Menschenrechte nicht verbreitet. Sie wurzeln im Christentum oder im Humanismus – sie davon trennen zu wollen, ist ein schwerer Denkfehler. Wenn die Chinesen ihre aus Vietnam vertriebenen Landsleute zunächst großzügig aufnahmen, dann waren nationale, womöglich nationalistische Gründe maßgebend. Die Abneigung gegen die Vietnamesen und ihre Politik. Als dann zu viele Flüchtlinge kamen, wurden sie abgewiesen.

Auch wenn Menschlichkeit und Mitleiden nicht mehr tief gegründet sind – als Gefühl, als Stachel und Trauer um das Glück, das verlorene, sind sie noch da. Dafür gibt es ein seltsames geistesgeschichtliches Beispiel, einen Fall, der sich am 3. Januar 1889 auf der Piazza Carlo Alberto in Turin ereignete. Ein Fuhrknecht mißhandelt seinen müden Gaul. Da kommt der deutsche Philosoph Friedrich Nietzsche des Wegs. Als er des Elends ansichtig wird, läuft er über die Straße und wirft sich schluchzend um den Hals des gequälten Tieres. Er verhaut nicht etwa den ungerechten Fuhrknecht – wir verhauen ja auch nicht die Vietnamesen – nein, er küßt das Pferd. Am Tatort bricht der Denker zusammen. Als er wieder erwachte, war er wahnsinnig. »Im dunklen Gewitter will ich verschwinden...« – diese Selbstprophetie Nietzsches erfüllte sich in einem Leiden, das er als Philosoph verachtete: beim Mit-Leiden.

Chieng Mai, 27. Juni 1979

Am Strand. Am Meer stehen und den Aufprall betrachten. Das eine Element treibt, das andere behält. Der silbrige Rachen speit Strandgut aus. Die Erde nimmt es auf. Es schimmert faulig, verwest. Wer an die feuchten Trümmer Feuer legt, bekommt die Essenzen der Hölle zu schmecken. Alles liegt kläglich verrenkt. Man erkennt das Werk nicht wieder. Das Bild ist zerstört, Triumph des sinnlosen Teils. Chieng Mai ist eine Küste, wo der Schiffbruch des Westens antreibt. Traum der Schnecke, in endlose Windungen zurückzukriechen. Die Pupillen sind nach innen geschwenkt. Du siehst in Augen wie beschlagenes Glas. Rauschgift. Ich mache Interviews.

Chieng Mai, 27. Juni 1979

Hans erzählt: »Heiß, kein Wind. Die weißen Birnen über den Verkaufsbuden vertreiben die Schatten. Nightmarket. Die Hilltribe-Leute haben endgültige Gesichter. Ich schaue mich noch einmal um, hier muß es sein. Der Chinese hatte gesagt, er komme um zehn Uhr zu dem Stand, wo die langen blauen Kleider hängen. Wir würden dann ins Hotel gehen, er habe das Zimmer bestellt und den Stoff dabei. Er tippte auf einen kleineren Lederbeutel. ›Wenn Du im Hotel bist, nimm es und lege Dich hin.‹ Seine Hand berührte meine Fingernägel. ›Wushi baht.‹ Ich gab ihm die 50 Baht. Das Ticket für den Trip war in meiner Hand.

Im Foyer greift die Ahama, wie sich die Hausdame vorstellt, nach meiner Hand und zieht mich in einen Saal, der wie eine Kantine aussieht. Am ersten Tisch links sitzen zwölfjährige Freudenmädchen, kleine, fahlhäutige Kinder mit glänzenden schwarzen Augen wie Iltisse. Verkaufte Brut aus den Bergen. Die Ahama glaubt, ich sei interessiert, sie zupft mich am Ärmel. Der Chinese zischt ihr etwas ins Ohr. Sie lacht und steuert auf den Flur. Schummrig. Rumpelige Aircondition wirft Gerüche durcheinander. Lotos, schweres, billiges Make-up. Süßliche Zitronenschale, Duft der Guihua, wie man sie in Hong Kong findet. Das weht mich jetzt an, von warmen Körpern ventiliert.

Wir sind im Zimmer angelangt. Ausgelegtes Facettenauge: Spiegelwände dehnen den Raum in die Breite. Du siehst dich überall, stets von einer anderen Seite. In der Mitte ein riesiges rundes Bett. Knöpfe für den Radioempfänger und fünf Beleuchtungsarten am Kopf des Lagers, bequem zu erreichen. Zwei Freudenkinder kommen hereingeflattert. Die Ahama sagt etwas über ihre Vorzüge. Zähneblankes Lachen, ein schnelles Händchenringen. Der Chinese schüttelt den Kopf. Das Zwitschern verzieht sich. 120 Baht (12 Mark) für die Nacht, sagt die Ahama jetzt kurz. Ende der Werbung. Ich zahle und gebe dem Chinesen die restlichen 50 Baht. Türen fallen, allein. Vor mir ein Glas und das Päckchen mit weißem Pulver. Ich fliege davon.«

Chieng Mai, 28. Juni 1979

Sie löffeln ein suppiges Thai-Gericht für acht Baht (80 Pfennige). Ihr Haar ist blond, strähnig, die Haut fahl, unsauber. Er hat hohle Wangen. Wenn er schweigt, zittern seine Lippen. Beide rauchen. Er stellt die brennende Zigarette senkrecht auf den Tisch und ißt. Sie hustet beim ersten Zug. Dabei streckt sie den Hals und windet den Oberkörper. Beide Hände fassen an den Mund.

»Ich heiße Hans, sie ist Liese, wir kommen aus Düsseldorf. Liese studiert Psychologie, ich spiele Klavier. Wir fahren schon lange nach Amsterdam, da ist es frei. Kennen sie die aufgelassene Kirche gegenüber dem Rembrandt-Haus? Da gab es immer Joints und Kaffee. Weiß nicht, ob heute noch.«

»Meine Freunde lieben das Starke. Ich lernte Hans über die Musik kennen. Wir brachten aus Amsterdam Stoff mit. Alle hatten zusammengelegt. Es war eine Vertrauenssache. Aber die Preise. Ein Schuß vom Guten kostet 40 Mark. Die Verkäufer sind aufdringlich. Sie sagen, die Chefs seien Chinesen. Die Chinesen beherrschten den Markt.«

»Darum haben wir uns nicht gekümmert. Liese hat von den Kumpels erfahren, daß die Chinesen im Hintergrund bleiben. Sie deichseln alles, leben aber wie ein Gerücht. Ihre Autos haben innen Vorhänge wie die alten Sänften. Daran erkennst du sie. Seit zwei Jahren gehen wir nach Bangkok. Wir nehmen immer etwas mit zurück. So springt die nächste Reise heraus.«

»Ich finde die Frage, wie ich den Stoff rausbringe, komisch. Ich mache es am Körper, Plastikgürtel. Das ist ein dünner Schlauch, aber es geht ein viertel Kilo rein. Frauen fassen sie anders an. Ich finde es sicher. Wenn Du ein Vakuum machst, können nicht einmal die Hunde was merken. Im Grace-Hotel in Bangkok zahle ich für das viertel Kilo Heroin etwa 870 Dollar. Am städtischen Jugendzentrum in Amsterdam werde ich es für 2500 Dollar los. Nicht viel, wenn man bedenkt, was der Dealer nach dem Verdünnen herausholt. Hans und ich können nicht verdünnen, und reines 4 wirft um. Geht nicht.«

»Hier sind Ferien. Es ist prima leicht dranzukommen und billig. Liese ist sparsam, sie macht selten mit. Ein Hammer 20 Baht. Kannst dir immer was in Reserve kaufen. Das Hotelzimmer mit Aircondition ganze 12 Mark. Das kann sich ein Arbeitsloser leisten – plus Reise. Von Bangkok kommen wir mit der Bahn, einen Tag Fahrt. Hier ist feeling. Wir gehen gern in die Klöster. Die Mönche sind friedlich. Endlich nichts mehr.«

Chieng Mai, 29. Juni 1979

Polizeihauptmann Sunnipol: »Ja, wir können nichts machen, es sind zu viele und der Stoff kommt wie der Regen. Das meiste fällt neben den Schirm. Hier ist tolerierte Zone. Ich habe keine Befehle. Der Chef ist zweimal im Jahr in Bangkok und wir bekommen von dort gelegentlich Besuch. Danach heißt es, wir sollten aufpassen. Aber das ist, wie wenn du in Sandkörnern wühlst, um ein bestimmtes zu finden. Es lohnt nicht. Und gefährlich ist es auch.

Ich verdiene 3200 Baht (320 DM). Meine Frau verdient dazu, es ist nicht schlecht. Aber die einfachen Polizisten kriegen nicht mehr als 800 im Monat. Das ist zu wenig. Sie halten Schnellfahrer an und lassen sich von ihnen bestechen. Sie gehen zu den Zuhältern und kassieren. Das ist wie einst in Shanghai. Wir machen nichts gegen das Rauschgift, weil wir damit nur einen Sumpf von Korruption anlegen. Das soll aber vermieden werden, unter allen Umständen.«

Chieng Mai, 30. Juni 1979

Der Drogen-General (möchte ungenannt bleiben): »The pipeline is full«, sagt der kleine, drahtige General im weißen Hemd. Wir sitzen im Viersterne-Hotel Rincome. Wochenende, die Prominenz aus Bangkok ist da. Der General erhebt sich immer wieder halb und legt die Hände zur thailändischen Grußgeste aneinander. »Unser Problem ist, daß manche Armeeoffiziere korrupt sind und auch Borderpolizisten mit den Traffickern zusammenarbeiten.«

»Nevertheless, wir kämpfen. 1978 haben wir sechs Organisationen zerstört, große Organisationen. Not easy.« Der General erhebt sich und grüßt. »Wissen Sie, viele hier sind im Royal Sports Club in Bangkok.« Er senkt die Stimme. »Wir kennen mächtige Dealer, aber es gibt keine Evidenz. Die Syndikate werden von Chinesen beherrscht. Sie sitzen in Büropalästen in Bangkok und schauen auf uns runter.«

»Chieng Mai ist der wichtigste Außenposten. Hier trifft sich alles. Die Shan United Army kämpft gegen die birmanische Zentralregierung und finanziert sich mit Opium. Bis 4. Juli 1978 hatte sie ihr Hauptquartier nicht weit von hier, in Ban hin taek. Die großen Bangkoker Dealer haben hier Außenstellen, vor allem ihre Transportagenturen. Nein, der Herointransfer ist hier nicht mehr das wichtigste. Aber über Chieng Mai müssen die Chemikalien aus Süd-Thailand, vor allem Bangkok, über die Grenze in die Laboratorien im birmanischen Dschungel geschafft werden. Dort hocken die chinesischen Chemiker und kochen aus Opium Heroin.«

»Die Transporte sind schwer. Für eine Einheit Heroin (700g) benötigt die Urwaldfabrik sechzehn Teile Chemikalien. Die Jahresernte im ›Goldenen Dreieck‹ Laos, Birma, Thailand wird grob auf 300 bis 500 Tonnen Opium geschätzt. Das Verhältnis zu Heroin ist 10:1. Die Produktion beträgt also 30 bis 50 Tonnen. Das ist eine ›mathematische Zahl‹. Konkret wissen wir, daß etwa fünf Tonnen in die USA und etwa sechs nach Europa gehen.«

»Wir haben das beste Heroin, Heroin 4. Da es in Thailand jetzt billiger ist als in Birma, geht es von den Laboratorien jenseits der Grenze nicht zu uns, sondern nach Rangoon und teilweise mit dem Schiff nach Süd-Thailand (Phulet) und nach Penang in Malaysia. Die Seewege durch die Andaman-See sind nur schwer zu kontrollieren. Something geht auch nach Kuala Lumpur und Singapore. Von diesen Endpunkten fließt der Strom nach Westeuropa, zum Drogenport Amsterdam.«

»Die Deutschen, die unsere Abwehrarbeit hier nicht unterstützen, erhalten über 50 Prozent ihres Heroinbedarfs aus dem Mittleren Osten und der Türkei. Sonst hängen alle europäischen Länder von Südostasien ab. Unsere sechs Tonnen pro Jahr sind 75 Prozent des Euro-Konsums. Die USA beziehen 80 Prozent aus Mexiko – bad quality – und 20 Prozent von hier. Wir schätzen die Heroinabhängigen allein in Europa auf 75000 bis 100000.«

»Ja, man hört jetzt viel vom Kocain aus Kolumbien, es ist ein amerikanisches Problem. Aber Kocain ist bei weitem nicht so gefährlich. Enemy Nr. 1 ist Heroin, es zerstört. In Singapore steht auf 15 Gramm der Tod. Sie können dort zwei Jahre ohne Verfahren in Haft gehalten werden. Thailand und Birma stellen den Narcotic-Traffic unter Todesstrafe, aber bei uns wird nicht mehr vollstreckt.«

»Dabei haben wir ein big problem. Rund 500000 Thais (von 40 Millionen) sind süchtig. Es ist nicht allein Heroin. 60 Prozent davon zwischen 14 und 25 Jahren. Nein, zwischen Prostitution und Rauschgift gibt es keinen Zusammenhang, unsere Prostitution ist nicht toxic. 90 Prozent der Jungen fangen in der Schule mit Marihuana an. Dabei bleibt es nicht, sie gehen die Leiter rauf. Aber bei uns gibt es wenigstens nicht die Schiffchen wie in den Amsterdamer Grachten: ›Marihuana for sale.‹

»Das Heroingeschäft lebt von der Dynamik der Preise und Gewinnspannen. Da kann keiner widerstehen. Es beginnt mit 75 Dollar für 20 ar (2000 qm) Opiumanbau. Für die hilltribe-Leute ist das einfach: Der Käufer kommt und nimmt garantiert ab. Der Preis für das Kilo Heroin in Bangkok oder Kuala Lumpur schwankt zwischen 3500 und 5000 Dollar. Es handelt sich um Heroin ›vier‹, 95 Prozent pure. Der Kaufpreis in Amsterdam und New York beträgt das Hundertfache. Dann wird der Stoff verdünnt, vier- bis fünfmal gestreckt. Der Ertrag liegt am Ende bei zwei bis zweieinhalb Millionen Dollar.

Wer kann da widerstehen?«

Chieng Mai, 1. Juli 1979

Hans Vermont: »Mir ist elend zumute. Ich habe zu viel genommen. Alle Geländer, nach denen ich greife, brechen weg. Die Täler fallen zu mir herauf. Ich kann nur noch weiterklettern. Liese schreit manchmal. Ich sehe, daß sie schreit, aber ich höre es nicht. Dafür höre ich mein Herz rasen.«

Ich sitze neben Hans auf einem riesigen runden Bett. Matte Beleuchtung. Aus einem kleinen Kassettenrecorder dringt Klaviermusik. Ich suche den Puls. Schnell kommen die Stöße. Aber wie bei einer Spieluhr, bei der Zapfen fehlen, setzt der Rhythmus immer wieder aus. Dann hüpft die Brust hoch. »Du hast Extra-Systolen«, sage ich, »hör' auf.«

Schweiß auf Oberlippe und Kinn. »Ich habe längst aufgegeben, ich kann nicht aufhören.« Hans lächelt und öffnet die Augen für eine Sekunde. »Laß mich bitte nicht los und stör dich nicht am Geruch. Ich kann nicht schnell genug aufstehen, wenn ich brechen muß. Liese rutscht dann immer in die Ecke und macht sich klein.« Der Atem geht flach. »Ich habe dir meinen vollständigen Namen noch nicht genannt. Ich heiße Hans Vermont, ich bin Pianist.«

»Bist du das«, sage ich mit einer Bewegung zum Tonbandgerät. Hans nickt. »Das ist Prokofief Des-Dur. Ich habe es vor vier Jahren noch gespielt, im Concertgebouw, an meinem fünfzigsten Geburtstag.« Liese lacht aus der Ecke und klatscht in die Hände. »Concertgebouw-Orchestra«, ruft sie, »mit dem großen Haitink. Der große Vermont und der große Haitink.« Hans hat ein wächsernes Gesicht. »Erzähl, was du träumst, wenn du voll bist«, sage ich. Ich rüttle ihn. »Los, ich will wissen, was du dann siehst.«

Hans erzählt. »Ich sehe meine Heimat. Ich wurde bei Haarlem geboren, ein krankes Kind. Morgens um fünf packt mich die Nannie in den Korb. Das Ochsengespann ächzt durch die Wagenrillen. Es riecht nach betautem Gras. Neben mir vermummte Gestalten, wie auf einem Ruisdael. Ich hebe die Hand. Sie wirft noch keinen Schatten.«

»Ich wache auf, wenn die Sonne hochsteht. Sie ist blau wie ein Aquamarin, nicht gelb, nicht weiß. Ich sehe die Schnitter ins Feld dringen, ins Dunkelrote. Rhythmus des Mähens, Rauschen der Sensen. Wenn später der Pflug übers Feld geht, erheben sich die Vögel vor dem Bauern und lassen sich in der frischen Furche hinter ihm nieder. Ein bitterer, kühler Hauch kommt aus der wunden Erde, gehüllt in schillernden Dunst. Das Auf und Nieder der gelben Möwen gleicht dem Meer hinter dem Horizont. Ich höre das Geschrei.«

»Ich spiele mit der kleinen Katze auf dem Hof, da kommen die Männer. Sie tragen eine alte Tür auf den Schultern. Sanft setzen sie die Last vor dem Hofeingang ab. Nun sehe ich die tote Katje, meine Cousine. Das Haar hängt strähnig herab. Ich weine und streiche über das gelbe Gesicht. Meine Tante steht starr in der Tür, die Fäuste am Mund. ›Wir haben sie aus dem Ring vaart geholt‹, sagen die großen Männer und gehen.«

»Ich greife an. Die Viermotorige wird rasch größer. Flirren, Blinken, Glissando. Ich bewege den Knüppel mit zwei Fingern, biete ein schwankendes Ziel. Mein Daumen spielt mit dem Knopf, kreist um ihn, geht bis zum Druckpunkt. Den Moment des Auslösens habe ich in mir wie einen Orchestereinsatz. Jetzt. Ich presse mit der Daumenspitze, alles bebt, flattert, hämmert. Die Pracht stößt in die Nahtstelle zwischen Flügel und Rumpf. Weiße Kreide, fließendes Metall, ein Meteorschwarm. Ich fühle Lust, durch die Explosion zu fliegen, aber ein anderer Befehl drückt den Knüppel weg. Trümmer huschen, helles Trommeln. Ich habe die Augen geschlossen. Die Maschine geht steil nach unten weg. Glücksgefühl überschwemmt mich. Ich habe ihn heruntergeholt, heruntergeholt, heruntergeholt.«

Hans brüllt: »Das brennt, das brennt ja.« Der eigene Aufschrei reißt ihn hoch. Er sitzt und zieht wie an einem Strick. Unter der Zentnerlast schwillt die Halsader. Aus den zugepreßten Augen rinnt Wasser. Die Haut über den Händen scheint zu reißen. Er läßt los, zur Dezime aufgespannt schlagen die Finger. Schmerzen. Er sucht die Höhlung des Mundes und beginnt darin zu rühren. Der Kopf sinkt zwischen die Beine. Es wird still.

Chieng Mai, 2. Juli 1979

Ich besteige den Doi bui. Man geht zuerst die hitzeflirrende Straße hoch. Immer neue Ausblicke in das Tal, wo die weißen Häuser von Chieng Mai liegen. Falscher Friede. Unterhalb des Berggipfels ruht das Kloster Doi sutep. Von dort führen schmale Pfade durch den Wald. Ich finde die Hütte wieder, in der die Nonne mit ihrer mütterlichen Freundin lebt. Sie ißt Mieng, wilden Tee, ein Opiumersatz, zur Kugel gerollt.

Sirikorn sitzt auf der Bastmatte vor dem Haus und liest. Grußlos bittet sie mich, Platz zu nehmen. Die Zeit steht. Nichts hat sich verändert. Das Buch ist in Pali geschrieben, der Sprache Buddhas.

Der geschorene Kopf ist glatt und vollkommen rund. Sie sieht mich an, doch suchen die Augen keinen Punkt. Der Blick bleibt schauend. »Bist Du wieder mit dem Flugzeug gekommen?« Ich sage ja. Sie schüttelt den Kopf und lacht leise. »Ich fliege ohne Apparat, ich fliege auf den Doi bui. Ins Tal fliege ich nicht, nie ins Tal.« Sie zieht die weiße Robe um den Körper, als friere sie.

Über den schmalen Pfad geht sie mir voran zum Kloster. Das Chedi glänzt in warmem Gold. Der fünfstufige Schirm über der Spitze steht noch in der Sonne. Das Quadrat ist eingezäunt und noch einmal von einer Mauer umgeben. Zwischen Zaun und Mauer ziehen die Mönche. In den zum Gebet aneinandergelegten Händen stecken Seidenrosen mit wulstigen Blüten und brennende Räucherstäbchen. Der Abt führt an, es folgen die älteren Mönche, am Ende die Novizen, sechsjährige Knaben die jüngsten.

Die Nonne hat mich an den Altar des weißen Elefanten gezogen, der auf seinem Rücken eine Buddha-Reliquie trug. Hier, wo er sich niederließ, errichtete der König das Heiligtum. Auch Sirikorn nimmt eine Rose und Räucherstäbchen zwischen die Hände. Aus dem Vihan dringt zum Rhythmus einer Trommel vokalischer Sprechgesang. »Lomaku sichilla jipikia tatageata nan. Ang biluji bilaji makasa geyala sata sata sarate talaya talaya bodamani...« Die Nonne spricht das Gebet mit. Es ist »Akt«, nicht Begriff. Die Worte haben keinen erkennbaren Sinn. Sie sind heilig.

Der Abendhimmel wird zum Saphir. Das Sitzbild der Eremiten Sutapa-reussi ist über und über mit Goldfolie beklebt, die man unter den Treppen des Klosters kaufen kann. Die Blättchen zittern, sonst keine Bewegung. »Gehst du heute noch ins Tal?«, fragt die Nonne. »Es ist besser, du gehst nicht. Geh nicht in die Stadt. Sie ist nicht gesund. Ich war dort, bevor ich auf den Berg wanderte. Viele nehmen das Kristall des Vergessens. Vor allem am Abend, wenn die Natur sich beruhigt, werden sie unruhig. Hier bleiben die Farben still und stark. Geh nicht in die Stadt. Wir brauchen keine Städte, du kannst bei mir Mieng essen, wenn du willst. Es macht dich leicht.«

Chieng Mai/Chieng Rei, 3. Juli 1979

Von Chieng Mai bis in die Berge nach Lampang. Die Amerikaner haben im Krieg die Straße gebaut. Vor Lampang nach Norden bis Chieng Rei, 200 Kilometer. Nun über kletternde Feldwege nach Ban hin taek. Die Leute der Bergstämme gehen langsam und sind kaum ansprechbar. Sie essen Opium. Der Körper verwandelt Opium zu Morphium und Heroin. Der Körper ist eine Fabrik.

Ban hin taek, ein Dorf. Von Wand und Giebel des Klosters werfen intarsierte, bunte Glassteinchen ein geheimnisvolles Licht. Vor einem weitläufigen Besitz stehen Kisten mit leeren Whiskyflaschen. Drei Männer mit Maschinenpistolen öffnen das Tor und salutieren: Shan United Army. Im Haus hängen Pin-up-Kalender an den Wänden. Duft von Lotos, hier wohnen Frauen. Chang Jifu kommt herein, ein Gesicht wie ein Panzer. Er ist 45 Jahre alt, Herr des Shan-Staates in Birma. Er kommandiert eine Armee – 3000 oder 6000 Mann –, er ist der mächtigste Opiumlord der Welt. Genannt Kun sha. Das Hauptquartier liegt fünf Kilometer von der birmanischen Grenze entfernt.

Wegwerfende Geste. Die Kuomintang-Generale, Befehlshaber der aus China geflüchteten National-Chinesen (3. und 5. Armee) und Konkurrenten im Opiumhandel nennen Kun sha einen »Barbaren«, einen »ungehobelten Emporkömmling«. Er ist es. Die chinesischen Generale sind nicht gut auf ihn zu sprechen, seit er sie 1967 in einem regelrechten Opiumkrieg aus dem Felde schoß. Die Schlacht fand in Laos statt, ein Artilleriebombardement hatte sie eingeleitet. Der laotische General Ouane forderte die Duellanten auf, das Land zu verlassen. Als die nicht hörten, fiel er über sie her. Reguläre Truppen warfen auch den siegreichen Kun sha. Er verlor Opium, Waffen, Transportesel.

Die Karriere liegt in der Familie. Kun Shas Vater, ein Chinese, war Warlord im »nördlichen Shan-Staat« in Birma. Bereits als Zwanziger regierte der Sohn in Loi Maw, nahe der chinesischen Grenze, ein »Drogenreich«. 1960 übernahm er das Kommando über die Shan United Army, ursprünglich eine Selbstverteidigungsgruppe gegen die Banditen von Birma. Er formte daraus das schärfste Schwert des organisierten Drogenhandels.

Biederer Charme, wenn sich Kun sha selbst als Patrioten darstellt. Der ganze »entsetzliche Drogenhandel« sei ihm aufgezwungen, weil er die Armee zu unterhalten habe. »Und Armeen sind teuer, sie wissen das aus ihrem Lande«, setzt er hinzu. Er zeigt auf fünf kühne Gestalten, die in der prallen Mittagssonne im Garten die »Südfront« des Hauses sichern. »Es sind gute Soldaten, jeder Shan ist ein guter Soldat.« Und um alle 80000 Shans geht es ihm, dem großen Chang Jifu.

»Ich kämpfe für die Befreiung des Shan-Staates von der Herrschaft Präsident Ne Wins.« Die Herren in Rangoon hätten für die

Zeit nach der britischen Kolonialherrschaft eine »Union« versprochen, dann aber einen Zentralstaat errichtet. Damit sei es aber schon vorbei. Mindestens drei Fünftel Birmas würden von Aufständischen kontrolliert, von Kommunisten und Stämmen. Die Kommunisten holten sogar Flugzeuge vom Himmel, im letzten Jahr vier Linienmaschinen nach Mandalay (alte Königstadt in Zentral-Birma). »Der Shan-Staat liegt im Osten des Landes, gegenüber China und Laos. Ich kämpfe im Namen meines Volkes.«

1965 hatte der Drogenlord aber zunächst ein Bündnis mit Präsident Ne Win geschlossen. Er sollte seine Armee gegen die kommunistischen Terroristen einsetzen. Dafür gab Ne Win ihm die Drogen-Lizenz: unbehinderter Schmuggel von Opium, goldglänzenden Buddhas und Jade nach Thailand. Die Shans wurden reich, unternahmen aber nicht viel gegen die KP. In Birma breitete sich die Droge aus, besonders unter der Jeunesse Dorée von Rangoon. Ne Wins Sohn verfiel dem Heroin, Gefängnis, Hospital. Die Grundlage des Geschäfts zwischen Staatspräsident und Drogenlord verfiel. 1969 wurde Kun Sha gefangen und verurteilt. Mit zwei gekidnappten russischen Technikern preßten ihn seine Leute frei.

Aber der Boden in Birma war zu heiß. Kun Sha wechselte nach Thailand. Die Thais nahmen ihn auf, wie sie die Keren-Minderheiten aufnehmen, die Kuomintang-Chinesen – alle Opponenten gegen Rangoon. Die historische Abneigung zwischen Thailand und Birma belebt sich immer wieder neu. Kun Sha war 1975 von allen der Mächtigste. Er handelte mit Laos. Koumintang-Karawanen nahm er in seinem Gebiet unter Zoll. Die Urwaldlaboratorien, wo aus Opiumknollen kristallweißes Heroin entsteht, lagen in Birma. Der Lord machte großes Geld.

Die Armee wuchs. In den Dörfern des Shan-Staates besteht eine Art Wehrpflicht. Kinder werden eingezogen. Der Sold beträgt nicht mehr als 1,50 Dollar im Monat. Die chinesischen Offiziere werden dagegen bezahlt. Disziplin wird mit Terror durchgesetzt. Deserteure sind des Todes. Wenn sie untertauchen, hält man sich an ihre Familien. Konkurrenten des Chefs fallen kunstvollen Anschlägen zum Opfer.

Nun wurde es den Thais zu bunt. Im vergangenen Jahr richteten sie an Kun Sha das Ultimatum, bis zum 4. Juli das Hauptquar-

19 *Spiegelglatt ist der Marmorboden der Swidagon Pagode, die man nur barfuß betreten darf. Das goldüberladene Bauwerk ist 2500 Jahre alt. Die Stupa leuchtet über Rangun. 64 kleinere Pagoden umgeben das 105 Meter hohe, blattgoldverkleidete Bauwerk (vorherige Seite).*

20 *Mandalay-Hügel, ein Mönchsberg, von Pagoden übersät, die von Mäzenen erhalten werden. Über Stupas und Kolonialvilla reicht der Blick in die Irrawaddy-Ebene, das Reisland, das die Stadt Mandalay umgibt.*

21 *Schweigend reihen sich die Mönche und Novizen des Shwenandaw-Klosters in Mandalay zum Essensempfang auf.*

22 *Der alte Mann trommelt den Takt, nach dem die maskierten Darsteller bei den Umzügen des Frühlingsfestes marschieren. Nur männliche Gemeindemitglieder dürfen mitwirken. Die Frauen schauen entweder zu oder bereiten zu Hause das Essen vor. Die Tradition ist in China patriarchalisch.*

23 *Die Südliche Stadt in Peking weist in den Stoßzeiten die größte Verkehrsdichte auf. Das Fahrrad, der »Volkswagen« des Chinesen, dominiert. Es ist schwierig, an den Abstellplätzen noch eine Lücke für das Rad zu finden. Die Laterne im Hintergrund gehört wieder zu den Schmuckelementen – Tradition ist erlaubt (nächste Seite rechts).*

24 *Ein chinesischer Parkwächter, dem Wind und Wetter nichts anhaben können. Er macht acht bis zehn Stunden Dienst. Fahrräder werden gelegentlich gestohlen, deshalb zahlen die Leute für die Bewachung gern 2 Fen, einen Pfennigbetrag, für einen ganzen Tag (nächste Seite Mitte).*

25 *Am Frühlingsfest 1980, es waren kalte Wintertage, bewegten sich durch den Ritan-Park, im Osten der Stadt Peking, zum ersten Mal seit der Kulturrevolution wieder traditionelle Umzüge, die unserem Maskentreiben gleichen. Sie karikieren das »feudale« Leben der alten Gesellschaft (nächste Seite links).*

必居

26 *In den alten Vierteln der chinesischen Städte dämmert der Charme der alten Häuser vor sich hin. Aus den Fenstern ragen Ofenrohre, die Elektrizität wirkt aufgepfropft. Einhundert bis zweihundert Jahre haben die Bauten ohne gründliche Reparaturen überdauert (nächste Seite).*

tier in Ban hin taek aufzugeben und sich außer Landes zu begeben: nach Birma. Der Lord wich in den unbegrenzten Dschungel aus. Bangkok meldete, er habe Thailand verlassen. Irrtum. Heute hält er in Ban hin taek wieder Hof. Von seinem Anwesen aus, wo Hühner und Gänse umherlaufen, kontrolliert er 40 Prozent des Drogenexports aus dem »Goldenen Dreieck«. Genug, um jedes Jahr 750000 Heroinsüchtige zu versorgen. Ein Süchtiger hat nach dem Fall eine Lebenserwartung von zehn Jahren.

Chieng Mai, 4. Juli 1979

Vor König Bhumiphol fallen die thailändischen Bauern nieder. Der König will den 300000 hilltribe-Leuten helfen, die in den Bergen vom Opium leben. Er kommt zu Besuch, er beleiht Programme mit seinem Namen. 1979 werden 200 km westlich Chieng Mais sechs Projekte in Angriff genommen. Kaffee, Tee und Bohnen sollen das Opium ersetzen.

Ein Tropfen auf den heißen Stein. Ein Baum weniger im Urwald. Bis die erste Kaffee-Ernte reift, vergehen fünf bis sechs Jahre. Nur wenige warten so lange. Für Kaffee und Bohnen gibt es keinen Markt, der Opiumhändler aber kommt. Er bringt bares Geld, er nimmt große Posten ab. 150 Tonnen werden in Thailand geerntet. Papaver somniferum, poppy. Die Bequemlichkeit siegt. Man braucht nichts zu tun.

Am Opiumaufkommen insgesamt ändern die Programme im übrigen nichts. Der Weltmarkt sendet seine süchtige Nachfrage ins »Goldene Dreieck«. Kommt aus dem einen Winkel nichts, kommt aus dem anderen soviel man will. Reichtum des Giftes. Es fallen geheimnisvolle Entscheidungen. Laos stoppte 1978 das UNO-Programm zur Veränderung des Anbaus. Warum?

Die Droge bringt Milliarden. Aber für sechs Jahre Forschungsarbeit zu ihrer Bekämpfung standen der thailändischen Regierung ganze drei Millionen US-Dollar fremder Hilfe zur Verfügung. Viel zu wenig. Thailand hat ein rudimentäres, den Reichtum schonendes Einkommensteuersystem. Die öffentliche Armut kommt im Budget zum Ausdruck. Auch in den Beamtengehältern. Sie sind Sockelbeträge für die Korruption.

Die Amerikaner tun etwas. Sie haben 45 Drogenspezialisten

entsandt. Sieben Länder beschäftigen in ihren Bangkoker Botschaften »Drogen-Attachées«. Die Bundesrepublik Deutschland zählt nicht zu ihnen.

Chieng Mai, 4. Juli 1979

Der Eremit legt das Ohr an den Baum und sagt »eine Karawane kommt«. Er befiehlt mir, unter den fußlangen Moskitoschirm zu gehen. So ziehen die Mönche durch die Wälder, unter der Gazeglocke der Sangha, des Ordens, unbehelligt. Nun hört man den Tritt der Esel mit einfachem Ohr. Schwerbepackte Tiere ziehen die Talsohle entlang. Jedes trägt 40 viss Opium, das sind 64 Kilogramm.

Ende der sechziger Jahre waren die Karawanen endlos lang. Der Vorbeizug dauerte acht Stunden. 500, 600 Tiere schleppten die kostbare Last aus dem nördlichen Shan-Staat nach Laos oder zur thailändischen Grenze. Dreihundert, vierhundert schwerbewaffnete Wächter umschwärmten den Zug. Bis zum Ziel war man bis sechs Wochen unterwegs.

Gefahren lauerten: Die Kuomintang-Armee der Chinesen verlangte Wegzoll. Die Sätze wurden unter den Gewehren ausgehandelt. Die birmanische Armee stellte Fallen. Es kam zu Gefechten. Ne Win packte 1974 entschlossen zu. Er war zu der Meinung gelangt, die Trafficker machten mit den kommunistischen Terroristen gemeinsame Sache. Die Karawanen wurden daraufhin kleiner und beweglicher: 150, 200 Tiere. Man raffinierte schon im Norden, das Transportgewicht schrumpfte 10:1. Nun übernahmen bewaffnete Träger den Transport: pro Mann 10 bis 15 Kilogramm impure morphium base.

Das Resultat des Handels blieb immer gleich. Durch die dichten Wälder auf der birmanischen Seite des Grenzdistrikts zieht sich eine Kette von Opiumraffinerien hin. Sie sind primitiv und mobil, Zigeunerküchen. Für die Knollenmasse braucht man den Eselsrücken. Die Karawanen sind ganz klein und Shan-Soldaten abschreckend bewaffnet: Maschinenpistolen, M-16-Gewehre, schwere Maschinengewehre, Granatwerfer.

Die birmanische Armee läßt sie ziehen, sorgt aber dafür, daß die Züge oft im Leeren enden: Ne Wins Soldaten überfallen die

Opiumküchen. Sie machen alles nieder und verbrennen alles. Die Shan-Soldaten stochern in Knochen und Ruß. Das nächste Laboratorium ist nicht weit.

Saraburi, 5. Juli 1979

Ein Pianist hat immer Angst um seine Hände. Nun trommelt Hans Vermont schon zwei Stunden gegen die Holzbretter der Zelle. Er ruft, er schreit um Hilfe. Die Mönche sollten ihn doch freilassen, er wolle raus, raus. Wir seien grausam. Er brauche einen Schuß. Sein Bauch sei eine einzige Wunde. Lodernder Schmerz. Er habe einen Herzanfall, sei verloren. Er werde sich jetzt umbringen.

Ich sitze am Fuß des Chedi in Wat Tham Krabok (bei Saraburi) und studiere in einem Buch aus der Reihe der Cambridge Studies den vollkommen hierarchischen Aufbau der thailändischen buddhistischen Mönchsgemeinschaft. Früher Nachmittag. Die Hitze verbreitet eine schläfrige Atmosphäre. Der sechsjährige Novize, der dem Fremden neugierig gefolgt war, hat die orangenfarbene Robe über den kahlen Kopf gezogen und ist eingenickt. Schwere Vögel mit Bussardflügeln flattern von den Ästen hoch und fallen wieder nieder.

Dreißig Meter entfernt stehen die Holzverschläge. Hinter ihnen beginnt der Wald. Wie eine Echomauer wirft er die Laute zurück. Wir sind gestern aus Chieng Mai gekommen, Liese fuhr nach Bangkok weiter. Sie hatte lange gezögert, als ich den beiden empfahl, sich im Kloster Tham Krabok einer Entziehungskur zu unterwerfen. Das Wort unterwerfen sei richtig gewählt, sagte ich, denn soviel ich wisse, gehe es dort rauh zu. Doch habe der Drogen-General in Bangkok das Institut empfohlen und die Behandlung als zielstrebig beschrieben. Liese lehnte schließlich ab, Hans wollte es riskieren. Wir reisten.

Unter dem Stupa hört man viele Stimmen: klagende, schrille, bittende, wimmernde, fordernde, drohende, entsetzte. Der große, starkknochige Abt hat mir erklärt, daß mit der Qual des Entzugs eine ekstatische Steigerung des Protests einhergehe, der sich austoben müsse. In erster Linie kämen Thais hierher, von den Familien gebracht oder von den Behörden überstellt.

Zahlen erfahre ich nicht. Auch die Frage, wieviele Süchtige das Kloster als Tote verließen, bleibt unbeantwortet. Der Abt hat strahlende dunkle Augen. Während der Hälfte der Audienz bleibt er stumm. Er sitzt mit unterschlagenen Beinen auf einer Empore, ich unten, allein im Saal. Während wir schweigen, dringen die Fetzen der Stimmen herein. Ich frage ihn: Was muß man mit Süchtigen tun? Er antwortet: In einen Raum sperren.

Hans war entschlossen wie ein Soldat. Er lachte, als zwei Mönche ihn in den Verschlag brachten und die Tür hinter ihm mit einer Holzbohle blockierten. »Ich werde es schaffen«, rief er heraus. Die Zelle ist vier Quadratmeter groß, in ihr steht nichts als eine Pritsche, auf der Bast gebreitet ist, und ein Holztopf für die Notdurft. »In der Me 109 war nicht mal ne Latrine«, ruft Hans. Er ist in der Erwartung des Kampfes euphorisch. »Schau zu, wie ich das mache«, sagte er noch. »Ja, ich schaue zu«, rufe ich zurück.

Er schreit jetzt vier Stunden. Ich denke an seine Hände, wenn er mit äußerster Kraft auf die Bretter einschlägt. Das Holz ist fasrig und hart. Vor den Verschlägen haben die Mönche ein Laboratorium. Von Zeit zu Zeit unterbreche ich die Lektüre und gehe hinüber. Über dem Feuer hängt an einer Stange ein großer eiserner Kessel, der etwa fünfzig Liter faßt. Die Flüssigkeit kocht, gründlich, ein Sud aus Pflanzen und Wurzeln, die in einer bestimmten Reihenfolge beigegeben werden. Die Männer rühren mit paddelförmigen Stangen um.

Das Gewirr der Töne, die spitzen und dumpfen Schreie stören die Küchengeschäftigkeit nicht. Die Sinneseindrücke formen sich zum höllischen Bild. Über die kahlen Mönchsnacken rinnt in Strömen der Schweiß. Nun senken die Männer an Stricken steinbeschwerte Holzhumpen in die kochende Suppe und heben die gefüllten Zuber mit Stangen heraus. Im Dampf der aufgereihten Töpfe reißen sie das Feuer auseinander. Beißender Geruch hat sich verbreitet. Ich probiere mit dem Löffel. Gallenbitternis füllt wie schwerer Alkohol den Mund. Würgen und Husten.

Die Mönche schweigen. Von Zeit zu Zeit steckt einer den Finger in die Zuber, um die Wärme zu prüfen. Nach einer halben Stunde ist es soweit. Je drei verschwinden mit einem Gefäß in einem der Verschläge. Was geschieht, ist zu erraten. Die Süchtigen, inzwischen zu Tobsüchtigen geworden, müssen den Wurzeltrank schlucken, ob sie wollen oder nicht. Sie wehren sich. Es rumpelt, als bissen sich Hunde. Ersticktes Knurren, Gurgeln, Husten, dann Stille, von Röcheln unterbrochen. Die Mönche klopfen sich den Staub von der Robe und werfen die Holztöpfe neben die Feuerstelle.

Ich sitze und lese über die Organisation der Sangha. Der Novize, vom Lärm geweckt, ist weggelaufen. Die Nachmittagssonne breitet ihre schwere Glocke über Wat und Wald. Mücken kommen. Ich habe früher ein paarmal von Hieronymus Bosch geträumt. Nun wird der Traum zur Szene. Denn, wie wenn das Elend sich zur Revolte erheben wollte, ruft jetzt ein explosionsartiges Brechen das andere hervor. Geysire, Vulkane, Detonationen. Alle Variationen von Geräuschen, die entstehen, wenn sprengende Kräfte die Körperöffnungen aufreißen, die die Natur gelassen hat. Röhren, quietschende Vakuumpumpe, platzender Wanst. Als sei eine Schlacht zwischen Schweinehorden im Gange, aus Mördern wiedergeboren.

Die Autorität des Somdet Phrasasangkharat, des obersten Patriarchen in der Mönchsgemeinschaft, ist absolut, lese ich. Das dreißigköpfige Konzil der Älteren wählt ihn, der König bestätigt, und der Mönch übt die Regierungsmacht, die der thailändische König 1932 verlor, souverän aus. Wer in den inneren Zirkel des buddhistischen Ordens eingedrungen ist, begegnet einer widerspruchsfreien Selbstgewißheit, nach der katholische Mönche neidvoll in der Geschichte ihrer Orden forschen. Für Tham Krabok ist der Exorzismus der Droge ein heiliger Auftrag, Karma. Die Sangha handelt nicht aus Mitgefühl. Sie liebt nicht. Sie folgt dem Befehl.

Unter dem glockenförmigen Stupa vernehme ich die ausgebreitete Modulation der Qual. Ich höre, wie die Körperkräfte nachlassen, wie Säfte, zum wehmütigen Rinnsal verdünnt, aus den Körpern weichen. Glucksen, tropfendes Wasser, leeres Würgen. Ich sage einem Mönch, er solle nach Hans schauen, ich hörte aus seiner Zelle nichts mehr, er leide unter Herzrhythmusstörungen. Der Mönch beachtet mich nicht. Ich lege das Buch beiseite und gehe zu den Verschlägen. Hans liegt auf dem Boden, in einer schlammigen Masse, grün-braun. Der Puls schlägt schnell. Ich ziehe ihn auf die Pritsche.

Saraburi, 6. Juli 1979

Hans kniet vor dem Abt. Zwei Mönche haben ihn in den Audienzraum geschleift und vor dem Podium fallen lassen. Hier enden die großen Fahrten. Nach der Tortur liegen die Träumer vor dem Chao Awat. Der mahnt, droht, empfiehlt in manchen Fällen einen mehrmonatigen Klosteraufenthalt. Ein Weg ist gewiesen. Hans Vermont hält die schorfbedeckten Hände aneinander. Der Kopf liegt auf dem Podium. In seinen Zügen steht Erleichterung, Glück, nicht Glaube.

Peking, 10. Juli 1979

Das Staatshotel Chinas, das Peking-Hotel, hat sich in einen Basar verwandelt. Im großen Foyer und den Nebenräumen sind etwa zwanzig Verkaufstische aufgeschlagen. Es gibt Teppiche und Jade, Ginseng und Jonny Walker, Pelze und Kosmetikartikel, Kaffee und Coca Cola, gelangweilte Damen und Diebe.

Vorbei die Zeiten, da jedem Besucher ein offizieller Empfang bereitet wurde. Ein solches Gefühl hatte den Gast jedenfalls überkommen, wenn er, allein oder in Delegation, stets in der Begleitung fürsorglicher Chinesen, die weiträumige Hotelhalle betrat. Kein nutzloser, an schäbige Kommerzialität erinnernder Gegenstand lenkte vom pädagogischen Zweck des Aufenthalts ab. Das Hotel entwickelte kein Eigenleben, es blieb prüde, kahl, ja, in gewissem Sinne menschenscheu – von der Gastronomie einmal abgesehen, doch gehört diese in China ja zur Offiziosität.

Die erhabenen Zwecke – sie standen ganz im Vordergrund. In einer Halle seitlich des Foyers lag, hinter einer Schwungtür versteckt, die einzige »Bar« des Etablissements, wo man chinesische Biere, Schnäpse und einen schalen Kaffee zu sich nehmen konnte. Als Treffpunkte fungierten die Zimmer in den desinfiziert riechenden Etagen, man war gut bedient, wenn man sich an den Etagenkellner hielt, der auch wußte, ob der Herr Kollege oder der Herr Direktor von nebenan schon eingetroffen war. Man konnte auch selbst nachschauen, denn die Türen standen alle offen.

Als ich im Sommer 1977 ins Peking-Hotel zog, traf ich einen

jungen Chinesen, der mich ein Jahr vorher auf einer Reise begleitet hatte. »Ach ja«, sagte er, »Sie wohnten damals auf Zimmer 7035, haben Sie diesmal denselben Raum?« Die Chinesen haben von Natur (und infolge des Schriftzeichenlernens) ein sehr gutes Gedächtnis, doch gehört die individuelle Behandlung des einzelnen Gastes, die sich in solchen Erinnerungsleistungen ausdrückt, längst der Vergangenheit an. Der Tourismus hat von dem Hotel Besitz ergriffen, die Gruppe, von kleinen oder großen Bussen ausgespien oder geschluckt, bestimmt das Bild, die chinesischen Dolmetscher gleichen Schäferhunden, die prüfend und knurrend ihre Herde umkreisen.

Vieles ist modern geworden, die Dose Coca Cola kostet einen Dollar, bei den Menüs kann man zwischen der bescheidenen Darbietung für 40 Yuan und der ganz luxuriösen für 150 Yuan pro Person wählen. Wenn man aber von außen anruft, erhält man keine Auskunft, ob ein bestimmter Gast schon eingetroffen sei. Wer unten im Cafe sitzt anstatt in seinem Zimmer, wird nicht gesucht. Möchte man sich über eine Person unbedingt Gewißheit verschaffen, empfiehlt es sich immer noch, zum Hotel zu fahren und bei der Anmeldung persönlich vorzusprechen.Der Boy reicht dann ein Paket Anmeldezettel über die Theke, und man kann in Ruhe studieren, wer im Hotel abgestiegen ist.

Sogar das Geburtsdatum ist verzeichnet. Was im Falle von Rendezvous desillusionierend sein kann.

Peking, 11. Juli 1979

Wang Dongxing, einst »Leibwächter« Mao Zedongs, Chef der 50000 Mann starken Prätorianergarde, eigentlich also der Prätorianerpräfekt, wird nun in Wandzeitungen beschuldigt, in Zhongnanhai, dem chinesischen Prominentenviertel nahe dem Kaiserpalast, für sieben Millionen Yuan eine Privatvilla gebaut zu haben. Wer weiß, ob das stimmt, Wandzeitungen haben schon viel behauptet. Aber seit jeher interessiert mich Wang Dongxing. Ist er eine katilinarische Existenz?

Das Wort geistert seit der Gymnasialzeit durch meine Phantasie. Einer meiner Lehrer gebrauchte den Begriff, der durch Bismarck eine tagespolitische Aktualisierung erfahren hatte, so oft und jedesmal so leidenschaftlich, daß ich glauben mußte, er habe Personen der Gegenwart im Sinn und nicht den Römer selbst, der dem Typus des schlimmsten Staatsverbrechers den Namen gegeben hat. Ich las Sallust »Die Verschwörung des Catilina« und des Konsul Cicero »Vier Reden gegen Catalina«. Eines Tages überraschte ich meinen Vater, der uniformschwer in einem Sessel saß, mit der Frage: »Glaubst Du, daß Hitler eine katilinarische Existenz ist?« Erstaunlicherweise war er nicht überrascht, sondern fast erheitert: »Ach«, antwortete er, »wäre er nur das. Aber er ist doch viel mehr. Aus Catilina ist ja nichts geworden.«

Diese Antwort half mir bei der Beurteilung der Viererbande und in gewissem Sinne auch bei Wang Dongxing weiter. Sie wurden ja »gestoppt«, wie man in der Autofahrersprache sagt, bevor sie zum Ziel der Macht gelangen konnten, hatten aber den Umsturz schon in die Wege geleitet, wichtige Positionen besetzt, Anhänger geworben, auf dem sozialradikalen Flügel, das Bündnis mit kriminellen Elementen nicht scheuend, bewaffnete Kräfte, die Miliz von Shanghai, die Milizorganisationen im ganzen Lande mobilisiert – fast genau wie der Senator Catilina es tat. Dessen Afrika – er war dort Prätor – war deren Shanghai, und deren Mao Zedong war dessen Sulla, dem er anhing, den er liebte und bewunderte. Freilich gibt es Unterschiede; denn niemand unter den Vier und auch nicht Wang Dongxing besaß das Format des Catilina, dieser wahrhaft autonomen, schon renaissancehaften Persönlichkeit, dieses nach leiblicher und geistiger Kraft großen, verbrecherischen Helden. Da war meine Jugendidee, Hitler mit ihm zu vergleichen, schon zutreffender.

Taktisch hatte Catilina die Tiefe des Raumes, die Mobilität in ganz Italien in seine Umsturzpläne einbezogen, ein kluger Entschluß, auf den später auch die Viererbande kommen sollte. Peking allein zu erobern – was hätte das schon genutzt? Die Revisionisten wären nach Nanjing getürmt oder nach Chongqing. Catilinas Ausweichen in die Provinz war freilich eher durch die Hartleibigkeit des Senats verursacht, in dem der Hochverräter zwar noch frech auftreten konnte, wo sich ihm dann aber doch die Eisenköpfe Cicero und Cato (Uticensis) entgegenstellten. Sein Spiel um die legale Ermächtigung durch Wahl zum Konsul war verloren (der Reichstag legitimierte Hitler), wie es auch der

Viererbande nicht gelungen ist, die kommunistische Nobilität durch Überzeugung auf ihre Seite zu ziehen.

Catilina hat von der Renaissance bis heute seltsamerweise immer wieder Befürworter gefunden. Ich selbst empfand in meiner Jugendzeit, als ich in Offenbacher Hinterhöfen mit jungen Freunden Karl Marx und Lenin las, seine Erscheinung bewundernswert (allerdings nie als ganz beispielhaft). Warum? Die Antwort ist heute nicht mehr so schwierig. Catilina war im politischen Spektrum des damaligen Rom und wohl auch nach heutigen Maßstäben ein Linker. Und Linke stehen unter einer Art historischem Denkmalsschutz. Auch die linke Latinistik gebietet, daß in ihrem Umkreis alle Hunde an der Leine zu führen sind. Mit Sicherheit haben die chinesischen Vier aus den gleichen Gründen Geheimplätze in vielen Herzen. Sie gehörten zu den »Veränderern« – und muß nicht andauernd verändert werden?

So bin ich froh, mit meiner Idee, Hitler das Epitheton der katilinarischen Existenz zu geben, auf den Widerstand schon meines Vaters gestoßen zu sein. Denn was würde nicht alles geschehen, käme irgend jemand auf die Idee, er sei in Wirklichkeit ja ein Linker gewesen...

Peking, 12. Juli 1979

Im Compound. Die Zusammenstöße zwischen Afrikanern und Chinesen in der Textil-Hochschule von Shanghai offenbaren eine sorgsam verheimlichte Peinlichkeit: Chinesen und Schwarze verstehen sich nicht. Ich beobachte es im Compound. Die Fahrstuhlführerinnen reagieren gereizt auf Kinder der afrikanischen Diplomaten.

Diese Kinder und Jugendlichen sind frech und schlecht erzogen – das versteht man hier nicht. Beim chinesischen Mann scheint der Neger Sexualfurcht auszulösen. Die Schwarzen sind draufgängerisch und promiskuitiv, die strengen Moralvorstellungen der Chinesen sind ihnen fremd. Wenn ein Chinese Mädchen seines Landes mit Negern daherkommen sieht, steigt sofort Wut in ihm hoch; er neigt zur Intervention, koste es, was es wolle. Mit Mädchen begann es offenbar auch in Shanghai, wo mindestens 43 Verletzte auf der Strecke blieben.

Eine Rolle spielt auch die Musik. Die Schwarzen lärmen gern, schreien durcheinander, drehen die Stereoanlagen bis zum Anschlag auf. Ist eine schwarze Party im Gange, dröhnt der Compound. Die ernsten, diskreten Chinesen fühlen sich gestört. Im Compound bleiben die Neger unter sich, niemand lädt sie ein, sie selbst haben es auch aufgegeben, andere Ausländer oder Chinesen zu sich zu bitten. Wenn Schwarze eine Party geben, rümpft das chinesische Hauspersonal buchstäblich die Nase.

Peking, 13. Juli 1979

Bei der Familie Hong im Haushof. Wir trinken im kleinen Gärtchen, wo aus dem Zierrasen in der Mitte hellblättrig eine junge Platane herauswächst, den Tee. Die Tassen stehen auf einem niedrigen Tisch, wir sitzen auf Zwerghockern, wie man sie zur Polit-Versammlung oder zur Sportveranstaltung mitnimmt. Herr Hong hat einen Kollegen aus seinem Ministerium und zwei Studenten eingeladen, die an der Beida, der Peking Universität, Naturwissenschaften studieren. Wir sprechen über das Thema, das zur Zeit alle Chinesen gefangen nimmt: Wie soll das Land modernisiert werden – nach dem Modell des Westens oder nach dem Modell – China?

Herr Hong führt das große Wort: Noch xefindet sich die Volksrepublik in einer Entwicklung, in der es gelingen kann, die schweren Fehler zu vermeiden, die das westliche Industriesystem begangen hat. Denken Sie an die Verunreinigung der Luft und des Wassers, an die politische Abhängigkeit von Öllieferungen, an die Auswüchse des Individualverkehrs zum Beispiel in den USA. Denken Sie an die Ausbeutung der Ressourcen, wie sie mit der konsumorientierten Massengüterindustrie einhergeht, ergänzt der eine Student, der zwei Jahre in Heidelberg lebte, an die durchrationalisierte Büro- und Wohnungsarchitektur, die Selbstmordneigung und Aggressionshaltung fördert...

Ich merke schon, daß ich hier einer Phalanx gegenüberstehe. Um unsere Fehler zu vermeiden, antworte ich, muß man allerdings frühzeitig ein sicheres Umweltbewußtsein entwickeln. Das ist die Voraussetzung. Von einem »Gefühl« für das Saubermännische bemerke ich hier aber nichts. Die kleinen Flußläufe westlich von Peking, die man auf dem Weg nach Tianjin überquert, starren vor Schmutz. Auf dem Wasser haben sich regelrechte Blasen gebildet. Seit Jahren besuche ich chinesische Fabriken. Was dort an Müll, Fabrikationsresten, ausrangierten Maschinen und verrosteten Ersatzteilen neben den Industriewegen liegt, spottet jeder Beschreibung. Nirgends sonst habe ich eine derartige Schlamperei gesehen. Und wenn ich beobachte, was die Freunde mit dem Papier machen, in das ihr geliebtes Eis am Stil eingewickelt ist: sie lassen es fallen, wo sie gehen und stehen. Ich weiß auch, wie es in den Treppenhäusern der Mietskasernen aussieht. Der Gemüseabfall rutscht von oben nach unten. Wenn das Revolutionskomitee nicht auf den Putz haut...

Meine Gesprächspartner biegen sich vor Lachen. Aber es ist wieder das berühmte, peinvolle Lachen der Verlegenheit. Das ist alles zutreffend, sagt Wortführer Hong und macht auf seinem Schemel eine kleine Verbeugung. Mit Industrialisierung und Massenproduktion treten natürlich Gefahren für die Umwelt auf. Aber was spricht dagegen, die negativen Erfahrungen des Westens zu berücksichtigen? Wir müssen lernen, die Voraussetzungen sind nicht schlecht. In China gibt es keine merkantile Gesinnung, wissen sie. Ein persönlich haftendes, sie sagen »freies« Unternehmertum ist bei uns nicht gewachsen. Am Anfang standen kollektive Projekte wie die Be- und Entwässerung des Landes. Sie haben uns geprägt, die Gemeinschaftsarbeit ist typisch für uns. Wir Chinesen sind eine »hydraulische« Gesellschaft, nicht städtisches Bürgertum. Früh entstand der Staat und beherrschte alles, auch die Wirtschaft. Die Welt ist für uns etwas biologisches, nicht etwas mechanisches wie für euch.

Aus der Diskussion kann man den Schluß ziehen: Eigentumsverhältnisse und Verteilungsgerechtigkeit sind womöglich nicht mehr die entscheidenden Probleme. Wichtiger wird die Frage, wie wir im Einklang mit der uns umgebenden, immer schärfer herausgeforderten Natur leben können. Ökologie und Sozialpsychologie – sind sie die Themen der Zukunft?

Kanton, 12. August 1979

Während der Rückreise ging mir das Gespräch mit Dr. G. nicht aus dem Sinn. »Ach, na, wie gehts denn, machen Sie Urlaub?« Er gibt der Stewardeß das Jackett und läßt sich in den Sitz fallen. Wir fliegen von Frankfurt nach Hamburg. Vor zwei Jahren habe ich Herrn G. mit ein paar anderen Vorstandskollegen zum Sommerpalast bei Peking gefahren.

»Ja, war schön damals. Mein Gott, was man sich nicht alles auflädt. Ich hab mich breitschlagen lassen und baue ein Haus. Meine Frau und ich sind ganz durcheinander. Auf nichts kann man sich mehr verlassen heute. Ich sage Ihnen, wir haben uns noch nie so unglücklich gefühlt...«

Da ist er, der klagende Ton. Er weht mich an, seit ich aus China zurück bin. Ist er mitleidheischend? Eigentlich nicht, eher nörglerisch, mißgelaunt. Als ich Anfang des Jahres mit Deng Xiaoping durch die USA reiste, fiel mir auf, daß die Männer dort dick und pessimistisch geworden sind. Formverlust. In Deutschland haben wir nicht viel Form zu verlieren. Aber hier wächst die Unzufriedenheit, obwohl es den Menschen so gut geht wie nie zuvor (im Unterschied zu Amerika), und das Land in Schuß ist. Wie erklärt sich der Widerspruch?

Ich bemerkte ihn, als ich in Deutschland ankam, ich denke über ihn nach, seit ich das Land wieder verlassen habe. Was geht in den Köpfen vor? Die Heimat ist eine Parklandschaft, eine Wohlstandsinsel, verglichen mit den meisten Ländern der Welt.

Alle Autos kommen mir neu vor. Wenn nicht, chauffiert ein Türke. Von einer Autobahnbrücke das blitzende Endlosband beobachten, die Käferfarben. Ich habe kaum einen Wagen gesehen, an dessen Heck nicht irgendein Liebes- oder Sympathiesymbol klebte – ein Herz (für Kinder), ein Lippenabdruck (à la Bonn) ein »Partner«-Zeichen (whatever it means). Putzig – kein anderes Wort fällt mir ein.

Spielzeugfarben, Disneyland. Die Straßenbahnen, die U-Bahnen tragen Vergnügungsanstrich. Keiner soll mir erzählen, die Hausbesitzer hätten kein Geld. Oder spendet die Fassadenbemalung der Staat, die Steuer? Popbunt – die Straßen in München, Bonn, Köln und Hamburg gewinnen dadurch nicht immer, das Hanseatische Pöseldorf zwischen Binnenalster und Boutiquen sieht aus, als sei bunter Regen gefallen, puppenstubig, ein Häppchen infantil.

High life, jeder 23jährige ein Oldtimer, wie froh müssen die Leute sein. Aber sie sind es nicht. In den paneelierten Kneipen hockt die Mißlaune, sie lacht oft laut heraus. Smart sind die Leute mit dem zynischen Flachs. Tauben giften im Park.

Das Schlagwort der Epoche – sie ist etwas mehr als eine Saison – heißt »Selbstverwirklichung«. Ich bin ihm noch nie so oft begegnet. Es ist eine Mode mit ernstem Faltenwurf.

Madame F., Besitzerin einer Herren-Boutique auf der Düsseldorfer Kö, erklärt die Sache unter dem Aspekt der Kleidung: »Sehen Sie, die Leute wählen auch für den täglichen Bedarf immer mehr den Freizeitlook. Ich nenne ihn das Ende der Verschnürung, die Korsetts fallen. Ach, Sie meinen, Herren hätten keine Korsetts getragen? Irrtum. Es beginnt am Hals, also lockerer Kragen. Oben offen, Seidenschal statt Krawatte. Weite Ärmel an den Hemden, gürtellose Hose, lockerer Gummizug, schwupp, das geht schnell, nicht zu vergessen der bequeme Schuh.«

Selbstverwirklichung habe also, sage ich, mit Formlosigkeit zu tun. Madame lacht: »Sagen wir lieber Ungezwungenheit.« Ja, der Freizeitfaktor wird größer. Dafür spricht auch die Erscheinung eines Politikers, der zum Tropenanzug die Prinz-Heinrich-Mütze trägt. Sie sieht aus wie der Ferien-Homburg des Arbeitgeber-Präsidenten.

Selbstverwirklichung. In den sechziger Jahren sprachen die Kritiker der deutschen Restauration vom »Rückzug ins Private«. Dahrendorf beklagte den Mangel an »öffentlichen Tugenden« und Ulrich Sonnemann hielt die Verhältnisse für »Unbegrenzt Unzumutbar«. Nun besteht die Reform-Regierung in der Bundesrepublik zehn Jahre, Willy Brandt wohnt schon als Pensionär im katholischen Unkel am Rhein, Geranien auf dem Balkon, und die Bürger denken zum Jubiläum vorwiegend an zwei Dinge: An den Urlaub und an einen Bauernhof (mir wenig Viehhaltung).

Chinesische Distanz, nicht als Wert, sondern als Warte vorgestellt. Aus ihrer Perspektive fällt der wachsende Anteil des »Privatisierens« an der Lebensdisposition ins Auge. Die Selbstverwirklichung, um die es geht, begleitet kein Ethos, nichts für die Öffentlichkeit Bedeutsames. Sie entpuppt sich als aggressive Sicherung einer möglichst unberührten Individualsphäre.

Finanziert wird sie mit arbeitszeitverkürzter Berufstätigkeit, garantiert vom Sozialstaat, bewacht von den Gewerkschaften und vor dem Schicksal geschützt durch Friedenspolitik. Die Atmosphäre, die dadurch entsteht, ist ungelüftet. Sie erinnert mich an einen jener Brutkästen, in denen die Sechslinge des Hormon-Unglücks liegen – lauter Häuflein Elend. Genügt das Private dem Menschen etwa nicht?

Ich besuche in Bochum ein Altersheim. Sonniger Tag, die Räume mit den hohen Glasscheiben sind lichtdurchflutet. Im Garten Blumenpracht. Von den Fluren geht man in die Appartements, es ist wie im Corbusier-Haus in Berlin, ein bißchen Sing-Sing. Die alte Lehrerin, die ich aufsuche, ist 86 und weint. »Mein ganzes Leben war ich unter jungen Leuten, jetzt bin ich unter lauter Alten und kann nicht sterben.«

Der Zimmerservice funktioniert wunderbar – Telefon, Sprechanlage, am Kopfende des Bettes eine Alarmglocke. Die Rente ist hoch genug, so daß Frau B. alles bezahlen kann, keine Sorge. Aber sie kann sich nicht mehr selbstverwirklichen und ist ja auch so alt, daß sie es gar nicht mehr braucht, meinen die Enkel. Die haben ein gutes Gewissen. Sozialisiert die Sozialpolitik nicht das Unangenehme und privatisiert das Angenehme? Loskauf von den Pflichten. Orange ist die Fassade des Altersheimes.

Aber wir müssen gerecht sein, die Firmen und viele Privatleute haben eine Menge Geld für die Vietnam-Flüchtlinge gestiftet, an Geld ist in solchen Fällen wirklich nie ein Mangel – Währung des Herzens, kann man so sagen? Spender, mit denen ich sprach, zeigten sich glücklich, irgendwie erleichtert, die Zeichen der Unzufriedenheit, der allgemeinen, schienen für einen schönen Augenblick verflogen.

Fernstenliebe (von der Friedrich Nietzsche sprach) – die Söhne hatten schon vor zehn Jahren für Ho Chi-minh demonstriert. Ferngerückt, aber nicht geliebt, ist indessen das viel Nähere, das andere Deutschland, das mit den geringen Möglichkeiten zur Selbstverwirklichung. Oder entsteht dort Paulinische Freiheit, etwas Unheimliches, Innerliches? Ist ein Regierungssprecher deshalb so erschrocken, als eine Umfrage im Auftrag der Regierung ergab, daß zwei Drittel der Bevölkerung in acht westlichen Staaten die Wiedervereinigung Deutschlands positiv bewerten?

Die Frage ist nicht leicht zu beantworten, warum wir so sehr sozialempfindlich und so wenig nationalempfindlich geworden sind. Womöglich, weil uns das eine zugute kommt, das andere aber Opfer abfordert, vielleicht sogar gefährliche Situationen heraufbeschwört. Machtpolitik – um Gottes willen, die Gesellschaft ist der Austragungsort der Konflikte. Der Ölschock, der manchmal wie ein apokalyptisches Pony durch die deutschen Aue zittert, stellt sich als Preisärger heraus, nicht als strategische Verzweiflung.

Niemand glaubt ernsthaft, das »schwarze Gold« könnte einmal wirklich ausbleiben (reist der Außenminister nicht immerzu voll guten Willens in den Nahen Osten?). Dr. G. fragte ich im Flugzeug, ob er in seinem neuen Haus offene Feuerstellen habe und ob sein Sohn (»nun, manchmal nimmt er schon ein süßes Pfeifchen, aber es wird nicht zur Leidenschaft«) ein Kohlenfeuer anzünden könne. »Ich glaube nicht«, meint G. lachend, »aber bei den jungen Leuten kennt man sich ja nicht aus.«

Es gibt, stelle ich auf meiner Reise fest, unangenehme Dinge, an die man besser gar nicht rührt: Die Beziehung zwischen den Generationen, in die nach Streit und Zerwürfnis der sechziger Jahre eine manchmal ganz angenehme, aber anstößige Gleichgültigkeit gekommen ist. Oder das Verhältnis zu den Deutschen in der DDR, unter denen es »solche Idealisten wie Havemann gibt« (»ne Art Gralsritter«, fügt Dr. G. noch hinzu). Die Emanzipation der Frauen. (»Sind die Chinesinnen nach der Pille auch so wild geworden«, fragt Dr. G.) Ja, und die Geschwind-Rüstung der Sowjetunion – beunruhigt sie nicht sichtlich weniger als der »amoralische« Feldzug der Chinesen gegen Vietnam?

Gibt es für dieses Meinungsbild eine Formel, die es erklärt? Sicher gäbe es schnelle Urteile. Vielleicht genügt es zu sagen, daß wichtige, ja entscheidende Bereiche der Realität in die Schattenzone der deutschen Köpfe gerückt sind. Dort ruhen sie, werden nicht durchleuchtet, nicht rational bedacht, höchstens als dunkle Angst erlebt. Bitte kein störenden Probleme – ist das Leben nicht schon ernst genug? Noch mehr schlechte Nachrichten als in der Abendschau, noch mehr ungute, unzufriedene Gefühle? Bitte, nein.

»Man möchte manchmal nichts mehr hören und sehen«, sagt Dr. G. und schnallt sich zur Landung an. »Aber jetzt geht's zuerst mal ins Wochenende. Grüßen Sie mir die Chinesen.« Vor Herrn

G. geht in diesem Augenblick ein Vorhang herunter. Auf ihm eine bunte Landschaft mit Wiese und Haus, wie naive Malerei, Schäfchenwolken, kontrastierend zum dunklen Saum des Hintergrunds. Wie, die Weltgeschichte sei nicht der Boden des Glücks? Unverschämtheit.

Peking, 15. August 1979

Ich kann das Wort von den »blauen Ameisen« nicht hören – es stimmte nie. Die landläufige Meinung, alle Chinesen sähen »gleich« aus, beruht auf einem Mangel an Sehkraft oder Erfahrung. Nichts ist nämlich auffallender als die Unterschiede in den Physiognomien.

Jede Woche habe ich mit einem Beamten zu tun, den ich in Gedanken zum »Urchinesen« ernannt habe. Er ist verhältnismäßig groß und trägt die Hauptmerkmale der Han-Rasse: schlank, nervig, ausdrucksstarke Züge – die Vertikale dominiert. Die Eigenschaften werden durch eine hohe Nervosität unterstrichen. Der Beamte ist, wie viele Chinesen, ein »Magenmensch«. Er wirkt, wenn auch auf kultivierte Weise, hungrig. Die »Kultur« stammt aus Beherrschtheit, die sich in einer andauernden Kontraktion der Gesichtsmuskeln äußert. Sie verleiht der Erscheinung Spannung und Kontur.

Das kurzgeschnittene, blau-schwarze, kräftige Haar, das eng an den Kopf gekämmt ist, läßt den Eindruck gewollter, fast asketischer Disziplin entstehen. In dem straff sitzenden Sun-Yatsen-Anzug tritt einem eine offiziersmäßige Erscheinung entgegen. Sie wirkt geordnet. Eine entfernte Ähnlichkeit auf den Bildern Zhou Enlais während dessen Zeit in der Militärakademie von Whampoo kommt mir in den Sinn.

Leicht anregbares, dann heftiges Lachen löst die Strenge auf. Das Lachen ist in China keine durchgehend glückliche Äußerung. Oft ist es Zeichen der Verlegenheit und Unsicherheit – selbst bei hohen Intelligenzen, wie in diesem Fall.

Peking, 28. August 1979

Der Geist spricht aus der Sprache. An ihr kann man Epochen ablesen. Dreißig Jahre lang war Chinas Sprache militarisiert, waffenstarrend. Wir kennen das aus dem Deutschen. »Die Stimmung in der Truppe ist nicht gut«, sagt der Pfarrer über die Gemeinde, die so pazifistisch ist wie das ganze Land. Kommunisten sind gröber. Wenn sie »mit konzentrierter Kraft eine Vernichtungsschlacht schlagen«, meinen sie in der Regel die Getreideernte. Der Vorsitzende Hua Guofeng zeigt sich auf dem V. Volkskongreß bestrebt, »auf dem neuen Langen Marsch einen Sieg an allen Fronten zu erringen«. In fast allen Reden findet sich der Satz: »Die rote Fahne weht im mächtigen Ostwind und die Lage im gesamten Land ist ausgezeichnet.« Mit diesen Patitüden wird jetzt Schluß gemacht, sagen die Chinesen. Die Sprache wird abgerüstet, zivilisiert und an den Tatsachen orientiert. Den älteren Herren, die in China herrschen, wird das nicht leicht fallen. Sie sind im Kriege groß geworden.

Shanghai, 2. September 1979

Zwei Wochen in Shanghai. Ich treffe alte Kapitalisten, die sich über ihre aufgetauten Konten freuen, Schauspieler, zwei Schriftsteller. Wer wird den großen Roman über die Kulturrevolution schreiben? Kopfschütteln. Alle, auch der hohe Funktionär L., dem Bibliotheken unterstehen, in denen unbeschreiblich gehaust wurde, halten Maos Kulturrevolution für verfehlt, ja »sinnlos«. Das Urteil ist schon wieder konform. Ich treffe keinen der sich wenigstens zu den Motiven verständnisvoll äußern würde. Nur dünne Entschuldigungen: Infolge seines isolierten Lebens seien Mao Zedong schwere Fehleinschätzungen unterlaufen, und später, nun, da sei er halt krank gewesen. So kann keine Literatur entstehen. Literatur gründet auf Verantwortung.

Die zwei jungen Literaten erzählen mir von der Debatte, die über drei kritische Stücke entbrannt ist. Sie beschäftigen sich mit Jugend- und Kaderproblemen, ein Filmmanuskript soll darunter sein. Kulturfunktionäre kämen mit dem Einwand, man dürfe auch dann nicht Mitleid für gefallene Jugendliche erregen, wenn die Viererbande für ihr Schicksal verantwortlich gemacht werden müsse. »Verständnis« erziehe nicht, sondern verführe zur Nachahmung. Hätte Lu Xun dann die »Wahre Geschichte des Ah Q« schreiben dürfen, frage ich. Ist der schreckliche Mann Ah Q, ein typisches, kritisches Produkt Lu Xuns, nicht Schlüsselfigur für den alten Chinesen schlechthin, der die Hiebe, die er erhielt, in Siege umträumte?

An diesem Punkt ziehen sich die jungen Literaten ängstlich aus dem Gespräch zurück. Literatur war in China noch bedeutend, als sie gegen die »alte Gesellschaft« kämpfte. »Mitternacht«, Mao Duns Shanghai-Roman aus den Dreißigern, ist ein Beispiel. Der Tod der nationalen Industrie unter den Schlägen des Kompradoren-Kapitalismus ohne Beschönigung geschildert. Die Wahrheit wird vielleicht verzerrt, aber weder verstellt noch verleugnet. Das kam alles erst nach 1949. Seitdem hat Mao Dun auch nichts mehr Wichtiges geschrieben. »Mitternacht« wurde in der Kulturrevolution verboten (vorher schon einmal unter Chiang Kai-shek). Und noch im Nachwort zur chinesischen Ausgabe von 1977 fühlt sich Mao Dun, heute Vorsitzender des chinesischen Schriftstellerverbandes, zu dem Eingeständnis verpflichtet, daß die Beschreibung der Revolutionäre und Arbeitermassen in dem Roman »viele Mängel« aufweise.

Wer glaubt da, daß sich junge Literaten den Schreibfinger verbrennen? Ich frage den hohen Funktionär L., warum Lu Xun während der Kulturrevolution ungeschoren davonkam. Hat sein Bild des Chinesen nicht gegen das Helden-Stereotyp der Jiang Qing verstoßen und überragten sein Stil und sein literarischer Ruf nicht den Mao Zedongs? Die Antwort ist lakonisch: »Ach, Lu Xun war tot und keine Gefahr.«

Urumchi, 18. September 1979

Der Lärm der Waffen hat für einen Augenblick aufgehört, die Wüste ist wieder still. Im Februar des letzten Jahres war es plötzlich unruhig geworden. Tag und Nacht rollten die Züge nach Süden in die Tiefe des Landes: Peking evakuierte die Grenzregionen, weil eine sowjetische »Strafaktion« wegen der chinesischen »Strafaktion« gegen Vietnam nicht auszuschließen war. Aber es blieb ruhig. »Wir wissen nicht, was kommt«, sagte einer der Regierungsfunktionäre in Urumchi. Die Skepsis zählt Hunderte von Jahre: Das dürre, riesige Land, in das mehr als die Hälfte Europas hineinpaßt, war immer umkämpft.

Nicht um seiner selbst willen, wegen fruchtbarer Äcker und reicher Städte, oder aus Liebe und Leidenschaft, sondern wegen Grenzen, Straßen und umtriebiger Völker, die bis in die Mitte dieses Jahrhunderts um ihre Selbständigkeit kämpften, bevor sie sich mit dem Status der geschützten »Minderheit« abzufinden begannen. So war das ganze Land seit je zu einem dienenden, mißachteten, ja, gehaßten Leben verurteilt, und es gab daher dem Eindringling, dem Wanderer, der Karawane zurück, was Verachtung verdient: Wüste, Hitze und Salz und eine dunkelglitzernde Häßlichkeit, die die Sinne blendet.

Dünn sind die Pappelbäume an den Straßenrändern von Urumchi. Sie stehen in flachen Kanälen, in die das Wasser des Tianshan-Massivs im Norden fällt und kreist. Schon wenige Kilometer südöstlich aber, wo die Menschenhand nicht mehr regiert, hört das Grün auf. Es geht in bräunliches Steppengras über. Windgeneigte Bäume, gespenstische Ulmen stehen am Rande tümpelflacher Seen, an deren Rändern Salz lagert. Siedlungen aus primitiven Lehmhäusern, viele Lastwagen, aber keine einzige Fernsehantenne mehr. Noch wirkt alles unentschieden, umkehrbar, am Rande. Die Straße fällt langsam ab. Je sandiger die Umgebung, desto gerader wird sie. In der Sonne glitzert sie jetzt wie ein Wasserband.

Eine Oase, der man plötzlich begegnet, ein blühendes, sprudelndes Eiland – das ist wie der »Trugschluß« in der Musik, bevor die Improvisation des Instruments sich wieder in den Fluß der Komposition einfindet. Das Gesetz der Landschaft aber ist unweigerlich die Wüste. Sie greift an, umzingelt. Der Rand der Oase, die an mir vorbeiflog wie eine Wolke, ist bastionartig bewehrt: Bambusvorhänge vor den Kulturen, Erdaufschüttungen, Kolonnen zittriger Pappeln, in Achter-, in Zehnerreihen. Der Blick geht zurück, bleibt lange an dem Farbfleck haften, bis er verschwimmt.

Aber noch sind wir nicht im Meer. Die Straße gleicht nun einer Ausfahrt, fjordartig eng stellenweise, die Berge werden höher, felsiger. Schwarze Berge, voller Kohlen, Anthrazitleuchten. Rote

Berge, wildes Rostrot, voller Kupfer. Graue Berge, in denen Eisenerz liegt. Man sieht Adern und Schichten. Der Regen hat Strähnen eingewaschen, er fällt hart wie ein Rechen vom Himmel. Wenn er seine Schleusen öffnet, reißt das Wasser die Straße weg und hebt den Fluß aus dem Bett, der am Eingang zur Wüste keinen Namen mehr trägt. Wasser – diesem Wort erwächst hier keine Konkurrenz.

Am Ende der Klamm fallen die Berge zu Boden oder weichen in die Weite zurück. Nun schaukeln wir im Meer. Aber es bewegt sich nicht, liegt ruhig, wie gelähmt da. Keine Dünung, keine Düne – ein Sandbrett, von Millionen schwarzer Steine beschwert und niedergehalten. Das ist nicht das Meer, das ist der Meeresgrund, wie er vor Millionen Jahren einmal freigelegt wurde, als ein tektonisches Beben die Fläche in die Schräge hob und das Wasser wegfloß. Die Straße weist stärker nach unten, in der Ferne scheinen die Telefonmasten im Boden zu versinken. Schwer schnaufen melonenbeladene Lastwagen, die aus dem Keller der Erde zu kommen scheinen, hurtig laufen die Esel unter dem gekreuzten Joch der kleinen, zweirädrigen Karren bergab.

Zu Fuß durch die Wüste. Nach tausend Schritten würden die schweren Füße über die scharfkantigen Steine stolpern. Die Anachoreten in Afrika konnten mit geschlossenen Augen wandern. Düne hoch, Düne hinunter, das ist die Wüste der Bibel. »In der Wüste wird euch die Reinheit des Denkens nähren...« rief Moses seinem Volk zu. Dort gleicht sie dem Fegefeuer, wenn die Sonne sich über den Horizont erhoben hat, hier der Hölle, deren Wege von der Schlacke aller ausgebrannten Zeiten bedeckt sind. Erkenntnisse sind hier nicht zu finden, weil es keine Wiederkehr gibt, ist die Küste einmal verloren. Eine Stunde Regen füllt vielleicht den Grund deines Bechers. Am Ende bleibst du vor Entsetzen stehen, du schmilzt, vertrocknest und verhärtest zu einem der Millionen Steine.

Das Grün der Oase Turfan hat einen hohen Preis. Wer hier lebt? Kaum Chinesen, keine altaischen Nomaden, keine Mongolen – eher Iraner, Kaukasier. Trotziges schwarzes Haar und Bärte am langen, ovalen Gesicht umrahmen helle Haut. Zwischen braunen Augen springt eine markante Nase hervor. Über die blaue, pludrige Hose fällt ein weißes Hemd und darüber ein noch längerer dunkler Kittel, oft bestickt, vorne offen. Das runde

Käppchen und die umlautreiche Sprache erinnern sogar an türkische Bauern. Die Frauen tragen Röcke, sie drehen sich gern, und Schmuck, wie wir ihn kennen. Dem westlichen Ausländer gilt geheime Freundlichkeit. Die uighurische Weinkneipe am Abend – bin ich auf dem halben Wege nach Europa?

Vor dem Schlafquartier breiten sich Reben. Der Mond bewegt die Blätter auf Boden und Wänden. Der trockene Wein wirkt auf mich wie die ersten langen Durstzüge nach Tagen auf See. Gehört es nicht zur touristischen Gedankenlosigkeit, zu sagen, die Oase sei leicht und sicher zu erreichen? Ich fühle auf dem Bett das Auf und Nieder der Dünung. Ach, wie lange werden diese Automobile noch fahren? Zum Meer gehört das Segel am Boot, zur Wüste das Kamel. Ich rufe die freundlichen Kräfte der Elemente hervor, indem ich mich ihren Regeln unterordne. Spannung von Segel und Ruder, der Instinkt des starken Tieres, sie überbrücken die Untiefen. Immer wieder wird sich die technisierte Zivilisation darauf besinnen müssen, das Element zu »reiten«. Soviel Souveränität ausüben zu können, macht frei. Frei war Odysseus, der Frevler, frei ist der Nomade, nach Freiheit sehnen sich die Leute, denen ich hier begegne.

Dabei befinden wir uns noch am Wüstenrand, im Küstengebiet. Takla Makan, der Ozean in der Mitte der Provinz Xinjiang, liegt weit im Südwesten, wurde aber seit je von den Oasen aus kontrolliert. Die Seidenstraße kam aus der Kaiserstadt der Han, dem fernen Chanan (Xi An) und gabelte sich angesichts der Undurchdringlichkeit der Wüste in eine südliche und eine nördliche Arterie. Sie näherten sich einander wieder im Westen, Yarkand und Kashgar, von dort nach Indien und Persien vorstoßend, auf der nördlichen Linie zum Mittelmeer. Versandet, überspült, die antike Stadt Gaochang, in die ich heute ging, die noch ältere Stadt Jiaohe, Truppenquartier in der Han-Zeit, sind bis auf Ruinenstümpfe heruntergewaschen.

Die Vielfalt der Einflüsse gleicht einem kaleidoskophaften Traum. Torsi von Pagoden, Skulpturen des nestorianischen Christentums, der runde Abdruck eines Minaretts, die rechteckige Grundlinie der chinesischen Architektur. Hunnen und Christen rangen um den Platz – die vollkommene Ruhe der Wüste hat auch den Schlachtenlärm zugedeckt. Vor dem Han-General Geng Bing stürzte der König von Turfan nieder und umarmte die Hufe des

Pferdes. Kurz darauf schlug der Wind um: Aufständische kesselten die Chinesen ein. Die kauten ihr Sattelzeug und hielten durch. Ban Chao, eine prokonsularische Figur, überwand den Literaten-Pazifismus am Hof von Loyang und köpfte die Barbaren. Aber nach seinem Ende brach die Revolte wieder aus. Vom Westen näherte sich Kaiser Trajans Heer und nahm die Parther-Hauptstadt Xesiphon. Man schrieb 116 n. Chr., die Seide, in der Cleopatra ihre Abendgesellschaften überrascht hatte, der weiße Elefant des Augustus in Rom bewegten die imperiale Phantasie.

Fata Morgana in der Dünung? Was wäre geworden, hätte der chinesische Botschafter Gan Ying damals den Befehl seines Kaisers ausgeführt und (entgegen dem Rat der Parther) die Grenze des römischen Reiches überschritten? Trajan, dem Herrn von »Da Qin«, wie man Rom nach dem eigenen Staate Qin nannte, wäre das fernöstliche Land vielleicht verlockend erschienen, dem chinesischen Kaiser ein Bündnis gegen die Hunnen praktisch. Legionen und Legionen, Schulter an Schulter. Die Wüste erregt den Geist. Auch auf dem Meer wird großräumige, imperiale Bewegung, werden Angriff und Eroberung zur fressenden Vorstellung. Der Hafen, die Oase sind Stützpunkt, Quartier, Labsal für Stunden und Tage, dann aber geht es weiter.

Es ist noch dunkel, da jault ein Hund. Ich spüre, die Dünung hat nachgelassen. Warum dringt Hahnenschrei wie Alarm in den Halbschlaf? Am Brunnen unter den Reben putzen sich Leute die Zähne. Turfan ist nicht mehr Durchgang, nein, es ist Ende, nicht tot, sondern lebendes, schönes Ende der Welt, lands end. Wer ahnt, wenn er aus der Wüste kommt, daß hier 170000 Menschen leben, die meisten Uighuren, von Tisch und Bett der herrschenden Han-Chinesen getrennt? Leben sie nicht auf einer Insel mit den Gaben des Paradieses – reichlich Wasser aus Brunnentiefen, das Kanalsystem erreicht schon 2500 km Länge –, arkadische Weingärten, Hekatomben schwerer Melonen, Getreide, Baumwolle und Tiere, Großfamilie und ein Iman. Und Peking ist fern, fern die Partei – wirklich fern?

In Turfan leben, in der Wüstenoase zwischen China und Europa? In der kesselartigen Erd-Depression lösen überwältigende Hitze und klirrende Kälte einander ab. Wenn der Wind Stärke acht erreicht, erhebt sich der Sand. Den Flüchtling aus der Zivilisation hielte das nicht ab. Seine Alternative ist das Leben des Guru oder des Pioniers. Ob die Wüste aber die Einsamkeit garantiert, die der moderne Flüchtling (der aus den Landschaften des Kompromisses und des Geschwätzes) sucht, bleibt fraglich für immer. Die Kämpfe sind nicht zu Ende. Die Welt kommt zurück. Bei einem Streifzug in aller Frühe stoße ich außerhalb der Siedlung auf riesige, flüchtig errichtete Schuppen und die Verankerungen von Armeezelten, dazwischen schwarze Feuerstellen: Lager für die von der Nordgrenze Evakuierten? Turfan liegt an der Straße der Verteidigung: Irgendwo in der Oase steckt das militärische Hauptquartier von Xinjiang.

Peking, 1. Oktober 1979

»Ich stelle dar, was ich beim Blick nach innen wahrnehme«, sagt der junge chinesische Maler, seine Werke vom Straßenrand aus betrachtend. Er gehört zu den Künstlern, die mit ihren Werken an die »Mauer der Demokratie« verwiesen wurden. Eine andere Ausstellungfläche oder gar einen Ausstellungsraum stellen die Behörden nicht zur Verfügung. Auch eine Demonstration, die 70 bis 100 Leute deswegen vor dem Eingang zum Regierungssitz Zhongnanhai veranstalteten, hat nichts gefruchtet.

Vor einigen Wochen fing es an: Zwischen den niedrigen, staubigen Bäumen unmittelbar vor der Mauer wurden Drähte gespannt, an denen die Künstler jeden Morgen, wenn das Wetter es zuließ, Bilder aufhängen. Sie wehen im Wind wie fremde Fahnen. Stilistisch haben sie die chinesische Tradition verlassen – sie knüpfen an Impressionismus, Expressionismus und Symbolismus der Europäer an –, politisch haben sie den starren Optimismus des Sozialistischen Realismus gesprengt. Aus den Gesichtern der dargestellten Menschen ist das superiore Lachen gewichen.

Monet und Manet mochten Pate gestanden haben bei den freundlichen kleinen Ölgemälden, die Pekinger Parkszenen und Architektur zeigen. Die jungen Künstler, die unter dem Draht ihre Werke interpretieren, versuchten das Licht einzufangen wie die großen Franzosen. Konturen verschwimmen luftig. Farbtupfer geben Atmosphäre. Bei einem der Parkbilder gab der melancholische Edvard Munch die Vorlage ab, bei einem daneben hängenden Portrait eines sinnenden Mannes Max Beckmann.

Symbolistisch die Darstellung einer knieenden Frau, über deren Gesicht die Haare fallen. Eine übergroße Hand greift nach ihr wie nach einer Puppe. Der Ergebenheitsgestus kommt mehrere Male wieder. Auf einem Bild, »Devotion« genannt, kauern nackte Gestalten und beten die Sonne an, die aus Granitsteinen geballt kalt am Himmel schwebt. Auf einem anderen Bild taucht eine Frau, unbekleidet, aus einem roten Meer auf, das von einer »abstrahlenden« Van-Gogh-Sonne gewärmt wird. Und schließlich grob, aber eindrucksvoll, die Darstellung eines Waldes, dessen Bäume von Augen starren – überall beobachtende Macht.

Manche Bilder, gänzlich abstrakt, wobei Kandinsky und Hundertwasser zu erahnen sind, entziehen sich der Deutung, wenden sich aber vom Naturalismus der chinesischen Malsprache ab. Andere wiederum, vor allem eine Serie von Portraits (Kohlezeichnungen), sind ganz naturalistisch gehalten, im Unterschied zur bekannten Manier aber ernst und schwer. Sie stellen in der Mehrzahl junge Menschen dar, deren Gesichter von Würde, harter Arbeit, Armut und Sorge gekennzeichnet sind – eine Demonstration für sich. Alles Heldenhafte, Zukunftspathetische, Utopische ist von ihnen abgefallen. Die Blicke sind desillusioniert, die Hände schwer, als wäre es unmöglich, sie zu bewegen. Hier führt nicht Sozialistischer, sondern sozialer Realismus den Stift.

Sucht man nach erklärenden Begriffen für die oft recht unbeholfene Kunst, so kommen einem Worte wie »Sehnsucht nach gartenhafter Natur«, »Friedensliebe«, »Angst« und »Ernüchterung nach den Festen« in den Sinn. Der chinesische Künstler, der die Portraitreihe geschaffen hat, ein Arbeiter, tauschte vor ein paar Tagen mit dem Schriftsteller und Graphiker Günter Grass Bilder aus. Er wählte den »küssenden Butt« – der Fisch küßt eine Frau – und Otto Matzerath, den Blechtrommler, zwei Darstellungen, nicht unähnlich den seinigen.

Peking, 6. Oktober 1979

In China fallen jetzt viele Spruchbänder mit Parolen der alten Zeit. »Lernen von Dazhai« ist eine solche Parole. Ihre Schriftzeichen verwelken. Was ist Dazhai? Ein Dorf mit 470 Seelen in der bergigen Provinz Shanxi. Einst die Lieblingsbrigade Mao Zedongs, das leuchtende Vorbild, das Muster landwirtschaftlicher Organisation. Aber der Ruhm währte keine Ernte länger.

Dazhai übt Selbstkritik. Zerknirschte Funktionäre konferieren. Sie klagen über ihre »ultralinken« Fehler. Sie bedauern, die Güte des neuen Windes aus dem 500 km entfernten Peking nicht rechtzeitig erkannt zu haben. Die 87 Familien zweifeln an ihrer Zukunft. War es denn auf einmal falsch, die »Politik« über die Leistungsanreize zu stellen, den Klassenkampf als »Hauptkettenglied« zu betrachten? Hatte nicht der Vorsitzende Mao Zedong allen Leuten eingehämmert: »Vergeßt nicht den Klassenkampf!«

Als ich im Mai 1977 Dazhai zum erstenmal besuchte, lag die Sonne blutrot über den Kunstebenen der befestigten Terrassenlandschaft. Die Aufbauleistung seit 1953 schien allgemein anerkannt. Gerade erst hatten zwei Nationale Konferenzen über das »Lernen von Dazhai« stattgefunden, vom Vorsitzenden Hua Guofeng persönlich angeregt. Der Held von Dazhai, Chen Yonggui, saß als mächtiger Mann im Pekinger Politbüro und als stellvertretender Ministerpräsident im Staatsrat. Dort sitzt er auch heute noch – nur mächtig ist er nicht mehr.

Wer die mustergültig angelegten Kulturen betrachtet, das raffiniert ausgelegte Bewässerungssystem, aus dessen berghohen Reservoirs die Terrassen über 40 km lange Leitungen berieselt werden, die 57 ha blühender, zwei Ernten pro Jahr abwerfender Tonerde, früher kaum mehr als ungestalte Erdhaufen – kann den Wandel in der offiziellen Bewertung nicht gleich verstehen. Dazhai ist ein Beispiel gewaltiger Willenskonzentration und selbstlosen Fleißes. Wo lag der Fehler?

Dreimal in der Geschichte der Brigade haben Naturkatastrophen die steilen, einem Weinberg ähnelnden Anlagen abgeschwemmt. Denn so knapp das Wasser in der meisten Zeit ist, im Sommer kommen sintflutartige Regenfälle und im Winter sprengt eine Kälte von 30 Grad die feuchten Mauern der Terrassen auf. Mit bloßen Händen setzten die Bauern die Steine der Erddämme wieder aufeinander. 150 oder 160 Pioniere und die Armee. Ihre Energie triumphierte.

Mao Zedong gab 1966 den Befehl, Chinas Landwirtschaft nach dem Muster von Dazhai umzugestalten. Ein Mekka der Agrikultur war entstanden, zu dem in den folgenden zehn Jahren Millionen von Chinesen und Tausende von Ausländern pilgerten. Im Oktober 1976 zog der Nachfolger Maos eine positive Zwischenbilanz. 2137 Kreise hat China. Pro Jahr sollten 100 Kreise nach dem Shanxi-Modell geformt werden. Dreihundert haben dieses Ziel schon erreicht. 1980 soll ein Drittel der Landwirtschaft dem großen Vorbild entsprechen. Dem Vorbild der kommunistischen Gemeinschaft im reinen Sinne. Denn in Dazhai gehört bis jetzt allen alles.

Es geht nicht um höhere Erträge in den schönen Terrassenkulturen, es geht um die Gesellschaftspolitik. In Dazhai dürfen die Familien den Privatboden nicht selbst bewirtschaften (in anderen Kommune-Typen fünf bis sieben Prozent des Landes). Folglich gibt es keine privaten Märkte, auch keine Nebenbeschäftigungen, an denen die Bauern zusätzlich Geld verdienen können (heute existieren in China schon 30000 solcher Märkte). Die Häuser gehören nicht den Familien, sondern der Brigade, das Vieh, sonst teilweise in Privathand, ist Brigadeeigentum. Nur Hühner und Eier, die ließ man den Bauern.

Das ist nicht alles. Die Löhne werden nach Kriterien festgelegt, die man egalitär nennen kann. Sie betragen pro Arbeitskraft im Monatsdurchschnitt 40 Yuan (50 Mark), zum Teil in Form von Naturalien ausgezahlt. Die Kriterien lauten in der Rangfolge: politisches Bewußtsein, Fleiß, Können und Schwere der Arbeit. Die elf Lohngruppen liegen nicht weit auseinander. Die Entscheidung fällt auf einer politischen Versammlung. Dort bewertet sich jeder nach den Kriterien selbst. Das »Plenum« muß (für ein Jahr) zustimmen. Es gibt keine Anreize, keinen Bonus, keine Akkordlöhne, nicht einmal Zeitlöhne. Dafür gibt es Kommunismus.

Heute noch – morgen nicht mehr. Nach einer Serie von Andeutungen, einem verbalen Wetterleuchten, wie es chinesischen Reinigungsgewittern vorauszugehen pflegt, ist jetzt in Dazhai der Blitz eingeschlagen. Wie eine jener Naturkatastrophen, die in Abständen das Menschenwerk vernichtet haben, bricht die Kritik in die Fluren ein. Die Bauern, so heißt es, würden künftig ihre Privatparzellen selbst bestellen und die Erzeugnisse auf freien Märkten verkaufen dürfen. Sie brauchten nicht mehr zu befürchten, »Kapitalisten« geziehen zu werden.

Auch Vieh sollen sie haben, und die Häuser sollen ihnen

gehören. Die bedrückende öffentliche Diskussion über die Leistung des einzelnen, der Massenbeschluß über seine Bezüge, fällt weg. Bezahlt wird nach festgelegter Norm. Nicht mehr das »politische Bewußtsein« steht an der Spitze der Bewertungskriterien, sondern das Können. Nicht Klassenkampf, sondern Leistung und Ertrag, der Lohn der Mühen.

Ein großes Experiment ist damit beendet. Mehr sogar – ein politisches Konzept wurde für ungültig erklärt, ein Lebensplan für 800 Millionen Chinesen. Tausende von Kommunen, die von Dazhai schon gelernt hatten, müssen wieder umlernen. Es wird auch wieder Lernverluste geben. Andererseits mehr Handel und Wandel, Nebengewerbe und Fabrikation. Als ich in Dazhai war, sah ich viele rote Fahnen und keine Schornsteine. Das wird sich ändern. Eine Drehung weiter am chinesischen Kaleidoskop.

Peking, 14. November 1979

Die Nachrichten über den Geiselfall in Teheran erinnern mich an die Warnungen vor einer Katastrophe im Mittleren Osten, die Hua während seines Europabesuches im Herbst immer wieder aussprach. Dafür wurde er von einigen Flachköpfen als »chinesische Kassandra« bezeichnet. In Wirklichkeit verstärkt bei ihm scharfer Gefahreninstinkt die Warnehmungskraft. Über diese spezifische Sinnesenergie verfügen Chinesen nicht immer. Man erkennt an ihr, woher Leute wie Mao Zedong, Deng Xiaoping und Hua Guofeng kommen: Aus einem Kampf, der mehr war als ein militärischer Zusammenprall, mehr als Eroberung und Verlust, Niederlage und Sieg. Tieferes. Sie kommen aus der Revolution. Sie schärft die kognitive Kraft. Ich folge Friedrich Nietzsche: Ressentiment ist unheilvolle, abflußlose Ohnmacht. Ein stinkender Tümpel. Die Revolte hingegen zerbricht das Sein und hilft ihm überzufließen, wie Camus sagt. Sie ist Befreiung, Reinigung des Geistes, man mag sich ihren Zielen anschließen oder nicht.

Das ist der Grund, weshalb ich chinesischen Revolutionären gespannt zuhöre, wenn sie ihre dunklen Bilder über die Weltkonstellation und den Charakter der Akteure malen. An der Spachtelmanier muß man Abstriche machen. Aber dann hat man die Linien des Kraftfeldes vor Augen. Wer für die Mutmaßung über die Erkenntniskraft der chinesischen Revolutionäre praktische Gründe sucht, stößt auf den Guerillakrieg. Er ist eine inspirierende Quelle. Im Guerillakämpfer ist der Geist der Revolte gleichsam zu sich selbst gekommen (ohne indes bei ihm wohnen zu bleiben). Der Guerillakämpfer spricht, nachdem er die alten Einrichtungsgegenstände aus seinem Bewußtsein gefeuert hat, frei nach Descartes das politische »Cogito causam revolutionis ergo sum«. Erkenntnis stellt sich ein, wenn du die Existenz radikalisierst – das heißt nichts anderes als »erden«. Der Partisan ist Sohn der Erde, ein tellurisches Wesen, erklärt der Rechtsphilosoph Carl Schmitt.

Die Guerilla, die der Weltpartisan Mao Zedong anführte, gehört heute jedoch der Vergangenheit an. Sie war der Turm im antikolonialistischen Kampf, im Volkskrieg gegen Besatzungsmächte und Tyrannen in einer Epoche, da Technik und Elektronik »das Land« noch nicht durchdrungen hatten. So reicht der Partisan dieses Typs bis an den Anfang der Geschichte, ja vielleicht bis in die Schöpfung zurück – Luzifer, der gefallene Engel, hat ihm manches geschenkt. Guerilla waren die Juden auf dem Felsen von Masada, am Ostrand der judäischen Wüste, bevor sie die Waffen gegen sich selbst wandten (was sie berühmt gemacht hat), die Spanier gegen Napoleon (von ihnen stammt der Begriff der Guerilla), die Haganah gegen die Engländer. Im Stil der Guerilla kämpften der erfolgreiche General Grivas von Zypern, die Jugoslawen in den Bergen, die Russen in der Weite, die französischen Fallschirmjäger in der Folterkammer des indochinesischen Krieges. Die Methoden wurden verfeinert, aber die Kriegsform blieb auf die taktische Dimension beschränkt. Zwei Köpfe haben die Guerilla »in Form« gebracht, Clausewitz und Mao Zedong. Der Deutsche hat sie, weitgehend in der Theorie, nationalisiert, der Chinese hat sie, weitgehend in der Praxis, ideologisiert.

Tempi passati. Wovon wir zehren können, ist die Schärfe der Wahrnehmung und der Distinktion in den letzten Eisenköpfen der chinesischen Revolution. Denn gerade die Ereignisse von Teheran haben mir (und einigen Gesprächspartnern hier) vor Augen gestellt, daß wir mit einer neuen Form des Krieges rechnen müssen, die nicht mehr Sache der »Söhne der Erde« ist und überdies die oft geäußerte Annahme widerlegt, der Guerillero sei der letzte Partisan und die Guerilla der letzte Typ in der Genealogie der Kriegsarten gewesen. Damit verhält es sich wie mit Hegels Weltgeist, der weder in Germanien noch im Kommunismus seine letzte Unruhestätte gefunden hat, sondern frei bleibt und weiterschwebt. Der Krieg geht voran. Er schreitet fort. Er paßt sich an. Und er tritt jetzt in der Gestalt des terroristischen Krieges auf.

Damit stieß ich bei meinen Gesprächspartnern in Peking zunächst auf Skepsis. »Das klinge ja nach Terrorismus der Roten-Armee-Fraktion«, lautete der rasche Einwand. Er ließ sich auch später nicht ganz ausräumen. An den chinesischen Kriegsdenkern schätze ich die weitentwickelte taktische Phantasie. Weder abstraktes Stabsdenken noch die bedrückende Impression der Großwaffen behindert sie. Sie scheuen sich auch nicht vor den Konsequenzen des totalen Krieges, soweit diese für sie erkennbar sind (ihr Volkskriegskonzept ist eine Form des totalen Krieges). Darin kommen noch die Vorteile der alten Erdung zum Ausdruck. Die Erde bleibt ihnen immer Heimat. Sie haben einen maulwurfmäßigen Hang zum Tunnel als Schutz- und Kampfeinrichtung, haften damit aber in einer ausschließlichen, schicksalhaft anmutenden Weise an der Erde, wie sie Hölderlin, auf ganz europäische Weise, im »Tod des Empedokles« dargestellt hat: ». . . die Schicksalsvolle [Erde] furchtlos treu zu lieben und ihrer Rätsel keines zu verschmähen. So knüpft ich meinen Todesbund mit ihr.«

So schwer das chinesische Denken sich über die gewohnten Berge und Täler des Vaterlandes hinwegzusetzen vermag (eine Folge auch des gewonnenen Krieges, wodurch immer Taktik fixiert wird), trotz der »Erdung« also, schritten wir den Teheraner Geiselfall ab.

Wir fragten uns zunächst einmal, welche Kriegsmethoden nicht auf sein Bild passen:

1. Nicht anwendbar sind strategische Atomwaffen. Sie schrekken entweder ab oder vernichten unbegrenzbar. Zum Ziel der Geiselbefreiung stehen sie in keinem Verhältnis. Man würde das Haus anstecken, um ein Schnitzel zu braten.

2. Die Geiselnahme unterläuft auch die taktischen Atomwaffen (Gefechtsfeldwaffen). Man könnte mit ihnen Teheran, einschließlich der Geiseln, vernichten. Ein Mittel, um zu befreien, sind sie jedoch nicht.

3. Der Einsatz konventioneller Kräfte (Landemanöver) ist nicht ausgeschlossen, aber er wäre ein denkbar grobes (mithin riskantes) Mittel für den sensiblen Zweck der Befreiung. Gleich dem Verfahren, mit der Dampfwalze auf Fliegenfang zu gehen.

4. Die Erfolge von Entebbe und Mogadischu beruhten auf außerordentlich günstigen taktischen Situationen. Ein Flughafen, auf den die Terroristen in beiden Fällen angewiesen waren, ist ein idealer Einsatzort für Kommandotruppen. Wie schwierig demgegenüber Befreiungsaktionen in Städten sind, zeigte das Geiseldrama in der deutschen Botschaft in Stockholm (April 1975, vier Tote). In Teheran käme hinzu, daß das Kommando in einer »feindlich besetzten Stadt« operieren müßte.

Wenn diese Kriegsmethoden nicht anwendbar sind, selbst die letzte der Counter-Guerilla nicht – um welche Art von Krieg handelt es sich dann? In Teheran sind zwei wesentliche Elemente zu unterscheiden:

Erstens: Die erpresserische Geiselnahme ist ein klassisches Mittel des Terrorismus. Flugzeuge und Botschaften gehören seit Jahren zu den bevorzugten Zielen des erpresserischen Zugriffs. Sie sind leicht zu »nehmen« und ohne schwere Gefahr für das Leben der Geiseln nicht zurückzuerobern. Das verschafft dem Geiselnehmer eine starke Position.

Zweitens: Die terroristische Geiselnahme wird in den Dienst der Außenpolitik eines Landes gegen ein anderes Land gestellt: Teheran fordert von Washington die Auslieferung des Schah. Die Souveränität der USA soll in diesem Maße eingeschränkt, ihr Prestige in unbeschränktem Maße geschädigt werden. Die Islamische Republik treibt terroristische Außenpolitik.

Daraus läßt sich nun die Eigenart des Konflikts bestimmen: Wenn Terrorismus regellose Gewaltanwendung ist und Gewaltanwendung zwischen Staaten Krieg, dann handelt es sich bei dem Vorgang in Teheran um terroristischen Krieg.

Ist diese Kriegsart wirklich neu, was ist neu an ihr?

Es war pikant, in Peking den Boxeraufstand zu erwähnen. Am 20. Juni 1900 griffen Boxer und chinesische Soldaten (einige Stunden nach der Ermordung des deutschen Gesandten von Ketteler) das Legationsviertel an. Den Befehl dazu hatte die Kaiserin Cixi gegeben. Der Fall weist Ähnlichkeiten mit Teheran auf. Die Unterschiede überwiegen jedoch.

Die Kaiserinwitwe handelte aus Schwäche. Als die Westmächte anrückten, distanzierte sie sich sofort von den »Boxerbanditen«. Zwar hatte die chinesische Regierung zunächst den Abzug aller ausländischen Gesandten gefordert, doch waren mit dem Angriff auf das Legationsviertel keine erpresserischen Forderungen verbunden. Der Konflikt trug vielmehr Züge des Befreiungskampfes in einem halbkolonialisierten Land. Außerdem wurden die Legationen nicht erobert, sondern belagert. Der Angriff der Westmächte zielte auf den Entsatz. Er brachte Rettung, nicht Lebensgefahr für die Eingeschlossenen.

Auch Vergleiche mit Süd-Jemen und Libyen, den »Piratenhäfen«, sowie mit Uganda (Idi Amin fungierte als Protektor der Geiselnehmer) ergeben mehr Unterschiede als Übereinstimmungen mit dem Fall Teheran. In keinem Falle stammten die Terroristen aus dem Zielland und in keinem Falle machte die Regierung die Geiselnahme zum Mittel einer erpresserischen Staatspolitik gegen ein anderes Land. Und in keinem Falle schließlich handelte es sich um eine »eigene Angelegenheit« des Aufnahmelandes.

Damit war hinreichend deutlich geworden, daß die Geiselerpressung der verantwortlichen Revolutions-Regierung in Teheran eine bisher ungeübte Kriegsform darstellt. Sie kann als »terroristischer Krieg« bezeichnet werden. Ziel der weiteren Erörterungen in Peking war es nun nicht, denkbare Antworttaktiken zu entwikkeln, wie es im Kriegsfall naheliegt, sondern den Typus des terroristischen Krieges näher zu bestimmen. An den Merkmalen sollte sich erweisen, inwiefern die Kriegsart praktisch anwendbar und mithin nachahmbar sei. Damit würde der Zweck unserer Untersuchung erreicht sein.

Wir kristallisierten zehn Thesen des terroristischen Krieges heraus:

1. Angesichts der modernen Waffentechnologie erstarren Konflikte zur Unlösbarkeit. Die dynamischen Kräfte des Konfliktes suchen einen Ausweg. Der terroristische Krieg ist der Krieg mit anwendbaren Mitteln.

2. Die beherrschenden Mächte ordnen den Machtaustrag von Interessen zwischen kleineren Ländern der globalen Friedenssicherung unter. Sie selbst jedoch setzen ihre Interessen durch. Der terroristische Krieg ist bewaffnetes Minderheitsvotum.

3. Zu den Interessen, die nicht mehr berücksichtigt werden,

zählen nationale und wirtschaftliche, soziale und religiöse Ziele sowie Forderungen des Prestiges. Es kann sich um Forderungen von Interessengruppen oder um Forderungen eines Staates gegenüber anderen Staaten handeln. Demnach kann terroristischer Krieg als Bürgerkrieg oder als Krieg gegen fremde Mächte geführt werden.

4. Der terroristische Krieg bedient sich des Mittels der regellosen Gewalt. Er ist totaler Krieg.

5. Der terroristische Krieg ist der Krieg der kleinen Gruppe. Greift eine militante Interessengruppe zum Mittel der Gewalt, ist Massenbasis ohne Bedeutung. Volk und Mehrheiten stellen sogar Hindernisse dar, es sei denn, sie dienen als Geiseln. Führt eine Regierung terroristischen Krieg gegen ein anderes Land, sucht der Staat, wie in jedem Krieg, die Unterstützung der Massen.

6. Der terroristische Krieg hat noch keine typische Führergestalt hervorgebracht wie der traditionelle Guerillakrieg. Es existiert auch keine Militärdoktrin. Wegbereiter sind Intellektuelle wie Frantz Fanon, Che Guevara, Carlos Marighela. Als Elemente der Kriegsdoktrin können gelten: der Überraschungsangriff, die Angst als Herrschaftsmittel, die Verbreitung von Kapitulationsstimmung durch Androhung oder Erzeugung von Katastrophen (Morde, Anschläge, Geiselnahmen, Kollisionsdrohungen im Flugzeug- und Schiffsverkehr, chemische Kampfmittel, Genveränderungen bei Tieren, Nuklearmittel).

7. Terroristischer Krieg ist Gewalt multipliziert mit Technologie bzw. Wissenschaft. Er nutzt die Möglichkeit, geringe Kräfte in große Wirkungen umzusetzen. Das Training entsprechender Fähigkeiten und Fertigkeiten gehört zu den Bedingungen einer Kriegsführung, die sich der Methoden des internationalen Terrorismus bedient. Der Kaderterrorist ist Trittbrettfahrer der modernen Zivilisation.

8. Optimales Operationsfeld sind technisierte Länder mit liberaler Herrschafts- und Wirtschaftsstruktur. Sie sind leicht verwundbar, da ihr Funktionieren auf freier Kommunikation beruht. Je differenzierter eine Gesellschaft, je arbeitsteiliger die Organisation und je höher der technische Stand der Verkehrs- und Nachrichtenkommunikation, desto größer die Erfolgschancen der terroristischen Gruppe.

9. Die Medien sind die Trommeln des terroristischen Krieges.

Terroristische Aktionen sind Fernsehtermine. Die Medien verbreiten die Motive und dokumentieren die Überlegenheit der kleinen Gruppe. Die Übernahme der Medienregie gehört also zu den operativen Zielen. Terrorismus ist Propaganda der Tat.

10. Die terroristische Gruppe operiert global. Im Unterschied zum traditionellen Guerillakrieg erreicht ihr Krieg strategische Dimension. Die Gruppe kann multinational zusammengesetzt sein. Die Motive der Mitwirkung dürfen unterschiedlicher Art sein, aber nicht in Widerspruch zueinander geraten. Strategische Gemeinsamkeit erleichtert die Einigung im Taktischen. Es gibt auch reinen Dienstleistungsterrorismus. Sowohl militante Interessengruppen als auch Staaten können sich seiner bedienen.

Kanton, 20. November 1979

Herr D., den ich in der Universität besuche, schätzt, daß in 60 Prozent der Familien abergläubische Praktiken ausgeübt werden. Ob der Begriff Aberglauben mit dem unsrigen übereinstimmt, bleibt oft unklar, weil die Kommuisten auch Religion zum Aberglauben erklären (umgekehrt ist für sie aber nicht jeder Aberglaube »Religion«). Für die Wahrsagerei gibt es alte Gründe: Für den Bauern in China ist die Zukunft eine unkalkulierbare, aber entscheidende Größe. Das Herausschütteln der Stäbchen aus dem Holzköcher gleicht in seiner Primitivität dem Münzenwerfen. Wie mir der Archäologe D. erzählt, ist es üblich, die »Guanyin«, die Göttin der Barmherzigkeit, anzurufen, wenn die Jugendlichen ihre Flucht nach Hong Kong vorbereiten. Auch die Eltern der Flüchtlinge beteten um das Gelingen. Das ist mehr bäuerisch als »chinesisch«. Es erinnert mich an alte Frauen, die immer zum »Hl. Antonius« flehten, wenn sie die Geldbörse nicht fanden. Lachend fügt D. hinzu, er habe eines Tages festgestellt, daß seine eigene Frau für die Ahnen Papier verbrenne. Sie ist in einer Exportgesellschaft tätig, der »Avantgarde« der Modernisierung.

Kowloon, 22. November 1979

»Warum sie kommen? Jetzt kannst Du fragen«, sagt Lee Yichun und zeigt auf das Bett mit drei Etagen. Das Morgenlicht im Mauerschacht der Lo Lung Hang Street im Stadtteil Hung Hom, Ost-Kowloon, dringt nur zögernd in das muffige Zwölf-Quadratmeter-Zimmer. Sardinenbüchse in einer Schachtel voller Sardinenbüchsen. Die Schläfer treten wie drohende Schatten hervor. Lee hat mich in die Tür geschoben und deutet auf eine Gestalt. »Das ist Chi Xilien, er ist vorgestern aus Quangdong gekommen.«

Wir würden am besten am frühen Morgen die Ferry nehmen, um den Besuch zu machen, hatte Lee am Abend vorher gesagt. Früh, zur Marktzeit, seien sie aufgekratzt und gesprächig, abends seien alle unterwegs zum Bedienen in Straßenrestaurants oder zum Spielen. »Warum bist du geflüchtet, Xilien?« Die Antwort ist kurz, ihr Sinn eindeutig: »Besser leben, Hong Kong Dollar.« Politische Gründe gibt es nicht, sofern die Lebensumstände im ganzen nicht eine Folge von Politik sind. Xilien hatte die Flucht das zweitemal versucht. »Onkel« Li, der Chef der Familie, der unten in der Straße einen kleinen Gemüsehandel betreibt (feste Kundschaft), ist der Cousin seiner Mutter.

Xiliens Augen leuchten, jeder Atemzug an diesem Morgen ist erfüllte Sehnsucht. Er werde Tee verkaufen, sagt er, oder, wenn es nicht anders gehe, Kakerlaken sammeln, die geröstet angeboten werden, wegen der Potenz. Irgend etwas. Wir stehen auf der Straße, es riecht nach frischem Gemüse. Xilien bewegt die Nüstern, er nimmt Witterung auf. Der 19jährige kommt aus einer Reiskommune am Perlfluß, zwei Ernten pro Jahr, Plackerei vom Morgendämmern bis in die Nacht, und im Winter Drainagen buddeln. »Jedesmal, wenn ich mich am Abend aus dem Reis aufmachte, um nichts als schlafen zu gehen, sah ich den Widerschein Hong Kongs am Himmel. Ich mochte nicht mehr.«

Nicht um Menschenrechte und Freiheit geht es, sondern um »Kies« und »Kohlen«. Aber nur die Westler unterscheiden da fein. Der Junge vor mir hat ein knallhartes Gesicht. Wenn er den Tee nippt, spannt sich die Haut wie ein festes Trommelfell. Er hat jetzt 2000 Dollar Schulden bei »Onkel« Li. Für die Summe wurde er nach der Flucht von der Grenzsiedlung zu den Verwandten in

Hung Hom vermittelt. Ohnehin noch billig. »Das habe ich bald.« Xilien schnippst mit den Fingern. »Spielen werde ich nicht«, sagt er mit einer Kopfbewegung zu »Onkel« Li. Das Urteil ist schon gesprochen, mit abschließender Geste.

Aber so einfach und klar die neue Gegenwart in der Lo Lung Hang Street sich am frühen Morgen ausnimmt, sind Xiliens Zukunft und Vergangenheit nicht. Die Fluchtgründe sind sehr verwickelt – aber wer kennt schon die chinesische Provinz Quangdong, von der Waren- und Besucherschleuse Guangzhou (Kanton) abgesehen? 50 Millionen Menschen leben dort, ein Viertel der amerikanischen Bevölkerung, dicht geballt vor allem im Perlfuß-Delta, den verzweigten Wasserarterien, die den Reis fruchtbar machen. Außerhalb des Deltas wird das Leben dünn und ärmlich.

Es ist jedoch keineswegs die Armut, die den Drang nach Hong Kong erzeugt, sondern gerade der relative Wohlstand der Reiskommunen. Wie ja auch nicht die harte Hand des Mao-Zedong-Regimes die Leute zur Flucht veranlaßte, sondern, im Gegenteil, erst die relative Großzügigkeit der neuen Führer in Peking, das Öffnen der Grenzen für die Verwandten aus Hong Kong und Macao, das Lockern der Zügel überhaupt. Wir begegnen da einer allgemeinen Erfahrung, die man bis in die südamerikanischen Guerillabewegungen bestätigt findet: Nicht der Elende rebelliert, sondern der Aufsteiger, der Radiohörer, der Fernsehgucker.

Fünf Millionen Radio- und Fernsehgeräte wurden seit 1977 nach Quangdong geschleppt – Mitbringsel, Danaer-Geschenke für das Regime. »Mein Bruder ist bei der Polizei«, sagt Herr Li, schon am Gemüsestand werkelnd, »der erzählt von den verwandelten Menschen drüben. Das ist nicht mehr die alte Bescheidenheit. Die wollen Farbfernseher, große Transistorradios, und die jungen Frauen verlangen von den Verwandten Schminkkoffer und Schuhe mit hohen Absätzen. Wohin soll das führen? Die wissen ja gar nicht, was Geldverdienen heißt. Auch der kleine Xilien, der neue, hat keine Ahnung. Aber er will haben.«

Doch die Familienbeziehung steht über Vernunft und Ärger. Auch wer als Flüchtling bei einem Freund anklopft, wird aufgenommen. Das macht die Chinesengemeinden in aller Welt so stark. Der Abstrom aus der Provinz Quangdong ist im übrigen nichts neues. Die Hälfte aller chinesischen Auswanderer seit der

Mitte des 19. Jahrhunderts kommt von dort. Die Zurückgebliebenen werden traditionell (bis auf den heutigen Tag) von den »Übersee-Chinesen« unterstützt. Die kollektivierte Landwirtschaft konnte daher kein voller Erfolg werden. Denn in der Küstenprovinz dominieren Unzufriedenheit und rebellisches Wesen über Fleiß und Botmäßigkeit. Seit jeher.

Von Quangdong ging im letzten Jahrhundert die Taiping-Revolte aus (die 50 Millionen Menschen das Leben kostete), hier begann der berühmte Opium-Krieg. In Kanton wurde der Revolutionär Sun Yatsen geboren. Weil die Provinz auch später unruhig war und selbst die kommunistischen Funktionäre im Zweifelsfall zum »Clan« hielten, wurden (wie später in Vietnam) »unbestechliche« Fremde aus dem Norden in die Führungspositionen berufen. Einkommensunterschiede und »feudale« Familienpraxis (der Mann ist Herr im Haus, die Töchter heiraten weiter in das Haus des Mannes und dessen Eltern) überstanden sogar die Kulturrevolution. Der Separatgeist wehrt sich noch heute gegen die Geburtenbeschränkung: Die Familiengröße beträgt im Durchschnitt (wie 1930) fünf Köpfe.

Hier liegen die tieferen Gründe zur Flucht. Die alten Strukturen, die das Ende des Konfuzianismus und den Anfang des Kommunismus überlebten, sind drückender als die milder gewordene Parteiherrschaft. Heiraten werden vielfach noch arrangiert. Leute aus der Stadt, vor allem Landverschickte, werden in die eigenartige Zucht des Quangdonger Landes genommen: Sie gelten beispielsweise als »verdorben«, wenn sie Seite an Seite mit einem Mädchen gehen. In sektiererischen Dörfern gibt es noch weibliches Zölibat (Charakeristikum in Seidenraupenzucht-Farmen). In 50 Prozent der Dörfer herrscht Endogamie-Verbot: Da sich große Teile der Dorfbevölkerung zum selben Vorfahren bekennen und denselben Namen tragen, muß (sicherheitshalber) nach »draußen« geheiratet werden. Altes China.

Steinige Tradition also und die magnetische Kraft des ruchlosen Hong Kong erzeugen ein steiles Gefälle zur prometheischen Stadt. Die Vermutung, China wolle (arbeitslose) Menschen los werden und blinzle deshalb den Fluchtentschlossenen zu, hält der Prüfung nicht stand. Auf den arbeitsintensiven Reisfeldern Quangdongs herrscht sogar Kräftemangel. Das andere Gerücht, Peking wolle Hong Kongs Wirtschaftswachstum verlangsamen, ist ebenso wenig glaubwürdig. Die neuen Führer Chinas brauchen Hong Kong. Ohne ein schnell wachsendes Hong Kong keine Modernisierung.

Aber es ist schon richtig: Der Einstrom von einer Viertelmillion Menschen pro Jahr (äußerste Hochrechnung) greift die Wurzeln des Wirtschaftswachstums an, zwingt zu höheren Staatsausgaben, gefährdet (infolge des billigen Kräfteangebots) den Arbeitsfrieden und belastet die ohnehin fragile Sozialstruktur der Stadt mit ihren knappen Dienstleistungen.

Der Arbeitsmarkt ist im Augenblick leergefegt, riesige Projekte (U-Bahn-Bau, Errichtung von drei Satellitenstädten) ziehen Menschen an. Es gibt keine freie Baukapazität mehr, Kraftfahrer holt man schon aus Taiwan, die auf Hochkonjunktur und 18 Prozent Inflation reitende Wirtschaft saugt sogar die Vietnam-Flüchtlinge aus den Camps, wo man straff fallende Seidenhosen sieht – die kleinen Goldbarren im Knöchelsaum ziehen . . .

Mit dem Wohnungsbau hält sich die Stadtregierung zurück. Er soll Arbeitskräfte auffangen, wenn Hochkonjunktur und Großbauten einmal am Ende sind. So wird es immer enger, immer explosiver in Hong Kong und Kowloon. Die rasch alternden, riesigen Häuser gleichen ausgemergelten Köpfen mit gesträubten, schütteren Haaren: oben ein Flaum von Fernsehantennen, an den Seiten weit herausragende Stangen, an denen die Wäsche flattert. Das Bild symbolisiert die chinesische Konfession, die älteste der Welt: den Willen zu leben und zu überleben.

Peking, 29. November 1979

Über den Widerstand der kambodschanischen Roten Khmer gegen die Vietnamesen liest man in der westlichen Presse wenig. Guerillakämpfe entziehen sich der exakten Darstellung. Das heißt aber nicht, daß sie nicht wirkungsvoll wären. Wie man ihr Ausmaß auch einschätzt, eines ist bemerkenswert: Jahrelang wurde verbreitet, wie verhaßt das Khmer-Regime im eigenen Land sei. Nun aber scheint sich die Guerilla doch wie ein »Fisch im Wasser« zu bewegen. Ohne Volk hätten sich Pol Pot und Dr. Khieu Samphan nicht seit dem Januar halten können. Der Haß gegen die Vietnamesen ist in Kambodscha eine große Kraft.

Peking, 8. Dezember 1979

Heute morgen an der Mauer der Demokratie. Sie ist wieder die Mauer des Omnibusbahnhofes, leer, grau. Ungefähr in der Mitte ein einziges Plakat mit dem Hinweis, daß das Anheften von Wandzeitungen an dieser Stelle untersagt sei. Es ist 11.00 Uhr, die Sonntagsausflügler nutzen den schönen, kühlen Tag zu Spaziergängen und Verwandtenbesuchen. Kein Mensch widmet der Xidan-Mauer mehr als ein flüchtiges Interesse. Einige werfen Bemerkungen hin. Der Sandboden vor der Mauer ist noch naß von der Wandzeitungswäsche um 4.00 Uhr nachts.

Die Zeitungen dürfen im Park des Mondaltars weiter erscheinen, doch engt Registrierpflicht den Spielraum der Aussage ein. So bleibt zwar die Institution erhalten, aber sie ist ausgehöhlt. Die Xidan-Mauer hatte den Forderungen nach Demokratie und Menschenrechten ein chinesisches Forum geboten. Intellektuelle konnten sich an die Massen wenden. Freilich wurde die Ausstrahlung überschätzt. Ich habe die Mauer über ein Jahr lang fast täglich aufgesucht. Sie war in erster Linie eine Fanfare nach draußen.

Dies galt besonders bis zum März des Jahres. In den ersten sechs Monaten kam es zu regen, keineswegs konspirativen Kontakten zwischen Ausländern, in erster Linie Journalisten, und chinesischen Intellektuellen, die sich mehr oder weniger systemkritisch gaben. Es waren vornehmlich Exponenten der Schicht, die unter der Kulturrevolution gelitten oder ihre Illusionen verloren hatte. Ein Mann wie Wei Jingsheng ist ein enttäuschter Rotgardist, ein Idealist, dem noch derselbe Eifer anhaftet wie nach dem Kriege bei uns manchem Superdemokraten die nationalsozialistische Vergangenheit. Desillusionierung führt ja oft zu neuen Illusionen. Ich unterhielt mich zweimal mit einem jungen Mann, der sich als »Außenminister« einer Oppositionsgruppe bezeichnete und mit der Idee einer neuen chinesischen Verfassung umging.

So wurde die Xidan-Mauer zu einer Quelle vieler Fehlurteile. Die Herausgeber von Postern und inoffiziellen Zeitungen, die Mitglieder der Menschenrechtsgruppen und kritischen Intellektuellen fanden die Aufmerksamkeit der westlichen Öffentlichkeit. Ihre Artikel, Reden und Demonstrationen wurden vom September 1978 an zum großen journalistischen Thema. Im Westen verbreiteten die Berichte den Eindruck, eine »Demokratiebewegung« sei in Gang gekommen und erfasse ganz China. Dies war aber keineswegs so. Westliche Sender, die viel gehört werden, warfen das Echo der Publikationen verstärkt zurück. Die Mauer in Peking dehnte sich in andere Städte aus. Immer mehr unerfahrene chinesische Intellektuelle deuteten das westliche Interesse als Engagement. Das war unrealistisch. Der Westen engagiert sich nicht, er interessiert sich nur.

Die beiden Irrtümer wirkten wie kommunizierende Röhren. Je mehr draußen berichtet wurde, desto fester glaubten die chinesischen Autoren an den Erfolg ihres Verfahrens. Sie wagten sich immer weiter vor. Als im Februar/März landverschickte Jugendliche in Shanghai und anderen Städten rebellierten, glaubte man im Westen, ein »Wunder der Demokratie« sei geschehen, die Obrigkeit schon auf dem Rückzug. Der junge Wei Jingsheng wurde zum exemplarischen Opfer dieser Fehlkalkulation. Sie beunruhigt mich, denn sie erinnert mich an Budapest 1956. Das Echo der Sensation aus dem Westen wurde als Solidarität und Entschlossenheit gedeutet, als untrügliches Anzeichen der bevorstehenden Intervention. Als sie nicht kam, war die Enttäuschung grenzenlos. Niederschlag – Lohn der Tapferkeit. Wofür hat Maleter geblutet?

Die Menschenrechtspolitik ist der Schwanengesang des amerikanischen Interventionismus, eine mir oft zu preisgünstig erscheinende Gelegenheit, sich moralisch in Szene zu setzen. In der Tat zahlen die anderen. Sie kennen zwar ihr System, aber nicht den untätigen Westen. Der Westen wiederum denkt liberal in vielen Hinsichten, häufig permissiv und verkennt die Strenge des chinesischen kommunistischen Systems. Beide Seiten vertreten ihre Standpunkte borniert. Chinesische Dissidenten halten den Westen für ein »Wunder der Geschichte«, während ihre Antipoden immer noch »grundsätzlich« daran glauben, sozialistische Systeme seien (von innen heraus oder durch sanften äußeren Druck) zu liberalisieren.

Mit dem Spät-Darwinismus, den liberalen Demokratiebegriff zum »Zenit« der Menschheitsentwicklung zu erklären, wurde viel Unheil angerichtet. Ich bezweifle nicht den Wert des Prinzips, wohl aber seine Eignung als Erkenntnismittel. Es verstellt den Blick auf die Tatsachen. Zu ihren eindrucksvollsten gehört aber, daß in der ganzen überblickbaren Geschichte Chinas die autonome Position der gesellschaftlichen Beziehung untergeordnet wurde, das Individuum der Gemeinschaft. Nach der politischen Anthropologie des Konfuzius besitzt das Individuum bestenfalls Anlagen zur Menschlichkeit. Die intellektuellen und gemütsmäßigen Fähigkeiten, das unverwechselbare Profil und der soziale Wert des einzelnen ergäben sich aber erst im Gefüge der Gemeinschaft.

Die Kommunisten brauchten dieses nach 2000 Jahren ausgehöhlte Prinzip nur mit ihren spezifischen Begriffen auszustatten. Von nun an bildete das gesellschaftliche Interesse des werktätigen Volkes die immanente Schranke aller Grundrechte. Seit 1954 sind die neuen »Autoritäten«, die allen Gehorsam abfordern, in den Verfassungen niedergelegt: 1. Die Volksrepublik China ist ein sozialistischer Staat der Diktatur des Proletariats. 2. Die kommunistische Partei Chinas ist der führende Kern des ganzen chinesischen Volkes. In diesen Bestimmungen kommt die Verfassung der Wahrheit am nächsten. So sehr man auch die Bedeutung der Massen betont – geführt wird das Land seit 1949 von der variablen Machtkombination aus Politbüro, Zentralkomitee und Militär.

Die leichte Verschiebung zugunsten des Nationalen Volkskongresses, des Parlaments, in der Verfassung von 1978 ist weniger ein Zeichen der Liberalisierung als des Abbaus persönlicher Macht, die in der kulturrevolutionären Phase Mao Zedongs ein strukturelles Übergewicht über Partei und Staat entwickelt hatte. Die wichtigste Verfassungsbestimmung von 1970 (Kapitel »Grundrechte und Grundpflichten der Bürger«) forderte die Unterstützung des Vorsitzenden Mao Zedong und seines engen Waffenkameraden (Lin Biao), die Unterstützung der Führung der kommunistischen Partei Chinas, die Unterstützung der proletarischen Diktatur, die Unterstützung des sozialistischen Systems und die Befolgung der Verfassung und der Gesetze der Volksrepublik China. Vom ersten Satzteil abgesehen sind alle diese Bürgerpflichten weiterhin gültig, wie sechs Artikel in der Verfassung von 1978 anbefehlen.

Liberale Demokratie kann so nicht entstehen. Die neuen Führer haben Personenkult, permanenten Klassenkampf, Kulturrevolution und Xenophobie eingedämmt, sie entdogmatisierten die

Wissenschaft, leisteten mit Rehabilitierungen großen Stils Wiedergutmachung, erließen Gesetze, bekämpften die Bürokratie, öffneten das Land gegenüber dem Westen und entlasteten die Beziehung zur Sowjetunion vom Vorwurf des Revisionismus, der sie heute selbst träfe. Dies ist eine gewaltige Leistung, wie sie das doppelt so alte russische System nicht erbracht hat. Die politische Kultur des Westens und die westlichen Lebenssitten hingegen werden ferngehalten, solange es geht, soweit es geht. Die herrschende Minderheit behauptet die Zitadelle der »Diktatur des Proletariats«.

Das zuverlässigste Bollwerk gegen die fremden Einflüsse ist aber das breite Volk. Es macht alle 200 bis 300 Jahre eine Revolution, die gelingt, hat also noch Zeit. Hier ist die Mitte Chinas, nicht an einer Wand im fernen Peking.

Peking, 13. Dezember 1979

Im Gespräch mit Chinesen wird mir immer wieder bewußt, welche Rolle speziell im Verhältnis zu Moskau die Ideologie spielt. Dabei ist »Ideologie« ein so hilfloses, verbrauchtes Wort. Tatsächlich geht es um die historisch bedingte Eigenart des chinesischen Sozialismus, in dem moderner Nationalismus und bäuerliche Sozialrevolution zusammenfließen. Beide sind überdacht vom Überlegenheitsgefühl des alten Universalreiches, das in der chinesischen Seele weiterlebt. Einflüsse und Strömungen werden amalgamiert, schärfer gesagt, sinisiert – oder abgewehrt.

Die chinesische »National-Ideologie« und der sowjetische Herrschaftsanspruch erwiesen sich als unvereinbar. Keine der beiden Seiten hat seit dem offenen Bruch 1960 ihren Standpunkt geändert. Der Konflikt wurde oft auf Meinungsgegensätze in Wirtschaftsfragen zurückgeführt. Dieses Argument zielt zu kurz. Auch der chinesische Vorwurf des Revisionismus maskiert die Ursache der Auseinandersetzung. Es ging von Anfang an nicht um die »reine Lehre«, sondern um den sowjetischen Versuch, die Lehre Moskaus, deren Hauptmerkmal in der Vorherrschaft besteht, gegenüber China durchzusetzen. Von vornherein trieben die Russen Machtpolitik.

Die Diskussion über die Sowjetunion leidet seit langem darunter, daß ihr die eine Seite aggressive Absichten, die andere Seite friedfertige Absichten unterstellt. Diese Alternative ist gänzlich unrealistisch. In Wirklichkeit zwingen die Größe Rußlands und die Unübersehbarkeit seiner Grenzen jede Regierung in Moskau, sei sie kommunistisch oder bürgerlich, zu einer dynamischen Sicherheitspolitik, die ein botmäßiges oder ein neutrasiliertes Vorfeld zu erzwingen sucht. Die Vorgänge in Afrika, am Rande der arabischen Welt, in Afghanistan, in Indochina sowie das Verhalten der kubanischen Fremdenlegion lassen von China aus betrachtet nur eine Deutung zu: Die Sowjetunion ist eine interventionistische, auf weitere »Sicherheits-Okkupationen« ausgerichtete Macht.

Umfang und Tiefe der Okkupation unterliegen nicht objektiven Kriterien – wie es beispielsweise »Nachbarschaft« eines wäre. Die Zone ist weder nach geographischer Größe noch nach Intensität der Durchdringung bestimmbar. Sie kann in einem Satellitengürtel bestehen, der sich um den Leib Rußlands schließt (Schutz oder Gürtelrose?) oder in einem durch Drohgebärden erzwungenen Einfluß auf benachbarte Regierungen, die danach Wohlverhalten zur Maxime ihrer Politik erklären (wie zum Beispiel Finnland), oder in einer Umfassungsposition, wie sie im Falle Afrikas, Vietnams oder Laos gegeben ist.

Peking leistet gegen jede Form der sowjetischen Sicherheits-Okkupation Widerstand. Auf der anderen Seite verstößt die souveräne, unbotmäßige Politik Chinas gegen grundlegende Sicherheitsinteressen, wie Moskau sie definiert. Daraus leitet sich ein Konflikt ab, der Beständigkeit und Zuverlässigkeit verspricht. Er schließt Verhandlungen über konkrete Grenzfragen und allgemeine Verhaltensweisen nicht aus. China wird dabei greifbare Resultate anstreben, Moskau Formeln der Entspannungspolitik, die nur China binden. Auf die Ursachen der Sicherheits-Okkupationen können Verhandlungen von Natur aus nicht einwirken. Sie verhalten sich zueinander wie Stein und Schere.

Peking, 17. Dezember 1979

Aus Wuhan sind alle deutschen Techniker und Ingenieure abgereist, die das Hüttenwerk aufbauten. Nur Josef Theisen wartet im

Hotel noch auf das Ausreise-Visum für seine junge Frau, eine chinesische Dolmetscherin. Eine verwickelte Love-Story. Zuerst versuchten die Eltern, dem Techtelmechtel ein Ende zu setzen. Das Argument lieferte die Raison des verschlossenen Landes. Der Petitionsweg führte die Liebesleute in Pekinger Ämter. Die Ämter verwiesen sie an die Wuhaner Ämter zurück. Flatternde Nerven, Trauer, Zorn. Dann schreibt der deutsche Botschafter an Hua Guofeng. Schließlich setzt sich Außenminister Genscher bei Huas Bonner Visite für die beiden ein. Auf einmal ging es, die Geistermauern verschwanden. Allerdings kam noch die ärztliche Untersuchung. Die Ärzte interessierten sich sehr für die Haut jenes Deutschen und suchten sie mit der Lupe ab. Für die Inspektion zahlte er 48 Yuan, die Braut – gleichsam zur Ermahnung, welchen Kredits sie nun verlustig gehen werde – den Landsmanntarif von vier Yuan. Für die Heiratsgebühr berechnete die resignierte Behörde 60 Pfennige. Gar nicht so einfach, den Staub des chinesischen Vaterlands von den Schuhen zu schütteln.

Peking, 18. Dezember 1979

Die Chinesen haben die Gründung einer Gesellschaft für Seismologie zum Anlaß genommen, zum erstenmal die Verlustzahlen des Bebens von Tangshan zu nennen. Danach kamen am 28. Juli 1976 242000 Menschen ums Leben, 164000 wurden schwer verletzt (Verluste in Tianjin und Peking eingerechnet). Die Zahlen zwischen 600000 und 800000 waren also viel zu hoch gegriffen. Sie beruhten auf Gerüchten.

Aber Gerüchte mußten auftauchen. Da das schwere Unglück im Progreßdenken der Kommunisten keinen Platz hat und in China in diesem Falle stets die Gefahr einer kosmisch-politischen Deutung besteht – die Mißwirtschaft der Führer habe die Harmonie gestört –, wird die Katastrophe in ihrem vollen Ausmaß verheimlicht. Als ich nach dem Erdbeben mit dem Zug von Shenyang nach Peking fuhr, sagte man mir, wir würden Tangshan mitten in der Nacht passieren. Beim Blick auf die Karte kamen mir Zweifel. Als der Zug um 5.00 Uhr morgens hielt, verließ ich das Schlafabteil – und sah auf Tangshan: Nichts war höher als ein Obstbaum. Ich machte Aufnahmen, worauf mein Begleiter traurig bemerkte, der italienische Regisseur Antonioni habe auch solche Fehler begangen.

Im Frühjahr stürzte eine chinesische »Trident« nach dem Start vom Flughafen Peking in eine Fabrik. Die Medien schwiegen, Auskünfte waren nicht zu erhalten. Erst viel später wurden wie zufällig die Zahl der Toten und die Ursache bekannt: Ein Soldat hatte den Truppentransport nach Yünnan dazu benutzt, für eine Ungerechtigkeit Rache zu nehmen. Er stürzte sich auf den Piloten, wie dem entdeckten Tonband zu entnehmen war.

Peking, 19. Dezember 1979

Deng kommt schon wieder auf Wei Jingsheng zu sprechen, was beschäftigt ihn an dem Fall? Die Fragen der Ausländer, die Reaktion der westlichen Presse wohl kaum. Auf sie braucht der Chinese nicht einzugehen. Hat Wei Jingsheng mit seinem Traktat über die »Fünfte Modernisierung« (Demokratie und Menschenrechte) und mit seiner konsequent anti-totalitären Polemik etwa doch einen Nerv getroffen, der zuckt und schmerzt?

Deng gehört zu den hohen Funktionären, die während gründlicher Bestrafung und Verbannung »tief ins Volk tauchten«, wie eine der Ordensregeln lautet. Er kennt seine Kantonisten. Die Partei kann des Volkes, insonderheit der Intelligenz in der Arbeiterschaft, nicht mehr sicher sein. Was soll werden? Ob Ereignisse wie das Manifest der Li-Yi-Zhe-Gruppe »Über Demokratie und Rechtssystem im Sozialismus« (Wandzeitung in Kanton 1974) und der Tienanmen-Zwischenfall vom April 1976 das wahre Gesicht Chinas enthüllten – dem nach Ansicht des zornigen Liebhabers Simon Leys die Zukunft gehört –, wage ich zu bezweifeln. Auch die Wandzeitungs- und Kritikbewegung 1978/79 vermittelte keine authentische Auskunft. Sie war zu sehr von oben manipuliert, spielte in der Vorbereitungskampagne gegen die maoistische Restfraktion eine Rolle und wurde schließlich zerschmettert wie ein Roboter, der sich selbständig zu machen droht.

Für Demokratie und Menschenrechte im westlichen Wortverständnis sehe ich in China weder einen historischen noch einen geistigen Ansatz. Worauf sollte er sich beziehen, nachdem keine der religiösen und rationalistischen Kräfte, die China einmal beeinflußten, die Gegenwart erreichte? Selbst der Kommunismus ist zum leninistischen Etatismus verdorrt. Viele verantwortlich denkende Männer der Partei wissen das, viele Professoren, mit denen ich frei darüber sprechen konnte, bedauern es. Die Führer brauchen daher fundierten Widerstand nicht zu befürchten. Was sie bedroht, ist die Anarchie, wie sie in milder und scharfer Form durch eine nur noch materialistisch denkende »ungläubige« Jugend entsteht. Die jungen Leute in China stehen auf dem »Mundraub«-Standpunkt, die wollen das Leben. Sie betrachten die Autoritäten nicht mehr als Hilfe, sondern als Hemmnis. Daß Wei in den Damm der Autorität eine Bresche geschlagen hat, machte in den Argusaugen des Regimes sein »Verbrechen« aus. Sein Anti-Autoritarismus ist eine Gefahr. Deshalb die exemplarisch hohe Strafe von 15 Jahren.

Peking, 21. Dezember 1979

Bevor die Bischofsweihe begann, wurden im Hof der Kathedrale Rosenkränze verkauft. Ich habe das zum erstenmal in China gesehen. Die Kränze kamen aus einem Kollektivbetrieb (ein staatliches Unternehmen wird so etwas kaum produzieren), sie waren noch gebündelt, die Verkäufer mußten sie auseinandernesteln, sie gaben das Stück für 50 Fen ab. Frauen und Männer, vorwiegend ältere, drängten an den Verkaufstisch, der mich an die flandrischen Devotionalienstände erinnerte, vor denen ich früher stundenlang verweilte, weil eine gutmütige, bäuerliche Atmosphäre sie umgab.

Ich weiß seit damals, daß die Menschen für den Glauben des Zeichens, des Symbols genauso bedürfen wie des Wortes. Das hat mich zutiefst unprotestantisch und skeptisch gegenüber kahlen Modernismen gemacht. Ich verstehe Moses nicht, ich verstehe Aron. In seinem Libretto läßt Arnold Schönberg Moses sagen: »Vergeh, du Abbild des Unvermögens, das Grenzenlose in ein Bild zu fassen.« Darauf Aron zu seiner Verteidigung: »Aber ein Volk kann nur fühlen... Kein Volk kann glauben, was es nicht fühlt... Kein Volk erfaßt mehr als einen Teil des Bildes, das den faßbaren Teil des Gedankens ausdrückt.«

Noch geblendet vom Kahlschlag der Liturgiereform, mutet

mich die Bischofsweihe, eingebettet in ein Hochamt, spätrömisch-byzantinisch an. Die lateinische Sprache, die andächtige, der Schnellebigkeit entzogene, prozessionsartige Feier der Messe, sieben Bischöfe, in schwere, seidenglänzende Ornate gehüllt. Etwa achthundert Chinesen folgen der Handlung, die in ihrer Würde und in ihrem Glanz dem zeremoniellen Empfinden der Menschen entgegenkommt. Der Widerschein in ihren Gesichtern erwärmt die arme, in einer Art asiatischem Nazarenerstil ausgestattete Kirche. Viele sind ins Gebet versunken, auch die Jungen. Es gibt kein Gemeinschaftsgebet, keinen Gemeinschaftsgesang, überhaupt nichts Lautes, Bekennerhaftes. Von der Empore fallen die Töne einer Kirchenarie und der zittrige Laut des alten Harmoniums – in ganz Peking findet man keine Orgel. Die Gläubigen tragen die Hände, flehend und schützend, vor der Brust gefaltet. Bei uns stehen die Leute mit hängenden, fingerverknoteten Armen da, als wollten sie die Scham verbergen oder Frösche fangen.

Das farbige, an taoistischen Zeremonienschwall erinnernde Treiben der Armeleutekirche war den trockenen Konfuzianern (sie kommen mir immer vor wie der Wagner im Faust, in eine welthistorische Rolle gestellt) natürlich unheimlich. Den Kommunisten, ihren Nachfolgern auch. Aber das Christentum lebt, wie eine dünne, im Weltensturm flackernde Kerze – weil es das Grenzenlose in ein Bild zu fassen wagt.

Peking, 5. Januar 1980

Ri Tan-Park, der Park des Sonnenaltars, kann nur gegen eine Gebühr von drei Fen betreten werden. In dem Pavillon, wo man die Summe zu entrichten hat, sitzen zwei städtische Angestellte. Einer händigt gegen Bezahlung das Eintrittsbillet aus. Mittlerweile begibt sich der andere aus der Wärme an die Pforte und nimmt dort das Billet in Empfang. Chinesische Arbeitsteilung. Was ein bescheidenes Auskommen sichert, entfremdet anscheinend nicht.

Changsha, 18. Januar 1980

Auf dem farbigen Seidenbild aus dem Fürstengrab von Changsha wird der Glaube an das Leben nach dem Tode dargestellt. Das 1,50 Meter lange Begräbnisbanner bedeckte den innersten von vier ineinandergeschachtelten Särgen der Fürstin Xing Zhui. Als das feine Gewebe mit der Bildseite zum Antlitz der Herrin aufgelegt wurde, schrieben die Antipoden in Rom die Jahre der Gracchen. Nichts ist verblaßt seit dieser Zeit, die Farben leuchten. Die gewaltige Sargkiste aus dicken Zedernbohlen ruhte vier Meter tief in der Erde, umgeben von fünf Isolierschichten aus 5000 Kilogramm Holzkohle und schwerem Kaolin. In Schalen mit Wasser aus dem Jahre 126 v. Chr., die man beim Nahrungsvorrat der Toten fand, schwammen Scheiben von Lotos-Wurzeln. Hätte auch nur ein feines Erdbeben die Grabkammer erschüttert, wäre das brüchige Gewebe des Lotos zerfallen.

Ich verbrachte ein paar Stunden vor dem Begräbnisbanner, in dem sich die reichgestaltete Welt des antiken Geister-Kosmos spiegelt. Der Kern des Bilderrätsels ist so alt wie das menschliche Weltbilddenken: Fließt die Wesen- und Dingwelt der Erde aus Urbildern und Kräften des Himmels oder verwandelt sich das Irdische über Stufen des Geistes in sublime Endgültigkeit? Das Banner gibt für die chinesische Antike eine bedenkenswerte Auskunft: Schwer, nach unten ziehend, sich allenfalls mühsam erhebend ist alles Irdische, in die Tiefe dichter Elemente, Wasser und Erde, gesenkt. Der Mensch, sterblich und von Siechtum bedroht, gleichwohl aber lichter organisiert und nach oben, in schwerelose Welten strebend, nimmt eine Position der Mitte ein, geängstigt und voller Hoffnung.

Der Himmel ist über ihm. Er muß den Blick heben und das Haupt bittend senken, auch wenn er Herr ist wie die Fürstin Xing Zhui. Die Himmelsdarstellung an der Kopfseite des Tuches ist wie ein mächtiger T-Balken in die Breite gedehnt. Im Kosmos der Kräfte, der sich hier gesammelt hat, dominiert sichtlich Shen Nung, Kind und Sendbote des »Flammenden Gottes«, eines schwer zu fassenden Weltbeherrschers, gleichzeitig Symbol und Quell einer Dynastie aus der Zeit vor den Han (221 v. Chr.). Shen Nung besitzt Schlangenleib, menschliches Antlitz, Rindshaupt und Tigernase – eine in der Mythologie als »Feldbaugott«

geführte Gestalt, von Kranichen, den Reittieren unsterblicher Genien, umgeben.

Links und rechts des Feldbaugottes halten sich Sonne und Mond, Tag und Nacht, die Waage. In der Mondmythologie kommt die dunkle Seite des Lebens zum Ausdruck, nicht ausschließende, sondern komplementäre Kraft, das Yin, dem die Frau zugehört. Sie erscheint hier als Chang Ngo, die ihre Feen-Natur einem Diebstahl verdankt. Sie entwendete ihrem Mann, dem Bogner Yi, der den Kosmos von Monstren befreien sollte, das Kraut der Unsterblichkeit. Die chinesische Siegfried-Gestalt fand so durch die Hand eines Meuchelmörders den Tod, während das Weib zum Mond eilte und seither als »Mondfraßkröte« das Gestirn beseelt. Unter der Sichel des Mondes liegt die Fee in menschlicher Gestalt hingegossen, während sie über der Sichel als fette, grüne Kröte erscheint.

Die Sonne auf der anderen Seite, das strahlende, trockene Yang symbolisierend, steht in einem Maulbeerbaum, dem Träger der Seidenraupe, den sie erklettert hat. »Die Sonne kommt aus dem Yang-Ku-Tal hervor, badet sich im Hien-Chih-Teich und reibt sich am Fu-Sang-Baum. Sie klimmt den Fu-Sang-Baum empor, erst dann zieht sie ihre Bahn...«, so beschreibt die Mythologie ihren Gang. Im Gezweig des Maulbeerbaumes sitzen zehn (auf dem Banner nur neun) kleinere Sonnen, bereit, aufzugehen, sobald sie an der Reihe sind: Das antike Jahr war eine Dekade. In der Sonne lebt ein Dreibeinrabe, das dynamische Element, das dem Gestirn Auftrieb und Richtung gibt. Zwei Drachen unter den Gestirnen, sie gehören zu den Zauberwesen der antiken Mythologie, sind Donner-, Wolken- und Regengott, Urbild der Hydraulischen Gesellschaft, geben dem Himmel und der allegorischen Darstellung der Erde darunter eine strenge Symmetrie. Zwei Pferde mit Spukfiguren als Reiter ziehen in der Himmelsmitte eine schwere Glocke hinter sich her.

Den Himmel beschließen zwei Torhüter, Pfirsichmänner genannt – nach der dämonenbannenden Kraft des Pfirsichholzes. Auf Torsäulen hinter ihnen klettern zwei rote Leoparden. Die tote Fürstin, sie steht noch auf dem tieferliegenden Niveau der Erde, wird die Wachgötter zu passieren haben. Der Himmel, in den sie trachtet, enthält aber keine Freuden, sondern nur Bedeutungen. Er ist kein Paradies, in dem die Entscheidung für Gott gefallen wäre wie im christlichen oder islamischen Himmel, sondern der höchste Ort ewiger und ewig widerstreitender Kräfte, wie sie in Sonne und Mond zum Ausdruck kommen. Hier herrscht nicht ewiger Friede, wohl aber ewige Ordnung, also jene symmetrische Spannung, die in der majestätischen Architektur Chinas wiederkehrt.

Peking, 1. Februar 1980

»Während die Monster und Dämonen finsteren Wind entfachen, erhebt sich das Volk und treibt sie aus«, schrieben die Kulturrevolutionäre und später ihre Gegner. Der Sturm peitscht. Wenn er in die Balkonhöhlen des vielstöckigen Hauses fährt, muß er mit pfeifendem Ton entweichen. Eine Betonorgel. Sie heult auf, als hätte der Organist die Crescendowalze getreten. Am Nachmittag hatte sich der blanke Himmel gelblich verfärbt. Wie ein Tuch war die Dunkelheit über die Stadt gefallen. Dann begann es aus den Wolken zu rieseln. An den Fenstern trieb der Sturm Sandschlangen hoch. Wer jetzt den Mund nicht hält, kaut spitze Körner.

Auf jeden Hektar der Stadt Peking fallen pro Jahr drei Tonnen feiner Sandstaub. Ich fahre mit dem Finger über die Fensterbank und brösle die Körner unter das Mikroskop: Das ist die Botschaft des Kontinents. Die Wüste kommt auf den Flügeln des Nordweststurmes über die Stadt. In den Winkeln der Hofhäuser wachsen Sandhaufen. Im Norden, knapp jenseits der Bannmeile, marschieren Wanderdünen auf. Die Sandstürme sind in den letzten Jahren schlimmer geworden. An 36,6 Tagen erreicht der Wind Stärke acht, an 20,5 Tagen pro Jahr wird Sandstaub hochgewirbelt.

Die Menschen tragen Mullbinden vor Nase und Mund. Wie Barlach-Figuren stemmen sich die Radfahrer gegen den Wind. Alles ist trocken wie Zunder, die Haut reißt auf. Zwischen Peking und der Inneren Mongolei wurden seit Mitte der fünfziger Jahre eine halbe Million Hektar Weideland dem tieffahrenden Wind preisgegeben. Durch die Verwandlung der verwurzelten Fläche in Anbaugebiet verlor die Erde den Halt, versalzte, verwehte. Eine einzige Wunde. In Peking gibt es pro Kopf nur 3,9 qm Grünanlagen, in Washington 40. Die Parks sehen glatzig aus, wie eine grindige Stelle, es wächst kein Gras. Im Norden werden Windschutzwälder aufgeforstet. Zu spät? Die Stadt ist von gewaltigen Kräften umgeben, von unruhiger Erde, absinkendem Land, erstickendem Sand. Menschenheimat.

Peking, 10. Februar 1980

Heute in den chinesischen Zeitungen ein Bild der glücklich lachenden Rest-Familie Liu Shaoqi. Man photographierte sie beim Lesen der Nachrichten und Artikel über die Rehabilitation des Familienoberhauptes. Vielleicht haben sie alle nur unter einem gelitten: unter dem temporären Hinauswurf aus der chinesischen Gemeinschaft. Mit der Beseitigung dieses Makels scheint alle Trauer ausgelöscht.

Peking, 16. Februar 1980

Li Jinxia spielt die piba, die viersaitige chinesische Laute. Das Instrument hat die Form eines in die Länge gezogenen Tropfens, menschliche, weibliche Urgestalt. Die Spielerin hält es auf dem Schoß, den Kopf an seinen Hals gelehnt. Ich schaue hinaus auf das Winterfiligran der Bäume. Die Töne scheinen aus dem Leib des Mädchens zu dringen, bis das Bild mir signalisiert, daß es wohl ein geliebtes Wesen sein muß, dem Jinxia die Melodie entlockt. Die geschlossenen Augen zeigen die Verschmelzung an. Zärtlichkeit. Die Substanz ist schier unbegrenzt modulationsfähig. Leidenschaft kann aus der Tiefe hervorquellen, der Ton, ins Leben getreten, legt die Breite seiner Natur dar. Was wäre das Ohr jetzt ohne das Auge. Klanggestalt sehen, die mathematische Gravour. Wie unsentimental Schönheit ist. Schlank der Leib des Liedes, zum Greifen. Angst und Liebe – wir wechseln die Ufer. Aber der Ausdruck bleibt kristallisch, von ebenmäßiger Struktur, wie die Architektur des Landes, selbst noch die zartestfarbene, die flüchtigste Impression. Und es gibt Töne, die werden geschlagen. Das Instrument soll aus Indien kommen oder aus Mittelasien. Es ist alt, lange gewandert, sich selbst genügend.

Xian, 23. Februar 1980

Traum. Ich gehe mit M. durch eine Stadt. An der Dichte der alten Architektur ist zu erkennen, daß wir in Xian sind, obwohl ich weder Zong lou, den Glockenturm, die Kleine Ganspagode noch ein anderes Kennzeichen sehe. Aus den Straßenküchen schlägt Wärme. M. geht flott, sie sucht ein bestimmtes Haus. »Da drüben ist es«, sagt sie auf einmal, »es dauert bestimmt nicht lang.«

Ich schaue in die Läden. Neben dem Haus stellt ein Antiquitätenhändler alte Kämme mit fein gravierten Silberfassungen aus. Einer gefällt mir wegen der klaren Ornamentik, ich stelle ihn mir an Ms. blauschwarzem Haar vor. Ein altertümliches Accessoire an einem Menschen mit rascher, entschiedener Gestik. Die Gedanken bleiben daran hängen, bis ich den Preis für getrocknete Silberfungus im Nachbarladen verwunderlich niedrig finde und einen Pilz zwischen den Fingern presse.

Die Verkäuferin fragt mich, ob sie mir ein paar Tangsorten zeigen solle, ich würde staunen über die Qualität in Xian. Ich äußere scherzhaft Zweifel und sage, ich würde gleich mit jemandem kommen, der davon mehr verstehe als ich. Ich schaue auf die Uhr, eine halbe Stunde ist vergangen. Ich wechsle auf die andere Straßenseite und betrachte das Haus, in das M. ging. Es hat vier Stockwerke und ein Walmdach, mit halbzylinderförmigen Ziegeln gedeckt. Der Stil enthält hergeholte Elemente, das Chinesische ist nur aufgesetzt. In die Steinumrandung des zweiflügligen Portals sind auf der linken Seite vier Klingelknöpfe eingelassen.

Mich erfaßt Ungeduld. »Warum bist du nur so geizig mit der Zeit«, sagt M. oft. Das Haus steht isoliert, fast erhaben da, die Leute scheinen es zu übersehen, während die Pforten der beiden Nebenhäuser dauernd auf- und zugehen, mal ein Kinderwagen erscheint, eine Frau mit Gemüsebündel entgegendrängt, ein Junge das Fahrrad durch die Öffnung schiebt. Nun ist schon eine Stunde vorbei. Ich entschließe mich, in das Haus zu gehen. M. hatte etwas vom zweiten Stock gesagt.

Die Tür zur Straße fällt ins Schloß, mich umfängt vollkommene Stille. Im Treppenhaus ist es heller als draußen, aber ich sehe keine Lichtquelle, nur weißgekalkte Wände. Es ist kalt. Im Parterre, die Chinesen sagen erste Etage, gibt es keinen Eingang. Ich gehe die Treppe hoch – auch auf dieser Etage nur weißgekalkte Wand. Ich schaue zurück, es fehlen die Treppenhausfenster. Ich beginne rasch hinaufzulaufen, nehme zwei Stufen auf einmal. Nichts, keine Tür, nirgends ein Eingang, überall Wand.

Auf dem obersten Absatz mache ich rasch kehrt und eile in fliegender Hast zurück. Ich klopfe gegen die Wände. Ist etwas hohl? Es gibt in China nahezu unsichtbare Tapetentüren. Aber aus dem Stein kommt keine Antwort. Er scheint ganz dick zu sein, Felsen. Ich schlage mit den Fäusten los, rufe »... wo bist du?«, immer lauter. Ich höre mich schreien, dann höre ich, wie meine Stimme klagend wird. Die Worte, kaum ausgestoßen, fallen wie schwere Gegenstände in den Mund zurück.

Ich presse beide Hände vors Gesicht. Nun weiß ich, was Entsetzen ist – nicht Explosion, nicht unendliches radikales Weitwerden des Schreckens, sondern tonloser Felsenrutsch, Versteinen, Sakophag. Die Welt der reinen Materie deckt einen zu.

Kanton, 1. März 1980

Gespräche mit Reisenden, die nach drei Wochen China der Stadt Hong Kong entgegeneilen, bestätigen das Urteil: Der Tourismus festigt Vorurteile, anstatt sie aufzulösen. Auch Kaufleute, Techniker und Diplomaten versteifen nach kurzer Zeit. Entweder haben sie »von allem Chinesischen genug« oder die entwickeln gegenüber »unseren Chinesen« eine ungebührliche Protektionshaltung. Die Distanz garantiert das Mißverstehen. Im vergangenen Jahr wurde zwei Deutschen erlaubt, chinesische Mädchen zu heiraten, kein Ausländer darf bei einem Chinesen zu Hause wohnen, es gibt nicht einmal gemeinsame Hotels, jede Einladung macht Umstände, die meisten Fremden scheitern an der hohen Eskalierwand der Sprache.

Der Weg zur Begegnung bleibt ein »Langer Marsch«, gesäumt von Irrtümern. Sie kennzeichnen das historische China-Bild und die Position der chinesischen Kultur (als Gesellschaftskörper) in universalhistorischen Konzepten. Wir stoßen auf einen intellektuellen Skandal, in den eine sorgfältige Wissenschaft nun wenigstens Licht bringt. Man erkennt die Quelle der Irrtümer. Wer im Lande lebt, bemerkt aber rasch, daß die trüben Quellen weiter sprudeln und angesichts des Nachlassens der Bildung, der verstehenden, rezeptiven Haltung in allen Zivilisationen der Gegenwart immer neue, immer dunklere Nahrung erhalten.

Mir scheint es lohnend, den Irrtumsgründen, wie sie jeweils auftauchten, nachzugehen. Marco Polo und der Franziskaner Rubruk stießen in China auf die mongolischen Fremdherrscher, deren Interessen weit über die Grenzen der einstigen Sung-Dynastie hinausgingen. Da sie der Sinisierung stärkeren Widerstand leisteten als später die Mandschus, hatten die Gäste den Eindruck eines »orientalischen Reiches«. Die Jesuiten im Gefolge der westeuropäischen Seefahrer trafen auf eine chinesische Dynastie: Ming. Während ihrer Zeit prägte der Konfuzianismus Staat und Gesellschaft. Die Jesuiten verkehrten in der Oberschicht der Literaten-Beamten und empfingen ihr China-Bild aus deren Quellen und Hand. Ihre idealisierten Darstellungen verfolgten den Zweck, in Rom zu imponieren und der Idee des Einbaus von konfuzianischer Ethik und Ahnenkult in das christliche Lehrgebäude den Weg zu bereiten.

Aus den durchaus tendenziösen Schilderungen zogen die Aufklärer in Europa, die Fürstenhöfe und Ästheten jeweils andere Schlüsse, die aber alle durch liebhaberische oder propagandistische »Überfeinerung« gekennzeichnet waren. Leuten wie Leibniz, Voltaire und Goethe lag daran, die autonomistische Ethik des Konfuzianismus als »Beweismittel« gegen das theologiegebundene Menschenbild zu kehren. Das »Lob der Mandarine« ist entweder naiv oder kulturkritisch-polemisch zu verstehen. Die Distanz zu China »wie es ist« blieb dieselbe, ja, wurde durch Vorurteile stabilisiert.

Genauso gröblich unobjektiv sind die negativen Darstellungen, die überhandnahmen, als der Westen mit seiner überlegenen Wirtschaft, Technik und Militärmacht zum imperialistischen Vorstoß gegen China ansetzt. Kaufleute und protestantische Missionare entwerfen nun das Bild des zurückgebliebenen, autokratisch-erstarrten, von Lasterhaftigkeit und Verfall bedrohten China. Das einst wegen seiner »Stabilität« gelobte Reich erscheint nun eigenartig entwicklungslos – ein Leitfossil bedeutender Zeiten. In Hegels Geschichtsphilosophie bildet der »Orient« die erste – bis heute konservierte – Entwicklungsstufe der Menschheit, ein Urteil, das Marx übernimmt. Für Spengler und Toynbee endet die chinesische Kultur mit der Han-Zeit, für den Engländer hebt danach die »Zeit der Wirren« und der Desintegration an. Als ich Toynbee gegenüber während des Studiums einmal bemerkte, Geschichtsschreibung sei eigentlich nur schön als Bildhauerei, sie habe ästhetischen Kategorien zu genügen, antwortete der Gelehrte ruhig, diese Theorie sei »entzückend, aber falsch«.

Daß ihr Gewaltsames eignet, daß sie ein Willensakt ist – also über die Vergewaltigung des Stoffes hinaus ein Moment der Gestaltung – daran halte ich angesichts des Skandals der chinesisch-westlichen Kulturbeziehungen fest. Der Vorwurf trifft keineswegs nur den Westen. Mao Zedong sprach so wenig eine westliche Sprache wie Voltaire chinesisch. Seine Hegel-, Marx-, Clausewitz- und Leninrezeption ist mehr als fraglich, er orientierte sich, wie früher die Jesuiten im umgekehrten Falle, aus zweiter Hand. Der naive Revolutionär wollte zunächst das philosophische Erbe Chinas »auslöschen«. Es erschien ihm, frei nach Marx, rundweg »feudalistisch«. Der Pekinger Philosophie-Professor Chen Boda mußte kommen und ihn mit dem Slogan der »Sinisierung« des Marxismus davon abbringen.

Chen Bodas Gedanken wiederum hatten eine gewisse Verwandtschaft mit denen des Jesuiten Ricci. Es gelte, die westliche Philosophie des Marxismus mit chinesischer Praxis zu verbinden und wertvolle Elemente aus dem historischen Erbe der chinesischen Kultur einzubeziehen. Die »neuen kulturellen Inhalte« (marxistische Philosophie) würden über die »alten Formen« (traditionelle Kultur) schließlich den Sieg davontragen. Am Ende würden auch »neue kulturelle Formen« entstehen: ein Marxismus auf höherer Stufe und mit reicheren, spezifisch chinesischen Inhalten. 1938, als Mao Zedong von seinem politischen Sekretär und Ghostwriter Chen Boda dieses Konzept der »Sinisierung« übernahm, opponierten dagegen die in Moskau ausgebildeten Studenten, Vorboten des neuen »Ritenstreits«, der ideologischen Auseinandersetzung zwischen dem »neuen Rom« und Peking. Die Mao-Zedong-Ideen, der sinisierte Marxismus, setzten sich in China durch, am mächtigsten während der Kulturrevolution.

Am Prinzip der selektiven Aufnahme fremder Kulturelemente und ihrer Sinisierung hält auch die chinesische Führung nach Mao Zedong fest. Das Kulturerbe ist nicht mehr scharf artikuliert, aber der Prägedruck ungeschwächt wirksam. Die Kaufleute,

Diplomaten und Politiker von heute unterschätzen diesen Faktor. Sie glauben, Öffnung gegenüber dem Westen und Modernisierung des Landes bedeuteten »Verwestlichung«. Ich finde diese Mutmaßung im Leben der Chinesen nicht bestätigt, sie ist von der oszellierenden Oberfläche geschöpft. Auch der Slogan von der Ent-Maoisierung, der die Assimilations-These ideologisch vorbereitet, ist falsch. Die Tendenz zur Sinisierung, die der Stifter dank Chen Boda verkörperte, bleibt mächtig. Wenn die Ausländer dies bemerken, haben sie rasch »von allem Chinesischem« genug.

Kanton, 16. März 1979

Heute morgen auf der Fahrt von Shenzhen nach Kanton im Bummelzug mit drei Männern zusammen, Hong Kong-Chinesen, der eine Koch, die beiden anderen Straßenhändler, alle drei »Lao tous«, alte Kerle. Der Koch hat in Hong Kong eine sechsköpfige Familie, in Kanton eine vierköpfige, dirigiert von einer Xiao Taitai, einer zweiten Frau. Während der Erzählung nimmt er kräftige Schlucke Reisschnaps und legt die Flasche jedesmal sorgsam in einen seiner Schuhe.

Der eine Straßenhändler, ein glattrasierter Vogelkopf, hat gerade seine Familie verloren. Die Frau und die 21jährige Tochter sind ihm davongelaufen, vermutlich viel zu spät. Nun kehrt er »für immer« zur Taitai nach Guangdong aufs Land zurück. Er hat sie zwar vor sechs Jahren das letztemal gesehen, ist sich seiner Sache aber sicher. Der zweite Straßenhändler erregt den Anstoß der beiden anderen. Er trägt einen Beutel um den Hals, in dem offenbar Papiere, Geld und Wegzehrung stecken. Ein Stück Schnur hält den Stoffsack zu. Der Mann scheint ein Geizkragen zu sein. Von Zeit zu Zeit verläßt er den Sitz und kommt jedesmal kauend und mundabwischend zurück. Der Mann mit dem Reisschnaps zieht über ihn her: »Den kenne ich. Der frißt immer im Geheimen.« Etwas schlimmeres gibt es in China nicht.

Bigamie ist zwar verboten, wird aber gerade »über die Grenze« praktiziert. Junge Männer aus Hong Kong nehmen sich in Guangdong ein Mädchen zur Frau. Er schickt ihr im Monat 200 HK$ (60 Yuan) von der die Frau mit Kind in China gut leben kann. Eine Ehe in Hong Kong käme ihm teurer. So kann er sich eine

Freundin leisten und fährt, wenn er mag, nach Guangdong zu Besuch. Dort ist er als »Goldjunge« gern gesehen, auch bei der Familie des Mädchens. Die Kinder wachsen in China auf. Bei den vielen Omas und Opas auf dem Lande geht es ihnen so gut, daß manche Hong Kong-Chinesen, berufstätige Ehepaare, ihre Kinder zu Verwandten nach Guangdong geben. »Sie werden dort besser erzogen«, lautet die Auskunft.

Kanton, 19. März 1980

Ich merkte es an vielen Anzeichen, bei der Lektüre der Zeitungen, bei Gesprächen mit Geschäftsleuten, bei Reisen, sogar im pazifischen San Francisco: Die Magie, die viele Jahre von China auszugehen schien, weicht der für den Westen so typischen Skepsis und Gleichgültigkeit. Ich glaube, es liegt an dem Prozeß des Sterbens, der Mao Zedongs Gestalt auflöst. Sein titanischer Wille, sein Voluntarismus, hatte die bürgerliche Welt in den Bann geschlagen. Die neuen Herrn suchen die Wahrheit in den Tatsachen, er schuf Tatsachen aus der »Wahrheit«, in einer großen, theaterhaften, zeremoniellen Geschichtsaufführung.

Darum war China so schön: Es war der geheimnisvolle, rätsellösende Tempel der schwärmerischen, tagflüchtigen Linken, ein letzter Hort, der immer noch offenstand. Es war der außenpolitische Geheimtip der Rechten, die in der Ferne das antisowjetische Vademecum suchten. Ich sah Konservative, die von Mao Zedong erleuchtet zurückkehrten. Die Audienzen bei dem Weltwunder waren ganz selten. Wer vordrang, konnte sich auserwählt fühlen, nicht nur »berufen«. Die Aura der Exklusivität spiegelte strenge, vollkommene Hierarchie. Der Besucher trat schon bei der Ankunft im Lande in einen Bannkreis ein. Er hatte seine Welt verlassen, sie erschien ihm plötzlich unvollkommen.

Er sah nicht das Land, sondern erlebte den Willen des Führers. Jeder Chinese, mit dem er sprechen konnte, trat ihm als ein Botschafter dieses Willens entgegen. Die Polsterklasse der Züge, die großen schwarzen Karossen, die peinlich ausgedachte und eingehaltene Reihenfolge in der Kavalkade, bei Vorstellungen und Diners, die Abstufung der Information nach Rang, absichtsvolle Fermate im Programm, während denen die Spannung wuchs, Andeutungen und schließlich die hochoffiziell vermittelte Gewißheit, daß der Vorsitzende den Gast zu empfangen geruhe, dann schließlich, nach der Verkündung, die eilige, perfekte, militante Geschäftigkeit – dieses ganze Reichsprotokoll atmete Halbgöttlichkeit.

Fabriken, Schulen, Kulturstätten, Denkmäler der Revolution wurden in einer Atmosphäre vorgestellt, in der kühle, sachliche Urteilskraft in der Regel nicht gut gedeiht. Eine Welt, die nur florierte, eine Welt ohne Arbeitslosigkeit, Verbrechen und Inflation. Eine Welt der Ehrlichkeit und Disziplin, von tigerhafter Kraft und glänzender Überlegenheit. Kein potemkinsches Dorf, keineswegs nur Attrappe, an der man rasch vorbeigefahren wurde, sondern ein zhongguoistisches Dorf, Zusammenstellung von Häusern zur großen, mächtigen, geordneten Monopolis. Als ein Militärkenner aus dem Westen 1976 in einem Tunnel von der Gefahr sowjetischer, luftabsaugender »Vakuum«-Waffen sprach, lachte der rustikale Kommandeur der Unterwelt laut und herzlich.

Darum war China so schön. Politik ist Inszenierung. Heute sind an ihre Stelle Wirtschaftsprobleme getreten und eine Außenpolitik, die, so wenig sie sich gewandelt hat, nicht mehr Respekt einflößt, sondern Furcht auslöst. Die Welt hat ein Zauberland verloren.

Peking, 5. April 1980

In dem mittleren der drei Durchlässe des Großen Roten Tores, der nur für einen toten Kaiser geöffnet wurde, stauen die Bauern an regnerischen Erntetagen das Korn. Meint das Wetter es gut, liegt die Frucht zum Dreschen auf dem Straßenasphalt. Wind vom roten, sommerlichen Süden wirbelt die Spreu auf. In den ersten Monaten des Jahres dominiert noch der schwarze, winterliche Norden. Aber je weiter man in die Nekropolis der Mings hineingeht, desto stiller wird die Luft. Der Geomant verdient höchstes Lob. Vermutlich war es Kaiser Yong le selbst, der dritte Ming-Herrscher, der nach dem Umzug der Dynastie aus Nanjing das Hufeisen-Tal wählte. Die Gründung der Totenstadt diente der Dynastie, die ohne Ahnen keine Zeit besitzen würde.

Der Weg führt über die Straße der Geister, an der Löwen, Elefanten, Zaubertiere, Kriegsmandarinen und Literaten den Leichenzug des Kaisers bezeugen. Sie stehen zu Diensten in der anderen Welt bereit – in welcher Welt?

Das Leben nach dem Tode ist im chinesischen Denken nicht für die Ewigkeit gesichert. Die Kaiser strebten danach – die Alchimie des Unsterblichkeitstrankes spielte gerade in der Ming-Zeit eine umstrittene Rolle. Der erste Ming-Kaiser Hong wu, ein Bauernsohn, übte noch in allem Bescheidenheit. Unsterblichkeit war für ihn Tugend üben, den Menschen Gutes tun und die Pflicht erfüllen. Die Nachfolger dachten eitler. Doch war es seit alters her unbestritten, daß die Seele des Verstorbenen ein Leben führe, wie ich es mit dem Baum vergleichen möchte, dessen Menschengenerationen überragende Gestalt uns Ehrfurcht abnötigt, Sorge um sein Leben und Kummer ob seines Vergehens.

Aber das Wesen des Ahnen ist aus flüchtigerem Stoff, es verweht wie ein Ton, weil es die Zeit nicht zu überwinden vermag. Es bleibt im Horizontalen – ohne indessen zur Untätigkeit verdammt zu sein. Zwischen dem Reich der Lebenden und dem Reich der Toten herrschen Verbindungen, wie sie in den Grabausstattungen einen naiven oder bewußt symbolischen Ausdruck fanden. Medien sind die Opfer, die als Zeichen der Kindesliebe den hungrig schweifenden Geist beruhigen und, von dessen Seite, mannigfache Einwirkungen auf das Leben der Zurückgebliebenen – in einer Macht und Dichte, die dem Schicksal gleichzusetzen ist. Die Verbindung ist innig, wie dreijährige Trauerzeit und Berufsdispens ausweisen. Die Ahnenverehrung gehört zur patriarchalischen Ordnung: Der Sohn bringt die versöhnenden, vermittelnden Opfer dar, und es ist somit eine Katastrophe für die Familie, keinen Sohn zu haben, Quelle schwerer kosmischer Störung.

Mit der Zeit aber verliert der Ahne, dem man an verschiedenen Orten, in Schreiben, auf Tafeln, Wohnung anbietet, seine unverwechselbare Identität. Seine Konturen werden blaß, die Wirkungen schwächer, der Verkehr seltener, aber er stirbt nicht einen Tod, sondern verhallt in der Zeit. Es ist, als hätte Charon den Pendelverkehr eingestellt. Der Raum, in den der Ahne nun eingeht, gehört allen Ahnen – ein nicht mehr zu ortender, nur noch begrifflich zu erfassender Aufenthalt. Vergleicht man das heutige China mit der Ming-Zeit, so sieht man, daß die Ahnenverehrung als ganzes jenes Schicksal erleidet, das der Einzelseele früher zuteil wurde: Die konkrete Vorstellung vom Leben nach dem Tode hat sich verflüchtigt, aber es blieb eine Ahnung, ein gestaltloses Allgemeines zurück, in dem das Volk am Qing Ming, dem Totengedenktag am 5. April (nach chinesischer Rechnung der 16. des II. Monats), seine Toten ehrt.

Von der Straße der Geister gehen die Grabwege ab. Die Schildkröte, dem himmeltragenden griechischen Atlas gleich, markiert den Eingang in die auf einer Zentralachse liegenden Höfe der Kulthalle und des Opferaltars. Man trifft sich im Quadrat. Streng quadratisch ist auch Mao Zedongs Grabstätte. An seinem ersten Todestag, am 9. September 1977, versammelten sich auf der Balustrade die Führer und, ihnen gegenüber, innerhalb des Gevierts, die Vertretungen der Partei und der Armee. Das Quadrat ist der rituelle Ort der chinesischen Versammlung. Die Bauweise der Städte, der Kaiserpaläste, der Hofhäuser, aller Grabanlagen entspricht dieser Vorstellung von der Konzentration der in den vier Himmelsrichtungen liegenden Eigenschaften um einen gelben Mittelpunkt. »Bundesversammlung« nennt Marcel Granet dieses Zusammenkommen, das eine Wiederherstellung der immer wieder gestörten Grundordnung bedeutet. Dahinter nämlich, jenseits des Gevierts, liegen die Meere und die Bereiche der tierähnlichen Barbaren. Mit der Entfernung vom Mittelpunkt weicht die Artikulation dem Chaos.

Jede Mauer, die heute (überflüssigerweise) eine Fabrik oder eine Schule umgibt, leitet sich von der Ordnung des artikulierten Raumes her. Wenn die Hausgehilfin beim Aufräumen die Stühle an die Wände stellt, so daß eintretende Gäste zu einem Geviert angeordnet werden, als wären sie Repräsentanten der Himmelsrichtungen, folgt sie (heute unbewußt) einer rituellen Tradition, die sich in Ästhetik (es sieht ja so hübsch aus, sagt sie) umgesetzt hat. In der Architektur der Ming-Zeit, die uns angesichts der schnell zerfallenden Baumaterialien Lehm und Holz als älteste in diesem uralten Reiche erhalten blieb, ist diese Idee noch nicht zum allgemeinen, schattenhaften Begriff geworden, sondern steht als lebendes, gleichsam sprechendes Wesen vor Augen.

Das liegt am »da ming«, am großen Licht der Dynastie. Es strahlt aus dem erhaben stehenden Stelenhaus, einem quadratischen Bau, in den wir nach dem Durchschreiten der Höfe jetzt eingetreten sind, durch einen Rundbogen in die weite Ebene nach Süden. Zwischen den Fremdherrschaften der Mongolen und Mandschuren war Ming der Glanz- und Höhepunkt des chinesischen Kaiserreiches in der Neuzeit, eine Epoche der Renaissance, die dann später als Gegenstand wehmütiger und zorniger Rückerinnerung weit über ihr Ende hinauswirkte. Die südlichen Provinzen als Reduit der entkommenen Ming-Prinzen, die schwärmerischen Taiping, Teile der Boxer und sogar noch Sun Yatsen schleuderten den Namen Ming wider die Mandschus. Nach der Ausrufung der Republik im Februar 1912 begab sich Sun Yatsen zu einer Zeremonie ans Grab des ersten Ming-Kaisers, Hong wu, in Nanjing. Öffnung und Restauration der Grabstätten Wan li's und Yong le's, der beiden bedeutendsten Herrscher nach dem Gründer Hong wu, entsprach nicht nur dem zeitgemäßen archäologischen Interesse. 1956, als man den Beschluß faßte, stand die Volksrepublik China im siebten Jahr. Man war vorangekommen und dachte in kühnen historischen Parallelen, wie es die noch nicht veröffentlichten Schriften Zhou Enlais zeigen werden.

Die Wiedergewinnung Chinas für die Chinesen – das war Ming und das sollte die Volksrepublik sein. Jeder kennt die Unterschiede, aber es kommt darauf an, wie wesentlich sie sind, wenn man den Vergleich vom ritualen Ort aus anstellt, beim Gang um die gewaltige, zinnenbewehrte Mauer um den Grabhügel, in fast allen Grabstätten nach dem Rund der Zeit geformt, dem sich in die Vertikale verflüchtigenden Raum. Die verfallenden Gräber, jenseits des Touristenstroms, sind die sprechenden. Wen stört es, daß die Bauwerke verfallen – die äußeren Tore, von denen die glasierten Ornamente blättern, der Opferaltar, dessen schwere Trümmer verstreut liegen und das bastionartige Stelenhaus, dessen einst glänzendes, nun bewachsenes Dach die Stürme und Erdbeben des Kontinents erschütterten: Wie wirres Haar ragt das Holz der Konsolen hervor. Und zerschmettert liegen die Schmuckscheiben der runden Traufenenden auf der Erde.

Dies ist nichts anderes als die Belehrung, die wir durch die Zeit erfahren, das Schicksal der Seele nach dem Ende des verkörperten Lebens an der architektonischen Parabel dargestellt. Und wie die Seele sich verflüchtigt, hinwegmagert, ohne doch zu verwesen, nur aufgehend in den allgemeinen Begriff der Ahnengemeinschaft, so überdauern auch die Grundstrukturen der Gräber und ihre immerwährende Bedeutung, das Rechteck der Opferversammlung und das Zeitrund des Grabhügels, den Verfall. Auch beim Vergleich mit der Gegenwart geht es nicht um die Einzelheit in der Zeit, sondern um den chinesischen Typus: Bauernaufstände stehen am Anfang der nationalen Erneuerung, Führer steigen aus der Tiefe des Volkes auf. Die fremden Eroberer werden vertrieben, der Aufbruch mündet in expansive Bewegung aus. Yong le stieß bis zum Amur vor und suchte seinen Einfluß in Südostasien zu verstärken. Mao Zedong konsolidierte die Han-Herrschaft in Xingjiang und griff nach Tibet – seine Nachfolger wieder nach Annam und Tongking.

Wir erleben dieselbe autokratische Herrschaft. Die Unterstellung des Militärs unter die Politik, die Staatskontrolle der Wirtschaft, die der Mittelschicht die Autonomie verweigert, die strenge Disziplin der Führung (dort Literaten-Beamten, hier Kader der Partei) und die regulierende »Sittlichkeit«, das eine Mal konsequenter Konfuzianismus, das andere Mal die Anwandlung des Marxismus an Mao Zedongs Gedanken – Postulate, Imperative. Aber nicht nur nationaler Glanz, auch größere soziale Gerechtigkeit, vor allem für die Bauern, gehört zum Typus. Literatur und Künste haben in erster Linie die öffentlichen Tugenden zu fördern, im übrigen wollen die Bauern nach etwas tanzen können, und die Führer üben sich in persönlicher Bescheidenheit und Ehrlichkeit. Hong wu ließ die kostbaren Paläste der Mongolen in Peking abreißen, eine kulturrevolutionäre Tat, bei der es natürlich nicht für immer bleibt. Auch die Xenophobie der maoistischen Zeit der Wirren ging dahin.

Die Öffnung gegenüber dem Westen erweist sich als vorteilhaft. Man bedient sich der Wissenschaft der Jesuiten wie der Technologie der Industrienationen. Aber in die Beziehungen ragen Vorbehalte wie Festungswerke. Die Mauern des Gevierts fallen nicht. Yong le's seefahrerischer Vorstoß bis zur ostafrikanischen Küste bleibt Episode, die Sinozentrik Gesetz. Der Einstrom permissiver westlicher Lebensformen stößt auf Geistermauern. Lieber kehrte China zur Autarkie zurück als in irgendeine fremde Abhängigkeit. Eine kopernikanische Wende hat es in diesem Lande nicht gegeben. Nie wird sich China um eine fremde Sonne drehen.

Die Bilder stammen vom Autor, die Bildrechte liegen bei der Agentur Sven Simon